成都市哲学社会科学重点研究基地：四川民族民俗文化研究中心资助课题成果

2021年度
中国非遗影像
研究报告

主　编　刘广宇　朱靖江
副主编　穆　童　马　腾

九州出版社 JIUZHOUPRESS ｜全国百佳图书出版单位

图书在版编目（CIP）数据

2021年度中国非遗影像研究报告 / 刘广宇，朱靖江
主编；穆童，马腾副主编. -- 北京 ：九州出版社，
2022.9
　ISBN 978-7-5225-1128-3

　Ⅰ. ①2… Ⅱ. ①刘… ②朱… ③穆… ④马… Ⅲ. ①
影视艺术－应用－非物质文化遗产－保护－研究报告－中
国－2021 Ⅳ. ①G122

中国版本图书馆CIP数据核字(2022)第157715号

2021年度中国非遗影像研究报告

作　　者	刘广宇　朱靖江　主编　穆童　马腾　副主编
责任编辑	郭荣荣
出版发行	九州出版社
地　　址	北京市西城区阜外大街甲 35 号（100037）
发行电话	(010)68992190/3/5/6
网　　址	www.jiuzhoupress.com
印　　刷	三河市国新印装有限公司
开　　本	710 毫米 ×1000 毫米　16 开
印　　张	20
字　　数	356 千字
版　　次	2022 年 10 月第 1 版
印　　次	2022 年 10 月第 1 次印刷
书　　号	ISBN 978-7-5225-1128-3
定　　价	86.00 元

目　录

绪　论

刘广宇　刘戈枫　李轶天　尚明川 *

当非遗影像如火如荼地在我国非物质文化遗产（以下简称"非遗)保护的各个实践场域展开之际，当非遗影像美轮美奂地闪耀在我国影视艺术的天幕之上的时候，国内关于非遗影像的理论思考却总是如流星一样不曾留下深刻的划痕。本研究报告以非遗影像的基本概念和研究对象入手，以抽丝剥茧的方式，对与非遗影像相关的重要论题加以辨析和阐释，获得一个对非遗影像较为全面、系统和深入的了解和理解，为我国非遗影像学的建立奠定一个初步的基座。

一、定义与论题域

从现象的描述来看，非遗影像是指以视听语言（含图片摄像）为工具、手段和方法，记录、表现和诠释非遗或事关非遗的一切影像文化成果；从性质的概括来看，非遗影像是非遗借助影像或影像征用非遗的一次文化创造性转化和创新性发展活动；从历史的沿革来看，非遗影像是我国民族民俗文化影像在当代的继承和发展，是与世界非遗保护潮流相契合以及成为推动世界非遗保护活动的重要力量。因此，它既可以是一种静态的成果形式，也可以是一种动态的影像行动；它既可以是非遗的影像化表达，也可以是影像的非遗化或者说民族化选择。总之，非遗影像是一个包容性较大的概念范畴。而从非遗影像的构词法来看，其偏正结构，仍然将重心指向关于非遗的影像，因此，服务于非遗保护活动必然是其主要功能及价值体现，而影像的非遗化、民族化选择则是其衍生产品，甚至可以说这个衍生产品的最终目标也将指向对以非遗为代表的中华优秀传统文化实施更好的保护和传承。

那么，影像是如何参与其非遗保护的呢？要回答这个问题，我们首先就要弄清

＊ 刘广宇，四川师范大学影视与传媒学院教授，文艺与传媒专业博士，博士生导师。刘戈枫，博士，四川音乐学院讲师，研究专长：传统美学研究。李轶天，重庆移通学院艺术传媒学院院长，副教授。尚明川，四川师范大学广播电视编导专业硕士研究生。

楚非遗保护的含义。2006 年 12 月 1 日开始实施的《国家级非物质文化遗产保护与管理暂行办法》中有对于我国非遗保护的十六字方针，即"保护为主、抢救第一、合理利用、传承发展"，[①] 这个十六字方针一直是我国非遗保护的主导性原则并被普遍强调。这个主导性原则也与联合国教科文组织在 2003 年 10 月 17 日发布的《保护非物质文化遗产公约》（以下简称《公约》）中所提倡的"保护"就是"指采取措施，确保非物质文化遗产的生命力"相一致。而所谓的采取措施，即指"包括（对）这种遗产各个方面的确认、立档、研究、保存、保护、宣传、弘扬、承传（主要通过正规和非正规教育）和振兴"。[②] 显然，影像正是从这个"措施链"上全面介入到非遗保护的各个环节之中，成为非遗保护不可或缺的重要工具、手段和方法。

在"确认、立档、研究和保存"方面，由于影像所具有的记录性和由记录性而来的文献性，使其成为完成上述保护任务的最佳工具、手段和方法。不仅如此，近百年来纪录片，尤其是民族影像志的实践与理论还为其积淀了丰厚的理论、方法和技巧；在"宣传、弘扬"上，由于影像所具有的具体性、形象性、综合性和由此而来的艺术感染力，使其成为完成上述保护任务的又一种最佳工具、手段和方法。同时，也因为其所沉淀的影像创作与传播的丰富理念、方法与技巧，令非遗影像成为最具民族韵味的影像部类之一，甚至成为影像民族化发展的最佳选择路径；在"承传和振兴"方面，我们还会在近期国家所倡导的各类非遗场馆建设中，看到更具实验性和探索性的非遗影像的诞生。非遗影像在"承传和振兴"方面将起到特殊的作用，以最富创造力的科技手段汇同前此的影像成果，形成整体性的数字化保护，并以多模态沉浸式感官体验来不断吸引年轻人对非遗的喜爱，从而完成非遗的代际承传和振兴。

当然，影像的这种介入方式并不是非此即彼或互不关联，它们往往会在保持自己相对独立的功能的同时，形成一种功能上的互补或递进。比如，以记录功能为主的影像生产是抢救性保护的主要措施；以宣传功能为主的影像生产是传播性保护的主要措施；以振兴功能为主的影像生产是再生性保护的主要措施；以承传功能为主的影像生产是整体性保护的主要措施等。但正如我们已强调过的那样，随着功能的递进，影像的生产也就越来越类似于一种影像的集合，即影像数据库建设，那么也

---

① 中华人民共和国文化部：《国家级非物质文化遗产保护与管理暂行办法》，中华人民共和国中央人民政府，http://www.gov.cn/gongbao/content/2007/content_751777.htm，2006.10.25/2022.05.04。

② 联合国教育、科学及文化组织：《保护非物质文化遗产公约》，联合国，https://www.un.org/zh/documents/treaty/files/ich.shtml，2003.10.17/2022.05.04。

只有在这个时候，非遗影像才以一种集合的力量贡献于非遗的承传与振兴。至此，我们也可以说，正是由于影像的介入，关于非遗保护的"措施链"才转换成为非遗影像的"保护链"——抢救性保护、传播性保护、再生性保护和整体性保护，并在这个链条的形成上催生出各自的理论与方法，构建出属于非遗影像独特的知识体系、理论体系和话语体系。

我们以非遗影像为单位概念对其在非遗保护中的功能价值给予了基本厘定，把非遗影像放在非遗保护的过程中去揭示它的基本任务和功能。那么，就非遗影像本身而言，从一种静态的剖面来看，非遗影像是由多种镜像构成的，而且，还正因为这种多向度的镜像形态，非遗影像才具有更大的黏合度和阐释力。

迄今为止，国内尚无对非遗影像有过确切的定义，而由于大部分非遗仍处于濒危的边缘，所以抢救性记录就成为当今时代一个急迫而艰巨的任务，这不仅是非遗保护的"第一"原则，也是影视人类学科兴起的初衷之一。那么，对于非遗影像的诸多研究及其概念界定也基本上被锁定在纪录片范畴之中。以下是几种与此相关的、最接近的定义：

一是对"申遗"专题片的定义。"'申遗'专题片可以被定义为：在申报非物质文化遗产名录过程中，针对非物质文化遗产的特定内容，真实地记录其活态传承过程，深入发掘其中的特色和意义并运用多种电视艺术手段加以表现的影像专题片。"[1] 这是当前国内能找到的关于非遗影像最早的定义。在这之前，国内最早的一篇以"非遗"和"影像"为主题的研究论文是郭有祥的《非物质文化遗产的影像化生存》。在该文中，尽管作者以较为严密的逻辑提出了："我们大致可以将非物质文化遗产的影像化生存归结为一种'复制品'的生存……可以说，影像手段之于非物质文化遗产，是一块可以生存的新领地，是拓展与发扬其生命力的有效形式，借之以传遍寰宇、存之永恒；而非物质文化遗产之于影视媒介，则是可供开发的原材料、新的艺术创造的源泉，更不失为传播传统文化、张扬本土色彩、坚守'文化版图'的有效策略。"[2] 虽然这是一篇富有辩证性思考的宏论，但通观全文，却没找到关于非遗影像的基本定义。

二是对非遗纪录片的定义。"'非遗'题材纪录影片是指以'非遗'项目作为

① 陈敏南：《"申遗"影像专题片制作的科学性·真实性·艺术性》，《民族艺术研究》2010 年第 2 期，第 136 页。

② 高有祥：《非物质文化遗产的影像化生存》，《现代传播（中国传媒大学学报）》2007 年第 6 期，第 14 页。

表现主体和审美对象，运用声画语言加以记录和表现的纪录影片。"① 该定义与"申遗"专题片定义为同一论者，而这样一种定义后来被《非遗纪录片解说的美学传播探析》② 和《大众接受视阈下"非遗"纪录片文本构造》③ 两文的作者所直接采用。与这个简略的定义相比，王家乾和苏大为在《论非物质文化遗产保护视野下"非遗"纪录片的建构》中，对非遗纪录片进行了更为详细的分类定义。他们将非遗纪录片分为三种类型：第一种是非遗民族志纪录片、第二种是非遗民族学纪录片、第三种是非遗商业模式纪录片。显然，第三种类型的定义与前面对非遗纪录片的定义应归属于同一类，即媒体类非遗纪录片。但第一种类型和第二种类型均与人类学纪录片归属同一大类。"'非遗'民族志纪录片是指以冷静旁观的态度和真实记录的手法拍摄的关于非物质文化遗产的影像纪录片，内容包括遗产传承人的表演和生活、民俗活动和礼仪与节庆，它不加入任何阐释，把阐释、批评的权利留给观看者，这是早期人类学纪录片的主要形式......'非遗'民族学纪录片是指摄制者自觉按照人类学的研究方法从主题到内容有选择、有筛选的拍摄，并精心剪辑，片中加入了摄制者自身的分析、对比和阐释，更具逻辑性和学理性。同时，民族学纪录片也非常注重故事性和一定程度上的戏剧冲突。"④ 既然作者都认为非遗民族志纪录片是早期人类学纪录片的主要形式，那么，非遗民族学纪录片不正是后期人类学纪录片的主要形式？或者说，它一直就是以另一种形态存在着的民族志纪录片，本来是同一类别的非遗纪录片却被拆分为两种类型，这也显示出我们对非遗影像认识上的混乱和模糊。

三是对非遗题材电影的定义。"'非遗'题材电影不是因为某种技巧得名的，而是以题材为中心确立的一类电影，这类电影紧紧围绕非物质文化遗产事象本身或'非遗'传承人的事迹展开创作，或反映非物质文化遗产的历史命运与时代传承，或反映传承人在'非遗'传续中的曲折经历。"⑤ 这一定义以题材笼统而论，很难看出非遗电影体裁的多样性和形式的多样性。

上述几种定义的总体特征是：非遗是内容或题材，影视是手段或表现方式，但

---

① 陈敏南：《"非遗"题材纪录影片的叙事策略》，《当代电影》2012 年第 5 期，第 149 页。
② 刘超：《非遗纪录片解说的美学传播探析》，《中国广播电视学刊》2015 年第 8 期，第 87 页。
③ 邵雯艳：《大众接受视阈下"非遗"纪录片的文本构造》，《中国电视》2017 年第 10 期，第 23 页。
④ 王家乾、苏大为：《论非物质文化遗产保护视野下"非遗"纪录片的建构》，《电视研究》2013 年第 4 期，第 71 页。
⑤ 王巨山、李帅超：《构建民族记忆的文化景观——谈"非遗"题材电影的创作与传播》，《民族艺术研究》2016 年第 4 期，第 36 页。

手段和表现方式只能是从属地位，很难对非遗影像的生产或传播带来本质性的改变。同时，我们还应该看到，二十余年浩荡而丰盛的非遗影像实践却未能促成其基本定义的产生，这不能不说是一件令人遗憾的事。

显然，非遗影像是一个涵盖性更广的概念范畴，它不仅为实现"记录"而展开，还有一个很深厚的历史传统。它的研究对象不仅会随着功能价值的体现而显现出多样性，而且也会随着影像介入方式和影像介入程度的不同，显现出丰富性。换句话说，如果我们要对非遗影像做整体性考察和界说的话，任何单一维度的考察都很难涵盖。下面，我们尝试着从另外三个维度来进一步考察非遗影像，并在此基础上，对其论题域有一个更全面和深入的了解。

第一，从媒介选择的角度，选择以视听语言为基本属性的影像工具，这就意味着选择了一种特殊的手段和方法去记录、表现和诠释与非遗相关的文化事项。同时也内含着记录、表现和诠释必须遵循视听语言的特殊规律和原则方法，受制于影像的生成逻辑，进而产出与影像逻辑相关的非遗影像形态和内容，并以这样的形态和内容与我们的认知世界相连接，并编码成一种非遗记忆内嵌在我们的文化基因库之中。

第二，从非遗在影像中的显示度或者影像介入非遗的程度来看，我们可以把非遗影像分为：1. 以非遗为题材，围绕非遗保护这个终极目标而展开的影像活动；2. 非遗仅仅作为某种元素进入，并以艺术创作和传播为主导目标的影像活动；3. 作为单位元素的非遗影像进入新场景应用，并以实现多功能目标为导向的跨媒介活动。

第三，从影像的形式显现中，即影像的表现形态来看，我们可以把非遗影像分为：1. 以记录为主的非遗纪录片；2. 以演示为主的非遗综艺节目、非遗影视广告、非遗游戏和非遗多模态感官体验；3. 以虚构为主的非遗故事片（动画片）或影视剧等。

综上所述，我们可以给非遗影像下这样一个定义：非遗影像是以视听语言（含图片摄像）为工具、手段和方法，在非遗保护全程中，对非遗或事关非遗的一切文化事项实施记录、表现和诠释的影像活动及其成果。这个定义已预设了其研究论题的限定性、过程性和广泛性。其论题域见图 0-1 所示：

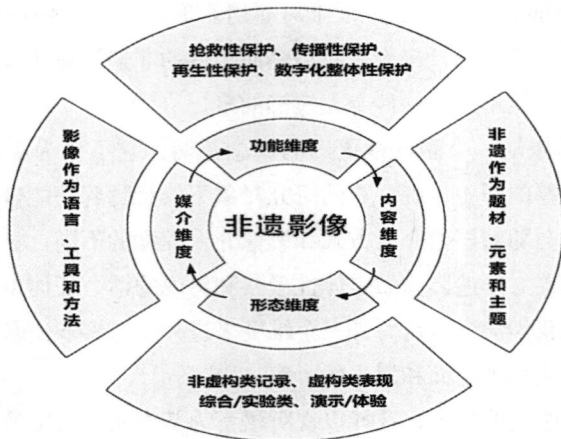

图 0-1：非遗影像论题域

二、历史与政策

（一）非遗影像的发端及其基本沿革

学界与业界已习惯于把我国非遗的开端锚定在 2001 年 5 月 18 日。是日，联合国教科文组织宣布，世界上有 19 个文化活动和口头文化表现形式被授予首批"人类口述和非物质遗产代表作"称号，其中就包括了中国的昆曲艺术。作为"申遗"专题片的《昆曲》，当然也就成为我国非遗影像的肇始者。但显然，从历史和现实的情形来看，我们对非遗影像的认识和了解却不能狭隘到仅与某一非遗项目联系在一起，更不能无视其悠久的历史和丰富多样的现实本身。

在进入对非遗影像的历史检视之前，有几个认识前提必须加以说明：1. 在我们对非遗影像的基本界定中，有这样一个限定，就是影像必须参与非遗保护的全过程，这个限定意味着，非遗影像的功能与价值一定是与非遗保护联系在一起的；2. 非遗保护作为一种世界潮流，或者说作为一种世界范围内的公共文化行动，它的兴起也才不过 20 年，那么它如何与之前早已产生过的与非遗保护相关的各类影像实践相承接呢？这是一个必须解决的问题；3. 如何确定"与非遗保护相关"的"相关性"，或者说有多大的"相关性"，这将直接决定非遗影像的范围广度和历史长度；4. 要确定"与非遗保护相关"的相关性，梳理与非遗保护相关的各类政策文件就是我们必须要做的基础工作；5. 当然，我们也可以从当下最直接的政策规定出发去检视非遗影像的基本历史，也就是说，我们从"确认、立档、研究、保存、保护、宣传、弘扬、承传（主要通过正规和非正规教育）和振兴"这些措施的实施中看看影像是如何介入其中的？ 6.这也表明，影像介入非遗，并非从一开始就能形成完满的功能设定，它一定是一个不断丰富、积累和完善的过程，而这个过程仍在继续；7.也许，非遗影像在很大程度上可能是非遗保护预期之外的目标所形成，是新技术、新环境和新风尚对一个民族国家中那些最优秀文化的嫁接、征用和再造。就目前而言，这就是对中华优秀传统文化的创造性转化和创新性发展（以下简称文化"双创"）。

带着这样的认识前提，我们可以把非遗影像延伸到中国电影的诞生之初，也可以把非遗影像拓展到更多的影像领域。它的历史肯定不是起始于 2001 年，主要范畴也肯定不局限在非遗纪录片。只有这样，我们才能更好地以实事求是的态度去面对历史、接续过往、光大传统和开启未来。而这也恰恰是中国以非遗影像的广度和深度屹立于世界非遗保护运动之列最耀目的地方。

如果我们以具有一定影响力和规模化的非遗影像成果来看，在中国非遗影像的历史中，有四个大的脉络一直因自身所具有的独特魅力而保持着长久的生命力。它们是戏曲电影和戏曲电视、人类学纪录片、非遗故事片、传统节日晚会。

1. 戏曲电影和戏曲电视。1905 年 5 月 28 日，北京丰泰照相馆拍摄了以三国时期定军山之战老黄忠刀劈夏侯渊为主要内容的京剧《定军山》，标志着中国电影的诞生。戏曲电影是中国贡献于世界的独特的电影类型，其发展根深叶茂，研究薪火相传。高小健在《中国戏曲电影史》中从"初始实验阶段（20 世纪一二十年代）、初步探索阶段（20 世纪三四十年代）、成长阶段（1935—1955 年）、百花齐放的繁荣阶段（1956—1963 年）、极端政治化阶段（1964—1975 年）、新戏曲繁盛阶段（1976—1988 年）、整体衰落阶段（1989—现在）"[①] 等七个阶段对中国戏曲电影的发端、发展、巅峰阶段和整体衰落阶段进行了较为详尽地介绍，而诚如作者在对戏曲电影的整体衰落阶段的描述时所写的那样："电视直播、录像播出的各种演出和电影、戏曲频道的建立、专门为电视创作的戏曲电视剧等抢占了戏曲电影的生存空间，戏曲电影前景黯淡。"[②] 戏曲电视一跃而成为广大戏迷朋友和普通观众的新宠。邵振奇指出："20 世纪 70 年代末至今，戏曲电视栏目历经萌芽期（1978—1987 年）、发展期（1988—1995 年）、繁荣期（1996—2003 年）、转型重塑期（2004 年至今

---

① 高小健：《中国戏曲电影史》，文化艺术出版社，2005，第 15—30 页。
② 高小健：《中国戏曲电影史》，文化艺术出版社，2005，第 29 页。

四个时期。从'戏曲唱段，我播你看'的单一形式，到'多元共荣，采撷众华'的繁华景象，戏曲电视栏目先后完成了专题化、板块化、综艺化、娱乐化、竞技化的发展过程，分众化、品牌化理念愈加深化，参与性日渐凸显，栏目形式及内容亦趋向多元。"① 当然，戏曲电影和戏曲电视仍然是一个较为笼统的称谓，在其大概念下，还有许多更为细小的单元构成支撑着这一脉非遗影像体系，为保存和弘扬中华国粹而持续地发挥着自己特殊的贡献和作用。

2. 人类学纪录片。新近出版的朱靖江的《故乡回望苍茫：中国影像民族志史论》（四川民族出版社，2021）试图把中国民族志影像的历史拉长到 20 世纪之初，西方传教士为我们留下了珍贵影像片段，同时，也试图把中国民族志影像的发祥版图扩展到中国的东南西北。这是民族影像志史家的一种判断和学术描画，也为我们寻找中国非遗影像的蛛丝马迹提供另一种学术可能。而从目前国内学界较为公认的说法来看，带有一定的人类学自觉的非遗影像由三个传统构成：一是孙明经在四川拍摄的一系列国民教育纪录片中的非遗影像；二是庄学本在藏边地区和西北地区留下的大量涉及民俗及风土人情的摄影作品；三是新中国成立后为配合中央人民政府民族大调查而实施的"中国少数民族社会历史科学纪录影片"（以下简称"民纪片"）拍摄工作留下的部分非遗影像。2007 年，四川大学梁现瑞在其硕士论文《中国纪录片对非物质文化遗产的书写》中，也较早涉及了这一话题。他把纪录片与非遗相连接，有意识地把非遗影像的历史放在百年中国纪录片的发展历程之中来考察，并将其分为三个阶段，即"起步阶段（1900—1930 年）、发展阶段（1949—1966 年）、繁荣阶段（1978 年至今）"。② 尽管该作者的分阶段较为简单，但其中提到"完全依靠中国人自己的力量进行独立拍摄的工作则开始于 1933 年 5 月初，中央研究院民族学组的凌纯声、芮逸夫、勇士衡在湘西南苗族、瑶族等地区考察时携带摄影机并拍摄了一部有关苗族文化、生活状况的电影，这是我国人类学者首次将影像手段应用于田野调查，也是中国影视人类学的滥觞之作"。③ 这也是我国影视人类学最正统的一脉，它与"民纪片"有较大的承传性。这个传统一直保持到现在——由文化和旅游部相关机构牵头组织的"中国节日影像志""中国百部史诗工程"和"国家级非遗代表性传承人记录工作"等，构成了与非遗媒介纪录片之间最大的理论张力。而非遗媒介纪录片则以 20 世纪 90 年代中央电视台《地方台 30 分》

---

① 邵振奇：《戏曲电视栏目的发展历程及风格衍变》，《编辑之友》2018 年第 9 期，第 54 页。
② 梁现瑞：《中国纪录片对非物质文化遗产的书写》，四川大学硕士学位论文，2007，第 1 页。
③ 梁现瑞：《中国纪录片对非物质文化遗产的书写》，四川大学硕士学位论文，2007，第 27 页。

持续十年的经营密不可分，这使中国纪录片以整体性力量在世界舞台上亮相，甚至还以"舌尖体"的形式刷新了人们对纪录片的认识。自此，非遗媒介纪录片成为非遗影像中最具影响力和显示度的类型之一，而由它开启的台网合一或者说在融媒体视野下，非遗短视频的疯狂生长也再次成为非遗影像的流量担当。显然，这些非遗短视频所形成的新的视觉文化体系，又为人类学研究提供了新的影像田野。①

3. 非遗故事片。非遗与故事片的关系最早是以部分非遗元素进入故事片开始的。我国第一部故事片《难夫难妻》（1903）中就有"十里红妆"的婚俗文化影像，之后民国时期的《西厢记》《木兰从军》《混江龙李俊》《生死恨》等少量影片以及再之后港台部分神怪片、武侠片和寻根片中均有大量涉及民间文学、传统戏剧和传统民俗的故事片。随着代表中国电影最高成就的第五代导演的一批电影作品《黄土地》《红高粱》《大红灯笼高高挂》《霸王别姬》等问鼎世界，其中就因部分非遗元素的进入而引起过激烈的争论。对此，魏殿林曾指出："强势的影视流行文化将使仪式等传统文化形态的生存空间日渐变小，后者在依附中逐渐失却了独特的价值内核而被流行的力量所消解。"②

除了作为局部存在的非遗故事片之外，在我国故事片生产中，还存在着这样一类非遗故事片，即以非遗为题材展开的电影创作，这个主要由少数民族非遗故事片（《刘三姐》《阿诗玛》《尔玛的婚礼》《赛德克·巴莱》《草原上的搏克手》）发端而来的具有民族特色的非遗电影类型已被越来越多的人所接受和喜爱，在铸牢中华民族共同体意识，让民族文化走向世界的过程中发挥着不可替代的作用。

4. 传统节日晚会。如果我们以"节日晚会"为主题输入中国知网查询，仅显示 52 条研究成果，但如果输入"春节晚会"（以下简称"春晚"），却得到一个令人意想不到的数据——9985 条。这便是作为传统节日电视晚会所具有的特殊魅力，它所蕴含的学术价值也是不言而喻的。2007 年当国家以法律形式规定从 2008 年开始，我国将正式把除春节之外的另外三个传统节日：清明节、端午节和中秋节一并纳入法定节（假）日序列时，其所释放的巨大的经济效益被称作"假日经济"，而从另一维度看，这何尝不是中国民俗学家为现代化中国再次植入传统"中国性"做出努力的结果。以春晚为代表的传统节日晚会是新时期非遗影像最耀眼的名片，从1983 年到现在经历了 40 年，人们对它的研究也较为充分，但恰恰缺乏基础性的历

① 朱靖江、高冬娟：《虚拟社区中自我认同的反身性重构——基于移动短视频应用"快手"的人类学研究》，《民族学刊》2019 年第 4 期，第 47 页。

② 魏殿林：《影像化叙事对仪式的呈现与重构》，《当代电影》2017 年第 8 期，第 193 页。

史梳理，这无疑是需要展开的新课题。春晚自身的变化情况、与时代社会发展的关系、央视春晚与地方春晚、网络春晚的关系，春晚与其他传统节日晚会的关系等，都是值得深入研究的议题。尤其是近期，当河南卫视的"中国节日"正以超乎寻常的想象力"出圈"之后所引起的热议，更令中国传统节日的媒介化建构成为一种更为普遍和富有强大引领性的文化"双创"新景观。

（二）非遗影像的政策流变及基本效果

《传统工艺美术保护条例》(1997) 是我国最早有关非物质文化遗产保护的行政法规。1998 年开始起草的《中华人民共和国民族民间传统文化保护法》把视线转向了资源丰富的"民族民间文化"。2004 年中国加入联合国《保护非物质文化遗产公约》后，《中华人民共和国民族民间传统文化保护法（草案）》名称被调整为《中华人民共和国非物质文化遗产保护法》，由此"非物质文化遗产"的概念逐步替代了"民族民间文化"的提法。虽然有关非遗影像的政策起步较晚，但推进迅速。2005 年国务院出台《关于加强我国非物质文化遗产保护工作的意见》，倡议对非遗进行数字化保护。根据中国政府网政策数据库显示，自 2005 年至今共颁布 380 部相关文件。从政策流变及效果而言，可分为三个阶段：

1. 起始阶段：2005—2010 年。《国务院关于加强文化遗产保护的通知》（2005）提出高度重视博物馆建设、重点扶持少数民族地区的非物质文化遗产保护工作、加强文化遗产保护科技的研究，"各类新闻媒体要通过开设专题、专栏等方式，介绍文化遗产和保护知识，大力宣传保护文化遗产的先进典型"。同年，《国务院实施〈中华人民共和国民族区域自治法〉若干规定》提出加大扶持广播影视、文化等方面，"支持对少数民族非物质文化遗产和名胜古迹、文物等物质文化遗产的保护和抢救，支持对少数民族古籍的搜集、整理、出版"。文化部、财政部、人事部、国家税务总局《关于鼓励发展民营文艺表演团体的意见》（2005）中明确"支持民营文艺表演团体演出非物质文化遗产保护成果中的民间音乐、歌舞、戏曲、说唱等项目。"

《关于加强我国非物质文化遗产保护工作的意见》中提出"要运用文字、录音、录像、数字化多媒体等各种方式，对非物质文化遗产进行真实、系统和全面的记录，建立档案和数据库。"该意见的出台对非遗影像的发展具有重要意义，随后全国 19 个省级地方政府将此规定作为实施方针。在同步颁布的《国家级非物质文化遗产代表作申报评定暂行办法》中，再次强调了影像是非遗保存、传承、传播的重要手段。2006 年国务院成立国家文化遗产保护领导小组，为丰富非遗数字化保护实践手段，还建立了中国非物质文化遗产网。文化部、国家发改委、教育部、国家民委、财政部、建设部、国家旅游局、国家宗教事务局、国家文物局《关于组织开展我国第一个"文化遗产日"活动的通知》（2006）倡导组织开展丰富多样的活动及加强文化遗产保护的宣传工作。《国务院办公厅关于进一步加强古籍保护工作的意见》（2008）进一步提出"广播电视、报刊、互联网等新闻媒体要加大古籍保护工作宣传力度"。《兴边富民行动"十一五"规划》（2008）"推进文化遗产保护工作，加强民族优秀民间文化资源的系统发掘、整理和保护"。《历史文化名城名镇名村保护条例》（2008）指出"建筑的修缮、装饰装修过程中形成的文字、图纸、图片、影像等资料"。在宏观政策的指导下，少数民族文化事业相关政策得到进一步深化，《少数民族事业"十一五"规划》（2008）《国务院关于进一步繁荣发展少数民族文化事业的若干意见》（2009）提出 加快少数民族文化资源数字化建设进程，"加大对少数民族艺术精品创作扶持力度，打造一批有影响的少数民族文学、戏曲、影视、音乐等文化艺术品牌"。《贯彻落实国务院关于加快发展旅游业意见重点工作分工方案》（2010）提出"加强旅游开发建设中的自然文化遗产保护，深挖文化内涵，普及科学知识"。

在具体主导政策方面，文化部出台了《文化部关于进一步加强文化艺术档案工作的意见》（2008），"在文化艺术活动中形成的文字、声像、照片、实物等不同载体的文化艺术档案收集整理进展顺利，为国家存留了极其宝贵而丰富的文化艺术遗产"，充分肯定了影像对于艺术遗产保护的贡献性。《文化部关于促进民营文艺表演团体发展的若干意见》（2009）明确指出"民营文艺表演团体的发展，对推动我国非物质文化遗产传统戏剧、曲艺保护和发展起到了积极作用"。2010 年 10 月，国家文化部启动"中国非遗数字化保护工程"，在一期项目验收时完成了非遗资源数据库的项目库和专题库建设。其中，项目库收录了 1219 项国家级非遗名录和 1488 名代表性非遗传承人的相关信息，专题库还收录了传统戏剧、传统美术和传统技艺的相关信息。在非遗项目的信息采集方式上采用了高质量音视频（三维动画等）进行记录、整理，中新网等主流媒体评价其成果"将为今后中国非遗数字化保护整体标准和规范体系的建立奠定基础，并为非遗资源数据库的建设与完善搭建重要框架与模型"。①

---

① 《中国"非遗"保护进入数字化时代》，中新网，chinanews.com.cn，2011 年 12 月 25 日。

在配套政策方面，国家广播电影电视总局、信息产业部《互联网视听节目服务管理规定》（2007）提出"大力弘扬民族优秀文化传统，充分发挥文化滋润心灵、陶冶情操、愉悦身心的作用"。国家发改委办公厅和国家广电总局办公厅联合印发《2007 年广播电视村村通工程建设的通知》（2007）推进非遗影像传播覆盖率。《广电总局关于在影视剧拍摄活动中加强自然环境和文物保护的通知》（2007）全面提高保护环境和文物的意识。《关于加快广播电视有线网络发展的若干意见》（2007）推动有线网络的体制创新、技术创新和服务创新，加大有线网络整合和数字化、双向化改造的力度，推动广播影视改革和发展、推进三网融合、促进国家信息化建设。《电影艺术档案管理规定》（2010）对"收集、整理、保管、修复电影艺术档案有显著成绩的"给予奖励；《加快纪录片产业发展的若干意见的通知》（2010）、《关于促进电影产业繁荣发展的指导意见》（2010）等文件的出台也大力支持和繁荣了相关创作的生产。

财政部《关于宣传文化增值税和营业税优惠政策的通知》（2006）和国家税务总局《关于宣传文化所得税优惠政策的通知》（2007）明确提出对宣传文化企业单位、科普单位及相关捐赠在税收方面予以优惠。

在扶持政策方面，国家文物局、财政部《中央地方共建国家级博物馆管理暂行办法》（2010）提出"通过调动中央与地方两个积极性，加大投入力度，大幅提高重点博物馆的藏品保护、陈列展览、科学研究、社会教育和公共服务水平。"2010年国家文物局与中央电视台联合主办《中国记忆—文化遗产日》大型直播节目。

在其他相关政策方面，建设部《关于加强城市总体规划工作的意见》（2008）中提出"要认真做好城市总体规划与相关规划的协调衔接，科学确定生态环境、土地、水资源、能源、自然和历史文化遗产保护等方面的综合目标"。"资源环境保护、区域协调发展、风景名胜管理、自然文化遗产保护、公共安全等涉及城市发展长期保障的内容，应当确定为城市总体规划的强制性内容"。《城市总体规划审查工作规则》（2010）规定空间布局和功能分区要看是否有利于保护历史文化遗产。

2. 深入阶段：2011—2014 年。《中华人民共和国非物质文化遗产法》（2011）明确规定"国家对非物质文化遗产采取认定、记录、建档等措施予以保存"，其中涉及非遗影像的条例颇多，包括"保护"39 次、"传承"33 次、"保存"14 次、"传播"6 次、"宣传"5 次、"展示""记录"4 次、"建档"2 次，从法律制度层面规范和促进传承传播制度。《中共中央关于深化文化体制改革、推动社会主义文化大发展大繁荣若干重大问题的决定》(2011) 提出，要在具体实施中加强少数民族广播影视节目、推动电影院线演出院线向市县延伸，发展壮大出版发行、影视制作等传统文化产业，加快发展文化创意、数字出版、移动多媒体、动漫游戏等新兴文化产业，全方位推动了非遗影像的发展。

在国家规划层面，《国家环境保护"十二五"规划》（2011）、《少数民族事业"十二五"规划》（2012）、《国家基本公共服务体系"十二五"规划》（2012）、《国家基本公共服务体系"十二五"规划》（2012）、《"十二五"国家自主创新能力建设规划》（2013）等就少数民族题材电视剧、文化传播渠道、文化馆、博物馆、数字影视制作、现代传播体系等方面做出了系统规划。与此同时，2012年中央电视台制作的人文历史系列纪录片《留住手艺》开播，成为主流媒体用影像全面记录手工艺非遗之滥觞。此外，中共中央办公厅《关于培育和践行社会主义核心价值观的意见》（2013）和国务院《关于推进文化创意和设计服务与相关产业融合发展的若干意见》（2014）提出深化实施国家文化科技创新工程，"支持利用数字技术、互联网、软件等高新技术支撑文化内容"，加强非遗保护利用，强化与规范新兴网络文化业态，繁荣影视与传播，并在税率征收方面予以优惠。文化部《关于2014年度第一批文化行业标准制修订计划项目立项的通知》经审核通过，正式立项《非物质文化遗产数字化保护专业标准》编制项目。

在配套政策方面，教育部、国家发改委、财政部、国家扶贫办、人力资源社会保障部、公安部、农业部《关于实施教育扶贫工程的意见》（2013）和文化部、工业和信息化部、财政部《关于大力支持小微文化企业发展的实施意见》（2014）提出将民族文化、民族技艺传承创新纳入职业教育体系并鼓励文化与科技融合。财政部、国家发改委、国家税务总局等7个部委联合发布《关于支持电影发展若干经济政策的通知》（2014）将推行对电影产业实行税收优惠、金融支持等9项政策。

在诸多政策的推进下，非遗影像取得了突飞猛进的发展。2013年国家新闻出版广电总局表彰国产优秀纪录片，其中《舌尖上的中国》开启了非遗影像新篇章并获得了社会好评，开启了非遗影像在传统文化传承及传播方面的新征程。年度优秀国产纪录片及创作人才扶持项目为非遗影像发展提供了平台。

3. 繁盛阶段：2015—2021年。2015年，国家级非遗代表性传承人记录工作全面启动，以影像作为载体，制作出大量非遗口述片、非遗项目实践片、非遗传承综述片等。从国家规划层面来看，《中华人民共和国国民经济和社会发展第十三个五年规划纲要》（2016）、《国家"十三五"时期文化发展改革规划纲要》（2017）、《"十三五"时期繁荣群众文艺发展规划》（2017）等就推进影视制作转型升级、发挥各类信息网络设施的文化传播作用、数字艺术呈现技术、博物馆等做了详细规划指导；以及《中华人民共和国国民经济和社会发展第十四个五年规划和 2035 年远景目标纲要》《"十四五"文化和旅游发展规划》（2021）、《"十四五"非物质文化遗产保护规划》（2021）等进行了进一步规划，提出健全非物质文化遗产保护传承体系，建立健全文化产品创作生产、传播引导、宣传推广的激励机制和评价体系。

在宏观政策层面，《中共中央关于深化文化体制改革、推动社会主义文化大发展大繁荣若干重大问题的决定》（2011）进一步推进非遗保护传承及县级文化馆、图书馆建设，发展壮大影视制作队伍，加快"传媒、影视、演艺、网络、动漫等领域技术装备水平，增强文化产业核心竞争力"。《中华人民共和国公共文化服务保障法》（2016）加强公共文化服务体系建设，传承中华优秀传统文化。《关于实施中华优秀传统文化传承发展工程的意见》（2017）开展戏曲"像音像"工作，加强对历史文化纪录片等的扶持力度，推动网络剧、微电影、文化展馆在传承中华传统文化中的作用，制定和完善相关金融支持政策。《国务院关于促进乡村产业振兴的指导意见》（2019）、《新时代爱国主义教育实施纲要》（2019）、《成渝地区双城经济圈建设规划纲要》（2021）等，倡导健全非物质文化遗产保护协调机制，推进国家文化公园建设，提升传媒影视发展。伴随着非遗政策完善及系统化，截至 2021 年，已有 30 个省（区、市）制定了省级非物质文化遗产地方性法规。其中，25 个省（区、市）的省级非物质文化遗产地方性法规在其中对记录性数字化保护有具体说明。

在相关主导政策中，《关于支持戏曲传承发展的若干政策》（2015）、《关于推进基层综合性文化服务中心建设的指导意见》（2015）、《关于新形势下加快知识产权强国建设的若干意见》（2015）、《文化部"一带一路"文化发展行动计划（2016—2020 年）》(2016)、《文化部"十三五"时期文化产业发展规划》（2017）、《文化部关于推动数字文化产业创新发展的指导意见》（2017）、《文化部"十三五"时期文化科技创新规划》（2017）、《文化部"十三五"时期公共数字文化建设规划》（2017）、《关于推动数字文化产业创新发展的指导意见》（2017），进一步细化了涉及非遗影像相关的规划，积极推动优秀传统文化资源数字化进程，促进资源共享和利用。在此期间，全国各地也加快了非遗数字化保护行业标准建立的步伐。《关于加强文物保护利用改革的若干意见》（2018）、《关于促进旅游演艺发展的指导意见》（2019）、《数字乡村发展战略纲要》（2019）、《关于建立健全城乡融合发展体制机制和政策体系的意见》（2019）、《国家级非物质文化遗产代表性传承人认定与管理办法》（2019）等政策，旨在用好传统媒体和新兴媒体，广泛传播文物蕴含的文化精髓和时代价值。文化和旅游部《关于推动数字文化产业高质量发展的意见》(2020)、《关于进一步加强非物质文化遗产保护工作的意见》(2021)、《关于在城乡建设中加强历史文化保护传承的意见》(2021)、构建数字文化产业生态体系,推出以对外传播我国非物质文化遗产为主要内容的影视剧、纪录片、宣传片、舞台剧、短视频等优秀作品。

在配套政策方面,文化部、国家发改委、财政部、国家文物局《关于推动文化文物单位文化创意产品开发的若干意见》(2016)、科技部、文化部、国家文物局《国家"十三五"文化遗产保护与公共文化服务科技创新规划》(2016)、国家发改委《促进中部地区崛起"十三五"规划》(2016)、工信部、财政部发布《关于推进工业文化发展的指导意见》(2017)、国家发改委《西部大开发"十三五"规划》(2017)、文化部、工业和信息化部、财政部《中国传统工艺振兴计划》(2017)、文化和旅游部、国家发改委、财政部《关于推动公共文化服务高质量发展的意见》(2021)、文化和旅游部、国家开发银行《关于进一步加大开发性金融支持文化产业和旅游产业高质量发展的意见》(2021)等。

相关政策从多方面配合非遗影像传承,拍摄和译制传统工艺纪录片、教学片和宣传片,加大微视频、艺术慕课等数字资源建设力度,提升传统文化、民族文化和核心价值文化的传播效果。国家新闻出版广电总局《贯彻落实〈加快构建现代公共文化服务体系的意见〉的实施方案》(2015)、《关于进一步加快广播电视媒体与新兴媒体融合发展的意见》(2016),国家新闻出版广电总局、国家发改委、财政部、商务部、人力资源和社会保障部《关于支持电视剧繁荣发展若干政策的通知》(2017),国家广播电视总局《关于进一步加强广播电视和网络视听文艺节目管理的通知》(2018)等都在积极扩大纪录片及具有文化内涵的原创节目的制作和传播。2020 年,国家新闻出版广电总局印发通知,要求地方广电部门组织相关企业向本地区发展改革部门逐级申报"智慧广电公共服务工程"。在一系列政策的鼓励和扶持下,在 2020 年的"文化和自然遗产日",国家图书馆中国记忆项目中心和影视中心在收集了众多非遗影像资料的基础上,共同推出了特别策划了国图公开课"他们鉴证了文明—非遗影像公开课"。2020 年,央视综艺频道相继推出了《文化十分·非遗·国之瑰宝》与《文化十分·非遗·扶贫》等节目。2021 年抖音发布了《抖音非遗数据报告》。数据显示,截至 2021 年 5 月,抖音 APP 上国家级非遗项目相关视频数量超过 1.4 亿个,对 1557 个国家级非遗项目相关视频涵盖率达 97.94%。

我国非遗影像实践图表

- 非虚构类非遗影像
  - 国家工程
    - 中国节日影像志 — 《传灯》《贵州德江火龙·炸龙节》
    - 中国百部史诗工程 藏族史诗 《格萨尔王》
    - 国家级非物质文化遗产代表性传承人抢救性记录工作 — 《刘永安—木偶戏(邵阳布袋戏)》《杨栖鹤—杨氏家庭泥塑》
  - 民间纪录
    - 乡村之眼 《跳脚起舞—瓦器器》《藏纸》
    - 作者纪录 《守艺》《片纸》
    - 高校学生创作 暨南大学《沙湾砖雕》《麻柳绣娘》；河南大学《汴京灯笼张》
  - 主流纪录(电影)片
    - 电视栏目《探索》《匠人匠心》《身边的巧艺》《千城百匠》《千城百味》
    - 不定期节目季播 《香事中国》《传承》《百年巨匠·非遗篇》
    - 专题性纪录片 《非遗中国行》
    - 院线纪录电影 《传灯》《天工苏作》
  - 短视频网站
    - 纪录频道 《讲究》第四季；《谷雨中国》
    - 纪录片 《筑梦匠心·香格里拉非遗匠人系列纪录片》
    - 微纪录 《了不起的匠人》
  - 宣传推广片
    - 申遗推介片 中国书法申遗宣传片；老司城申遗推介片
    - 国家及地区形象宣传片 潮安非遗宣传片《潮安非遗文化》北京西城区非遗宣传片《最美非遗》
    - 各类非遗宣传片 中央电视台非遗公益宣传片
  - 自媒体
    - 快手 话题"快手有非遗"；用户"非遗竹编老李"，"张黎"；非遗直播
    - 抖音 话题"非遗合伙人""非遗奇遇记""非遗传承""云游非遗"；用户"非遗竹编老李(鸿铭阁)""非遗来了""非遗大宇"曾娜"非遗手艺人""非遗大宇"非遗直播
    - 各类社交媒体短视频
      - 微博 用户"微博非遗""非遗大王""四川非遗"；视频"非遗在身边"
      - 西瓜 用户"非遇遇上老于""四川非遇""深圳非遗官方号""非遗志"
      - 头条 用户"四川非遗""中国非遗美食""非遗鸿铭阁老李"
- 虚构类非遗影像
  - 故事片
    - 非遗题材故事片 《定军山》《百鸟朝凤》
    - 涉及非遗的故事片 《盛世秧歌》《鼓书艺人》
  - 电视剧
    - 非遗题材电视剧 《鬓边不是海棠红》《芝麻胡同》
    - 涉及非遗的电视剧 《甄嬛传》《如懿传》《长安十二时辰》《清平乐》《知否知否应是绿肥红瘦》
  - 动画片
    - 非遗题材动画片 《美哉·民俗杨家埠》《西游记之大圣归来》
    - 涉及非遗的动画片 《大鱼海棠》《秦时明月》《魁拔》
  - 广告片
    - 非遗题材广告片 快手《非遗江湖》北京卫视弘扬非遗文化公益广告《仁义礼》；央视公益广告《多彩非遗，美好生活》
    - 涉及非遗的广告片 《中国国家形象角度篇》《中国一分钟》
- 综合（实验/跨界）类非遗影像
  - 国家与地方戏曲戏剧频道
    - 央视11套戏曲频道 《CCTV空中剧院》《锦绣梨园》《九州大戏台》
    - 地方台 《梨园春》《绝对有戏》《走进大戏台》
  - 综艺节目
    - 晚会"春晚""中秋晚会""端午直播" 《清明奇妙游》《化夕奇妙游》《中秋奇妙游》
    - 非遗才艺技艺展示节目 《非凡匠心》《传承者》《国家宝藏》
    - 各类原生态歌舞戏曲杂剧大赛 "西昌大凉山国戏剧节""CCTV青年歌手电视大奖赛"
  - 游戏
    - 非遗题材游戏 《尼山萨满》《剪秘》《故宫：口袋工匠》
    - 涉及非遗题材的游戏 《王者荣耀》《一梦江湖》《天涯明月刀》
  - 现场文旅展演 非场非遗影像插片
    - VR非遗影像 《VR探索：中国最后一个被发现的民族》《VR看非遗》《彩塑脸谱》
    - AR非遗影像 "半坡博物馆AR卡片""兵马俑AR卡片"《纯净之地》敦煌莫高窟AR展览百度AR博物馆

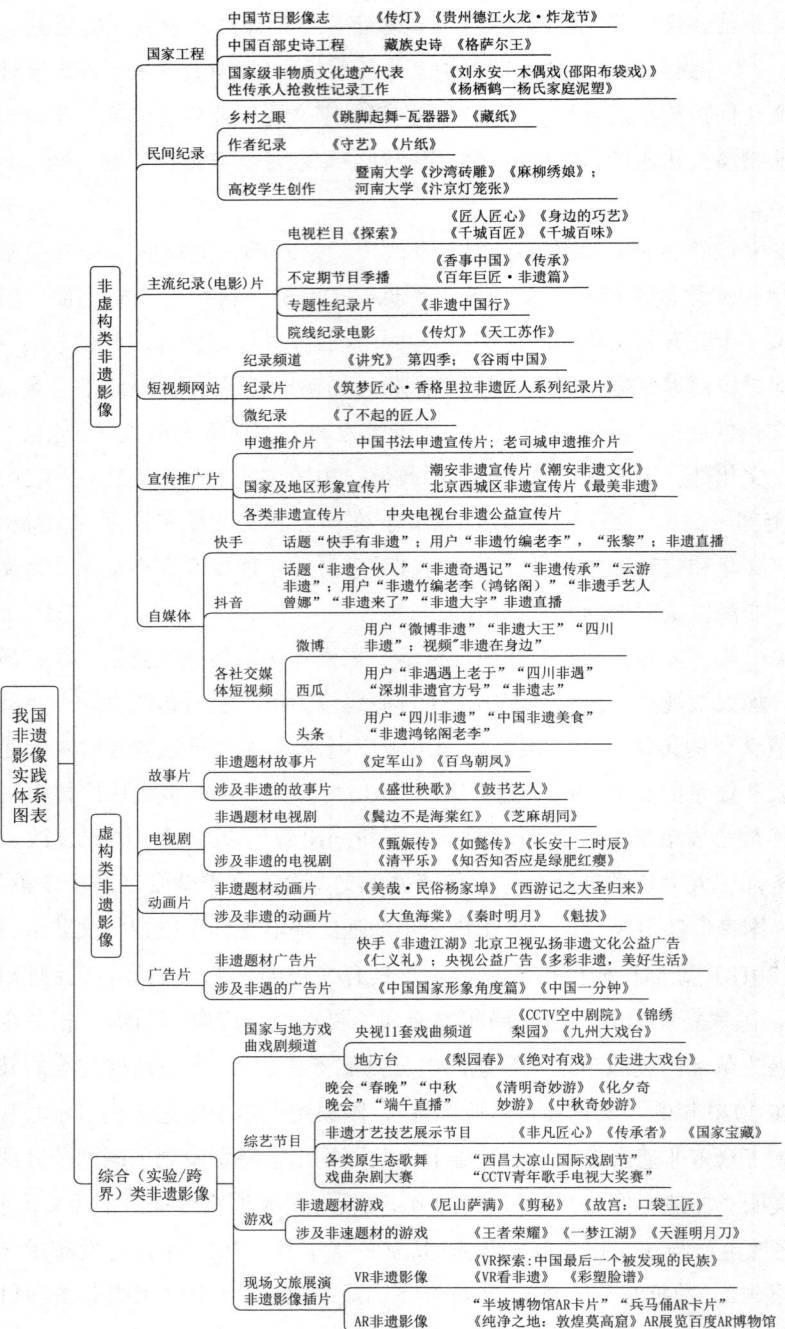

图0-2：我国非遗影像实践体系示意图

三、实践与理论

（一）非遗影像实践：多元共生，各具特色

1.多元共生。我们在前文中从历史的视角大致梳理了非遗影像发展的基本走向，并以类型思维的方式，把非遗影像归纳为：戏曲电影电视、非遗纪录片、非遗故事片和传统节日晚会等。但在具体的创作实践中，尤其是在新技术、新媒体和新环境急剧变化的新时代，非遗影像呈现出更加多元共生的局面：央视戏曲频道坚守至今；各短视频网站你方唱罢我登场；国家工程的强力推出和引导；民间纪录的四处开花；文旅融合的影像跨界；快手、抖音的线上线下等，使非遗影像的跨文化传播、现象级非遗影像不断涌现。可以这样说，非遗影像的功能性和结构性作用越来越成为推动中国非遗保护事业不断壮大发展和中国影视精品化战略向纵深发展的重要力量。

2.实践功能。非遗的影像化保护和影像化建构，是非遗"与当代社会相适应、与现代文明相协调"的必然选择，是文化"双创"方针在非遗领域的贯彻与践行。这是对非遗影像界定的进一步完善。就其本质而言，非遗影像的多功能实践所要完成的总任务是以日益完善的高质量影像形态推动我国的非遗保护事业，使我国的非遗保护走在文化"双创"的前列，成为实现新时代中国特色社会主义文化强国建设目标的排头兵。结合联合国教科文组织关于对"非遗保护"的解释，以及上述体系中影像所起到的具体作用，我们可以初步把非遗影像的实践功能分为以下几部分：

（1）记录、保存：通过申遗片、民间纪录片以及国家文化工程各项目的全面推进，完成国家优秀传统文化基因的记录、确立和保存。

（2）研究、传承：通过各类非遗纪录文献的妥善保存以及影像数据库建设，为研究者提供一手的影像资料，也为传承者和后来者提供无法回溯的非遗产生过程并加以模仿和学习。

（3）宣传、弘扬：通过大众传媒、社交平台和各种节会影展，为人们，尤其是为不同国家和地区的人民宣传和弘扬中华优秀传统文化贡献了富有民族自豪感、地域自豪感和独特审美感的非遗路径。

（4）开发、振兴：通过非遗影像的跨界探索、非遗影像的保真传播，还通过非遗影像的网络走红，以及上述非遗影像的宣传和弘扬，为不同地区提供了文旅融合的新路子，为不同人群加入非遗事业提供了便捷的路径。

概而言之，非遗影像的实践功能主要有三种：第一是记录保存功能；第二是宣传推广功能；第三是开发应用功能。目前，前两类功能发挥得较为充分，当然还需要不断提高和创新，第三种功能尚处于初步阶段，许多基础性工作还有待于进一步加强，许多结构性问题还有待于进一步破解。

结合非遗的保护实践，我们还可以按照另一套保护逻辑来对其实践功能加以表述。这就是：与记录功能相连的抢救性保护的非遗影像、与宣传功能相连的媒介性保护的非遗影像、与再生产相连的开发性保护的非遗影像和与保存、传承、共享相连的"整体性保护"的非遗影像。关于非遗影像的理论思考也将围绕这四个方面加以展开。

（二）非遗影像理论：雏形已备，自说自话

1. 相关理论研究梳理

（1）以记录为主的"抢救性保护"非遗影像研究。抢救性保护是影视人类学最初的动机，目前仍然是其最主要的价值诉求。近20年来，这类研究具有代表性的成果有：

①教材类：张德江、李德君等的《影视人类学概论》（2000）和王海龙的《人类学电影》（2002）。前者是我国第一部影视人类学教材，其最突出的成就是首次对我国影视人类学发展做了最为详尽的梳理，为后来学者提供了基本史料的遵循；后者主要对西方，尤其是对美国人类学电影进行了较为详尽的介绍，该书最大的特点是把电影作为一种视觉语言，探讨其文化书写给人类带来的心理感知和认知影响等。该作者后来成为视觉人类学的中坚，他的理论主张打破了摄影机机械记录的成见。

②专著类：这类成果又包括三个不同面向的知识架构。譬如，以鲍江、陈学礼、刘广宇为代表的，从实践上升到理论抽象的《蜗皇宫志》（2013）、《隐藏的相遇》（2017）、《中国节日影像志：静观与阐释》（2022）、麦克道格的 *The Looking Machine: Essays on Cinema, Anthropology and Documentary Filmmaking*（2019）；以朱靖江、徐菡为代表的史论型梳理和反思的《田野灵光：人类学影像民族志的历时性考察与理论研究》（2014）、《西方民族志电影经典——人类学、电影与知识的生产》（2016）；以陈学礼、鬼叔中为代表的田野笔记和对相关文化内容整理的《非物质文化遗产的田野图像——石林月湖村密枝节》（2019）、《闽西风土影像志》（2019）。

③文集类：对我国影视人类学界影响最大的一本书是由美国保罗·霍金斯主

编，王筑生、杨慧、蔡家麒等翻译的《影视人类学原理》（2007）。著名人类学家玛格丽特·米德为该书撰写长篇序言，支持电影在人类学中的应用。该书是 1973 年世界人类学大会参会学者的论文集，部分论文的观点至今仍有重要参考价值。譬如让·鲁什在《摄影机与人》中提出的"分享人类学"观念；大卫·麦克道格在《跨越观察法》中提出的"参与式观察法"；阿森·巴利克西在《电影中的文化重建》中提出的"文化特质、文化丛和整个文化"的三类重建工作；艾伦·洛马克斯在《文化形式分析的视听工具》中倡导对"文化上遗传的过剩形式"展开记录等，均对本课题的研究具有一定的启发意义。

2019 年，由娜嘉·瓦伦丁希奇·弗兰编写、国家图书馆中国记忆项目中心组织翻译、清华大学出版社出版的《非物质文化遗产的影像记录与呈现》，是世界范围内第一本探讨"非物质文化遗产的影像记录"这个主题的专题论文集。该书是国家图书馆"中国记忆项目"参加 2016 年波兰克拉科夫举办的首届"中国—中东欧国家非物质文化遗产保护专家级论坛"交流活动的重大成果之一。全书由 9 个主题构成，其核心议题有：非遗记录的方法论；影像的保护、保存问题；非遗的档案化、可视化和数字化；新媒体和感官民族志与非遗的传播等问题。这些议题的讨论均与非遗影像国家工程、非遗影像 3R 及高新技术应用和数据库建设与服务关系密切。

（2）以宣传为主的"传播性保护"非遗影像研究。这是非遗显示度最高、宣传影响效果最好、品种样态最多的非遗影像实践场域，其创作理念与方法也呈现出多元交织的特点。但遗憾的是，这类研究的理论成果产出却不尽如人意，分布也不均衡。由于这类影像媒介生产和呈现形态差异巨大，所以创作理论始终难以形成交集。因此，如何从更基础的媒介逻辑和媒介机制上予以打通，是今后必须解决的难题之一。目前这类研究的代表性成果有：

①以题材而分的戏曲研究：高小健的《中国戏曲电影研究》（2005）、杨燕的《电视戏曲论纲》（2000）、邵振奇的《盘整与辨正：戏曲电视栏目研究》等。

②以形式而分的非遗纪录片研究：陈刚的《人类学纪录片创作》（2008）和梁君健的《表意实践与文化认同》（2021）。

③形式和内容兼顾的传统节日晚会研究：宫承波等著《春晚三十年》（2008）和赵多佳主编的《中国电视文艺暨中国春节联欢晚会历史变迁探析》（2021）等。

（3）以体验为主的"生产性保护"非遗影像研究。这是非遗影像研究亟待开发的新领域。虽然该领域尚处于探索期，但也是非遗文旅文创的新天地，亟须高新技术、资本和人才的投入，也须有政策扶持和市场引导。这类研究的代表性成果有：

杨红的《非物质文化遗产展示与传播前沿》（2017）以及湖南大学季铁团队产出的系列论文。值得一提的是，国外这类研究的成果较为丰富。譬如，贝拉·迪克斯的《被展示的文化：当代可参观性的生产》（2007）就指出摄影技术为展示提供了新的可能性，但也让人们渴望三维情景中的真实体验，这是当下活态展示的内在需求，同时也指出在消费文化的影响下，展示文化越来越多地围绕着对差异而不是对等级的展示。英美国家的相关研究多是将非遗与物质文化作为一个整体在关注，这也提示本课题研究需注重整体性原则，要围绕非遗实施整体的影像记录和宣传保护展开。对以体验为主的非遗"生产性保护"研究来说，注重新场景空间叙事与当地环境的有机结合，创造出更多能回到"故乡""家园"的非遗影像作品，让非遗活在影像的"真实"空间中，唤起人们的真情实感，激发乡情与乡愁，让冰冷的技术有温度，这也是本课题特别需要拓展的内容之一。

（4）以分享为主的"数字化整体性保护"非遗影像研究。这是目前国内非遗影像研究的热点，也与非遗数字化建设热潮相吻合。但如果数字化建设与传媒实践不能形成深度结合，那么，今后的发展是令人担忧的。目前国内关于非遗影像数字化研究的代表性成果只有陆瑶等的《江苏非遗影像数据库建设研究》（2021）。

总之，非遗影像研究格局已初步形成，但研究成果的分布和发展仍不均衡，围绕抢救性记录的影视人类学理论与方法较为完备，而其他研究的理论却十分稀缺，尤其是需要在非遗保护与发展的内在逻辑与新技术、新媒介环境相协调的基础上，建构出一套既相互独立又彼此呼应的阐释体系和理论体系，为文化"双创"谱写出新的时代篇章。

2. 相关支撑理论检索

从上面的实践体系和研究视角的切入来看，我们可以初步了解在不同的实践体系中，用以指导实践的理论和方法也是完全不同的——抢救性保护的非遗影像主要依循影视人类学的理论与方法；传播性保护的非遗影像则主要借助媒介建构论来完成其制传活动；再生性保护的非遗影像更多是在高新技术引领下寻求跨媒介、跨专业，甚至跨行业的综合与实验；数字化整体性保护的非遗影像将借助计算机和人工智能来实现非遗的无界传播、传承和共享。尽管如此，正如《公约》中所提到的那样，抢救性保护一定是最基础的层面，因而也是非遗理论产生割裂的出发点，是引发后来所有理论问题的原点所在。"而现在最为困难的问题是，如何实现它们的交流和融合。尽管大家对这种交流和融合的现实需要有了共识，但还是没找到具体的践行途径。"① 下面我们将从非遗影像的第一层级出发,对其所涉及的相关理论予以检索。

(1) 非遗影像的第一层级:记录、确立和保存。影像与非遗的第一次接触,遵守影像的表述系统和非遗的文化内涵建构非遗影像。其中涉及语言学、符号学、叙事学、历史学、民俗学、社会学、民族学、人类学、宗教学、艺术学等相关理论和方法,以完成对非遗的"真实""客观"和"全面"的记录。这是记录双方共同完成的非遗影像素材和作品。如果这个记录过程分别由不同的记录者执行的话,还涉及:国家意志、地方意志、群体意志、个人意志、家族意志和自我意志等的博弈和协调。而不论其博弈和协调是多么复杂,该层级的非遗影像的最终诉求是回到非遗本身,以是否达致对非遗文化内涵的充分挖掘、揭示和展开为首要目的。

(2) 非遗影像的第二层级:宣传、弘扬和传承。媒介与非遗的关联将建立在第一层级的接触基础之上,遵守媒介的表意系统和非遗的文化内涵建构非遗影像。在第一层级相关理论基础上,还涉及传播学、政治学、经济学、心理学以及互联网等相关理论与方法,完成对非遗的表现、诠释和传播。这是传播双方共同完成的非遗媒介作品。这个非遗媒介作品,从一开始便以媒介建构为目的,以基本非遗文化内涵不失真,非遗直接利益群体无损失为前提条件进行的题材、元素和主题的征用,从而实现非遗的多样态和多媒介的表达和传播。

(3) 非遗影像的第三层级:观赏、体验和再造。第一层级是以非遗传承者为中心的非遗影像实践,第二层级是以受众为中心的非遗影像实践,第三层级就是以创作者为中心的非遗影像实践。这个创作者既是消费者又是生产者,是高科技时代的特殊产物,创作者的身份会随着创作本身的变化而发生变化。作为观赏者和体验者时,是在消费非遗。作为创作者,经过自身沉浸式进入并创造非遗时,不仅创造着属于个人自我的非遗并在这个过程中完成了非遗的传承和对其文化的认同,也创造着属于更广泛群体的非遗经济。在这个层级上,除了第一、二层级的理论基础之外,还涉及设计学、仿生学、人文地理学、大数据和人工智能等更多具有兼容性的理论与方法。

四、年度研究文献梳理

2021 年中国非遗影像相关研究文献可以划分为四大主题:非遗纪录片、非遗

---

① 解玉喜:《实证主义与建构主义之争的虚假性》,《北京大学研究生学志》2007 年第 2 期,第 93 页。

电影（非遗动画电影、非遗故事电影、戏曲电影）、传统节日晚会、非遗短视频。关于非遗纪录片的研究，主要集中在非遗类型纪录片在创作、传播、叙事等方面的发展现状、问题分析与路径探索，以及非遗纪录片作品个案的成功实践总结；关于非遗电影（非遗动画电影、非遗故事电影、戏曲电影）的研究主要集中在非遗题材电影改编过程中非遗元素的运用以及电影对非遗文化的传承等方面；关于传统节日晚会的研究主要集中在如何利用传统文化实现节目的内容创新、表达创新；关于非遗短视频的研究主要集中在非遗与短视频结合所呈现的新形式、新内容、新传播，以及非遗短视频在传播过程中的传播现象分析与应对策略。

（一）非遗纪录片

纪录片是非遗影像化创作中最常见的表现形式。2021 年非遗纪录片相关研究中，有学者将非遗题材纪录片视为整体，论述此类型纪录片在创作、传播、叙事等方面的发展现状与问题。在李杨、姚雨璇《非遗题材纪录片的自我更新与突破》一文中，面对非遗题材纪录片的自我更新与可能存在的困境，作者认为题材持续更新的背后潜藏着题材开拓的困境，从观众接受层面到增强观众体验的背后存在丧失非遗核心竞争力的困境，在突出非遗的叙事视角背后存在着可能影响观众情感共鸣的困境。

1. 针对当下非遗纪录片暴露出的问题，部分学者在分析问题的同时，积极尝试从传播路径、叙事策略、创作理念角度为非遗纪录片的创新发展提供思路、指引方向。赵婷在《非遗纪录片科学性与艺术性的双重建构》中围绕"科学性和艺术性是非遗纪录片的特有属性"，探讨了非遗纪录片科学性的要求与艺术性的体现，面对非遗纪录片进行科学性与艺术性融合过程中，存在强调故事性而忽视客观真实、追求技术性而忽视内容质量、题材局限、表现手法单一问题，提出坚持科学性与艺术性并举、深挖非遗价值内涵、创新非遗纪录片表达方式，以实现非遗纪录片科学性和艺术性的双重构建。王林栋在《非遗纪录片传播的困境与突破——以哔哩哔哩爆款非遗纪录片为例》中，以多部在哔哩哔哩爆火的非遗纪录片为例，分析了非遗纪录片在新媒介技术推动下的突破转型，如微纪录片、年轻视角、电影质感、受众参与等。同时，针对当下非遗纪录片的发展现状、短视频日益增强的流量地位以及非遗纪录片的年轻受众定位，作者提出了提升影片质量、拓宽宣传途径、构建受众交互网络三条发展策略。面对融媒体语境下非遗纪录片如何寻求突围，实现自身良性发展问题，张之琨、彭勃在《浅析融媒体语境下非遗纪录片的突围之策》中，深入思考融媒时代非遗纪录片暴露的创作群体驳杂、创作内容同质等创作问题，以及非遗纪录片面临的新媒体碎片化传播冲击、受众心理转移变化等传播境遇，提出优化创作技能、深化内容创新、开拓传播路径三条突围策略。微纪录片作为非遗纪录片"轻传播"形态的代表，是新媒体传播时代下非遗纪录片在形式上的一大更新。陈小娟在《非遗微纪录片的叙事问题与表达创新》中肯定了非遗微纪录片在传播创新与语态方面的持续探索，相较传统非遗纪录片拥有更多优势。但同时也注意到了非遗微纪录片在叙事上暴露出诸多问题，例如第一人称画外音叙事方式同质化、传统文化创新表达不够、艺术接受与情感交流但互动性不强等。对此，作者结合部分非遗微纪录片，提出引入年轻视角、多维度话语叙事、情境化叙事的叙事提升策略。面对非遗纪录片如何满足国际观众对中国的认知，更好地进行跨文化传播的问题，师仪在《非遗类纪录片国际传播创新路径研究》中沿着"如何通过非遗类纪录片的传播，对内满足人们对美好生活的需要，增强文化自信，对外提升中国文化的传播力、影响力和公信力，改变国外观众对中国的偏颇认知，更好地在国际传播中掌握话语权"这一思路，结合我国部分非遗纪录片的成功经验，提出发挥技术美学创新视听表达、开展国际合拍合作、打造内容 IP、加强机构合作拓宽传播渠道、团结力量进行非遗纪录片营销的国际传播创新路径。

2. 有学者以部分非遗纪录片作品为个案，对其成功经验进行总结。高忠严，关旭耀在《从〈寻找手艺〉谈影像叙事对非遗的传承》中以《寻找手艺》为个案，从纪录片叙事在非遗表演传承中的优势及目前出现的问题两个维度提出思考。以纪实性、超时空性、完整性的影视记录，营造非遗的再生空间、留存空间和生存空间。非遗纪录片对非遗表演故事的艺术化书写的传播，使国人关注非遗，推动了非遗的传播与研究。同时，作者也清晰意识到纪录片对非遗传承存在的负面影响，非遗纪录片的内容同质化与艺术表演化背后存在着题材开拓与内容失真的问题。汪振军和陈梦在《传统美学"赋比兴"与图像叙事中的语言构境——以〈匠人·匠心〉系列纪录片为例》一文中将非遗纪录片研究置于传统美学视野下，分析了《匠人·匠心》系列非遗纪录片的美学构建与中国古典美学中的"赋、比、兴"语言修辞的内在联系。陈毓在《浅析非遗纪录片〈畲家霓裳〉的叙事特征》中回顾了少数民族非遗题材纪录片在中国的发展，以少数民族非遗纪录片《畲家霓裳》个案为例，对该片叙事策略、叙事美学价值与时代价值进行分析，为同类题材非遗纪录片的创作总结了来自创作者的经验心得。王瑞和房晶露在硕士论文《非遗纪录片〈传承〉文化记忆建构研究》和《纪录片中非遗文化记忆的建构》中，分别以非遗纪录片《传承》

《手艺中国》个案为例，对非遗纪录片中文化记忆的建构方式策略、意义效果进行解析。王琳玲在硕士论文《系列微纪录片〈了不起的匠人〉中传统手工艺的活态传承研究》中，以《了不起的匠人》个案为例，分析该片在传播效果、工艺表现、工匠精神上的成功实践。作者认为，工匠精神是传统手工艺能够传承至今的必要条件，"需要用影像传播工匠精神，提升大众对工匠精神对认同度，让工匠精神及传统手工艺获得持久生命力，更好地实现活态传承"。

（二）非遗电影

1. 非遗动画片。近年来，我国动漫电影持续发力，打造出诸如《大圣归来》《哪吒之魔童降世》等爆款 IP，非遗神话故事、非遗元素为现代中国动画电影的创作提供了新方向与新动力。2021 年有多位学者对非遗动画电影展开研究，姜旭在《电影语境下神话非遗姜子牙及其艺术意蕴》中，以取材神话非遗经典文学的 3D 动画电影《姜子牙》为例，肯定了该电影在角色设定与故事架构上"根植中国传统文化 …… 传承经典且大胆创新"，实现了"神话电影对传统神话的继承与创新，也恰如其分地实现商业与艺术之间的平衡"。王怡飞在《国产动漫电影中非物质文化遗产元素的解构》中，从近年来中国动漫作品中存在大量非遗元素的现象出发，探讨了非遗动漫化传承在剧情与主题、场景、角色保留并镶嵌丰富非遗元素的同时注入时代价值观念和现代元素。蒋莹莹，张君驰在《非遗"活态保护"视域下中国传统文化题材动画电影叙事策略》中，以"活态文化"视角重新审视我国动画创作历程，发现传统文化题材动画片存在主题类型单一、重视非遗传统形式但忽略了非遗等"活态"文化赖以生存的文化场域及时代特征等问题。作者从我国动画电影的叙事策略出发，提出拓宽动画电影对不同非遗类型的选取、演绎"活态"非遗的同时立体呈现当代民众的现实生活、从多元角度讲述非遗背后的故事。徐金龙，罗京京的《少数民族非物质文化遗产动漫化传承发展——以动画电影〈阿凡提之奇缘历险〉为个案》同样关注到了非遗动漫的非遗活态传承问题。文章通过分析动画电影《阿凡提之奇缘历险》个案的成功与不足，认为少数民族"非遗"动漫化传承发展需要"努力实现从文化资源到资本的创造性转化，结合时代特点对其进行文化重构，做到活态传承，使其在现代社会中焕发新的生命力"。梁娟美和钟慧娴在《民俗元素在动画影视中的运用及其启示》中回顾和概括了融入民俗元素的国产动画影视作品。作者通过对日本经典动画影视中民俗元素的运用进行分析，发现其主题、角色、情节、场景与民俗元素紧密融合。"民俗元素的善用是建构日本经典动画影视风格的最强有力的工具和支撑之一"，通过借鉴日本经典动画影视的成功实践，为我国动画影视的新发展提供方向。作者认为，国产动画影视需要从中国传统民俗文化里寻求丰富的民俗题材，同时，要将对民俗元素的灵活运用融入到影视的方方面面。

2. 非遗故事片。李轶天和龚晓雪在《"互联网+"背景下推进电影与非遗保护发展的新路径——从非遗电影〈百鸟朝凤〉谈起》中，以非遗电影《百鸟朝凤》为例，分析了传统非物质文化遗产传承困难的原因以及《百鸟朝凤》中存在的非遗元素与非遗项目。基于"互联网+"背景，作者提出推进电影与非遗保护发展的路径，即制作非遗电影需要创新创作思维，使非遗题材电影登陆网络传播平台；进行非遗题材电影开发的同时加强对电影知识产权的保护；加强对传统技艺的人才保护与培养；政府要加强对非遗题材电影的资金支持，创设非遗文化数据库。于海礁在《"非遗"题材电影的民族性影视审美表达》中，结合多部非遗电影，对非遗题材电影的民族性审美表达问题进行思考。"可以说在非遗题材的电影中，民族性不仅是影片要表达的思想内容，更是影片叙事审美表达的重要组成部分"。作者认为，了解民族性语境是剖析非遗电影的基础。在当代非遗电影中，民族性的叙事表达通常在外景空间、受众审美空间和叙事逻辑空间中呈现。同时，民族地域性的空间审美呈现与民俗仪式文明的审美表达也分别为非遗电影的直观审美表达与主题审美表达起到关键作用。

3. 戏曲电影。近年来，在政府的政策扶持下，我国戏曲电影的创作在内容上、手法上做出探索，但发展情况依旧不容乐观。多位学者针对当下中国戏曲电影发展暴露出的问题进行分析，同时也提出了应对策略与发展路径。罗丽在《戏曲电影的机遇与挑战》中，对中国戏曲电影发展中面临的亟待解决的问题进行思考，提出戏曲电影的创作需要具体作品具体分析，秉持"一片一格"的审美原则；需要尝试以新技术、新观念让戏曲电影焕发出新的生命力，以此贴近当代；需要长期运作的产业平台为戏曲电影发展提供保障。马潇婧在《产业视阈下中国戏曲电影发展困境及路径探索》中针对中国戏曲电影面临的发展困境，提出政府扶持与专向院线开发、抓准、培养受众与多元化传播、革新创作手段等突围路径。饶曙光和朱梦秋在《共同体美学与戏曲电影》中认为当前的戏曲电影在质量和传播上仍无太大突破，弱势地位依旧没有改变。对于"如何协调电影和戏曲两种艺术形式、传统与现代两种思维方式在创作中的矛盾与冲突，如何在传播结构和学术领域开拓新思路，实现艺术、市场等各方面的有机平衡"，作者认为需要调和戏曲与电影的本体矛盾，把握戏曲精髓和以电影观之；调和传统与现代的对立观念，实现戏曲电影的现代化转型；利用新媒体，开拓传统路径等。赵茜在《〈白蛇传·情〉：粤剧审美的时代化》中认为当下中国戏曲电影的发展情况不容乐观，作者通过参考粤剧电影《白蛇传·情》的成功探索，为中国戏曲电影的突围提供思考：根植优秀戏曲作品的电影化表达、创新戏曲电影的表现手法、拓展市场化发展空间。

（三）传统节日晚会

民俗节日是非遗的重要组成部分。在张丽、刘念和孙璐的《融合·仪式·文化：2021北京广播电视台春节联欢晚会创新分析》中，对2021北京台春晚背后的创新进行研究分析。作者认为，媒体的深度融合提升了主流媒体的影响力和传播力。春晚作为一种重要的媒介仪式，"通过'天涯共此时'的媒介仪式，通过象征性符号的重复再现以及仪式场域的不断拓展建构起国人的民族认同与家国意识"，使得春晚成为观众的"新民俗"。春晚通过"集体记忆"的功能将优秀传统文化不断发扬和传承，同时，作为一面镜子，其影像中的社会观照，使其成为记录中华民族复兴轨迹的影像档案。吕姣姣的《从河南卫视系列晚会看传统文化的传播策略》一文，从河南卫视系列晚会"出圈"现象出发，作者将其背后的成功实践提炼为传统文化与现代文明的融合、与数字化技术的结合、与IP实力的碰撞以及对全媒体传播矩阵的构建。由此，作者为传统文化的传播提供了自己的思考：传统文化需与现代文化相结合、巧用技术实现"形式"转变、灵活运用IP、借助全媒体扩大传播。于洋和殷晓峰在《河南卫视"中国节日"系列节目创新策略研究》中，同样以河南卫视系列节日晚会为例，分析节目背后的创新策略。作者将该系列节目的创新概括为活化传统文化与彰显地域文化的精神内涵创新、节目形态与艺术表达创新、节目传播策略与文化产业创新。可见，河南卫视系列晚会的"出圈"为传统节日晚会的内容创新、形式创新、传播创新带来传统结合现代、灵活运用新技术、借助全媒体扩大传播声势等理念。

（四）非遗短视频

1.关于非遗与短视频结合呈现的创新创作、创新传播、创新传承研究。刘广宇，王成莉在《短视频语境下非遗影像化创作与传播研究——以抖音、快手为例》中，分析了短视频语境下非遗影像文本的创作新形态：生产者更多元、文本时间变短、文本品质存在差异。短视频平台传播的数量大、速度快、范围广，成为非遗影像传播的新渠道，同时传播的多向互动推动了非遗影像创作与传播的经济效益、现实意义。依靠短视频，非遗的影像化传播连接了非遗传承人与受众的互动，建构了非遗文化独特的社会记忆。作为传统文化代表的非遗文化，通过现代影像的方式，形成了传统文化与现代文化的有机结合，也形成了新的非遗文化样式。袁梦倩的《基于抖音短视频平台的非遗传播：内容策展、参与文化与赋权》从平台内容、专业内容、用户内容多个维度分析了非遗的传播创新。对于非遗的活态传承，作者认为，"短视频平台以技术和社会互动的力量为非遗传播赋权，协调权力关系"。张吕和雷雨晴在《数字化生存语境下非遗的传播与传承》中认为，短视频是非遗数字化生存的一种重要方式，"文化＋技术"使非遗得到保护，同时短视频的巨大传播优势，帮助非遗进行有效开发，实现融媒体传播语境下非遗的活态传承。冶进海在《移动短视频时代非遗影像传播的赋能与创新》中认为，搭建专业的社交化媒介平台是非遗短视频传播的关键，非遗影像需要依靠短视频建构多元智能的传播体系，同时要思考非遗影像与新技术的融合。"在 5G 技术驱动下，非遗传播的主体、渠道和受众都发生着深刻变革，非遗传播领域也取得了突破性进展，技术不仅能够承载体现新时代价值观的内容，提升审美水平，也改变着新时代中国非遗故事的讲述方式"。苏畅在《"外环境"与"链接键"：5G 时代非遗短视频传播之思——以彝族非物质文化遗产为例》中对 5G 时代非遗短视频传播的"外环境"与"链接键"进行解读。5G 技术使传播者不再受到物理和时空的限制；表现丰富多元的非遗文化样态；带给用户更多交互体验与文化浸润。5G 技术实现了传承人和用户对非遗短视频的共同制造；场景还原下的形式创新与情绪共鸣；体验经济下的价值衍生与文化"出圈"。王琦和闫新李的《非遗节目的融媒体传播实践研究——以〈非遗在行动〉为例》，作者在分析该融媒体节目传播形式的创新完善中提到"短视频是最近几年最热、最能引发流量的传播形式"。由此可见，短视频传播形式的适用范围广，在融媒体非遗节目中依然适用。肖梦涯在《推荐算法＋短视频：非遗营销组合创新》中，从营销视角思考短视频为非遗市场带来的改变与机遇。短视频的传播特性拉近了用户与非遗的距离，"原本庞杂的技艺、文化、历史知识，用户不需要特意安排完整的时间专门学习，可以在一次次的短视频阅读中分节完成，逐步了解非遗分门别类的技艺和对应产品，建立一定的历史文化背景知识，甚至获得鉴赏能力"。从而帮助传承人找到消费者，使传承人们可以更专注于优秀产品的创作和生产。

2. 关于非遗短视频的传播现象分析及应对问题的策略研究。王留群在《论非物质文化遗产的短视频传播》中，对"非遗＋短视频"传播的意义进行解析，同时意识到传播中存在技术困境、模式化生存、非遗失真与流量竞技等问题。对此，作者提出政策资金向线上倾斜、平台助力、非遗作品的垂直度与创新力、形成短视频为核心的非遗产业链等传播策略。冉红艳和陈实在《全媒体语境下非物质文化遗产短视频的生产与传播》中，对非遗短视频的媒介形态、创作手法进行了分析。作者也注意到了非遗短视频目前存在的内容的同质化、平台的庸俗化问题，并提供了自己的思考与建议：提高非遗短视频创作的文化融合能力、构建短视频制播与非遗文化的共同体、强化地方主流媒体和非遗组织的传播效能。彭慧和秦枫在《互动仪式链视角下非遗短视频用户互动研究——以抖音"非遗合伙人"为例》中，以兰德尔·柯林斯互动仪式链理论为基础，建立非遗短视频中的用户互动仪式模型并对此进行分析，发现非遗短视频中用户互动中存在互动内容与短视频质量参差不齐、互动范围渠道相对局限、反馈缺失等问题。对此，作者提出注重内容打造、拓展交流范围、提升用户感情三点建议。翟姗姗、胡畔、吴璇和孙雪莹在《基于用户信息行为的新媒体社交平台信息茧房现象及其破茧策略研究——以非遗短视频传播为例》中，针对非遗短视频内容领域的信息茧房现象进行研究，对突破"信息茧房"扩大非遗短视频传播提供了几点策略：提高自身创作优质内容的能力、凝练内容突出非遗特色、重视视频内容与结构的完整性、增加娱乐与科普性非遗短视频的发布、加强非遗短视频传播的互动与推广。绿莹在硕士论文《非物质文化遗产的短视频传播研究》中，对非遗短视频的传播现状、传播动因进行深入分析，面对非遗短视频传播中存在的问题，作者提出应对四条策略：政府加大扶持力度，加强市场监管；平台重视非遗传播，强化内容把控；传播者提高传播能力，规范传播行为；进行资源整合，提高变现能力。

第一章　2021年度国家文化工程[①]各项目与非遗影像研究报告

马　腾　刘晓慧[*]

"十四五"规划和2035年远景目标纲要明确提出，2035年我国将建成文化强国。围绕这一战略规划，非遗工作将以国家文化工程各项目为主导，深入实施中华优秀传统文化传承发展方针，不断擦亮中国文化名片，提高国家文化软实力，持续推动文化创造性转化、创新性发展。2021年，中共中央办公厅、国务院办公厅印发《关于进一步加强非物质文化遗产保护工作的意见》，要求"完善调查记录体系。开展全国非物质文化遗产资源调查，完善档案制度，加强档案数字化建设，妥善保存相关实物、资料。实施非物质文化遗产记录工程，运用现代科技手段，提高专业记录水平，广泛发动社会记录，对国家级非物质文化遗产代表性项目和代表性传承人进行全面系统记录。加强对全国非物质文化遗产资源的整合共享，进一步促进非物质文化遗产数据依法向社会开放，进一步加强档案和记录成果的社会利用"，从国家层面强调以影音记录为代表的现代科技手段，是加强非物质文化遗产保护工作、健全非物质文化遗产保护传承体系的重要方法之一。

国家文化工程各项目中涉及的非遗保护工作是以"政府主导、社会参与、保护为主、合理利用"为原则，国家文化主管部门设立专门机构，负责建设总的工作体系和具体工作，通过相关部委协调有关部门，构成国家文化发展战略中的具体组成部分。各项目汇集相关学界专家群体，在立法、体系建设、完善保护方法、落实教

---

① "国家文化工程"并不具体指某个项目，而是对国家科基金重大项目，特别委托项目、招标项目，如"中国节日影像志"和"中国史诗百部工程"，以及"全国文化共享工程"为代表的诸多项目，本文中将这些项目统称为"国家文化工程"。

* 马腾，四川大学艺术学理论博士，成都武侯祠博物馆与四川大学联合培养博士后，四川师范大学影视与传媒学院教师。学术研究方向为艺术学理论与批评，主要研究领域：影像理论研究、三国文化影像传播研究。已公开发表论文多篇，专著四本共计70余万字。刘晓慧，中央民族大学民族学硕士研究生，曾与广东省博物馆合作拍摄《东山少爷》《岭南旗袍》等多部非遗微纪录片。

育传承、完成人才培养、工作评估督查等方面具有最高的标准与规范性。

到目前为止，有多个政府部门与媒体机构启动了影音文献的记录与典藏工作。以国家文化和旅游部主导的多个影音文献项目为例，其直属科研管理机构民族民间文艺发展中心承担的"中国节日影像志""中国史诗百部工程"均为国家社科基金特别委托项目，以科研课题招标形式，面向国内高校、科研院所与影视专业机构发出邀约，创建以学术性、典籍性为核心价值的中国节日及史诗影音文献体系。这些项目包含了大量的传统节日、史诗、民俗与手工艺制作等，并且许多内容与非遗重合。此外，国家图书馆的"国家级非物质文化遗产代表性传承人抢救性记录工程"项目，本身就是对非遗的保护与传承，为各类非遗代表性传承人的影像资料收集、记录和继承文化遗产提供了国家级最高标准的平台。正如国家文化和旅游部民族民间文艺发展中心原主任李松所言："时至今日，我们已经认识到，在文化资源和国家战略意义上，系统性地搜集影音文献资料是非常必要的。将来，图书馆、档案馆中的影音文献会越来越多。在我们表述中华文明历史的时候，影音文献和资料是我国完整的民族国家历史的重要佐证。"①

第一节 国家文化工程各项目：历史渊源与基本含义

中华民族自古以来就有对民间文化生活的记录和整理的文化传统，历代的史书、方志中均有民俗及口头文学的记载。回顾中国共产党的发展历史，重视民间文化的作用，也是我党在各个历史发展阶段中逐渐形成的一个文化传统。

非物质文化遗产存在的历史非常悠久，作为遗产被提出、认可并成为保护的对象则是近二十余年的事情，非物质文化遗产作为一种遗产类型尚且"年轻"。1997年11月，联合国教科文组织第 29 届大会通过了"人类口头与非物质文化遗产代表作"的决议，2003 年 10 月 17 日联合国教科文组织第 32 届大会通过《保护非物质文化遗产条约》。"非物质文化遗产"这个全新的概念代表着人类对自身文化认识的更新，也为学术研究开启了新的领域。我国官方和学术界都对"非物质文化遗产"表现出了极大的热情。我国于 2004 年 8 月 24 日加入《保护非物质文化遗产公约》，2005 年出台《关于加强我国非物质文化遗产保护工作的意见》，确立了"保护为主，抢救第一，合理利用，传承发展"的非遗保护指导方针。2011 年，非物质文化遗

① 李松：《影音文献在国家文化战略中地位日益显著》，《中国社会科学报》2018 年 6 月 26 日，第 1479 期。

产的专门法《中华人民共和国非物质文化遗产保护法》于 2 月 25 日获得通过，并于 6 月 1 日开始实施。随着非遗保护工作展开，学术界对非物质文化遗产的研究逐渐升温，非遗研究成为近年来少见的研究热点，多学科关照、多角度切入使非物质文化遗产研究呈现一片繁荣的景象。

一、国家文化工程各项目介绍

非遗在历史长河中主要依靠口口相传，后被文字记载，近十余年来，中国的非遗保护与传承事业迎来大发展。随着技术的进步，影像成为非常重要的手段。中国社会科学院学者鲍江在论文《音像志初探——兼评三个相关课题》中总结，新中国成立以来，秉承国家建设重修志的传统，开展了四个与音像志相关的国家重大课题，它们是"中国少数民族社会历史科学纪录电影""中国节日影像志""中国史诗影像志"和"国家级非物质文化遗产代表性传承人抢救性记录工程"。[①] 至 2021 年，"中国少数民族社会历史科学纪录电影"二十余部已全部完成，"中国节日影像志"和"国家级非物质文化遗产代表性传承人抢救性记录工程"项目在进行中，"中国史诗百部工程"已完成百部。国家文化工程各项目设立记录各民族节日、习俗、史诗、手工艺等影像专项，是音像志的重要学术文献资料，这些国家文化工程主导的音像志项目与非遗影像部分或完全重合，故本节主要研究范畴从民纪片为始，围绕这些与非遗影像极为密切的项目展开论述。

（一）民纪片：早期少数民族非遗影音文献的纪录

"中国少数民族社会历史科学纪录电影"（以下简称"民纪片"），始于 1957 年，止于 1981 年，1966 年至 1976 年"文化大革命"期间中断。该课题由全国人大民族委员会主导发起，中央财政专款支持，民族研究机构和电影制片厂合作展开，一共完成十六部影片。课题产生于新中国成立初期，在少数民族地区尚未展开全面深入的社会制度变革的阶段，通过科学与电影的结合，保存和记录我国少数民族社会历史状态的音像纪录文献。民纪片由中国科学院民族研究所（今民族学人类学研究所）与北京科学教育电影制片厂、八一电影制片厂等电影机构，采用电影胶片摄制的形式，先后拍摄出 21 部中国少数民族社会科学纪录电影。

民纪片是中国民族学者与电影工作者第一次以纪录片的形式，实地拍摄中国少

[①]　鲍江：《音像志初探——兼评三个相关课题》，《中央民族大学学报（哲学社会科学版）》2020 年第 1 期，第 67 页。

数民族的传统社会模式与民族文化特色。"从 1957 年开始摄制以来，经过民族研究工作者、电影编导和摄制者的通力合作，在各族人民的大力支持下，已经摄制完成二十多部影片和一些资料。运用电影的艺术手段，系统地纪录和复现了我国各少数民族民主改革前的历史和不同类型的社会形态，直接为民族学、人类学、社会学、历史学、考古学等学科的研究和教学，为普及社会科学知识，进行历史唯物主义、爱国主义和民族团结教育，提供形象化的科学资料。"[1]

根据统计，从 1957 年至 1977 年拍摄的 16 部影片分别为：《黎族》（1957）、《佤族》（1957）、《凉山彝族》（1957）、《额尔古纳河畔的鄂温克人》（1959）、《苦聪人》（1960）、《独龙族》（1960）、《西藏农奴制度》（1960）、《新疆维吾尔族地区夏合勒克乡的农奴制》（1960）、《景颇族》（1960）、《西双版纳傣族农奴社会》（1962）、《鄂伦春族》（1963）、《大瑶山瑶族》（1963）、《赫哲族的渔猎生活》（1964）、《永宁纳西族的阿注婚姻》（1965 年开始拍摄，完成于 1976 年）、《丽江纳西族的文化艺术》（1966 年开始拍摄，完成于 1974 年）、《僜人》（1976—1977 年开始拍摄，完成于 1978 年）。《僜人》是民纪片中唯一的彩色影片，影片对生活在西藏自治区东南部察隅一带的僜人在财产上的氏族公有制残余和个体家庭私有制确立，以及生产、生活、家庭组织、婚姻习俗、物物交换、下山定居等都做了记录。《鄂伦春族》于 1962 年前后拍摄，导演杨光海注重民族学的内容，用四季狩猎讲述了鄂伦春族人由家族公社到农村公社的变化，记录了他们的婚嫁、丧葬、服饰、手工艺品等。

随后在 1978 年至 1981 年期间，中国民族学界自主创作，产生了一批民族志纪录片作品。这些影片关注现实生活，捕捉文化细节，特别是将民族学知识融入影片叙事，虽未广泛传播，但至今仍有较高的学术与文化价值。1978 年杨光海率领摄制组前往贵州省黔东南州，拍摄了《方排寨苗族》《施洞苗族的龙舟节》《丹溪苗族的芦笙节》《清水江流域苗族的婚姻》《苗族的工艺美术》《苗族的舞蹈》6 部"贵州苗族系列影像志"。这批影片承袭了民纪片的创作范式，凸显学术性与文献性，更具民族志价值。此后，杨光海等民族志电影作者还拍摄了《今日赫哲族的渔猎生活》《黎族民俗考察》等影片，延续了少数民族学术纪录片的风格。

"学术史，学界视这 21 部民纪片为音像志中以民族概念专指的学术领域——民族音像志中（亦称作影像民族志、音像民族志、民族志电影、人类学电影等）的经典民纪片，引起了诸多从不同角度出发的反思与对话。这批带有'文化救险'性质

---

[1] 朱靖江：《尘封的影像民族志：中国少数民族社会历史科学纪录电影》，中国摄影家协会官网，2014 年 10 月 28 日，http://www.cpanet.org.cn/detail_news_99025.html。

的纪录片是新中国的第一批民族志电影,既有重要的人类学价值,也带有明显的历史局限性。"①可见,这批影片系统梳理记录各民族文化,以史无前例的民族纪录片拍摄活动开创了中国影像民族志实践的先河,是构建多元一体民族国家形象的第一次尝试,在一定程度上奠定了中国影视人类学的学科基础。

被誉为"中国民族志电影第一人"杨光海说:"我拍片子既不仰视也不俯视,我是平视的角度。和他们吃住在一起,以族里人的身份来拍摄。"②对这批影片的研究,中央民族大学影视人类学中心主任朱靖江教授认为:"前辈们付出了极大的努力,形成了一套完整的创作方法体系""这批影片在中国人类学历史上第一次为 16个少数民族建立了影像档案,奠定了中国影视人类学的学科基石。"③杨光海在 20世纪五六十年代拍摄的影片全部被德国、日本等国家的学术机构收藏,并被译制成英文版进行研究。《佤族》《凉山彝族》《额尔古纳河畔的鄂温克人》等十几部民族志影片,用镜头记录了大量的少数民族生产生活场景、风俗习惯、节日仪式、宗教信仰等内容,依靠影像化的手段,真实地记录下这些非物质文化遗产,把语言与文字无法完全展现的言外之意,如人的姿势、神态、动作等记录下来,使传统非遗文化真正成为立体性的活态文献。

20 世纪 50 年代至 70 年代,中国尚未有影像同期声录音技术,制作时要把影像与声音分开录制,到剪接台上再合为一体。录像使用 16 毫米黑白胶片摄影机,录音使用盘式录音机。声音包括两部分,画外音解说词和画外音配乐,影像中的人几乎不发声,解说词由导演撰稿,专业解说员解说。有的民纪片所用配乐采用在拍摄地录制的当地音乐,如《丽江纳西族的文化艺术》采用了丽江本地音乐人演奏的乐曲作为背景音乐并贯穿整部影片,这部影片也被音乐人类学界追溯为学科经典。由于民纪片拍摄时期的历史局限性,使拍摄不以人为主体,而重在表达抽象概念,这是民纪片最大的遗憾。鲍江所著《你我田野:倾听电影人类学在中国的开创》从现象学视角,以两部纳西族主题民纪片为案例,通过与导演、摄影师及参与影片制作的民族学家杨光海的访谈对话,阐释民纪片制作过程中影片作者与影片中人相处之道的具体事实,即此具体事实的核心是你我关系。如若除去这些影片中的解说词,依然可以在影像中感受到影片作者与影片中人物的相处之道。影像本身具有人

① 鲍江:《音像志初探——兼评三个相关课题》,《中央民族大学学报(哲学社会科学版)》2020年第 1 期,第 67 页。

② 《摄影师杨光海:中国民族志电影先行者》,《中国青年报》2019 年 12 月 19 日,第 6 版。

③ 朱靖江:《尘封的影像民族志:中国少数民族社会历史科学纪录电影》,中国摄影家协会官网,2014 年 10 月 28 日,http://www.cpanet.org.cn/detail_news_99025.html。

类学风貌，其学术指向和文化诉求与媒体纪录片存在较大的差异。所以将民纪片归入民族音像志，并定位为民族音像志在中国的开创性起点是适当的。民纪片的传统源于学术表达的电影学者，推动影音文献建设的国家和地方文化部门，以及更为多元的民间纪录片作者群体，都在以不同方式促进民族志纪录片的理论建构与拍摄实践，使其在当代中国文化建设中不断凸显影音记录与表达的学术意义与社会价值，在新时代影像介质所内含的文化书写和文化传播中依然具有巨大的张力。

（二）集成志书工程：非遗文献资料的积累

"中国民族民间文艺十部集成志书"（以下简称"集成志书"）是指 20 世纪 70 年代末到 80 年代初的国家哲学社会科学重大工程，共包含：《中国民间歌曲集成》《中国戏曲音乐集成》《中国民族民间器乐曲集成》《中国曲艺音乐集成》《中国民族民间舞蹈集成》《中国民间故事集成》《中国歌谣集成》《中国谚语集成》《中国戏曲志》《中国曲艺志》十部集成和志书，构成的大型系列丛书。各部集成志书以行政区划立卷，共计 298 卷（部分卷本分上、中、下册），内容由文字、图表、谱曲、图片等构成，文字总计约 4.5 亿字。① 文化部民族民间文艺发展中心原主任李松总结，集成是迄今为止我国历史上对民族民间文艺所进行的内容最为广泛、规模最为宏大的资源普查、研究梳理和编纂出版工程，被学界称为民族民间文化的"百科全书"。这项工作与非遗保护工作有着同样的历史渊源和文化脉络。

在集成志书工作发起、组织、实施的各个环节中，党和国家领导以及中宣部、文化部、财政部、中国文联、国家民委等有关部委都给予大力支持和具体指导。由文化部牵头组建的"全国艺术科学规划领导小组"作为跨部委的工作机构，负责组织和协调编撰工作，在机构设置、经费保障、政策把握等方面对国家负责。在日常编纂工作业务框架中，由"全国艺术科学规划领导小组"办公室负责组织协调，从中央到地方组织了上千个专门的工作机构，十几万文化工作者参与具体工作，采访民间艺人无以计数，国家文化系统在长达 30 年的时间里投入大量人力物力，这与之后非遗保护工作一样，国家主导下系统工程特征十分显著。

与集成志书类似，非遗保护工作在国家立法的前提下，在"政府主导、社会参与、保护为主、合理利用"的原则下，国家行政体系提供基本工作保障，国家文化主管部门设立专门机构，负责总的工作体系建设和具体工作，通过九部委沟通机制

---

① 李松：《文化保护一脉相承——文艺集成志书工程与非物质文化遗产保护》，《中国非物质文化遗产》2021 年第 1 期。

协调有关部门，具有最高的政府行政规格和更为广泛的工作内容，构成国家文化发展战略中的具体组成部分。国家文化工程各个项目汇集相关学界专家群体，在立法、体系建设、完善保护方法、落实教育传承、完成人才培养、工作评估督查等方面具有最高的标准与规范性。

由此可见，政府主导和学界参与、由上而下的工作方式是集成志书与非遗保护工作拥有的共性特征。非遗更加注重通过各级文化行政部门调动全社会的力量，学界是作为参与者发挥辅助性的作用。由于非遗工作整体性、系统性的保护工作目标，国家文化行政意义上全面、立体的保护体系建设则更为宏大和复杂。

李松主任总结，集成志书是对民族民间文化的全面搜集整理，基础性材料主要来源于田野调查，自启动至编纂出版完成，历经 30 年时间。集成志书对中国戏曲、曲艺、民间音乐、民间舞蹈、民间文学进行了面向全国的资料收集和地毯式基层普查，全面收集来自田野的第一手资料。这是第一次对我国民族民间文艺进行了全面的普查和深入的挖掘，第一次将中华民族数千年来散落民间的无形精神遗产变为有形（文本）的文化财富，其范围之广、调查之深入细致，史无前例。十部集成志书是中国民间文化艺术最全面、最权威的大型文献丛书，是一项具有基础性、战略性的文化建设工程，在我国文化发展史上具有重要意义，是社会主义文化建设的重大成果，是中华民族对人类文明的重要贡献，也是国家非物质文化遗产保护领域的代表性成果。集成志书工作动员了数以万计的人员参与搜集、整理，范围覆盖我国30 多个省、市、自治区。在艺术门类上包括各民族音乐、舞蹈、戏曲、民间文学、曲艺，内容涉及民歌、戏曲音乐、民间器乐、宫廷音乐、宗教音乐、民间祭祀音乐、曲艺音乐、民间舞蹈、神话、故事、传说、歌谣、谚语等。戏曲、曲艺两部志书收集包括剧种 / 曲种、剧目 / 曲目及相关音乐、表演、舞台美术、机构、演出场所、演出习俗、文物古迹、报刊专著、轶闻传说、谚语口诀等在内的详细资料，并按照从艺地区为有成就、有影响的艺人立传。据文旅部民族民间文艺发展中心数据库中的统计，三部民间文学集成志书中收集全国的民间故事 27 万则，总字数约 5亿字，收集谚语 45 万条，收集歌谣近 20 万首。三部民间文学集成志书共计收集资料 80 万份以上，如果将港、澳、台（港澳卷工作正在进行中）三地资料统计在内，预计应该在 90 至 100 万份之间。四部音乐集成志书共收集传统音乐作品 100 万首以上，出版民歌、器乐、戏曲、曲艺作品近 11 万首。舞蹈集成志书调查收集舞种及舞蹈节目 27000 余个，出版代表性舞蹈节目近 2000 个。[①] 可以说集成志书全面反映我国各地区、各民族传统文化艺术的基本状况，在涵盖空间范围和数量上与中华文明历史上历朝历代的收集整理不可同日而语，实际地印证了"盛世修志"的文化传统。随着十部文艺集成志书的陆续出版，标志着这个时期对国家文化资源建档工作阶段性成果的完成。对这个宏大的系统工程本身在顶层设计、组织管理、学术建设、成果内容、后续工作等方面进行全面系统地梳理和研究，具有重要的学术价值。目前的研究成果还不尽人意，很多内容还有待进一步地系统研究，这本身也是非遗保护工作的组成部分。

集成志书普查之后的 20 年间，是中国社会发生巨变的时代，是我国民族民间文化变化最大的时期，历史变局中的文化抢救性记录时间窗口较短。这段时期，我国正处于社会转型期，所记录的文化具有明显的不可替代性。社会高速发展的历史进程使得长期主要在农耕文化基础上的养育传承的口头演述传统在这期间发生着千年未有之快速变化，许多传统的民族民间文化受到现代化和市场经济的极大冲击而消失，这使得集成工作成为一项具有历史前瞻性的文化工程，为后代保留了大量具有文化基因性质的宝贵材料，其价值弥足珍贵。所有这些工作成果为之后的非遗保护工作在基础材料、类型划分、基本情况、传承情况等方面都奠定了坚实的工作基础，也为当下和今后非遗保护工作的重要面向，即记录建档工作的长期性奠定了坚实的理论与实践基础。这些工作为我们了解中国民族民间文化发展规律，应对社会高速发展所带来的文化转型，提供了不可替代的文化财富。因此，集成志书所具有的开创性、唯一性的文化价值，是其构成文化典籍的价值基础，将大众口头文化叙事以如此规模进行全面普查记录，以国家典籍形式永久留存，成为永久性的国家记忆，随着时间的推移，其价值会更加体现出来。

集成志书及后续开展的"中国节日志""中国史诗百部工程"与国家非物质文化遗产保护名录具有高度的一致性。以音乐为例，在 1372 项国家级非物质文化遗产代表性项目名录中，传统音乐、戏曲（含音乐）、曲艺（含音乐）三类保护项目共有 459 项，这些项目绝大多数在四套音乐集成志书：《民歌集成》《器乐曲集成（含宗教音乐）》《戏曲音乐集成》《曲艺音乐集成》中均有对应的搜集整理，而且是以民歌（地区、民族、歌种）、器乐（民族、地区、乐种、乐器、独奏、合奏）、戏曲（剧种音乐）、曲艺（曲种音乐）的音乐类型方式做了较为详尽的专题记录。从

---

① 以上所有数据均来自李松：《文化保护 一脉相承——文艺集成志书工程与非物质文化遗产保护》，《中国非物质文化遗产》2021 年第 1 期。

建档的类型来看，《中国民族民间十部文艺集成志书》"中国节日志""中国史诗百部工程"所搜集、整理的文化资源，在类型上全部包含于非遗项目类型。这使非遗保护的工作面向更为广阔，将视野拓展到了诸如民间工艺、传统医药等领域。

（三）中国节日影像志

文化和旅游部民族民间文艺发展中心（以下简称"中心"）于2005年着手规划和设计新的文化记录工程，是基于对充分发挥国家制度优势，落实我国文化传统的价值认知。首先，应对国内外对文化遗产保护概念的不断扩大深化和即将面临的文化保护工作实际需要；其次，对文化研究保护工作整体性把握能力的要求，主要针对各个文学艺术门类本体的文本化工作，要适应新的社会需求，更加关注学术视野的扩展，对艺术本体研究的不断深入和对文化关联性要素的关注与时俱进；再有，伴随科技水平的迅速提高，特别是信息技术、数字化技术在文化领域的广泛应用，面向文化在记录、研究、传播、应用等领域的技术生态变革，对国家文化建设基础性工作的创新发展提出了必然的要求。

基于上述原因，"中国节日志"和"中国史诗百部工程"作为国家社科基金特别委托项目，在项目设计、管理方式、成果形式几个主要方面，较之集成志书工作，继承和发展并重，成为国家文化记录工程创新发展的生动实践。

"中国节日志"由中心规划实施，项目内容与成果形式分为三部分，分别为"中国节日志"（文本）、"中国节日影像志""中国节日文化数据库"。

第一部分，"中国节日志"（文本）：根据传统节日普查情况，挑选各民族、各地区有代表性的传统节日150个左右，分卷编纂、出版节日志书。"中国节日志"（文本）由科研院所、高校的专家按照统一的学术要求和体例进行调查和书写，以传统志书的撰写结构，并结合人类学田野调查报告方法，形成综述、志略和调查报告三位一体的形态，充分发挥文字书写的优势。

第二部分，"中国节日影像志"：旨在通过影视技术手段记录中国各民族各地区的传统节日，以客观反映节日现状为特征，是中国国内第一次系统地进行传统节日拍摄记录的重要研究工作。按照纪录片的要求拍摄节日影像志，一方面可供传播中国节日文化之用，另一方面可供学术研究之用。文化和旅游部民族民间文艺发展中心组织邀请相关领域专家和学者参与总体规划，然后按总体规划以子课题形式向学界公开招标，由投标并中标的高校及科研机构的学者负责实施。由文艺发展中心组织相关专家实施子课题的竞标评审和结项评审。"中国节日影像志"预计成片

150 部，影像资料时长达 3000 小时，截至 2021 年，已立项 194 项。

　　第三部分，"中国节日文化数据库"：运用现代科技手段对以上所有的节日文本资料、图片资料及影像资料进行管理，形成中国节日文化数据库，内容包括我国传统节日文化的相关文献资源，主要有新中国成立前的地方志和文人笔记等、传统节日调查的调查报告、传统节日的图片及影像等。数据库在网络上免费向政府部门及社会公众提供浏览、检索服务。

　　由此可见，"中国节日影像志"是在集成志书的文字基础上所做的新的尝试。刘广宇在《中国节日影像志：静观与阐释》一书中归纳了"中国节日影像志"经历的几个阶段：

　　第一阶段，项目的预研究和试点项目探索期（2005—2009 年）。从 2005 年起，"中国节日影像志"进行了为期四年的预研究和试点项目探索过程。在这个阶段，中心采取了自行组队和委托两种方式进行。《姊妹节》和《鼓藏节》由中心自行组队完成，两个项目的展开都严格依据人类学民族学田野调查要求，进行了足够长时段的在地跟踪拍摄，记录了节日前、节日中和节日后的过程和各仪式环节，并最终剪辑成片。这是"中国节日影像志"项目最早的两部样片，也为之后该项目培训会中多次讨论和学习提供范本。另一个试点项目是以委托方式展开，受托人是当时还在北京大学社会学系人类学专业攻读博士研究生的朱靖江，由他负责拍摄记录新疆哈萨克族诺鲁孜节。该项目由他一人以"单兵作战"的方式完成，2021 年完成影片《冬牧场》。由此也可看出中心处于探索阶段，并未形成具体的要求，这也为下一步"中国节日影像志"在全国范围内的招投标提供了借鉴。

　　第二阶段，项目"立项"与项目规范的出台（2009—2013 年）。经过中心四年的不断探索和总结经验，并在各方条件成熟的前提下，于 2009 年顺利完成国家社科基金特别委托项目"中国节日影像志"立项工作。伴随立项而来的三个重要事项就是"中国节日影像志"编辑委员会的成立、"中国节日影像志"编辑部的成立和《"节日影像志"项目实施规范》的产生。它们分别从学术审查、组织实施和操作规范上给予即将全面展开的"中国节日影像志"以基本要求和基本保障。

　　第三阶段，大规模的实施阶段（2013—2019 年）。"节日影像志"进入第三阶段后，项目整体运行平稳，每年新增子课题数不低于 10 项，从 2013 年至 2019 年逐年递增，但上限不超过 30 项。随着课题的增多，中心也建立健全了一套相对完善和稳定的管理体制。

　　朱靖江在《新世纪影像志十大代表项目》中曾对"中国节日影像志"有这样一

个基本评述："'中国节日影像志'项目是我国首次系统地对传统节日拍摄记录的重大研究项目，也是我国继 20 世纪 50 至 70 年代'中国少数民族社会历史科学纪录影片'影像实践后，再次由国家发起的影像文献拍摄行动，是迄今为止国内规模最大、建制最完备、参与者最多的大型影像志工程，产生了百余部纪录片及其海量影像素材，是进入 21 世纪以来最重要的国家级影像文献工程之一，具有显著的创新与示范性，以一种既有学术规范性，又适当彰显创作个性的方式，试图为时代留存中国传统节日影像化历史典籍。"[①]

经过数据统计[②]，截至 2021 年 11 月，已获立项的子课题共计 194 项，属于国家级非物质遗产的 81 项（见表 1-1）。按立项地理区域看，七大地区都有立项（见表 1-2）。按省级梳理立项成果，全国 34 个省级行政区除宁夏、台湾、香港、澳门外，其余省份都有立项，云南、四川、新疆、甘肃等西南和西北地区立项最多。从数据来看，西南、西北少数民族地区的节日记录更为侧重。

表 1-1 2021 年"中国节日影像志"数据统计

项目名称	负责人	所在单位	所属民族	所属地区	是否国家级非遗代表性项目	入选年份	入选批次	所属类型	备注
姊妹节（苗族）	文旅部民族民间文艺发展中心试点项目	文旅部民族民间文艺发展中心	苗族	贵州	是	2006	第一批	民俗	
鼓藏节（苗族）	文旅部民族民间文艺发展中心试点项目	文旅部民族民间文艺发展中心	苗族	贵州	是	2014	第四批	民俗	
马街书会	吴亚明、侯松建	河南文化艺术研究院	汉族	河南	是	2006	第一批	民俗	
怒族仙女节	张跃	云南大学	怒族	云南	是	2006	第一批	民俗	

---

① 朱靖江：《新世纪影像志十大代表项目》，《中国民族》2016 年第 7 期，第 42 页。
② 2021 年"中国节日影像志"数据来源：文化部民族民间文艺发展中心提供。

续表

项目名称	负责人	所在单位	所属民族	所属地区	是否国家级非遗代表性项目	入选年份	入选批次	所属类型	备注
傈僳族刀杆节	高志英	云南大学	傈僳族	云南	是	2006	第一批	民俗	
黎族"三月三"	刘红梅	中国传媒大学	黎族	海南	是	2006	第一批	民俗	
那达慕	孙增田 李丁	哈尔滨理工大学	蒙古族	内蒙古	是	2006	第一批	民俗	
羌年（羌族）	蒋彬	西南民族大学	羌族	四川	是	2008	第二批	民俗	
苗年（苗族）	肖坤冰	西南民族大学	苗族	贵州	是	2008	第二批	民俗	
盘王节（瑶族）	吴乔	中国社科院社会学所	瑶族	广西	是	2006	第一批	民俗	
土族纳顿节	邢海珍	青海师范大学	土族	青海	是	2006	第一批	民俗	
泼水节	徐菡	云南大学	傣族	云南	是	2006	第一批	民俗	
蚂拐节	朱晶	中央新影集团	壮族	广西	是	2006	第一批	民俗	
甘肃省环县红星村春节	刘磊	西安工业大学	汉族	甘肃	是	2006	第一批	民俗	
北京郊区村落的春节	陈刚	中国传媒大学	汉族	北京	是	2006	第一批	民俗	
妙峰山庙会	范华	法国远东学院（北京中心）	汉族	北京	是	2008	第二批	民俗	
高古斯台罕乌拉山敖包祭祀	陶格图	内蒙古师范大学	蒙古族	内蒙古	是	2006	第一批	民俗	
绕三灵	鲍波	大理大学	白族	云南	是	2006	第一批	民俗	
胡集书会	王加华	山东大学	汉族	山东	是	2006	第一批	民俗	

续表

项目名称	负责人	所在单位	所属民族	所属地区	是否国家级非遗代表性项目	入选年份	入选批次	所属类型	备注
成都春节	李家伦	西南交通大学	汉族	四川	是	2006	第一批	民俗	
土族青苗会	赵宗福	青海师范大学	土族	青海	是	2014	第四批	民俗	
彝年	武小林	西南交通大学	彝族	四川	是	2011	第三批	民俗	
羌族瓦尔俄足节	刘广宇	西南交通大学	羌族	四川	是	2006	第一批	民俗	
帕斯卡节（俄罗斯族）	唐戈	黑龙江大学	俄罗斯族	黑龙江	是	2011	第三批	民俗	
花馍里的豫东春节	吴效群	河南大学	汉族	河南	是	2006	第一批	民俗	
水族端节	张小军	清华大学	水族	贵州	是	2006	第一批	民俗	
云南文山苗族花山节	王宁彤	中国传媒大学	苗族	云南	是	2014	第四批	民俗	
广西南宁壮族"三月三"	吴伟镔	广西民族博物馆	壮族	广西	是	2014	第四批	民俗	
湖北省秭归县端午节	黄永林	华中师范大学	汉族	湖北	是	2006	第一批	民俗	
德昂族浇花节	毕芳	云南大学	德昂族	云南	是	2008	第二批	民俗	
纳西族摩梭人春节	陈柳	云南师范大学	纳西族	云南	是	2006	第一批	民俗	
景颇族春节	李伟华	云南大学	景颇族	云南	是	2006	第一批	民俗	
土家族春节	胡艳	西南民族大学	土家族	重庆	是	2006	第一批	民俗	

续表

项目名称	负责人	所在单位	所属民族	所属地区	是否国家级非遗代表性项目	入选年份	入选批次	所属类型	备注
山东省曹县桃源集花供会	刁统菊	山东大学	汉族	山东	是	2008	第二批	民俗	
天津皇会	马知遥	天津大学	汉族	天津	是	2008	第二批	民俗	
热贡六月会	朱晶	北京奇观文化传播有限公司	藏族	青海	是	2006	第一批	民俗	
二郎山花儿会	戚晓萍	甘肃省社科院民族文学所	回族	甘肃	是	2006	第一批	民俗	
嘉兴端午节	张雅欣	中国传媒大学	汉族	浙江	是	2011	第三批	民俗	
西藏拉孜琼嘎村望果节	郝梦、骈树	昆明浩睿文化传播	藏族	西藏	是	2014	第四批	民俗	
安徽绩溪县伏岭镇春节	杨达维	西南民族大学	汉族	安徽	是	2006	第一批	民俗	
河北井陉县核桃园村元宵节	赵旭东	中国人民大学	汉族	河北	是	2008	第二批	民俗	
山西介休市南庄村清明节	刘磊	西安工业大学	汉族	山西	是	2006	第一批	民俗	
老爷山花儿会	邢海珍	青海师范大学	回族	青海	是	2006	第一批	民俗	
甘肃西和县杜河村乞巧节	杨滨	兰州城市学院	汉族	甘肃	是	2008	第二批	民俗	
锡伯族西迁节	谷雪儿	深圳大学	锡伯族	新疆、辽宁	是	2006	第一批	民俗	

续表

项目名称	负责人	所在单位	所属民族	所属地区	是否国家级非遗代表性项目	入选年份	入选批次	所属类型	备注
湖南花垣机司村苗族春节	龙杰	湖南湘西自治州民族宗教事务委员会	苗族	湖南	是	2006	第一批	民俗	
京族哈节	吕俊彪	广西民族大学	京族	广西	是	2006	第一批	民俗	
四川布拖县彝族火把节	陈顺强	西南民族大学	彝族	四川	是	2006	第一批	民俗	
贵州安顺屯堡人春节	瞿巍	成都体育学院	汉族	贵州	是	2006	第一批	民俗	
贵州德江炸龙节	徐浩	贵州大学	土家族	贵州	是	2020	第五批	民俗	
云南景颇族目瑙纵歌	巴胜超	昆明理工大学	景颇族	云南	是	2006	第一批	民俗	
吉林满族春节	孔朝蓬	吉林大学	满族	吉林	是	2006	第一批	民俗	
自贡灯会	刘广宇	四川理工学院	汉族	四川	是	2008	第二批	民俗	
辽宁大琵琶村春节	江帆、孙心乙	辽宁大学、大连工业大学	满族	辽宁	是	2006	第一批	民俗	
北山庙会	柴明明	吉林省艺术研究院	汉族	吉林	是	2011	第三批	民俗	
波罗诞	刘志伟	中山大学音像出版社	汉族	广东	是	2011	第三批	民俗	
江西石邮村春节跳傩	黄清喜	赣南师范大学	汉族	江西	是	2006	第一批	传统舞蹈	
浙江桐乡蚕花会	张帅	浙江农林大学	汉族	浙江	是	2011	第三批	传统体育、游艺与杂技	高杆船技

续表

项目名称	负责人	所在单位	所属民族	所属地区	是否国家级非遗代表性项目	入选年份	入选批次	所属类型	备注
福建湄洲妈祖庙会	刘志	莆田学院	汉族	福建	是	2006	第一批	民俗	
江苏南京长芦街道方氏家族春节	蒋俊	南京师范大学	汉族	江苏	是	2006	第一批	民俗	
河北圈头村药王庙会	马兰	河北大学	汉族	河北	是	2008	第二批	传统音乐	冀中笙管乐（安新县头村音乐会）
布依族"三月三"	武小林	西南交通大学	布依族	贵州	是	2011	第三批	民俗	
藏族雪顿节	陈坚	东华大学	藏族	西藏	是	2006	第一批	民俗	
上海嘉定区春节	潘晓斌	上海大学	汉族	上海	是	2006	第一批	民俗	
秦淮灯会	张兴宇	南京农业大学	汉族	江苏	是	2006	第一批	民俗	
北京春节	刘夏蓓	北京师范大学	汉族	北京	是	2006	第一批	民俗	
辽宁天成观庙会	冯志莲	沈阳音乐学院	汉族	辽宁	是	2020	第五批	民俗	
福建仙游枫亭镇元宵节	郑莉	厦门大学	汉族	福建	是	2008	第二批	民俗	
清明节（江苏姜堰）	杨红	中国传媒大学	汉族	江苏	是	2008	第二批	民俗	

续表

项目名称	负责人	所在单位	所属民族	所属地区	是否国家级非遗代表性项目	入选年份	入选批次	所属类型	备注
春节（北京回龙观社区）	于然	中国传媒大学	汉族	北京	是	2006	第一批	民俗	
列车上的春节——K3521 次列车春运纪录	刘广宇	四川师范大学	汉族	四川、上海	是	2006	第一批	民俗	
春节（陕西榆林）	贾恺	同济大学	汉族	陕西	是	2006	第一批	民俗	
泰山东岳庙会	牛光夏	山东艺术学院	汉族	山东	是	2008	第二批	民俗	
仡佬族毛龙节	龚德全	贵州民族大学	仡佬族	贵州	是	2006	第一批	民俗	
北京春节（厂甸庙会）	张帆、李芳	北京理工大学	汉族	北京	是	2006	第一批	民俗	
送大暑船	林友桂	浙江师范大学	汉族	浙江	是	2021	第五批	民俗	
宁夏固原市隆德县王庄村春节	赵茹	西北大学	多民族	宁夏	是	2006	第一批	民俗	
武汉春节	黄永林	华中师范大学	汉族	湖北	是	2006	第一批	民俗	
"后疫情时代"武汉春节纪事	陆敏	中南民族大学	汉族	湖北	是	2006	第一批	民俗	
敖包节	刘湘晨	新疆师范大学	蒙古族	新疆	是	2006	第一批	民俗	
蒙古族春节	刘湘晨	新疆师范大学	蒙古族	新疆	是	2006	第一批	民俗	

表 1-2 2021 年"中国节日影像志"全国分布数据统计

区域名称	省、自治区、直辖市简称	数量	
华北地区 （9.28%）	京	5	18
	津	1	
	晋	4	
	冀	5	
	内	3	
华中地区 （7.22%）	豫	5	14
	鄂	5	
	湘	4	
华东地区 （15.98%）	沪	2	31
	浙	7	
	苏	3	
	皖	1	
	闽	8	
	赣	1	
	鲁	9	
	台	0	
华南地区 （10.31%）	粤	7	20
	桂	9	
	琼	4	
	港	0	
	澳	0	
西北地区 （18.05%）	陕	4	35
	甘	9	
	宁	2	
	青	5	
	新	15	
东北地区 （4.13%）	黑	2	8
	吉	2	
	辽	4	
西南地区 （35.06%）	川	16	68
	滇	32	
	黔	13	
	渝	2	
	藏	5	

（四）中国史诗百部工程

"中国史诗百部工程"与"中国节日影像志"均为文化和旅游部民族民间文艺发展中心主持的国家社科基金特别委托项目，因此其学术指向性较强，旨在以高质量的影音技术记录节日、史诗文化，客观反映中国当代节日民俗、史诗展演的基本现状，抢救和挖掘濒危的民间口传史诗资源。该项目以仍在民间活态传承的史诗为主要影像志记录对象，以保留直观的、真实的、有价值的文化资源为最终目标，全面记录民族民间史诗传承的仪式、民俗、文化生态和文化传统。

"中国史诗百部工程"是 2009 年立项的国家社科基金特别委托项目，由文化和旅游部民族民间文艺发展中心于 2012 年开始规划实施。项目规划收集整理 100 部史诗，对中国史诗的演述及其仪式、民俗、文化生态等进行全面记录，抢救与挖掘濒危的史诗资源，对活形态的史诗演述传统进行高质量影音摄录。"中国史诗百部工程"是新中国历史上第一次对传统史诗进行全面收集整理的重大工程。

"中国史诗百部工程"编辑委员会于 2014 年成立，由文学、民俗学、人类学、民族学、语言学、历史学、艺术学等相关学科的专家组成。编委会负责项目的规划、指导、评审。第一任编委会主编是周巍峙同志，当前编委会主编由李松、朝戈金共同担任。对史诗的记录工作，更多的则是充分考虑在以中国社会科学院民族文学研究所为代表的长期专业的史诗研究基础上，将工程重点放在侧重于对濒危的第一手史诗资源的抢救与挖掘，以仍在民间活态传承的史诗为主要记录对象，用高质量影音摄制作为主要记录手段，记录内容涉及史诗演述的形式、内容、仪式、民俗、传承方式及文化生态等方面，尽可能以可视化的方式全面地对濒危的口头传统予以抢救性记录。

截至 2021 年 11 月，该工程已完成 100 项子课题的立项工作，其中 35 项已召开结项评审会，16 项已进行数据整备，累计获得文字成果 330 万字，影像素材 500 余小时，图片 3500 余张。2021 年，完成 6 项子课题的立项工作，8 项子课题的结项工作，6 项子课题的数据整备工作。项目计划形成影音、文本、数据库三种成果，预计成果文字量达 1000 万字以上，影像素材达 1500 小时以上。

中心负责实施的"中国史诗百部工程"，突破了史诗搜集、保护与传播的传统范式，用影音手段记述和呈现百部民族传统史诗的当代样貌。究其初衷，在于学术界日益深刻地认识到：史诗演述是一种结合文字、语言、表情、形体、声调、音乐以及文化氛围等多重元素于一身的文化事象，如果剥离其余，单纯将文字存录下来，往往会损害史诗的文献价值、遗产价值与传承价值，影音媒介则提供了全息记录与展示方法。迄今为止,"中国史诗百部工程"已对藏族史诗《格萨尔王》、苗族史诗《亚鲁王》、哈尼族史诗《雅尼雅嘎赞嘎》、蒙古族史诗《汗青格勒》等数十部民族民间史诗进行了影音记录与文字整理工作,形成了多部语境完整、演述生动、文化信息丰富的史诗影像志。

表 1-3 2021 年"中国史诗百部工程"数据统计

项目编号	项目名称	国家级非遗编号	国家级非遗名称	类别	公布时间
SS2012001	阿昌族《遮帕麻和遮咪麻》	1-3	遮帕麻和遮咪麻	民间文学	2006（第一批）
SS2012003	柯尔克孜族《玛纳斯》	1-25	玛纳斯	民间文学	2006（第一批）
SS2012004	《苗族史诗（黔东南）》	1-1	苗族古歌	民间文学	2006（第一批）
SS2012005	《纳西族（摩梭人）史诗》	1-153	黑白战争	民间文学	2004（第四批）
SS2012006	蒙古族《汗青格勒》	1-70	汗青格勒	民间文学	2008（第二批）
SS2014007	拉祜族史诗《牡帕密帕》	1-4	牡帕密帕	民间文学	2006（第一批）
SS2014009	壮族创世史诗《布洛陀》	1-2	布洛陀	民间文学	2006（第一批）
SS2014010	柯尔克孜族史诗《玛纳斯》	1-25	玛纳斯	民间文学	2006（第一批）
SS2015004	亚鲁王	1-118	亚鲁王	民间文学	2011（第三批）
SS2015007	《格萨尔（四川省德格县）》	1-27	格萨（斯）尔	民间文学	2006（第一批）
SS2015010	彝族创世史诗《查姆》	1-64	查姆	民间文学	2008（第二批）
SS2015011	彝族史诗《勒俄》（四川省美姑县）	1-75	彝族克智	民间文学	2008（第二批）
SS2015012	彝族史诗《勒俄》（四川省甘洛县）	1-75	彝族克智	民间文学	2008（第二批）
SS2015014	新疆蒙古族史诗《江格尔》	1-26	江格尔	民间文学	2006（第一批）
SS2015015	新疆蒙古族史诗《格斯尔》	1-27	格萨（斯）尔	民间文学	2006（第一批）
SS2016001	蒙古族史诗《英雄格斯尔汗》	1-27	格萨（斯）尔	民间文学	2006（第一批）
SS2016004	《黑暗传》	1-115	黑暗传	民间文学	2011（第三批）
SS2016006	德昂族史诗《达古达楞格莱标》	1-65	达古达楞格莱标	民间文学	2008（第二批）
SS2016008	彝族创世史诗《梅葛》	1-63	梅葛	民间文学	2008（第二批）
SS2016012	苗族史诗（湘西）	1-1	苗族古歌	民间文学	2006（第一批）

项目编号	项目名称	国家级非遗编号	国家级非遗名称	类别	公布时间
SS2017002	《格萨尔》（西藏昌都地区）	1-27	格萨（斯）尔	民间文学	2006（第一批）
SS2017003	《玛纳斯》（新疆阿图什市）	1-25	玛纳斯	民间文学	2006（第一批）
SS2017004	《江格尔》（新疆和静县）	1-26	江格尔	民间文学	2006（第一批）
SS2017005	《江格尔》（新疆博乐市）	1-26	江格尔	民间文学	2006（第一批）
SS2017006	维吾尔族达斯坦《雅琪伯克》	1-71	维吾尔族达斯坦	民间文学	2008（第二批）
SS2017007	维吾尔族达斯坦（玉素甫与艾合买提）	1-71	维吾尔族达斯坦	民间文学	2008（第二批）
SS2017008	东乡族《米拉尕黑》	1-68	米拉尕黑	民间文学	2008（第二批）
SS2017011	瑶族史诗《密洛陀》	1-117	密洛陀	民间文学	2011（第三批）
SS2017012	纳西族史诗	1-153	黑白战争	民间文学	2014（第四批）
SS2017016	景颇族史诗《目瑙斋瓦》	1-119	目瑙斋瓦	民间文学	2011（第三批）
SS2018009	《江格尔》（新疆昭苏县）	1-26	江格尔	民间文学	2006（第一批）
SS2018010	《江格尔》（新疆额敏县）	1-26	江格尔	民间文学	2006（第一批）
SS2018011	苗族《贾理》	1-76	苗族贾理	民间文学	2008（第二批）
SS2018012	佤族《司岗里》	1-74	司岗里	民间文学	2008（第二批）
SS2019005	《格斯尔》（内蒙古巴林右旗）	1-27	格萨（斯）尔	民间文学	2006（第一批）
SS2019008	《格斯尔》（新经伊犁哈萨克自治州）	1-27	格萨（斯）尔	民间文学	2006（第一批）
SS2019010	《格萨尔》（青海省果洛藏族自治州）	1-27	格萨（斯）尔	民间文学	2006（第一批）
SS2019011	《格萨尔》（四川省甘孜州色达县——土登演述）	1-27	格萨（斯）尔	民间文学	2006（第一批）
SS2019012	《阿细的先基》——潘齐仁、何玉芬演述	1-121	阿细先基	民间文学	2011（第三批）
SS2020004	《格萨尔王显威三圣地》（西藏那曲）	1-27	格萨（斯）尔	民间文学	2006（第一批）
SS2020005	珞巴族《阿巴达尼》	1-107	珞巴族始祖传说	民间文学	2011（第三批）
SS2020007	《格斯尔》（青海海西）	1-27	格萨（斯）尔	民间文学	2006（第一批）

续表

项目编号	项目名称	国家级非遗编号	国家级非遗名称	类别	公布时间
SS2020008	哈萨克族"达斯坦"（新疆富蕴）	1-72	哈萨克族达斯坦	民间文学	2008（第二批）
SS2020010	《江格尔》（新疆乌苏）	1-26	江格尔	民间文学	2006（第一批）
SS2021003	《格萨尔》（西藏察雅县）	1-27	格萨（斯）尔	民间文学	2006（第一批）
SS2021005	《玛纳斯》（新疆阿合奇县）	1-25	玛纳斯	民间文学	2006（第一批）
SS2020006	《格萨尔》（青海玉树）	1-27	格萨（斯）尔	民间文学	2006（第一批）

通过表 1-3 的数据比对，可以看出，"中国史诗百部工程"中有 47% 的项目入选国家级非物质文化代表性项目。因此，"中国史诗百部工程"为非遗影像提供了较为系统的学术影像资源。[1] 两种影像志都在总体上保持着民族志纪录片的结构与样貌。由于具备国家行为与社会科学规范两大属性，"中国节日影像志"与"中国史诗百部工程"在文化诉求、框架设计、团队组织、摄制流程、验收标准等方面，与媒体本位的纪录片有着较为显著的区别，基本上体现出影视人类学的学科范式。这两项影像志项目也是迄今动员学术和创作力量规模最大的民族志纪录片摄制活动。作为影视人类学框架下的纪录片创作，两个项目均注重学术理念的贯彻实施，如"承认差异性真实""注重影像场域""让文化持有者发声""以影音研究为导向"等，"通过学术实践，发现文化社会秩序，找到影像记录的规律，提炼出学科的研究方法，提升学科认识。"

（五）国家图书馆"国家级非物质文化遗产代表性传承人抢救性记录工程"

始于 2015 年的"国家级非物质文化遗产代表性传承人抢救性记录工程"，是由原文化部非物质文化遗产司主持、中央财政专款支持、委托国家图书馆中国记忆项目中心进行项目管理的另一项国家级非遗影像记录项目。

"抢救性记录工作要采用数字多媒体等现代信息技术手段，全面、真实、系统地记录代表性传承人掌握的非物质文化遗产丰富知识和精湛技艺，为后人传承、研究、宣传、利用非物质文化遗产留下宝贵资料。"[2] 从《国家级非物质文化遗产代表

---

① 2021 年中国史诗百部项目数据来源：文化部民族民间文艺发展中心。
② 《国家级非物质文化遗产代表性传承人抢救性记录工作规范》，2015。

性传承人抢救性记录工作规范》可知，其主要成果为"口述片""项目实践片""传承教学片"和"综述片"等多种类型的纪录片。项目采取了市场招标的团队招募方式，影片的学术性是较为重要的核心指标。按照规范和操作指南的要求，每个记录项目要配备至少一名专家顾问，主要对记录工作进行学术支持和把关。"专家顾问负责项目拍摄的专业指导，如果条件允许，可担任口述采访者。需是项目相关领域的学术或民间研究专家，全程参与项目工作。若专家年龄较大，在尊重其个人意愿的前提下，充分考虑身体、健康等因素，适量参与工作。若专家担任采访者工作，建议其年龄不高于60岁。"[1]专家顾问必须对这项非遗项目和传承人进行过专门的研究，还必须深度参与记录工作的过程，发挥学术力量。近五年来，在各省非遗保护中心的组织下，全国各地的纪录片工作者记录了千余位国家级非遗传承人的综合性影像资料，并为每一位传承人以纪录片的形式立传。"从音像志视角看，非遗记录已初步建构出非遗传承人音像志的框架：以拍摄素材为地基，以口述片、传承教学片和项目实践片为基础，以综述片为地上建筑物。地基和基础充实了，综述片这一地上建筑物就有了更真、更善、更美的可能。"[2]

2018—2019年，国家图书馆以"年华易老，技忆永存"为题，在北京举办了两届"国家级非物质文化遗产代表性传承人抢救性记录工作成果展映月"活动，面向公众，展映了《沈少三撂石锁》《潘萨银花侗族大歌》《巴德玛蒙古族长调民歌》《潘老平水书习俗》等32部非遗传承人纪录片；2020年5月至6月，该馆又在线上举办"他们鉴证了文明——国家级非遗代表性传承人记录工作优秀纪录片巡礼"，并在微信公众号上推送了《贡保才旦石雕》《徐忠德汉川善书》《王如海冀中笙管乐》《松纯佛教音乐（天宁寺梵呗唱诵）》等47个优秀项目的综述影片。中国社科院研究员鲍江对非遗记录工作给予了较高的评价："'非遗'抢救性记录工作有两方面成果：一是知识体系的创新，关于如何用影音语言拍摄和记录'非遗'，该项目提出了可操作的方案和标准；二是探索出了一套由国家、专家团队、社会力量多方参与的'非遗'文献建设实践模式。"[3]

鲍江在《音像志初探——兼评三个相关课题》一文中总结归纳了非遗记录已初步建构出非遗传承人音像志的框架：以拍摄素材为地基，以口述片、传承教学片和

① 《国家级非物质文化遗产代表性传承人抢救性记录工作规范》，2015。

② 鲍江：《音像志初探——兼评三个相关课题》，《中央民族大学学报（哲学社会科学版）》2020年第1期，第67页。

③ 徐谭：《一场和时间赛跑的抢救保护》，《光明日报》2018年7月12日，第7版。

项目实践片为基础，以综述片为地上建筑物。"国家级非物质文化遗产代表性传承人抢救性记录工程"主旨是将传承人对文化传统的深刻理解与自身掌握的精湛技艺，通过数字化多媒体手段全面、真实、系统地记录下来，保留中华优秀传统文化基因，为后人传承、研究、宣传、利用非物质文化遗产留下宝贵资料，这对于继承和弘扬中华民族优秀传统文化，构建中华民族优秀传统文化传承体系，具有重要意义。组织形态上，"国家级非物质文化遗产代表性传承人抢救性记录工程"项目与"中国节日影像志"课题有同有异。共同点是总体规划设计和成果评审依托相关领域专家学者。

区别主要有两点：其一，"国家级非物质文化遗产代表性传承人抢救性记录工程"子项目招标由各省文化厅非物质文化遗产保护中心负责，"中国节日影像志"子课题招标由中心负责。其二，"国家级非物质文化遗产代表性传承人抢救性记录工程"子项目招标面向社会市场主体，"中国节日影像志"子课题招标面向高校及科研机构学者。"国家级非物质文化遗产代表性传承人抢救性记录工程"从名称上来看，彰显"专题＋人物"的对象化形态，开宗明义即以具体的人作为抽象的专题概念的落实点。据悉，国家图书馆设计该项目实施方案时，邀请了从事非遗保护研究的专家、国家非物质文化遗产名录所涉及诸领域的专家、影视人类学家和文献档案学家共同提供智力支持，相关成果体现为《国家级非物质文化遗产代表性传承人抢救性记录工程操作指南》（试行本）（以下简称《操作指南》）和《国家级非物质文化遗产代表性传承人抢救性记录十讲》（以下简称《十讲》）。《十讲》是国家图书馆组织相关讲座发言稿的汇编，《操作指南》是指导子项目实施的规范文本。《操作指南》对记录的内容作了分类，即口述片、传承教学和项目实践三类，主体为传承人。口述片为访谈场景的音像记录与剪辑呈现，访谈人为子项目学术专员，访谈对象为传承人本人及与其密切相关的人，访谈主题为传承人的人生史。传承教学片为传承人传授非遗知识场景的音像记录与剪辑呈现。项目实践片为传承人实践非遗知识场景的音像记录与剪辑呈现。除了口述片、传承教学片和项目实践片，还有一种类型，即综述片，基于访谈、传承教学、项目实践等场景的音像记录素材来综合呈现传承人。[①]

然而在"国家级非物质文化遗产代表性传承人抢救性记录工程"实践工作中，较多综述片质量却不尽如人意，没有完全按照《操作指南》进行拍摄。从国家图书

[①] 鲍江：《音像志初探——兼评三个相关课题》，《中央民族大学学报（哲学社会科学版）》2020年第 1 期，第 67 页。

馆微信公众号上展映的三十余部优秀综述片中可以看出以下特色：

首先，传承人是非遗文化的继承者同时也是创造者。传承人的技艺并非被架空，而是真实根植于生活之中，通过师徒、邻里、朋友关系和家庭情感联系建立起来的场域，将传承人塑造成为时代的坐标和历史的楷模，通过影像将被尊崇为"大师""国宝""大国工匠"等称号的传承人的技艺、思想和性格进行人格化塑造，使他们以中华民族优秀传统文化的传承者和代言人的身份进入到观众视野中。例如记录安徽省黄山市的国家级非遗项目"中医诊法（张一帖内科疗法）"的国家级非遗传承人李济仁和张舜华夫妇的综述片《一剂值千金》，将历史悠久、人杰地灵的徽州所孕育的徽州文化呈现给观众。地方文化和历史文化将李济仁一家塑造成了中华医学传统文化的继承者和发扬者；江苏省常州市国家级非遗项目"吟诵调（'常州吟诵'）"的国家级非遗传承人秦德祥的综述片《像古人一样读书》，记录了秦德祥对"常州吟诵"的保护、传承和研究。吟诵是中国古人所特有的读书方式，清雅的书院中，一排排正襟危坐的小童跟随手拿戒尺的夫子，陶醉地摇晃着脑袋，用常州方言吟诵着诗文。随着时间的推移，这种习以为常的历史生活片段，变成了一份行将消失的乡愁记忆，如今琅琅读书声正随着时代的车轮渐渐远去，更显示出抢救性记录的迫切性和必要性，也显示出传承人群体对文化强国和中华民族伟大复兴具有的"特殊感召地位和标志意义"。[①] 这些综述片所聚焦的城市和乡村空间，可能是破败和凋零的，却是我们真实的现实生活空间。正是在抢救性记录的镜头中，我们读到了对传统文化的坚守及其消逝的无奈以及对现实的反思。

其次，学术专员与非遗记录有机的融合。综述片主要选取文献片中最具美感、最有代表性的镜头加上其他必要的素材，通过蒙太奇手法剪辑制作而成。作为抢救性记录工程主要成果的文献片，更强调影像文献价值、学术价值和参考价值，这三项是验收工作时的主要指标。综述片与文献片前期拍摄准备几乎一致，后期制作时是对抢救性记录工程成果的展示，更易于大众平台的展示和传播，故其学术性相比一般纪录片也更为突出。根据非遗记录项目要求，文献片包括口述片制作、项目实践片制作、传承教学片制作，主要是通过传承人口述、传承人项目实践和传承人传承教学等方式进行资料收集。《操作指南》对文献片的要求是只做基本剪辑，加唱词字幕和提示性题板，不配音乐，不做特效，一般不配画外解说，强调的是抢救性记录的完整性。综述片与文献片素材基本也一致，在文献片基础上加工剪辑而成

---

① 王福州：《定格妙悟 记录独造——中国非遗代表性传承人抢救性记录工作述要》，《人民日报》2016 年 7 月 21 日，第 24 版。

的，相对而言强调传承人技艺传承的完整性。非遗名录中包含民间文学、传统音乐、传统舞蹈、传统戏剧、曲艺、传统体育及游艺与杂技、传统美术、传统技艺、传统医药、民俗等类别，涉及多学科专业知识和文化知识，专业性强、学术要求高，故特设学术专员全程把关和指导，需要全方位、多角度对传承人、社区群众及相关专家学者进行采访和访谈，保证非遗记录的学术性和完整性。

在已有的综述片中，学术专员可以入镜，对提高综述片的学术性和完整性发挥着举足轻重的作用。例如记录辽宁省大洼区国家级非遗项目"古渔雁民间故事"的国家级非遗传承人刘则亭的综述片《候鸟的故事》中，担任学术专员的辽宁大学民俗学教授江帆对刘老讲述"古渔雁"路线和故事的介绍如数家珍，还帮助刘则亭将其收集的一千余件渔雁实物、老照片和文献资料建成古渔雁文化遗产博物馆；江苏省常州市国家级非遗项目"吟诵调"的国家级非遗传承人秦德祥的综述片《像古人一样读书》的学术专员楼益华是秦老的学生，与秦老关系亲密，也了解其生平事业；辽宁省锦州市国家级非遗项目"医巫闾山满族剪纸"的国家级非遗传承人汪秀霞的综述片《寂寞中的剪刀》的学术专员民俗学家王光研究汪秀霞二十多年。汪秀霞是深谙民俗文化的农村妇女，因对大山深处神灵的信仰，剪出了最传统的满族文化符号。王光认为，汪秀霞的剪法"保留了医巫闾山满族剪纸的最基本的特征和最传统的符号，但又充满了她自己非常强烈而鲜明的个人风格"。[①] 正是在王光的介绍中，观众认识到汪秀霞的《山神》《生命树》《牛首树神》《麼麼人》《山神爷爷山神奶奶》《九乳妈妈》等剪纸作品的价值和意义，她对生命图腾的崇拜、对山林鸟兽的信任与亲近，让观众也感受到来自医巫闾山深处的神秘气息和汪秀霞最质朴、最真诚的情感。学术专员以自己的学术涵养、对非遗传承人的情感和对文化的尊重，通过综述片将非物质文化遗产项目及其传承人全面、深入、完整地呈现给观众，使综述片不仅具有学术性，也像一部介绍非遗项目和传承人的"百科全书"。

第三，强调艺术性与人文价值。"国家级非物质文化遗产代表性传承人抢救性记录工程"需要详细地记录非物质文化遗产内在的真、善、美。非遗项目及传承人生长在我国各民族原生状貌的生活中，因此对其记录需要有较多"直接电影"理

---

① 《他们鉴证了文明 第 15 弹 寂寞中的剪刀》，国家图书馆微信公众号，https://mp.weixin.qq.com/s/8D3z4lCgGd 5LT7oKpPh1FQ。

念 ① 指导下的纪实性镜头。艺术化的表达也不可缺少，通过镜头和剪辑，将非物质文化遗产蕴含的人文精神和传承人的人格魅力进行完美呈现。

《操作指南》规定，综述片应在三个文献片的基础上选取素材中最具美感、最有代表性的镜头加上必要的其他素材剪辑而成，内容包含环境、文化空间、技艺、绝活、师承、传承人口述等，是对传承人及其项目的特色展示，可进行调光、调色、配音、配乐、特效、解说等艺术化处理。影片应有基本的包装，片头、片尾、字幕标准及成片生成格式，时长一般为半小时。而在记录团队实际的拍摄实践中，有的高等院校人类学专业学生用"直接电影"拍摄理念和方法剪辑综述片，镜头的信息含量和背后隐含的意义没能最大化地传达给信息接收者，因而没有充分展现综述片所应有的艺术性和人文价值。从传播受众心理层面看，非遗传播不能缺少艺术性。

以浙江省金华市、江山市国家级非遗项目"婺剧"的国家级非遗传承人郑兰香的综述片《江南兰正香》为例，影片开场用 5 个温州的远景环境镜头将观众带入到婺剧生存发展的环境空间中。随后，在 20 世纪 50 年代温州的 6 个老照片镜头中，一个小姑娘出现在画面中，情景再现主人公郑兰香的童年生活，紧接着是现实生活中的郑兰香出场并与情景再现的镜头交替呈现。影片结尾是一组黑白色的郑兰香表演和童年生活镜头，配以婺剧背景音乐和解说，"从一个打酱油的小姑娘，成长为中国婺剧的代名词，郑兰香的血脉里，早已浸润了婺剧的生存基因。悠悠兰香，煌煌婺剧，在这如痴的身影和婉转如莺的唱腔中，人们似乎看到了 400 年古老戏剧正在年轻绽放。婺剧给了我一个梦，我的梦在婺剧里，我是寻梦女，说梦者，又是梦中人，我早已决定把自己的一生，都献给婺剧事业"。该综述片用较低的俯视镜头展现环境空间，用平视镜头情景再现郑兰香的童年生活，用仰视镜头对郑兰香进行采访，三组镜头将该项目和传承人生存的环境空间、历史空间和情感空间清晰地加以展现，人与人、人与环境的关系在记录视角的变化中得到体现，将一个犹如兰花般久久散发清香的郑兰香呈现给观众，非遗精神也在记录视角的选择和转换中得以彰显和传播。

非遗记录主要以国家级非遗传承人为主线，拍摄主体是各行各业的精英和巨匠。党的十九届五中全会提出要强化非物质文化遗产系统性保护，加强各民族优秀

---

① 20 世纪 60 年代，美国人艾尔伯特·梅索斯和大卫·梅索斯兄弟倡导"直接电影"的拍摄理念与方法，强调摄像机镜头要像墙上的苍蝇一样，默默观察着事件的发生，不干涉被记录者的生活以及他自己的所思所想和所感，尽量排除一切对镜头表达意义造成影响的元素，如尽量不使用解说词、配乐、旁白与访谈等。

传统手工艺的保护和传承。时代要求我们将传统文化的基因以数字化和多媒体的方式进行传承。非遗记录项目充分展现非物质文化遗产复杂的网络性存在状况，使传统文化生活场景真实、生动和整体性地得以情景再现，引导人们投身弘扬中华文化的宏业之中。

（六）文化共享工程

"全国文化信息资源共享工程"（以下简称"文化共享工程"）于 2002 年开始，由原文化部、财政部共同组织实施的一项国家重大文化惠民工程。"文化共享工程"应用现代信息技术，将中华优秀文化信息资源进行数字化加工与整合，依托各级公共图书馆、文化馆（站）等公共文化设施，通过互联网、广播电视网、无线通信网等新型传播载体，在全国范围内实现中华优秀文化资源的共建共享。"文化共享工程"是政府提供公共文化服务的重要手段，是实现广大人民群众基本文化权益的重要途径，是改善城乡基层文化服务的创新工程，在我国公共文化服务体系建设中具有战略性、基础性地位。

在党中央、国务院的正确领导下，在各级党委、政府的大力支持下，"文化共享工程"建设取得了显著的成效。已初步建立了层次分明、互联互通、多种方式并用的国家、省、地市、县区、乡镇（街道）、村（社区）等六级数字文化服务网络。截至 2011 年底，建成 1 个国家中心，33 个省级分中心（覆盖率达 100%），2840 个县级支中心（覆盖率达 99%），28595 个乡镇基层服务点（覆盖率达 83%），60.2 万个村基层服务点（覆盖率达 99%），拥有全国专兼职人员已达 68 万人，累计服务超过 11.2 亿人次。通过广泛整合公共图书馆、博物馆、美术馆、艺术院团及广电、教育、科技、农业等部门的优秀数字资源，"文化共享工程"数字资源建设总量达到 136.4TB，整合制作优秀特色专题资源库 207 个。"文化共享工程"走进农村、走进社区、走进校园、走进军营、走进企业、走进机关……，初步满足了基层群众"求知识、求富裕、求健康、求快乐"的需求，受到广泛欢迎。

"文化共享工程"主要服务于各省、市、县图书馆、文化馆等单位，据资料显示从 2002 年开始国家投入了大量的经费用于该工程的基础建设。其中影像项目与其他文字类、图片类资料配合，共同建立各地区文化资源库。在前期立项阶段，设立了非遗影像、地区历史文化、红色文化、戏曲、民俗等类别，由国家全额资助。因为"文化共享工程"资料暂缺，故笔者专门采访了多次获得立项的贵州省卢凤岗导演，据他陈述，"文化共享工程"中非遗影像的项目申报首先由各省根据前期的调查内容确定选题，再进行公开招标。招标后确定具体拍摄方案及内容，由各省专家初步评审方案的可行性，后送至文化部"国家文化共享工程"审批，获得批准后投入资金，开始制作。项目完成后的非遗影像与文字、图片等资料共同进入工程数据库，由国家统一管理，各地方负责数据库建设。

以贵州省为例，从2019年"文化共享工程"视频制作项目《2019年公共数字文化建设项目实施方案》申报书来看，具体内容为《记录贵州》微视频系列专题片，由贵州省文化和旅游厅主办，贵州省公共文化发展中心承办，组织申报单位为贵州省文化厅。项目内容主要有6集《安顺三线》专题片、12集《贵州桥梁博物馆》系列专题片、20集《贵州民族传统村落》专题片、20集《解放贵州》专题片、15集《纪录贵州》微视频。通过民俗、民族村寨、传统技艺、传统节日、传统美食、民族歌舞、红色人物、贵州文化名家、贵州掠影、贵州戏曲等方面反映贵州的文化遗产及文化建设。《纪录贵州》项目中主要包括《苗族走相思——加榜》《苗族传统农耕》《苗族鬼师》《反排苗族婚俗》《加榜苗寨》《苗族滚山珠》《苗族新米节》《苗族跳花节》《交汪芦笙节》《反排木鼓舞》《苗族独木龙舟节——龙舟竞赛》《巴梭芦笙节》《郎德召龙节》《侗族婚俗》《布依族八音坐唱》共15集。

以《布依族八音坐唱》为例，该片以布依族八音坐唱的民间曲艺说唱形式为拍摄内容。布依八音，是指流传于贵州省黔西南布依族苗族自治州兴义市沿江乡镇及南盘江流域部分地区的传统说唱曲艺。布依八音又叫"八音坐唱"，演出队伍8至14人不等，所唱生、旦、净、丑诸戏曲，不化妆。因用牛腿骨、竹筒琴、直箫、月琴、三弦、芒锣、葫芦、短笛8种乐器合奏而得名。千百年来，它一直在南盘江流域的村村寨寨传承延续着。据传，布依八音的原型属于宫廷雅乐，以吹打为主。元明以后，由于布依族民族审美意识的作用，逐渐发展为以丝竹乐器为主伴奏表演的曲艺形式。短片选择兴义地区巴结镇的国家级非遗传承人梁秀江和他的八音队为拍摄对象，拍摄他们的八音队伍的演出和在婚宴场合的迎客送客贺喜的场景。

微视频短片拍摄团队，与项目专家顾问一起深入所涉及相关文化事项的村寨，进行相关内容的深入调研，了解各个习俗与节日的时令时段，了解各文化事项的具体内容，获取第一手资料，为拍摄计划做好充分准备。短片制作完成由省级电视台专栏播出、新媒体传播、在省内的文化云平台上推广，以及在各级数字体验区展览。据悉现已完成的非遗影像在"多彩贵州"公众号可以较为便捷的获取资源。

在全国各省的"文化共享工程"中，涉及非遗影像制作的工作流程相似，均由地方选送具有地方文化价值的项目，最终汇总至文化部，经过立项获得经费支持后完成项目制作，取得的成果也汇入"文化共享工程"数据库，最后服务于图书馆、博物馆、电视台等公共资源。工程从体量到实际投入都非常巨大，但是由于最后平台建设还需完善，目前宣传和使用的普及率不高。"文化共享工程"中影像类项目的时间长度都较短，15 分钟左右的短片成为近年的趋势。

（七）其他项目

以影像手段纪录与保护非遗文化的方式已被广泛认可，农业文化遗产也开展了与之有关的非遗影像工作。农业是具有生产功能的活态的传统系统，实行系统性保护应为首选，利用影像志方式保护与纪录具有特殊意义。现有农业非遗文化保护措施为，通过对重要农业文化遗产地的认定，划定保护的核心区域，确定保护的关键要素，制定保护的有效措施，变单一的农业生产为多功能农业发展，让农民通过参与保护而获得收益，让农业通过提高效益而持续发展，让遗产通过持续发展而传承弘扬。2019 年 8 月，以中英文版形式出版的《中国重要农业文化遗产影像志》，有效推动中国优秀农耕文化走向世界。对于农业文化遗产而言，用影像纪录保护是一种方式，尽管不是最好的、更不是唯一的方式，但却可以发挥其独特作用：一是可以起到"保存"的作用，通过图像档案的方式记录下那些可能难以通过活态方式留存的某些要素与景观，发挥其文献与学术价值；二是可以克服农业生产与农业景观的季节性的弊端，可以让人在同一时间了解不同时期、不同季节的景象；三是可以发挥科学传播的作用，可以让更多的人更加形象地了解农业文化遗产，特别是让那些没有机会深入实地的人在一定程度上感受农业文化遗产的魅力；四是可以起到科普教育的作用，让更多的人通过图像感悟农业文化遗产所蕴含的丰富内涵。

中国是世界农业重要起源地之一，有着上万年农耕文化的历史。农耕文明不仅是中国古代文明的根基，而且对世界农业文明的发展也产生了十分深远的影响。农业文化遗产发掘与保护已经取得了较为广泛的国际共识。自 2005 年成功将浙江青田稻鱼共生系统推荐为联合国粮农组织首批全球重要农业文化遗产试点并正式授牌，截至目前已有 15 个项目得到联合国粮农组织认定，数量居各国之首。2012 年我国开展国家级农业文化遗产发掘工作，农业农村部已发布四批 91 项中国重要农业文化遗产，2016 年开展全国性农业文化遗产普查，并于当年发布 408 项具有潜在保护价值的农业文化遗产。

《中国重要农业文化遗产影像志》无疑将有助于进一步推进中华优秀农耕文化走向世界。中国的农业文化遗产正在影响世界农业可持续发展和乡村振兴，中国的农业文化遗产发掘与保护经验将继续引领世界农业文化遗产保护运动。联合国粮农组织的口号为：农业文化遗产不是关于过去的遗产，而是关乎人类未来的遗产，所以，农耕文化是我国农业的宝贵财富，是中华文化的重要组成部分，不仅不能丢，而且要不断发扬光大。

中华文明世代相传，绵延不断，创造了丰富的商业文化。"老字号"作为我国传统商业文化遗产的重要载体，广泛分布在餐饮、零售、食品、医药、居民服务等众多行业，其拥有的专有品牌、传统技艺、经营理念和文化内涵，不仅是我国优秀商业文化的集中体现，也是非物质文化遗产的组成部分。《国务院关于加强文化遗产保护的通知》（国发〔2005〕42 号）中就强调了进一步加强老字号非物质文化遗产保护工作，其中工作部署了进一步提高对保护老字号非物质文化遗产重要性的认识、认真做好中华老字号普查工作、鼓励老字号的传承等具体实施办法。

加强对老字号的传承和保护，对促进商业文明建设、保护非物质文化遗产、弘扬民族优秀文化、构建社会主义和谐社会具有重要的现实意义。各地商务、文化主管部门必须从保护中华民族优秀传统文化、传承中华文明、建设和谐社会的高度出发，从发展民族商业、弘扬民族品牌、振兴民族经济、增强国家核心竞争力和"软实力"的战略着眼，提高对老字号保护、传承和发展重要性和必要性的认识，按照"保护为主、抢救第一、合理利用、传承发展"的方针，进一步加强我国老字号的非物质文化遗产保护工作。要做好对老字号非物质文化遗产的普查。各地在开展老字号普查的过程中，要特别注意对老字号的传统手工技艺、资料和实物的收集与整理工作。采取录音、录像、文字、绘图等手段，对各地老字号现存的资源状况进行详细的调查和记录，收集珍贵的历史资料和实物。对属于文物的老字号实物，应按文物保护法规的要求，妥善进行保管。对重要的老字号场所，要划定一定的保护范围，对有关建筑和器具进行整体保护。要建立老字号的相关档案或数据库，有条件的老字号还可以建立展示中心或博物馆，专门保存和展示老字号的实物资料和重要文献。各地在老字号的保护工作中，要将老字号的代表性传承人作为保护和扶持的重要对象。开展对掌握主要传统手工技艺的老字号代表性传承人的认定，资助代表性传承人授徒传艺，并为其提供必要的传习活动场所以及开展展示、研讨和宣传活动的条件。

在老字号非物质文化遗产保护工作中，各地商务、文化主管部门要联合有关部门，争取纳入当地经济和社会发展计划以及城乡规划，通过有计划的教育培训，提高老字号现有人员的工作能力和业务水平，并积极开展对老字号非物质文化遗产的传播、展示和宣传，提高全社会的保护意识。

《中华老字号》是由央视中文国际频道在 2019 年 1 月 28 日与商务部联合打造的大型系列人文纪录片。纪录片由商务部牵头，与各地商委及老字号协会联系，制定全国老字号的拍摄计划，最终完成《中华老字号》系列纪录片。节目组以影像的方式，发掘出更多"活化石"老字号的独特文化价值和品牌魅力，大力弘扬这些珍贵的中华民族文化遗产与人文精神。《中华老字号》第一季在中央电视总台中文国际频道 2019 年春节特别节目档推出，首轮播出 6 集共 180 分钟。

该片聚焦中华老字号企业传承、发展、创新的历史，对老字号企业的产生时代、地域背景、创业传奇、技艺传承等进行深度探访，通过一个又一个引人入胜的创业故事，绘制出中国民族经济逐渐成长、壮大的历史画卷，发掘出中华老字号独特的文化价值和品牌魅力，弘扬中华传统商业文化的核心价值。《中华老字号》第一季聚焦北京的瑞蚨祥、六必居、大北照相馆、珐琅厂、仿膳、内联升、戴月轩、烤肉季、护国寺小吃、红都、全聚德等 11 家老字号企业，每一集围绕一个主题，展开不同企业的故事。节目将在新媒体平台推出短视频，以每家老字号企业为单位，用生动鲜活的画面语言，全方位、多角度传播中华老字号的文化精髓。

近十年内，诸如农业部、商务部、国家林业局等相关政府单位设立、支持或合作的非遗影像文献项目蔚为可观，这些项目更侧重于某些特定主题，以影音媒介对各行业、社会或文化内容纪录与收藏，这些影像资料的采集、研究呈现了非遗更为丰富的文化样貌，对各领域的非遗文化保护与推广均具有非常重要的意义。因这些项目没有形成较大的规模，故不作为本章后续研究的重点。

二、国家文化"典籍"的新样态

"中国节日影像志""中国史诗百部工程""国家级非物质文化遗产代表性传承人抢救性记录工程"为标志的，对民族民间文艺领域不同门类和品种所进行的系统、专业的记录整理，在国家相关部门和领导支持下，在组织管理、学术研究、技术应用等方面不断创新发展，使这些文化工程所涉及的文化事项，形成具体的非遗影像，丰富了中华民族系统的文化研究记录，使大量的无形文化资源有效地补充为成为有形可见和可量化评估的文化资源，为中华民族续写了具有中国特色、中国风格、中国气派的文化典籍，为学术研究、学科建设、艺术创作、文化传播、文化产业的发展提供了坚实的资源和研究基础。

近百年来中国社会发生了巨变，而在这一巨变中，"忽视、曲解乃至去除文化这一社会构成要素，特别是经过数千年积淀而留存与我们生活中的那些文化的表征，包括文字、象征符号以及一整套的文化实践"。① 因此，需要重建人们的文化自觉和文化自信，恢复对自身文化的记忆和传承。中华文化的根在民间，"活水"源泉也在民间，而民间节日是"人们在长期的历史社会生活中逐渐形成的划分日常生活时间段的特定人文符记"，② 是中华民族民间文化的集中代表，积淀了中华民族五千年发展的精华，凝聚了中华民族生生不息的厚重人文精神和民族价值。"中国节日影像志"是我国首次系统地对传统节日拍摄记录的重大研究项目，也是我国继 20 世纪 50 年代至 70 年代民纪片影像实践后，再次由国家发起的影像文献拍摄行动，"是迄今为止国内规模最大、建制最完备、参与者最多的大型影像志工程……具有显著的开创性与示范性……以一种既有学术规范性，又适当彰显创作个性的方式，实现着中国传统节日与史诗影像的典籍化"。③

从最初的立意看，"中国节日影像志"不是对民族文化的片段化表达，不是一种选择式的框定，而是旨在对我国民间节日文化事象整体的关注和系统的呈现，为多元一体民族国家形象的表达提供一种全新的、系统化的路径。影音文献形式的民族志纪录片在体系上大致可分为官方文化机构典藏类、学术机构收藏类以及民间机构存续类等类型。自 2010 年以来，由中国文化和旅游部各部门与事业单位牵头组织实施的影音文献纪录片和典藏序列的创作和收藏工程，成为民族志纪录片发展壮大的重要阵地。其中，"中国节日影像志""中国史诗影像志"以及"国家级非物质文化遗产代表性传承人抢救性记录工程"等大型影音文献项目，发挥了重要的纲领性示范作用。"中国节日影像志"与"中国史诗百部工程"其学术指向性较强，旨在以高质量的影音技术记录节日、史诗文化，客观反映中国当代节日民俗、史诗展演的基本现状。这两项影像志项目也是迄今动员学术和创作力量规模最大的民族志纪录片摄制活动，作为影视人类学框架下的纪录片创作，"中国节日影像志"及"中国史诗百部工程"注重学术理念的贯彻实施，如"承认差异性真实""注重影像场域""让文化持有者发声""以影音研究为导向"等，"通过学术实践，发现文化社会秩序，找到影像记录的规律，提炼出学科的研究方法，提升学科认识"。在已经完成的项目影片中，《献牲》（刘湘晨作品）、《七圣庙》（朱靖江、鬼叔中作品）、

① 赵旭东：《从社会转型到文化转型——当代中国社会的特征及其转化》，《中山大学学报（社会科学版）》2013 年第 3 期，第 121 页。

② 萧放：《传统节日：一宗重大的民族文化遗产》，《北京师范大学学报（社会科学版）》2005 年第 5 期，第 52 页。

③ 朱靖江：《新世纪影像志十大代表项目》，《中国民族》2016 年第 7 期，第 42 页。

《魂归何处》（王宁彤作品）、《河南灵宝"骂社火"》（吴效群作品）、《祈年宏愿：甘肃夏河藏历新年》（陈坚作品）等，都曾获奖并在国内外参与展映交流。对于民族志纪录片这一学术语境深厚的影片门类而言，已经深耕十年的"中国节日影像志"及"中国史诗百部工程"最重要的贡献，是在众多学人与纪录片工作者的长期合作与共识之下，建构出一套学术影视作品的观念性、原则性、操作性与评价性系统，展现出较为完善的学理依据、人文关怀与技术标准，为当代中国影音文献的理论与方法建构提供了有益的经验。

我国《非遗法》在第十二条中要求："文化主管部门和其他有关部门进行非物质文化遗产调查，应当对非物质文化遗产予以认定、记录、建档，建立健全调查信息共享机制。"不难看出，无论是当下非遗保护过程中的名录体系的建设，还是集成志书按照不同体例、艺术门类、省份进行立卷、编撰、出版以及国家级非遗影像项目实施与数据库建设，其本质上都是对国家文化资源的建档工作。

从集成志书普查后期开始，各类非遗影像从尝试到繁荣时期的近 30 年间，正是中国社会发生巨变的时期，同样也是我国民族民间文化变化最大的时期，文化抢救性记录处于时代巨变之中，时间窗口并不长。非遗影像工作是处于社会转型期的"集成志书"工作之后，对文字记录最有益的补充。随着 21 世纪大众文化、消费时代的来临，社会和经济的高速发展，长期主要在农耕文化基础上的养育传承的口头演述非物质文化传统在近 30 年发生着千年未有之快速变化，许多传统的民族民间文化受到现代化和市场经济的极大冲击而消失，这使非遗的影像记录工作成为一项具有历史前瞻性的文化工程，大量具有文化基因性质的宝贵材料得以为后代保留，其价值弥足珍贵。

"中国节日影像志"与"中国史诗百部工程"在文化诉求、框架设计、团队组织、摄制流程、验收标准等方面基本上体现出影视人类学的学科范式。影视人类学纪录片大多比较重视"抢救消失的文化"，但社会的发展和文化生活的变迁也要求我们关注并且记录"正在变迁的文化"。中国很多传统的民族文化在近 30 年的时间中正在发生结构性的变化。配合国家"非物质文化遗产保护工程"，系统地运用影视人类学研究方法解读这一过程，是影视人类学在应用研究中的一个重要方面。所有这些工作成果为之后的非遗保护工作在基础材料、类型划分、基本情况、传承情况等方面都奠定了坚实的工作基础，也为当下和今后非遗保护工作的重点，即记录建档工作的长期性奠定了坚实的理论与实践基础。这些工作为我们了解中国民族民间文化发展规律，应对社会高速发展所带来的文化转型，提供了不可替代的文化财富。因此，国家文化工程以国家典籍形式永久留存，成为永久性的国家记忆，随着时间的推移，更加凸显其价值。

三、国家文化工程各项目的价值及意义

（一）从文字文献附属品到独立文献的价值变化

自 1895 年电影被发明之后，动态影像作为新的文献记录与保存形态，逐渐受到世界各国有识之士的重视，其客观记录性、视听体验性与跨文化传播性价值，超越了文字型文献的传统边界。早在 20 世纪 60 年代，美国人类学家玛格丽特·米德就指出："（影像）不仅允许被拍摄者的后代重新拥有他们的文化遗产，而且也将为我们理解人类历史及人类的潜能提供一个可靠、可复制、可分析的研究资料集成。"[①]从早期的电影制作人在世界各地拍摄奇风异俗，到当代影视工作者精心制作的影像民族志作品，百年来，作为历史与文明记录的影音文献已经为人类提供了难以计数的视听材料，构建出前所未有的"影像世纪"。1980 年，联合国教科文组织通过的《关于保护与保存活动图像的建议》指出，"活动图像是各国人民文化特性的一种表达方式，并且由于其教育、文化、艺术、科学和历史价值，已形成一个国家文化遗产不可分割的一部分"，亟须各国根据国际法规定所承担的义务，采取适当措施保护和保存活动图像，就像保护和保存能丰富当代和后代生活的其他形式的文化财产一样。2005 年，联合国教科文组织大会做出进一步决议，将每年 10 月 27 日定为"世界音像遗产日"，意在保护我们的集体记忆，以确保当代人和后代人之间的传承。影音文献的重要价值，日益得到全世界知识界、文化界和教育界的强调与践行。

与传统的文字型文献相比，影音文献具有较为鲜明的差异性和重要的文化传承意义。例如文字文献诉诸人的理性思维，而影音文献则是通过视、听等知觉的感官能力作用于大脑，以感受、直觉、移情、意会等方式进行知识传播与观念输送。这种文献传播的路径除了提供信息，还能够激发观看者的情感或情绪变化，使之获得更为丰富的身心体验，加深文化印象。又如文字作为信息载体具有抽象性，对文字型文献的阅读理解，需要经历编码—解码—再编码的过程，否则难以获得真实的信息。影像则相反，是一种所见即得的具象信息载体，影音信息能够形象地传递给接收者，如其亲身见闻。这种抽象与具象之间的差异，决定了影音文献具有更为直接

[①]　［美］玛格丽特·米德：《语言文学学科包围之中的影视人类学》，张小敏译，转引自《视觉记录：内蒙古 2005 影视人类学国际学术研讨会论文集》，民族出版社，2007，第 1780 页。

的视听感受，对事件与人物可获得更接近历史原貌的认知。由于视听信息的具象性，它甚至可以突破语言文字造成的族群边界，作为一种广域交流媒介，在不同文化背景与社会群体之间搭建交流和理解的桥梁。此外，文字型文献是一种较为稳定、闭合的表述系统，它所记载的信息具有较强的确定性，而构建影像文本的视听素材含有丰富的信息，影音文献表现得更为开放。"开放性"对于影音文献并不意味着信息混乱，而是对社会文化复杂性的一种体认。影音文献超越单一的阐释模式，更强调由解读者依据影像文本提供的信息，进行富于个性的多义解读。上述感官性、具象性与开放性等文化特征，揭示出影音文献在人类文明代际传续过程中不可替代的使命与价值。

影像作为记录民俗文化遗产，特别是记录民俗艺术和传统技艺这类以"人"作为载体、通过人的肢体语言进行表达的无形民俗文化遗产，早已被认为是行之有效的保护手段之一，它已成为非遗保护和传承中不可或缺的形式。非遗影像记录制作的目的，在于保存记录、培养传承人和宣传普及非遗知识。在非遗调查研究早期，曾投入大量人力物力去记录。尽管每天都有许多影像资料被制作出来，但这些影像资料并没有得到充分利用，就连当地负责非遗保护的相关人士也未必清楚本地非遗影像记录的存在。特别是过去拍摄非遗影像时经常使用胶卷作为记录载体，影像处理存在技术上的困难，影像记录并没有发挥出应有的作用。随着数字化采集、记录、展示、传播技术的发展，这种状况有了很大改善，非遗影像记录除了作为精神财富被封存保管外，还可以作为培养传承人的教学材料或者地域文化旅游产业的宣传资料，纳入数字博物馆与数据库等，使观看者身临其境，切身感受非遗的独特魅力。这类"活用"方式也是在非遗保护工作中正进行着的创造性尝试。影像作为人创造的视觉延伸，在形象建构上有显著优势。影像作为形象生动化的印记，直观再现社会的现实存在，以其独有的方式完成对历史空间的记录和储存，例如 20 世纪50 年代拍摄的民纪片，就是通过这些影像，人们了解黎族、藏族、纳西族、赫哲族等众多中国少数民族的日常样态，这仅有的 20 余部作品，在历史的发展中越来越显得弥足珍贵。影像表达的视觉意象，不仅是纯再现，还可以通过视觉上的呈现调动其他感觉器官参与，发挥明显的唤起作用，这种有意为之的文化逻辑能塑造群体认同，营造某种超越现实的想象共同体，这一影像化过程潜移默化地将人的视觉体验转向全方位的感觉和心理体验。学者庄孔韶在谈论为什么要用影像记录"金翼之家"时说道："论文和专著所能解答的问题，那些诠释的诠释，留在论文和专著里，文字系统不好展示的，特别是情感的、内心的、直觉的东西，影像在这方面能够起到独特的作用,而数字技术使影像表现大大超越 16 毫米摄影机时代。"[①]"在民族国家认同的现实建构中,大众传媒起到了关键性的作用。现代媒介对时间秩序、地理空间的社会组织与社会改造,极大地改变了人类的现代感知和媒介体验,它为民族国家及其想象连接提供了现实意义上的身份认同建构可能与途径。"[②]

费孝通先生曾说,要明白中国的传统文化,就得到乡间去看看那些大地的儿女们是怎样生活的。文化本来就是人群的生活方式,在什么环境里得到的生活,就会形成什么方式,决定了这人群文化的性质。中国人的生活是靠土地,传统的中国文化是土地里长出来的。农耕文化构成了非物质文化遗产形成和发展的主要文化环境,我国丰富的非物质文化遗产是几千年农耕社会的积累,正是费孝通先生所说的典型的"土地里长出来的文化",非遗实际上就是以农耕文化为主的前工业时代的人们的生活方式。所有的文化都随着历史的发展而变迁,文化通过变迁来适应不断改变着的社会环境,非物质文化遗产历经农耕社会的各个阶段,随着社会环境的变化而不断地调适自身,从而获得强大的生命力并传承不息。然而,现代社会的到来使中国社会正将自己从"土地"里拔出来。当今社会变化之快常常使人们用"翻天覆地"加以形容,持续千年的农耕文化以前所未有的速度发生变迁,而以农耕文化作为生长土壤的非物质文化遗产遭遇了现代化和全球化的双重冲击。通过影像技术手段保护自然与文化遗产已经引起重视。例如,为了促进保护和传承非物质文化遗产,国务院办公厅在 2005 年 3 月 26 日发布的《关于加强中国非物质文化遗产保护工作的意见》中强调,"要运用文字、录音、录像、数字化多媒体等各种方式,对非物质文化遗产进行真实、系统和全面的记录,建立档案和数据库"。崔莹认为,在非遗保护语境体系中,影像因强大的"视听结合"功能显然成为以传播为手段进而实现非遗间接保护功能的传播者。可以把这种传播方式看作是仪式与影像同构,即在特定文化空间中呈现"仪式"表征,同时又可借鉴影像深描的表述范式与编码形成紧密结合,使得影像置身于不同的"场域",以一个更自由的角色与非遗进行融合。林礼顺关于用影像对非物质文化遗产进行保护的多种优越性的阐述具有借鉴意义:第一,逼真直观的影像更便于受众了解非物质文化遗产的核心内容,也可以更好地保护非遗的原生态;第二,影像有助于将无形的非物质文化遗产转变为可以长久保存的物质形态;第三,影像化能够将非物质文化遗产中大部分的文化事项转

① 庄孔韶:《我为什么要用影像记录"金翼之家"》,《终身教育》2018 年第 4 期,第 59 页。
② 刘燕:《国家认同建构的现实途径——大众传媒与"想象社群"的形成》,《浙江学刊》2009 年第 6 期,第 198 页。

变为影像的表述方式，涵盖面较广，同时还可以更为完整深入地记录这些非物质文化遗产的社会文化语境，构成全方位与立体型的直观阐述体系；第四，影视化表述的传播渠道较广，既可以以故事片、纪录片的形式传播，又可以作为影像档案长久的留存；第五，影像化的表述方式能够为地方传统文化的重建与再发展提供影像化的依据，为非物质文化遗产的活态保护提供影像化基础。

从认同的角度来看，影像化对非物质文化遗产的保护与大面积传播不仅能够强化民众的集体认同感，还能影响民众的文化与社会认同，为我们的后代对非遗拥有良好的集体记忆打下坚实的基础，使他们一方面可以增加更多的自豪感，另一方面也会更加自愿地保护非遗，并对中国传统的文化自觉地加以传承与再发展。而经由影视媒介的象征符号与意义体系的影视化表达，中国人的文化认同与族群身份将得以强化。静态的照片虽不具有动态影像那样的功能，但在遗产保护中的档案记录、传播广泛、易于读者接受及增加文化认同、提高文化自信等方面，作用同样不可小觑。2014 年中国摄影出版社组织编辑出版的《中国世界遗产影像志》就是一个很好的例证，用图文并茂的方式，多角度纵深地展示了中国世界遗产的独特魅力。

中国科学院院士刘嘉麒认为，《中国世界遗产影像志》"荟萃了我国自然与文化的精华，是文化艺术的经典"。在传统的社会中，图画和图形是一种有效的辅助性手段，可以弥补口头传播中因记忆和理解力而出现差异的缺陷。现代化技术的应用，在很大程度上改变了非遗的记录方式。随着摄影技术的兴起，对于包括口头传承在内的非遗来说，其记录手段无疑更加丰富了。影像记录可以满足非遗动态性保护的需求，"数字化音视频设备能够实现高保真、高清录音与摄像，加之多机位拍摄技术、多媒体呈现技术等，非遗的动态性在数字资源中的实现程度越来越高"。[1]

作为人类创造的视觉表达工具——影像，在真实记录、形象表达、想象建构等方面的优势使其在非遗记录、保护与传播方面发挥着越来越广泛的作用，占据着越来越重要的地位。

（二）从拯救"遗产"到见证"变迁"理念变化

影像记录作为记录民俗文化遗产，特别是记录民俗艺术和传统技艺这类以"人"作为载体、通过人的肢体语言进行表达的无形民俗文化遗产，早已被认为是行之有效的保护手段之一，已成为非遗保护和传承中不可或缺的形式。

---

[1] 杨红：《非物质文化遗产数字化研究》，社会科学文献出版社，2014，第 57 页。

在现代性的语境下，目前对于非遗影像的研究主要聚焦于阐释其文化功能和社会意义。影像媒介在具体的实践过程中，让非遗最大化地实现了学术"本真性"的要求。1994年12月在日本通过的《奈良文件》肯定了本真性的意义所在，称本真性是"定义、评估、保护和监控文化遗产的一项基本原则"。不同于一般的影视创作，非遗影像记录兼有学术伦理的价值导向和人文关怀的社会功能。影像技术手段的不断提高，可以使非遗的"本体"更加直观地展现出来，同时又能涵盖物质媒介、文化空间、社会历史环境等关联内容。因此我们有必要对非遗影像的记录内容及方式进行研究。

无论是"中国节日影像志""中国史诗百部工程"，还是"国家级非物质文化遗产代表性传承人抢救性记录工程"，都有着当代中国民族志纪录片的一个重要取向：即以人类学影像书写的方式，为中国的文化主脉与毛细血管提供新鲜血液。朱靖江教授在《视觉人类学视野中的"影音文献"》一文中总结，作为一种非文字媒介的文献类型，影音文献用视听语言记载了人类自19世纪末至今一百余年的文明起落与社会变迁，它的出现，使得我们得以亲眼目睹诸多时代巨变，无须靠阅读文字在脑海中建构一幅虚幻的图景。从最初对边缘族群文化遗产的抢救性记录，到如今无远弗届地呈现人类社会的真实面貌，影音文献的生命力正来自对大千世界的不断发现与对人类文明的自我反思。视觉人类学以影像民族志为研究工具与学术文本，在其田野实践与理论建构的过程中，也为影音文献的历史源流、文化本位、学术价值以及记录方法，提供了有力的学术支撑。在影像文化日益深刻地影响社会观念的当代，影音文献将发挥越来越深远的作用，它更多地承担起文化传承与思想传递的庄严使命，成为记录文化遗产、见证当下社会与存续知识火种的文明档案。[①]

第二节　国家文化工程各项目制作规范

一、范围、选题、招标及立项

（一）"中国记忆"项目的选题原则与内容

"中国记忆"项目是2011年起由国家图书馆规划并启动，以中国现当代重大历

---

① 朱靖江：《文化表达与影像新潮：中国民族志纪录片十年经验及反思》，《民族艺术研究》2020年第6期。

史事件、重要人物为主题，以口述文献、影像文献等新类型文献的建设为核心的特色文献资源体系建设与服务项目。项目运用先进的影音技术，发挥图书馆文献保存与传播的优势，系统性、抢救性地进行"以人为本"的记忆资源采集与收集。在原有的图书典籍基础上，建立了专题文献资源库，作为国家记忆资源在国家图书馆集中、有序、永久保存，改善了国家图书馆原有的文献体系结构。此外，还以"中国记忆"丛书、展览、讲座等文化产品与服务形式，通过网络和实体方式，面向社会展示、传播，取得了良好的社会效益。"中国记忆"项目的三个基本原则为：抢救性原则、代表性原则、前瞻性原则。①

第一是贯彻抢救性原则。已经发生数十年以上的我国现当代重大历史事件，其亲历者已在世不多；很多曾为国家的发展与建设做出过重要贡献的老专家、老学者也已经进入暮年；很多文化传统、文化遗产的传承者也已经步入晚年，为了避免亲历者们所承载的对国家和民族有着重要价值的记忆随生命的结束而消失，在其有生之年，进行记忆抢救，这是"中国记忆"项目的首要任务，也是第一原则。

第二是贯彻代表性原则。"中国记忆"项目选择有代表性、典型性的人群或主题进行记忆资源建设。通过一个选题，对有特定代表性人物的记忆资源进行发掘、记载，不仅将他们自身的记忆保存下来，也从中透视一个时代、一个群体普遍的、共同的命运和经历。因此，代表性是"中国记忆"项目的第二原则。

第三是贯彻前瞻性原则。记忆资源具有亲历性、实证性和不可再生性等特点，可被视作一种特色史料应用于未来的不同需要，并发挥特殊作用。因此，在选题设计的过程中，应考虑到该选题所对应的事件和主题可能发挥作用的特殊领域，前瞻性地对有可能在未来成为重要事件、热点领域、焦点话题的主题，提前进行储备性的记忆资源建设，这是"中国记忆"项目的第三原则。

在上述原则的指导下，"中国记忆"项目资源建设目前涉及的选题方向大致如下：政治历史、传统遗产、文化艺术、社会民生、地理环境、科学技术、经济产业、少数民族和语言文字、成长与生活。从 2013 年开始，"中国记忆"项目先后确定了五个选题，开展了五个文化遗产类专题的资源建设，分别为："中国年画""大漆髹饰""蚕丝织绣""我们的文字""我们的英雄"。

（二）"国家级非物质文化遗产代表性传承人抢救性记录工程"的选题、招

---

① 田苗、汤更生：《中国记忆项目的构想与实践》，《国家图书馆学刊》2015 年第 1 期。

标、立项工作

根据《国家级非物质文化遗产代表性传承人抢救性记录工作规范》所示，经文化部批准同意列入"国家级非物质文化遗产代表性传承人抢救性记录工程"的传承人，均应确定为记录对象。各省非遗中心要根据项目濒危情况和传承人身体状况，经过前期走访联系，与传承人充分沟通协商，区分轻重缓急，合理安排记录次序和记录时间，开展记录工作。

自 2015 年起，国家图书馆"中国记忆"项目中心受文化和旅游部非物质文化遗产司委托，开始承担"国家级非物质文化遗产代表性传承人抢救性记录工程"的学术咨询和验收工作，对传承人进行口述史、实践、教学的全方位记录。自 2018 年起，国家图书馆"中国记忆"项目中心连续三年举办非遗展映月系列活动，通过影像的方式向公众集中展示"国家级非物质文化遗产代表性传承人抢救性记录工程"的优秀成果，成果覆盖范围涉及非遗项目的十大类别，展现了非遗传承人们的技艺风采、珍贵记忆与点滴生活。2019 年，传承人抢救性记录工作被正式提升为更为广泛的传承人记录工作。对传承人的记录工作将更全面、更多角度地展开，除抢救性记录之外，还将开展代表作品典藏、实践与传承跟踪记录等多种记录工作。作为一种非遗保护的基础手段，对非遗传承人和非遗项目的记录工作将广泛、深入地持续进行下去。

2018 年，国家图书馆举办首届"年华易老，技·忆永存——国家级非物质文化遗产代表性传承人抢救性记录工作成果展映月"活动，参加展映的第一批非遗影片成果共有 25 部，内容包括：传统中医药文化（鹤年堂中医药养生文化）、歌仔戏、水书习俗、中医诊法（张一帖内科疗法）、侗族琵琶歌、口技、侗族大歌、汉川善书、朱仙镇木版年画、中药炮制技术（四大怀药种植与炮制）、摔石锁、秧歌（昌黎地秧歌）、衡水内画、木偶戏（邵阳布袋戏）、吟诵调（常州吟诵）、古渔雁民间故事、剪纸（医巫闾山满族剪纸）、蒙古族长调民歌、泥塑（杨氏家庭泥塑）、碉楼营造技艺（藏族碉楼营造技艺）、石雕（泽库和日寺石刻）、羌年、杨柳青木版年画、四季生产调、婺剧。在这 25 部影片中，观众投票选出了三部"观众最喜爱影片"，即《刘永安——木偶戏（邵阳布袋戏）》《沈少三——摔石锁》和《杨栖鹤——杨氏家庭泥塑》。[①]

2019 年，第二届"年华易老，记·忆永存——国家级非物质文化遗产代表性

---

① 《国家级非遗代表性传承人抢救性记录工作成果展映月系列活动在国图举办》，新华网，http://m.xinhuanet.com/cu/ture/2018-07/07/c_1123092460.htm。

传承人抢救性记录工作成果展映月"活动，展示的非遗影片共 23 部，内容包括：北京评书、花鼓灯（凤台花鼓灯）、苗族芦笙舞（滚山珠）、塔吉克族鹰舞、彝族撮泰吉、傩戏（德江傩堂戏）、皮影戏（腾冲皮影戏）、佛教音乐（天宁寺梵呗唱诵）、冀中笙管乐（子位吹歌）、井陉拉花、湘剧、曲剧、皮影戏（凌源皮影戏）、剪纸（乐清细纹刻纸）、青田石雕、漳州木偶头雕刻、热贡艺术、河西宝卷、玉屏箫笛制作技艺、茅台酒酿制技艺、藏医药（七十味珍珠丸赛太炮制技艺）、平遥推光漆器髹饰技艺、绍兴黄酒酿制技艺。①

2020 年，第三届"年华易老，技·忆永存——国家级非物质文化遗产代表性传承人记录工作成果展映月"共分为"乐舞·情韵""腔调·故事""手艺·匠心""吉祥·人生"四个单元进行呈现，覆盖了非遗十大类别，整合了传承人记录工作成果中具有较高艺术性和传播性的综述片，通过传承人项目实践、传承教学和口述采访等影音内容立体展示了国家级非遗传承人的生活环境、成长经历和技艺习得、教学、传承的历程。其中，"乐舞·情韵"单元的影片有 11 部，内容包括：唢呐艺术（晋北鼓吹）、南音、维吾尔族鼓吹乐、藏族民歌（甘南藏族民歌）、傣族孔雀舞、花儿（松鸣岩花儿会）、彝族海菜腔、狮舞（松岗七星狮舞）、板头曲、聊斋俚曲、鼓舞（武山旋鼓舞）；"腔调·故事"单元的影片有 11 部，内容包括：徽剧、昆曲、安顺地戏、布依族八音坐唱、潮剧、昆曲、大平调、荆州花鼓戏、温州鼓词、皮影戏（云梦皮影戏）、皮影戏（泰山皮影戏）；"手艺·匠心"单元的影片有 20 部，内容包括：漆器髹饰技艺（徽州漆器髹饰技艺）、越窑青瓷烧制技艺、藏族矿植物颜料制作技艺、泥塑（惠山泥人）、面人（北京面人郎）、扬州玉雕、藏族唐卡（甘南藏族唐卡）、景德镇手工制瓷技艺、剪纸（丰宁满族剪纸）、剪纸（广东剪纸）、景德镇手工制瓷技艺、木活字印刷技术、苗族芦笙制作技艺、剪纸（医巫闾山满族剪纸）、青田石雕、加牙藏族织毯技艺、桦树皮制作技艺、竹刻（黄岩翻簧竹雕）、土家族吊脚楼营造技艺、撒拉族篱笆楼营造技艺；"吉祥·人生"单元的影片有 6 部，内容包括：同仁堂中医药文化、抬阁（通海高台）、亚鲁王、元宵节（永昌县卍字灯俗）、沧州武术（孟村八极拳）、土家族梯玛歌。②

---

① 《易老的年华，盛开的芳华——国家图书馆举办第二届国家级非遗代表性传承人记录工作成果展映月系列活动》，光明网，https://cu/ture.gmw.cn/2019-07/07/untent_32978964.htm。

② 《国家图书馆上线展映 48 部非遗纪录片——第三届国家级非遗代表性传承人记录成果展映月系列活动举行》，新华网，http://home.xinhua-news.com/gdsdetailxhs/share/8719883-?pageflag=iframe。

（三）"中国节日影像志"项目选题、招标、立项情况

"中国节日影像志"是国家社科基金特别委托项目"中国节日志"的组成部分，由文化和旅游部民族民间文艺发展中心规划实施，于 2005 年开始试点，2010 年开始在全国展开招标实施，是中国国内第一次系统地进行传统节日拍摄记录的重大研究工程，旨在以高质量影音技术记录节日，客观反映传统节日现状。"中国节日影像志"自 2010 年底在全国范围内启动以来，不仅探索了节日影像的拍摄结构，也完成了大量丰富文化事项的记录，目前已立项拍摄 194 个节日，其中 80 多项与非遗相关，成果获得了业界的广泛肯定，多次入选相关影展并获得奖项。

"中国节日影像志"的选题要求，是以民间传统节日为主要拍摄对象，在节日的具体发生地进行拍摄，以节日事件的推进为主要线索，或以家庭、重点人物作为主要线索进行拍摄。拍摄的主要内容包含节日的社会自然背景、基本环节、重要人物与组织、重要事项等方面的记录。拍摄制作时要关注"节日中""节日前""节日后"三部分结构，即注意节日发生过程，也注意节日前的准备和节日后的状况。

根据统计，截至目前已经有 81 项与非遗相关的"中国节日影像志"子课题立项。由于"中国节日影像志"拍摄前提需要以田野调查、实地拍摄为基础进行调研，即主要采用人类学的田野调查方式，这就意味着拍摄者需要在进行人类学学科训练。所以"中国节日影像志"的大部分项目负责人是该领域的研究专家，对所拍摄的节日有着较深入的研究，并且有着相对完整的地方知识体系。项目选题的规划设置也充分考虑了民族、地域分布情况，选题不仅包含汉族地区的节日影像，涉及少数民族地区的节日影像多达 47 项，拍摄项目所在地区分布广泛，其中以云南、四川、贵州、北京、青海、广西等地居多。

截至目前所立项的 81 项非遗相关的"中国节日影像志"子课题分别为：姊妹节（苗族）、鼓藏节（苗族）、马街书会、怒族仙女节、傈僳族刀杆节、黎族三月三、那达慕、羌年（羌族）、苗年（苗族）、盘王节（瑶族）、土族纳顿节、泼水节、蚂拐节、甘肃省环县红星村春节、北京郊区村落的春节、妙峰山庙会、高古斯台罕乌拉山敖包祭祀、绕三灵、胡集书会、成都春节、土族青苗会、彝年、羌族瓦尔俄足节、帕斯卡节（俄罗斯族）、花馍里的豫东春节、水族端节、云南文山苗族花山节、广西南宁壮族"三月三"、湖北省秭归县端午节、德昂族浇花节、纳西族摩梭人春节、景颇族春节、土家族春节、山东省曹县桃源集花供会、天津皇会、热贡六月会、二郎山花儿会、嘉兴端午节、西藏拉孜琼嘎村望果节、安徽绩溪县伏岭镇春节、河北井陉县核桃园村元宵节、山西介休市南庄村清明节、老爷山花儿会、甘肃

西和县杜河村乞巧节、锡伯族西迁节、湖南花垣机司村苗族春节、京族哈节、四川布拖县彝族火把节、贵州安顺屯堡人春节、贵州德江炸龙节、云南景颇族目瑙纵歌、吉林满族春节、自贡灯会、辽宁大琵琶村春节、北山庙会、波罗诞、江西石邮村春节跳傩、浙江桐乡蚕花会、福建湄洲妈祖庙会、江苏南京长芦街道方氏家族春节、河北圈头村药王庙会、布依族"三月三"、藏族雪顿节、上海嘉定区春节、秦淮灯会、北京春节、辽宁天成观庙会、福建仙游枫亭镇元宵节、清明节（江苏姜堰、春节（北京回龙观社区）、列车上的春节——K3521 次列车春运记录、春节（陕西榆林）、泰山东岳庙会、仫佬族毛龙节、北京春节（厂甸庙会）、送大暑船、宁夏固原市隆德县王庄村春节、武汉春节、后疫情时代武汉春节纪事、敖包节、蒙古族春节。

2021 年度"中国节日影像志"有 8 项子课题立项，符合《中国节日影像志项目管理办法》的有关规定，并且通过了专家评审、中心主任办公会审议、社会公示。这 8 项子课题分别为：西海子花儿会、泰山东岳庙会、仫佬族毛龙节、北京春节（厂甸庙会）、送大暑船、广州乞巧节、"迎王送船"年祭、海南"兄弟公"祭。

（四）"中国史诗百部工程"项目选题、招标、立项情况

"中国史诗百部工程"项目是 2009 年立项的国家社科基金特别委托项目，由文化和旅游部民族民间文艺发展中心于 2012 年开始规划实施。项目规划收集整理100 部史诗，对中国史诗的演述及其仪式、民俗、文化生态等进行全面记录，抢救与挖掘濒危的史诗资源，对活形态的史诗演述传统进行高质量影音摄录，是新中国历史上第一次对传统史诗进行全面收集整理的重大工程。

"中国史诗百部工程"的项目对象为史诗本体及其演述传统。其中"史诗"指中国各民族世代传承的有关民族历史的长篇韵体或散韵兼行的口头叙事，包括创世史诗、迁徙史诗、英雄史诗及复合型史诗等类型；"史诗演述传统"涉及史诗演述的形式、内容、仪式、民俗、传承方式及文化生态等方面。"中国史诗百部工程"下设子课题，每个子课题分申报、立项、培训、中期检查、结项评审等环节，采取公开招标、委托、中心组队三种方式进行管理实施。目前开展的子课题主要以公开招标的方式完成立项，个别项目采取委托的方式完成立项。经编辑委员会研究，确立总项目编纂体例、立项范围和实施方式。

截至 2021 年 11 月，该工程已完成 100 项子课题的立项工作，其中 35 项已召开结项评审会，16 项已进行数据整备，累计获得文字成果 330 万字，影像素材 500

余小时，图片 3500 余张。在 2021 年中，该工程完成了 6 项子课题的立项工作，8 项子课题的结项工作，6 项子课题的数据整备工作。项目计划形成影音、文本、数据库三种成果，预计成果文字量达 1000 万字以上，影像素材达 1500 小时以上。

项目的选题规划充分考虑了民族、地域分布情况，主要面向全国高等院校、科研院所招标实施，对大型史诗群组织进行了专项研讨会，完成了中国现存活形态史诗的基础摸底工作。课题承担者包含中国社会科学院、中央民族大学、云南大学、中国音乐学院等科研院所、高等院校的学者，已形成较大学术影响力，共调动全国文化、教育系统的单位 70 余个，约 1000 人次参与项目实施。特别是多民族聚居区和民族自治地方的少数民族学者，都积极参与项目的申报与实施。本民族知识精英包括众多史诗传承人，在史诗的翻译及成果评审工作中也都发挥了极其重要的作用。

截至 2021 年 11 月，"中国史诗百部工程"立项清单内容为：阿昌族《遮帕麻和遮米麻》《苗族史诗（川南）》、柯尔克孜族《玛纳斯》《苗族史诗（黔东南）》《纳西族（摩梭人）史诗》、蒙古族《汗青格勒》、维吾尔族《勇士斯依提》、土家族史诗、柯尔克孜族《艾尔托西图克》、畲族（东家人）史诗、裕固族《尧达曲格（沙特）》、布朗族（莽人）迁徙史诗、哈尼族《哈尼阿培聪坡坡》、傣族创世史诗《巴塔麻嘎捧尚罗》、拉祜族史诗《牡帕密帕》、哈尼族史诗《窝果策尼果》、壮族创世史诗、柯尔克孜族史诗《玛纳斯》、新疆蒙古族史诗《江格尔》、新疆蒙古族史诗《格斯尔》、哈尼族史诗《雅尼雅嘎赞嘎》《尼山萨满》、羌族史诗、苗族史诗《亚鲁王》、布依族史诗《射日与洪水泛滥》、土家族廪嘎人迁徙史诗《廪歌》《格萨尔（四川省德格县）》、哈萨克族史诗、达斡尔族英雄史诗、彝族创世史诗《查姆》、彝族史诗《勒俄》（四川省美姑县）、彝族史诗《勒俄》（四川省甘洛县）、花腰傣《朗娥与桑诺》、蒙古族史诗《英雄格斯尔汗》、赫哲族伊玛堪《希特莫日根》、满族史诗《乌布西奔妈妈》《黑暗传》、苗族创世史诗（云南昭通）、德昂族史诗《达古达楞格莱标》、哈尼族史诗《阿波仰者》、彝族创世史诗《梅葛》、壮族英雄史诗《莫一大王》、勉瑶迁徙史诗、畲族史诗《高皇歌》、苗族史诗（湘西）、彝族史诗《洪水纪》《格萨尔》（西藏昌都地区）、《玛纳斯》（新疆阿图什市）、《江格尔》（新疆和静县）、《江格尔》（新疆博乐市）、维吾尔族达斯坦《雅琪伯克》、维吾尔族达斯坦《玉素甫与艾合买提》、东乡族《米拉尕黑》、彝族史诗《支格阿鲁》、普米族查哩、瑶族史诗《密洛陀》、纳西族史诗、白族史诗《开天辟地》、土家族史诗《八部大王》、白裤瑶引路歌、景颇族史诗《目瑙斋瓦》、柯尔克孜史诗《阔交加什》、哈萨克族史诗《阿尔哈勒克英雄》、热务沟藏族多声部史诗《则么卡日》、纳西族史诗《创世纪》、哈尼族《十二奴局》、傣族史诗《海罕》、水族史诗《开控辞》、壮族创世史诗《濮依论者渡》《江格尔》（新疆昭苏县）、《江格尔》（新疆额敏县）、苗族《贾理》、佤族《司岗里》、拉祜族（苦聪人）《创世纪》、独龙族《创世纪》、布依族《安王与祖王》、壮族"唱娅王"、《格斯尔》（内蒙古巴林右旗）、鄂伦春族摩苏昆《英雄格帕欠》《格斯尔》（新疆伊犁哈萨克自治州）、《祖先落寨歌》（贵州省黎平县黄岗村）、《格萨尔》（青海省果洛藏族自治州）、《格萨尔》（四川省甘孜州色达县——土登演述）、《阿细的先基》——潘齐仁、何玉芬演述、基诺族史诗《阿嫫尧白》、傈僳族史诗《武萨古》、羌族"尼沙"、《格萨尔王显威三圣地（西藏那曲）》、珞巴族《阿巴达尼》、鄂温克族英雄史诗《宝日勒岱莫日根》《格斯尔》（青海海西）、哈萨克族"达斯坦"（新疆富蕴）、塔吉克族史诗《古尔乌戈里》（坟墓之子）、《江格尔》（新疆乌苏）、黎族史诗《五指山传》、怒族《创世纪》《格萨尔》（西藏察雅县）擎纸艺人、巴尔虎英雄史诗、《玛纳斯》（新疆阿合奇县）、《格萨尔》（青海玉树）。

二、规范与操作：体例与样本

（一）"国家级非物质文化遗产代表性传承人抢救性记录工程"拍摄体例

"国家级非物质文化遗产代表性传承人抢救性记录工程"主要遵循《国家级非物质文化遗产代表性传承人抢救性记录工作规范》（下文中统一称为《规范》），本文所参考的是 2015 年 4 月 7 日修改通过的版本。《规范》为各地开展国家级代表性传承人的抢救性记录工作提供基本的操作规程和标准，使各地抢救性记录的成果具备统一的规范格式和体例，以便于数据统一保存、传输和使用。《规范》内容主要分为四个部分，分别为"记录准备工作""记录工作""整理编辑""验收"的相关标准和体例。

1. 记录准备工作。首先，《规范》提出要确定记录对象。记录对象理应包括所有经文化部批准同意列入"国家级非物质文化遗产代表性传承人抢救性记录工程"的传承人。各省非遗中心要根据项目濒危情况和传承人身体状况，经过前期走访联系，与传承人充分沟通协商，合理安排记录次序和记录时间。在对传承人开展记录前，要填写《传承人基本信息登记表》；其次，《规范》提出各省非遗中心需要组建抢救性记录工作小组，并明确规定了成员组成和业务分工。小组成员包括项目负责人1人（应为非遗中心工作人员）、专家顾问至少1人、导演1人、摄像2—3人（其中包括图片摄影1人）、录音1人、后期1—2人。如果是少数民族语言使用区或重方言区，需专门翻译人员1人。以上分工可兼顾，并根据项目规模、工作量适当增减人数；最后，为保证高质量的拍摄成果，《规范》明确说明了设备的配置要求，包括摄像机、录音设备、照相机、监视器、后期非线编辑设备以及辅助设备。

2.记录工作。在《规范》的这一部分中，首先详细说明了调查资料的收集内容、收集来源、方式与权限说明；其次，秉持着"抢救性采集"的原则，《规范》提出采集内容主要包括传承人口述、传承人项目实践活动和传承人传承教学三部分。"传承人口述"既包括对传承人自身的口述进行科学记录，也包括对传承人的师傅、徒弟、家人、同事、研究者、受众等进行访谈，要重点关注传承人的人生经历、个人风格特色、技巧经验及其背后的民俗背景、文化生态、文化记忆等。"传承人项目实践活动"主要采集包括时间、地点、场地、环境、过程、受众等项目实践内容，以及传承人的技艺绝活、经验思想、风格特征、代表作品等传承人的项目实践能力。"传承人传承教学"这部分主要记录传承人以口传、项目实践演示、现场指导的方式，教授徒弟、学生的完整过程，例如以某一个故事、一出戏、一套舞蹈、一个作品的制作流程等方式，展示项目传授、学习及其实践的全过程；最后，《规范》也明确提出记录过程所遵照的技术标准，包括照片、摄影、录音三种形式。

3.整理编辑。《规范》提出，对于拍摄素材进行整理编辑的过程分为六个步骤，分别为分类整理、原始资料复制备份、制作文献片（口述片、项目实践片、传承教学片）、制作综述片、形成工作卷宗、复制保存。在该部分中，《规范》重点说明制作文献片的过程应遵循的原则与规范，即在尽量保留原始素材的基础上进行剪辑，以传承人口述、技艺操作、表演等实践活动的先后顺序为主线，最大程度地完整展现传承人口述、项目实践、传承教学的纪录片样式。

4.验收。最后，《规范》说明了包含验收内容、验收人、验收形式、形成验收报告、资料提交等五个方面的验收流程。

（二）"中国节日影像志"项目拍摄体例

"中国节日影像志"以项目体例作为主要管理实施规范。项目体例文件参见文化和旅游部民族民间文艺发展中心"中国节日影像志"项目实施规范。体例从"中国节日志"项目的宗旨、原则、结构、成果形式、注意事项这五个方面进行了说明与规范。

1. 宗旨。"中国节日影像志"旨在记录中国各民族、各地区的传统节日,以客观反映节日现状为特征,为国家积累节日影像资源,为学术研究与文化传播提供资料基础,传播与发展中国优秀传统文化。

2. 原则。影片须满足"客观""真实""完整"的三项基本原则。影片须以田野调查、实地拍摄为基础,完整反映节日的现状,并注意兼顾历史源流;影片的内容应以尊重文化为出发点,避免出现伤害个人隐私、民族情感和有损民族团结的行为,同时要符合国家、地方的相关法律法规及政策。

3. 结构。包含了影像志创作的基本要求与参考要素。基本要求包含五个方面:一是明确了以民间传统节日为主的拍摄对象,节日具体发生地的拍摄地点,通过节日事件进行推进的拍摄线索,节日的社会自然背景、基本环节、重要人物与组织、重要事项等方面的拍摄内容;二是要求影片中的观点应尽量采用当地民众的口述,统一要求采录场景同期声,不建议使用解说、画外音等方式;三是要求影片的大多数场景须为实拍,非必要原因不建议采用"复原拍摄""情景再现"等方式;四是要求节日影像志的视频、音频资料均应达到高质量水平,要求项目组配备专业摄像、录音人员,使用高清摄像设备、专业录音设备进行摄制。应在保证影音质量基本要求的前提下,提高艺术表达手法,力图做到节奏明快、线索清晰、画面优美,使影片更具观赏性;五是要求所拍摄的素材应配备完整场记。拍摄过程中应注意调查、记录所拍摄的信息,可配备专门人员记录场记,以期实现资料的可持续利用。

4. 成果形式。"中国节日影像志"的成果要求提交以下四项内容,即成果影片、素材及场记单、影片的最终剪辑工程文件及附带素材和字幕文件等和制作说明。

5. 注意事项。一是使用历史影像资料应注意避免知识产权纠纷;二是规定了成片的主标题与副标题的命名方式,片头与片尾应标注的内容等;三是尽量少使用解释性文字,而多用镜头语言表达节日内容;四是注意对于重要的仪式、艺术表演活动等进行全程完整记录,以建立完整的资源档案。

（三）"中国史诗百部工程"项目拍摄体例

"中国史诗百部工程"项目以项目体例作为主要管理实施规范,详见文化和旅游部民族民间文艺发展中心发布《〈中国史诗百部工程〉项目实施规范》。"中国史诗百部工程"项目的成果形式包含了影音摄制、文本整理、数据库建设三种方式,所以体例从项目影音、文本、图片这三种形式的内容进行了说明与规范。

1. 影音。影音的摄制应完成"史诗演述""田野访谈""民俗生活"三类内容的摄影、录音、后期制作工作。一是史诗演述，可以分为有语境与无语境两种情况。在有语境的情况下，要求在民俗事件中拍摄史诗完整的演述过程，若演述人在民俗事件中仅演述史诗片段，应选择在演述人的生活环境中再度进行史诗的完整采录。在无语境的情况下，则可以选择在演述人的生活环境中进行完整拍摄，保证演述人可在相对自然、熟悉的演述环境中进行演述；二是田野访谈，即对演述人及其了解的史诗传统进行访谈拍摄。注意应该让采访对象使用母语进行访谈陈述，保障其表达的准确与自然；三是民俗生活，围绕演述人、受众、史诗传统和社区的日常生活，对相关文化语境进行记录。《规范》还并特别提出，在有条件的情况下，鼓励完成融合演述过程、田野访谈、民俗生活的综合性纪录片的创作。在介绍影音摄制内容之外，体例还规范了影音摄制的技术要求和成果形式。

2. 文本。文本的撰写内容包含总序、凡例、概述、史诗内容、田野访谈、附录、后记七个部分。其中，概述、史诗内容、田野访谈是文本的主要构成部分。"概述"是概要地说明本次现场摄录的史诗情况，包含基本情况、演述人、演述传统、内容梗概四个方面；"史诗内容"包含了对本次现场采录的史诗演述内容所进行的翻译或誊写，此部分为文本主体，要求完成史诗逐行或逐句的汉译或汉语誊写。在有条件的情况下，鼓励完成韵体或散韵兼行的汉译或汉语誊写；"田野访谈"是根据史诗传统及演述的相关内容，对演述人的个人生活史、家族史、从艺经历等进行访谈，以问答形式记录成文，体例中也有相关的访谈提要。

3. 图片。要求提供与课题执行相关的图片，主要包括与史诗采录相关的演述人、受众、生活环境、演述场景、仪式、节庆、民俗活动、传统实践、服饰、道具、乐器、唱本、抄本等内容。体例也对图片数量、格式、像素、大小等进行具体规范。

三、创作动态跟踪与反思

项目立项之后，立项团队便可以根据创作体例规范来进行拍摄与影片制作。以"国家级非物质文化遗产代表性传承人抢救性记录工程"为例，非遗传承人是重要记忆承载者和传递者，非遗影像创作团队需要对传承人进行全面、真实、系统的记录，为后人传承、研究、宣传、利用非物质文化遗产留下宝贵资料。2021年，各省的非遗记录工作正在紧锣密鼓地有序开展。下文以浙江省"国家级非物质文化遗产代表性传承人抢救性记录工程"中的竹纸制作技艺、余姚十番表演为例，介绍创作团队的动态情况：

1. 浙江省《余姚十番》创作动态。2021 年 7 月 2 日，为期 5 天的《余姚十番》抢救性记录拍摄工作圆满结束，这是余姚市进行的第四个省级以上项目的抢救性记录工作。① 《余姚十番》抢救性记录自 2020 年启动以来，已经陆续进行了前期资料收集、现场走访、场地勘察等工作。

《余姚十番》是余姚传统民间器乐表演形式的统称，具体可分粗十番、细十番两种。粗十番以击打乐器为主；细十番以丝竹乐器为主。二者可分可合，规模有大有小，但一般民间乐队都兼有粗细两种器乐，故习惯统称粗细十番。杨松炎是地地道道的"草根"艺人，今年 75 岁，擅长二胡、三弦的演奏，熟悉《余姚十番》的常用曲调，他带头组建了一支有 20 余名文艺骨干组成的干家路村民乐队，这支乐队至今已有近 20 年的历史，一直演奏至今。

《余姚十番》创作团队依据《国家级非物质文化遗产代表性传承人抢救性记录工作规范》，拍摄内容包含口述史、项目实践、教学传承和综述片。口述史以学术专员访谈的形式，记录了杨松炎的学艺经历、传承经历等；项目实践以杨松炎和乐队完整展示《春天快乐》《将军得胜令》《大开门》等"余姚十番"经典曲目为主；教学传承以杨松炎指导徒弟演奏十番曲目为主；综述片在杨松炎的人生经历中穿插余姚十番的历史渊源和艺术特色。记录团队还赴河姆渡博物馆等地拍摄素材。根据项目进度安排，"余姚十番"抢救性记录工作将于 2021 年年底全部完成，从而为后人传承与宣传"余姚十番"留下宝贵资料。

2. 浙江省《竹纸制作技艺》创作动态。2021 年 9 月 10 日，根据浙江省文旅厅安排，"国家级非物质文化遗产代表性传承人抢救性记录工程"摄制组及学术专员赴富阳湖源乡新三村越竹斋进行口述访谈拍摄，正式启动对国家级非物质文化遗产代表性传承人李法儿的抢救性记录工程。②

富阳自古就是造纸之乡，竹纸是一大特色品牌。富阳竹纸是以竹类植物纤维为原料抄制而成，整个工艺分为制浆和造纸两大部分。其中，制浆技艺中的"人尿发酵法"，造纸技艺中的"荡帘打浪法"等，均是富阳竹纸生产的绝艺。2006 年富阳竹纸制作技艺列入首批国家级非物质文化遗产名录。2018 年，富阳竹纸制作技艺被列入首批国家级传统工艺振兴目录。2012 年，李法儿被评为竹纸制作技艺的国

---

① 《余姚十番抢救性记录拍摄工作近日圆满结束》，浙江非物质文化遗产网，http://www.zjich.cn/news/newsshow.html?id=452336，2021 年 12 月 19 日。

② 《国家级传承人李法儿抢救性记录口述史访谈拍摄工作正式启动》，浙江非物质文化遗产网，http://www.zjich.cn/news/newsshow.html?id=452599，2021 年 12 月 19 日。

家级非物质文化遗产代表性传承人，他初中毕业就跟随父亲李郁楠学习手工做纸，不断研究开发适合书画家喜欢的元书纸，不断改进制作工艺，开发各种新产品。元书纸研发取得非常大的成功，不仅在国内受到书画名家的青睐，还远销海外。

此次抢救性拍摄将在一年的时间内，分阶段全面、真实、系统地记录湖源乡新三村国家级非遗传承人李法儿掌握的竹纸制作技艺。目前国家级非遗代表性传承人普遍年事已高，及时记录下他们的技艺，也是一项和时间赛跑的工作。

四、成果验收：评审与内容分析

（一）"国家级非物质文化遗产代表性传承人抢救性记录工程"成果验收情况

在"国家级非物质文化遗产代表性传承人抢救性记录工程"的工作流程中，对于成果的验收工作是体例规范中明确规定的重要环节。按照体例规范的要求对提交的采集成果进行严格审核，审查内容既包含文献片、综述片的拍摄技术是否达标，也包含基本的摄影、录音、拍照等艺术水准是否符合要求。验收审查工作督促项目负责人及拍摄团队切实提高执行力，以高度的责任感做好"国家级非遗代表性传承人抢救性记录工作"中的各项事宜。

2018 年 7 月 6 日，第一届"国家级非物质文化遗产代表性传承人抢救性记录优秀成果推介会"在国家图书馆举行，对抢救性记录工作的验收情况进行了总结，公布了首批抢救性记录验收结果并颁发了参展证书、优秀参展组织单位证书和"观众最喜爱影片"证书，同时播放了参展影片的精彩片段。推介会上公布了展映月期间观众投票选出的三部"观众最喜爱影片"，即《刘永安——木偶戏（邵阳布袋戏）》《沈少三——撂石锁》和《杨栖鹤——杨氏家庭泥塑》。

2019 年 7 月 7 日上午，第二届"年华易老，技·忆永存——国家级非物质文化遗产代表性传承人抢救性记录工作成果展映月"压轴活动——优秀成果推介会在国家图书馆举行，同样对"国家级非物质文化遗产代表性传承人抢救性记录工程"的验收情况进行了总结，并公布了第二批验收结果，以及颁发各类优秀证书，同时播放了参展影片的精彩片段。与此同时，国家图书馆"中国记忆"项目中心也完成了 2015 年和 2016 年两批抢救性记录项目的验收工作，共有 478 个项目通过了专家的评审，其中 47 个项目被评选为优秀项目。随着这批优秀成果的发布，观众增加了解非遗的途径，研究者也新增了文献资料，媒体传播平台有了更多优秀影视资源。

2020 年 12 月 31 日，第三届"年华易老，技·忆永存——国家级非物质文化遗产代表性传承人抢救性记录工作成果展映月"拉开帷幕，48 部非遗纪录片也在国家图书馆中国记忆项目中心的非遗展映专区正式上线。2020 年共有 293 项抢救性记录项目完成验收。配合展映月线上活动，国家图书馆也策划开展了非遗传承人记录成果的线下展示推广活动。在 2020 年举办的第 18 届中国（广州）国际纪录片节期间，"国家级非遗代表性传承人记录工作成果选映"活动在广州图书馆举行，选映了三部国家级非遗传承人的纪录片，分别是 2018 年、2019 年展映月观众票选出的"最受观众喜爱影片"——《刘永安——木偶戏（邵阳布袋戏）》《季克良——茅台酒酿制技艺》和 2020 年验收项目中广东省的优秀项目——《文琰森——狮舞（松岗七星狮舞）》，为观众呈现了一场非遗传承人的影像盛宴。

下面以 2021 年湖北省、广东省的"国家级非物质文化遗产代表性传承人抢救性记录工程"成果验收会为例进行介绍。

1. 2021 年湖北省成果验收。2021 年 9 月 27 日至 30 日，按照国家文化和旅游部统一部署，湖北省 2019 年度"国家级非物质文化遗产代表性传承人抢救性记录工程"省级通查会在武汉召开，[①] 特别邀请了 7 位非遗专家、3 位纪录片专家和 1 位文献专家参与通查会。湖北省列入 2019 年度国家级非物质文化遗产代表性传承人记录工作名单的有黄圣辉、蔡月娥、叶祥成、谭复秀、熊远桂、夏菊花、周兰仙、杨胜伟、罗照英 9 位国家级非物质文化遗产代表性传承人。按照国家验收标准，与会专家以封闭评审的形式，对以上 9 位国家级非物质文化遗产代表性传承人的相关记录成果进行验收通查。验收内容包括：视频 190 小时、精选图片 763 张、口述文字稿 184.4 万字以及各类电子和纸质文献。经专家认真评审，有 6 项优秀和 3 项合格，将于 10 月底提交国家图书馆中国记忆项目中心。

自 2015 年"国家级非物质文化遗产代表性传承人抢救性记录工程"全面启动以来，湖北省先后向国家文化和旅游部报送了 33 位国家级代表性传承人记录工作成果，经专家审核，已全部验收合格，其中，《徐忠德——汉川善书》被评为优秀，是全国曲艺类唯一优秀项目。《秦礼刚——云梦皮影戏》《孙世安——潜江花鼓戏》等被评为全国戏剧类优秀项目。国家级非物质文化遗产代表性传承人是非物质文化遗产的重要承载者和传递者，在非遗传承、保护、延续、发展中起着超乎常人的重

---

① 《与时间赛跑，让技·忆长存——国家级非遗代表性传承人抢救性记录工作省级通查会召开》，湖北非物质文化遗产网，http://wlt.hubei.gov.cn/hbsfwzwhycw/mtgz/xwdt/202109/t20210930_3791837.shtml，2021 年 12 月 19 日。

大作用。湖北省非遗传承人记录团队通过数字多媒体等现代信息技术手段，全面、系统地记录传承人所掌握的非遗知识和精湛技艺，为后人留下了珍贵资料。

2. 2021年广东省成果验收。2021年10月18日，广东省文化和旅游厅组织开展了2019年度"国家级非物质文化遗产代表性传承人抢救性记录工程"成果通查验收工作。① 广东省文化和旅游厅非物质文化遗产处程薇副处长主持会议，从事非遗、纪录片、文献等方面研究的专家学者，以及其他相关人员参加会议。在验收会上，项目执行团队汇报了2019年度"国家级非物质文化遗产代表性传承人抢救性记录工作"组织实施情况，并就自评估过程中存在问题的整改情况进行了反馈。随后，与会专家分组对2019年"国家级非物质文化遗产代表性传承人抢救性记录工作"成果进行了评议验收。列入本次通查验收的5位国家级代表性传承人，分别涉及4个地市、5个门类的非遗项目。5位传承人中年龄最大的90岁，最小的77岁。经过近两年深入调查与系统拍摄，采集、整理口述文字稿100.5万字、图片3.4万张、视频近371小时、音频近119小时，形成了包含文献片、综述片和工作卷宗在内的系列成果。

本次广东省成果验收工作严把质量关，准确把握工作规范和要求，严格按照《国家级非物质文化遗产代表性传承人抢救性记录工作规范》和操作指南的验收内容和标准，全面、深入、细致地开展工作。在验收工作结束之后，广东省非遗保护中心与项目执行团队也会根据专家组意见，认真研究吸纳，精益求精进行修改完善，争取圆满完成后续工作任务，继续记录广东省非遗传承人所掌握的非遗知识和精湛技艺，为研究者以及人民群众留下珍贵的影像资料。

（二）"中国节日影像志"项目验收工作

"中国节日影像志"影片创作结束之后，其创作团队也需要参加由国家文化和旅游部民族民间文艺发展中心专门组织的、对"中国节日影像志"作品进行验收的评审会。截至2021年，已有70余部节日影像志人类学纪录片成果产出。"中国节日影像志"编审委员会由民族学、人类学、民俗学、艺术学、影视学等相关学科的专家组成，专家成员里必须有一位是节日发生地的民俗文化专家，有些甚至是来自节日发生地的村民，或者是节日影像志中的被拍摄对象，最后的统稿多数情况下也

---

① 《我省2019年国家级非遗代表性传承人抢救性记录成果通查验收工作顺利开展》，广东非物质文化遗产网，http://www.gdsqyg.com/agdzxdt/workinginfo?id=2021102214857373&type=2016112200000005，2021年12月19日。

由这些当地人来执行。由此可见,"中国节日影像志"项目验收工作保持着对节日文化持有者尊重的态度,"中国节日影像志"作品结项的过程,也是一次节日发生地代表与其他文化持有者的一种对话和交流,①有利于作品在最大程度上真实还原节日本身的文化事项,避免出现对节日的些许误读。

（三）"中国史诗百部工程"项目验收工作

"中国史诗百部工程"项目的验收工作与"中国节日影像志"项目类似,在结项评审环节中,尤其注重本民族地方学者且掌握该史诗语言的学者参与。结项主要包含初审、复审、终审、意识形态审查和责编等环节。课题承担者包含中国社会科学院、中央民族大学、云南大学、中国音乐学院等科研院所、高等院校的学者,已形成较大学术影响力,目前共调动 70 余个全国文化、教育系统的单位,近千人参与项目实施。特别是少数民族学者,都积极参与项目的申报与实施。众多史诗传承人在史诗的翻译及成果评审工作中也都发挥了极其重要的作用。截至目前,2021年"中国史诗百部工程"项目的验收工作正在有序进行。

2021 年 3 月 26 日,"中国史诗百部工程"子课题拉祜族史诗《牡帕密帕》结项评审会通过腾讯会议顺利召开。②此项子课题由云南大学寸炫老师承担,课题通过对"牡帕密帕"省级非物质文化遗产代表性传承人李扎莫和县级代表性传承人罗扎姆拍摄访谈,搜集第一手资料,以影像和文本的方式展现该史诗的演述内容。中国社会科学院社会学研究所研究员鲍江、云南民族出版社副编审彭华、云南民族大学副教授张伟共同组成本次评审专家组,他们对此项子课题的影像与文本成果进行了审核,分别就其中存在的问题,给予了恰当翔实的评审意见。评审会后,子课题组将根据专家们提出的修改意见,进行针对性修改和完善,最终提交结项成果。

2021 年 5 月 21 日,"中国史诗百部工程"子课题彝族史诗《支格阿鲁》结项评审会通过腾讯会议顺利召开。③"中国史诗百部工程"编委会主编李松、编委吴晓东出席会议。此项子课题由贵州工程应用技术学院彝学研究院王明贵研究员承担,通过对著名彝族毕摩、史诗《支格阿鲁》演述人王继尧拍摄访谈,搜集第一手资料,以影像和文本的方式展现该史诗的演述内容。由贵州省民族研究院研究员李

① 陈艳艳、刘广宇:《中国节日影像志跨文化传播:现状及前景》,《民族学刊》2021 年第 6 期。
② 《"中国史诗百部工程"子课题拉祜族史诗〈牡帕密帕〉结项评审会顺利召开》,文化和旅游部民族民间文艺发展中心,http://www.cefla.org/detail/list?id=947,2021 年 12 月 19 日。
③ 《"中国史诗百部工程"子课题彝族史诗"支格阿鲁"结项评审会顺利召开》,文化和旅游部民族民间文艺发展中心,http://www.cefla.org/detail/list?id=971,2021 年 12 月 19 日。

平凡、贵州民族大学教授吴秋林、云南民族大学副教授李兴福共同组成的评审专家组经认真审核课题影像与文本成果，并一致认为课题组较好地完成了规定任务，提供的资料系统、全面并且符合学术规范，达到项目实施规范要求，建议同意通过结项，鉴定等级为良好。评审会后，该子课题组将根据评审专家提出的修改意见，进行针对性修改和完善，最终提交结项成果。

五、工作方法总结

（一）对民间文学、表演艺术和传统技艺实践的记录

对民间文学与表演艺术影像记录最主要的方式是录制其代表性的作品。这类影像拍摄须在传统的演述场合里，以其应有的演述形式，进行代表作品的记录。重点是要体现出传承人的语言特色、表演技巧、即兴能力、互动能力，记录与作品相关的信仰与禁忌等。

"中国史诗百部工程"体例规范中明确要求：如果史诗演述拍摄在有语境的情况下，要求在民俗事件中拍摄史诗完整的演述过程，若演述人在民俗事件中仅演述史诗片段，应选择在演述人的生活环境中再度进行史诗的完整采录。例 1：A 课题组拍摄婚礼仪式中的苗族史诗，对婚礼中演述的苗族史诗《犁耙大地》进行了完整拍摄，获得 8 小时的史诗演述影音资料，则完成拍摄任务；例 2：B 课题组在柯尔克孜族的割礼仪式中拍摄史诗《玛纳斯》的演述，但玛纳斯奇仅在割礼仪式中演述了 15 分钟；B 课题组在完成割礼现场记录后，又请玛纳斯奇在其毡房中演述其掌握的所有史诗内容，获得 10 小时的史诗演述影音资料；二者相加，则完成拍摄任务。如果史诗演述拍摄无语境的情况时，可选择在演述人的生活环境中进行完整拍摄，保证演述人可在相对自然、熟悉的演述环境中进行演述。

对于传统音乐的记录，应选取具有代表性和传统性的作品录制，侧重于演唱、演奏技巧，所记录的音乐作品要保留其传统的表演环境和表演方式，并且要详细记录与音乐相关的仪式。对于传统技艺实践的记录，要全程记录传统技艺流程、制作步骤和方法。其中注意不要遗漏原材料及其加工方式、特殊工具的制作等内容，并且还可以记录与之相关的口头知识、传统行规、师训、行话等。

2021 版"中国节日影像志"项目实施规范中，第五条注意事项中明确要求：对于重要的仪式、艺术表演活动等，应进行全程完整记录，以建立完整的资源档案。例如较长时间缺乏动作变化的念诵、吟唱、祈祷、舞蹈中重复的动作，以及较

为繁复的手工艺品制作过程等，在素材中进行完整记录和完成后期场记后，可在纪录片中作精简处理。

国家图书馆中国记忆项目中心副主任田苗在《国家级非物质文化遗产代表性传承人抢救性访录十讲》中对比分析，并归纳总结了非遗记录《规范》与《指南》的区别与扩展内容，文末提出对非遗抢救记录的思考，尤其是非遗记录中特色教学"教"的过程应作为影像记录值得保留的部分。"为什么要拍教学传承的部分？因为我们发现很多的传承人，他的绝活是手上的分寸，是一种劲儿，一种范儿，是口述也说不出来、实践也看不懂、摄像机也不易捕捉的。我们想来想去，就算实践中看不懂，但是作为老师，传承人总得把一个不会的人教会，那教的环节是不是能够有更好的方式，让这个不会的人理解和明白，把内化的技巧外化？把教与学的过程记录下来，就是教学片的部分。那么传承片要拍什么？比如说侗族大歌的歌班，歌班的教学十几年我们不可能拍一个歌师教这个歌班，从娃娃歌班组建一直拍到长大嫁人。所以传承教学片主要拍两个部分：第一，拍特色的教学方式和特色的教学内容；第二，拍无法通过口述和实践捕捉到的非遗细节。教学不是为了拍而拍，教学是为了真正能把这个圆画得圆满，就是你得思考，你的口述片和实践片里，拍到什么、没拍到什么？老人家有什么特色的教学方法和内容？把它们拍出来。"[1]

（二）对民俗活动的记录

对于民俗活动进行影视人类学的记录。在特定的时间和空间中完整记录民俗活动从筹备、呈现、结束及循环规则等的全过程。比如对于传统年节及大型祭典等习俗，要记录年节及祭典活动的全过程，重点记录其中的核心仪式和艺术表达，如敬天、祭祖等仪式是严肃的精神活动，而在仪式中的集体歌唱、舞蹈则带有娱乐表演的性质。对于民间信仰习俗，要完整记录整个仪式的过程，如迎春、神诞、禳灾、还愿等，以及传承人对相关信仰仪式的解释说明，同时还要着重记录和民间信仰有关的口头表述，如各类说辞、经文等内容。

对于生产生活习俗，要完整记录这些习俗的全部环节，尽量避免出现表演。此外还要记录依托在生产生活习俗上的各种艺术表现形式，如窗上的剪纸、宴席上的祝词和歌曲、劳作时的民歌和号子等。这种生产生活习俗是民族传统观念的外化，不仅强化了彼此之间的身份认同，而且规范了族群的道德伦理观念，增强了民族的

---

[1] 国家图书馆中国记忆项目中心编：《国家级非物质文化遗产代表性传承人抢救性纪录十讲》，国家图书馆出版社，2020，第115页。

内聚力。因此，对于民俗活动的记录应该在当地的日常环境中进行。

"中国史诗百部工程"体例规范中对民俗生活拍摄要求有：围绕演述人、受众、史诗传统和社区的日常生活，对相关文化语境进行记录。优先拍摄史诗演述的民俗事件，跟踪记录史诗演述人参与民俗事件的全过程。如若已无传统演述语境，则应对史诗演述人的日常生活状态进行追踪记录，以全面反映史诗演述传统。在有条件的情况下，鼓励项目负责人完成融合演述过程、田野访谈、民俗生活的综合性纪录片的创作。拍摄框架参见《民俗生活纪录片拍摄要点》。例 1：A 课题组拍摄赛马节中的藏族史诗《格萨尔》的演述，以演述人的行动为主线，拍摄其参与节日前、节日中、节日后的全过程，则完成拍摄任务。例 2：B 课题组拍摄满族史诗《乌布西奔妈妈》的演述，因已无传统演述语境，进行演述人的日常生活记录后，则完成拍摄任务。例 3：C 课题组拍摄维吾尔族史诗，跟随拍摄了演述人早晨起床、出发、到达活动现场、选择演述场地、开始演述、受众互动、回家过程及家人团聚等史诗演述活动及日常生活内容，也通过不同人群的访谈拍摄，追溯史诗的传承与变迁，最后融合上述多方面的内容完成剪辑，形成了综合性纪录片。

2021 版"中国节日影像志"项目实施规范基本要求中就明确：1. 本系列影像志要求以民间的、传统的节日为主要拍摄对象，在节日的具体发生地进行拍摄，以节日事件的推进为主要线索，或以家庭、重点人物作为主要线索进行拍摄。主要内容包含节日的社会自然背景、基本环节、重要人物与组织、重要事项等方面的记录。拍摄制作时要关注"节日中""节日前""节日后"三部分结构，即注意节日发生过程，也注意节日前的准备和节日后的状况。2. 影片中的观点应尽量采用当地民众的口述，统一要求采录场景同期声，不建议使用解说、画外音等方式。3. 影片的大多数场景须为实拍。非必要原因，不建议采用"复原拍摄""情景再现"等方式。4."中国节日影像志"的视频、音频资料均应达到高质量水平，要求项目组配备专业摄像、录音人员，使用高清摄像设备、专业录音设备进行摄制。影音质量应满足基本要求，即叙事流畅、构图合理、音像清晰等。在保证基本要求的前提下，提倡提高艺术表达手法，力图做到节奏明快、线索清晰、画面优美，使影片更具观赏性。5. 所拍摄的素材应配备完整场记。拍摄过程中应注意调查、记录所拍摄的信息，可配备专门人员记录场记，以期实现资料的可持续利用。

（三）口述史访问

口述史的访谈工作是基于相关资料和信息的收集展开。对于文化事项的持有者和非遗传承人的访问，可以依据四级非遗传承人名录确定访谈对象。因为大量的口述内容分布在十个非遗大类里面，蕴含着民众的生活传统和经验，具有非常丰富的文化内涵。这就要求采访者要熟悉传承人所属项目的历史源流、发展变迁及传承情况，初步编写传承人年表、传承谱系表及访谈提纲。访谈结束以后需要将口述史访谈的内容转录、校对、编辑并做成口述文字稿。口述文字稿完成以后，请受访人审稿并在纸质文本上签字确认；如果有不予（或暂时不予）公布的部分，则在纸质文本上进行标记。

除此之外，还可以进行相关传统村落的专题口述史访问。口述史访谈的方式可以有效弥补有些村落文字书写的不足，将传统的口头遗产如农耕知识、祭祀仪式、节日庙会、婚丧习俗等内容，由具有代表性的文化社群和民族群众讲述出来。

"中国史诗百部工程"对访谈极为重视，在其体例规范的附件1《田野访谈提要》中提出基础访谈框架，访谈者可根据实际情况围绕史诗演述这一主线细化问题，扩展访谈线索和内容，通过问答方式完成访谈；访谈对象以课题组定向跟踪的演述人为中心，但并不局限于演述人。应让采访对象使用本民族语言进行访谈陈述，内容包含：一，个人、家庭情况以及所在村落情况或生活环境。二，从艺经历、师承关系、主要演述活动、传承关系与禁忌、对史诗的了解、史诗传承区域、传承人和实践者的特点、传承模式、承载史诗演述的民俗事件及其全过程、与史诗相关的风物遗迹和民俗文化实物、史诗的社会功能和文化意义、史诗的演述形式和特点、史诗内容、个人其他才艺等。完成的访谈文本应在篇首标注六类背景信息，包括时间、地点、访谈对象、访谈者、记录者和协力人（翻译者、整理人、田野向导等）。

"中国节日影像志"项目实施规范参考要素中对在节日活动中扮演重要角色的人物要保留纪录，可采用采访、访谈的方式：1. 跟踪记录重要人物在节日中的活动。2. 采访人物并讲述其在节日中涉及的职能，与节日有关的社会组织等。影像资料场记规范中对影像中出现的重要人物及访谈对象，需先填写素材场记单，再填写人物场记单，两份场记单的编号和盘号应保持一致。人物场记单如下，标星号＊的表项应在田野拍摄时特别注意记录。

纵观国家文化工程中非遗影像的具体工作方法总结，可以认识到作为具有最高标准非遗影像记录工作范式，影像本身只是项目中一个外在的展现方面，不能仅限于拍摄对单一主体上，而是应该回到其所处的文化环境之中，将视角转向传承人的动态实践活动，以及与文化持有者的集体互动等方面，在此基础上将非遗的核心内容用影像记录下来，从而形成对非遗的立体性保护。

非遗的动态记录也至关重要，文化本身不是一种静态的，它的发展和传承与特定的文化环境紧密相关，所以在文化空间和社会互动中理解非遗就显得尤为重要。非遗影像对于传承人和项目的记录，不是让其作为"标本"保存，而是在动态的项目实践和传承教学中保持其发展的活力，同时了解这个项目的历史文化、社会关系、未来前景等方面的内容，在此基础上对非遗影像进行整体性的诠释和理解。

从民纪片开始，非遗影像最应该继承的传统是对人的"深描"。传承人所掌握的知识技能、表演艺术、节庆活动与人生仪礼是非遗项目的核心所在，以人为主体的节日、民间文学、技艺、实践活动是非遗价值的集中体现。以人为本，也是影像记录的难题所在。在对非遗项目和传承人进行记录的时候，也应对人所处的当下现实生活环境、项目背后的历史文化进行深度阐释。浅层次的文化记录容易走向追求新鲜感、时效性与娱乐化的误区。当我们把传承人与一系列的文化事项联系在一起时，就形成了富有启发意义的文化研究文本。我们通过影像的方式对非遗进行分析和描写的时候，就更容易阐释其中的文化蕴含。

第三节　数据库建设与公共文化服务

（一）国际交流方面

人类学教授刘湘晨曾多次主持"中国节日影像志"子课题，其作品带有浓厚的人类学影像风格和诗意。《献牲》是刘湘晨的作品之一，曾经受邀参加世界人类学民族学第 17 届联合大会主题展映、美国欧亚学会第 14 届年会特邀展映和英国皇家人类学会第 14 届民族志电影节专题展映，是非常珍贵的民族历史影像资料。刘湘晨的《祖鲁》和刘磊的《家节》分别入围国际人类学民族学联合会第 18 届大会，《祖鲁》曾被美国南加州大学 RAI 人类学第 15 届国际纪录片电影节特邀展映；除此之外，刘湘晨和王宁彤还应澳大利亚墨尔本大学邀请前往展映和交流等。"这些国际的展映与交流均代表了这一时期我国影视人类学创作实践所取得的阶段性成绩，体现了以节日影像志为代表的我国传统优秀文化对外交流和传播中国声音的积极作为，在一定程度上扩大了中国文化国际传播的渠道，提升了中国文化国际传播的影响力，完善了国家的表达方式，促成了对中国文化的认同。"①

（二）国内传播方面

"中国节日影像志"作品先后参加了由中国影视人类学专业委员会组织的评选活动，许多优秀影片入围并获得了学会大奖。例如，吴效群的《骂社火》曾获得二等奖，朱靖江、鬼叔中的《七圣庙》、王宁彤的《魂归故里》、刘湘晨的《祖鲁》、张小军的《卯节》、王海飞的《北湾祭事》等均斩获过年度影视人类学作品前十的荣誉。"节日影像志"还先后参与过两次由中国民族博物馆主办的中国民族志纪录片影像展映和收藏活动，《咱当苗年》《觉颂》《成都春节》等影片被民族博物馆永久收藏。"节日影像志"还参与过两次广西民族博物馆举行的广西国际民族志影展及评奖活动。在这个活动中也有大批"中国节日影像志"作品先后获得各个层级的奖励。除了参与这些带有评奖性质的活动外，"中国节日影像志"多部作品于 2018年进入中国非遗影像展国内高校的展映活动。这是非遗进校园的特色学术活动。《觉颂》《祖鲁》《七圣庙》《渤烘桑康》《北湾祭事》《家节》《成都春节》《藏历新年》等十几部优秀作品参与了高校展映活动，该活动最大的特点是项目负责人带着影片到不同的高校进行放映和开展学术对话。上述这些公共性的学术影展和评奖活动，有力扩展了"节日影像志"在国内影视人类学界的声誉和地位，切实加大了以"中国节日影像志"为代表的影视人类学实践成果在人类学、民族学和民俗学乃至纪录片界的影响力，通过这些传播与交流，也让更多的学生和其他有志于人类学纪录片拍摄工作的年轻人加深了对影视人类学的认识和理解，让更广泛的人群通过了解中国传统节日而进一步加强和巩固了对我国优秀传统文化的感受和体认，并由此催生出对中国文化的自觉和自信。

以刘湘晨和陈坚为代表的两代学人和导演人，对自己所拍的"中国节日影像志"作品均进行了个人影片放映和学术讲座活动。到目前为止，刘湘晨在北京、上海、成都、兰州等地的多所著名高校和学院就其前期所拍摄的《献牲》《开斋节》和《祖鲁》等影片进行了多场影片放映和学术讲座活动，传播效果极好。在活动中，刘湘晨以他特有的专业素养和对新疆民族文化的热爱和敬意，传达出的文化体验和文化使命意识令新疆之外的学子们深受感染和激励。陈坚长期扎根在藏区，为我们呈现了基于深厚信仰的西藏节日文化的多样性和丰富性。目前，陈坚已经在成

---

① 陈艳艳、刘广宇：《中国节日影像志跨文化传播：现状及前景》，《民族学刊》2021 年第 6 期，第 64 页。

都、贵阳、上海、新疆、内蒙古等地进行了多场学术放映。

"中国节日影像志"作品《回家乡》的传播案例也值得研究，即当地节日文化持有者观看、解读并持有这些影像资料。巴胜超在景颇族《目瑙纵歌》子课题结项后就做了这样三个工作：一是把作品拿回节日所在村寨播放。其目的是让被拍摄者在观看影片时，对其中的节日信息进行检查与确认，这与"中国节日影像志"强调影像文献资料的准确性相一致；二是把作品拿给村寨中的年轻人看。其目的"就是为了进行影像教育和民族文化的传播"；三是让作品面对广大的非景颇族群体。其目的"是考虑到在政治、经济、文化等全球化的当下语境中，促进多种类、多形式的跨文化沟通是打破文化壁垒、消除民族中心主义偏见的重要方式"。导演蔡富莲在彝族《剪羊毛节》子课题结项后，就把作品拿回田野点放映。他曾谈道："村民们第一次从电视机里看到自己的形象，激动万分，但是当看完片子后都十分惆怅和疑惑，大家都认为剪掉的内容太多了，好多镜头怎么都没有了，自己出现在片子里的镜头也只是很快地一闪而过，很不过瘾，还没有来得及好好看看就没有了，很是遗憾。"在作品回放时，村民们对影片中的唱情歌感到很害羞："因为在家里放片子的时候，兄弟姐妹们一起看片子，看到唱情歌，这使大家都感到害羞，很不好意思，不自在（按照凉山彝族民间风俗，情歌只能在野外唱，特别忌讳在家里和在有兄弟姐妹的场合唱情歌）。"而这些民俗禁忌也只有在回放时才能重新发现。武小林在彝族《彝年》子课题结项后，也将作品带回凉山彝族村寨并邀请被拍摄对象阿牛史日一家人观看，对影片提出了自己的一些思考与看法。

以上几部"中国节日影像志"作品在"走出去"之前都先回到"家乡"，回到节日原发地，请节日中的人们来做第一批观众，这不仅保证了学术品质，更重要的意义还在于，这是人类学和影视人类学的终极使命——在文化互动中，达至人类的"美美与共"。

自2018年开始，每年6月举办的"文化和自然遗产日非遗影像展"活动中，有大量的非遗影像成果在展映中集中呈现。首届"文化和自然遗产日非遗影像展"于2018年在山西平遥举办，共有30部（集）非遗纪录片在这里展映。国家文化和旅游部非物质文化遗产司相关负责人在影像展的闭幕致辞中说："此次影像展不仅让更多的青年群体和广大群众通过较高水准的非遗影像作品，了解非遗、认识非遗、珍爱非遗，而且也很好地引导了社会力量广泛地参与到非遗记录工作中，用影像记录的方式直观地记录、保存优秀的文化遗产。"① 首届非遗影像展以"记忆、生活、传播"为主题，由优秀影片集中展示展映、学术论坛、高校学术展映三部分组成。影像展期间，组委会评选出了包括《传承（第二季）》《津门玩跤人》《戏梦关东——东北二人转民间老艺人档案》等十部"非遗影像展评委会推荐影片"。文旅部民族民间文艺发展中心原主任、影像展组委会主任李松认为，此次影像展的主题贴切地阐释了活动的宗旨和目的，"'记忆'有两个层面含义。首先，有族群的地方就会留下文化记忆，国家记忆和大众记忆融合起来，组成一个国家民族的整体记忆；其次，影像作为记录文化的方式越来越普遍，这也是记忆。"李松表示，文化记忆强调时间维度，是"上对祖先，下对后代"的记录。"我们通过影像记录下来的东西，要从时间维度上留给后代，让他们知道现在的文化是什么样的。"②

导演傅永寿对于能够参加此次影像展感慨颇深："影像展为我们搭建了一个不可多得的展示和沟通平台，在这里大家关注和探讨的都是如何传承和保护非遗，希望以后能够有更多更好的平台和机会，激发社会大众对非遗记录工作的兴趣。"《长老们的历史记忆》用影像还原记录了哈尼族阿卡人演述史诗《雅尼雅嘎赞嘎》的过程。《雅尼雅嘎赞嘎》是一部讲述哈尼族阿卡人迁徙历史的史诗，演述过程中有复杂的民俗仪式。拍摄期间，傅永寿带领团队多次前往云南省西双版纳傣族自治州勐海县格朗和哈尼族乡水河新寨，不仅拍下了整个仪式过程，还拍下了长达 12 小时的整部《雅尼雅嘎赞嘎》演述视频，为这一史诗传承保存下了珍贵的影像资料。

2019 年"文化和自然遗产日"之"非遗影像 中国实践"在浙江象山举办。经非遗影像展专家委员会投票，最终在 30 部（套）入围公开展映的非遗影像作品中，评选出 10 部非遗影片，浙江省非物质文化遗产保护中心出品《王阿牛——绍兴黄酒酿制技艺综述片》、贵州省非物质文化遗产保护中心出品《王景才——苗族芦笙舞（滚山珠）综述片》均入选。"非遗影像 中国实践"论坛，围绕"从文本到影像——当下口头传统类非遗项目的保存与研究""节日民俗事象的影像诠释与传播""非物质文化遗产的影像记录与传播"三大主题展开学术研讨，与会的民间文学、民俗学、美术学、传播学、广播电视学、电影学等领域的专家学者和入围影片的主创团队展开了理论与实践的思想交流碰撞，凝聚非遗的中国智慧。

2020 年第三届"云游非遗·影像展"以线上形式呈现，以优酷、腾讯、爱奇艺、哔哩哔哩、快手、抖音、酷狗音乐、西瓜视频、新华社专区、中国青年网、今

---

① 马思伟：《文化和自然遗产日非遗影展综述》，《中国文化报》2018 年 6 月 21 日，第 4 版。
② 马思伟：《文化和自然遗产日非遗影展综述》，《中国文化报》2018 年 6 月 21 日，第 4 版。

日头条等全网主流媒体为平台，集中展示中国非遗保护工作实践经验，提高非遗的可见度。"云游非遗·影像展"通过影像作品的传播，尝试拓展非遗传播的渠道，丰富非遗传播交流的实践，彰显全社会为记录、保护、传承、弘扬、传播非遗和中华优秀传统文化所付出的努力和取得的成效。据了解，"云游非遗·影像展"活动期间，有 1581 部（集）非遗传承纪录影像、非遗题材纪录片在线进行公益性展播，从传统医药、传统体育、非遗美食、非遗手工艺以及传统表演艺术五个方面梳理非遗资源，呈现当下非遗传承和保护成果。

其中优酷网平台据统计，共包含 167 项非遗传承人记录影像（见表 1-4）。

表 1-4 2020 年优酷网非遗传承人记录影像名单

1	非遗传承记录影像之京剧代表性传承人关松安	http://v.youku.com/v_show/id_XND-Y4TcxMDM2MA==.html
2	非遗传承人记录影像之铜梁龙舞	http://v.youku.com/v_show/id_XND-Y4TcxMTE5Ng==.html
3	非遗传承人记录影像之嵊州竹编	http://v.youku.com/v_show/id_XND-Y4TcxMDg2NA==.html
4	非遗传承人记录影像之藏戏（山南琼结卡卓扎西宾顿）	http://v.youku.com/v_show/id_XND-Y4TcxMDY3Mg==.html
5	非遗传承人记录影像之京剧代表性传承人童祥苓	http://v.youku.com/v_show/id_XND-Y4TcxMDUyMA==.html
6	非遗传承人记录影像之砚台制作技艺（贺兰砚制作技艺）	http://v.youku.com/v_show/id_XND-Y4TcwODU1Mg==.html
7	非遗传承人记录影像之剪纸（徐州剪纸）	http://v.youku.com/v_show/id_XND-Y4TcwNzYwOA==.html
8	非遗传承人记录影像之藏族拉伊	http://v.youku.com/v_show/id_XND-Y4TcwODkyNA==.html
9	非遗传承人记录影像之南通蓝印花布印染技艺	http://v.youku.com/v_show/id_XND-Y4TcwNzgwNA==.html
10	非遗传承人记录影像之肉连响	http://v.youku.com/v_show/id_XND-Y4TcwNjE0MA==.html
11	非遗传承人记录影像之汉剧代表性传承人程良美	http://v.youku.com/v_show/id_XND-Y4TcwNTk5Mg==.html
12	非遗传承人记录影像之汴绣	http://v.youku.com/v_show/id_XND-Y4TcwMzg1Mg==.html
13	非遗传承人记录影像之大弦戏	http://v.youku.com/v_show/id_XND-Y4TcwMzY3Ng==.html

14	非遗传承人记录影像之大平调	http://v.youku.com/v_show/id_XND-Y4MTcwMzI2MA==.html
15	非遗传承人记录影像之柳子戏代表性传承人杨香玉	http://v.youku.com/v_show/id_XND-Y4MTcwMzk4MA==.html
16	非遗传承人记录影像之豫剧代表性传承人贾廷聚	http://v.youku.com/v_show/id_XND-Y4MTcwMzA0MA==.html
17	非遗传承人记录影像之秧歌（昌黎地秧歌）	http://v.youku.com/v_show/id_XND-Y4MTcwMTc4OA==.html
18	非遗传承人记录影像之豫剧代表性传承人冯占顺	http://v.youku.com/v_show/id_XND-Y4MTcwMjMwOA==.html
19	非遗传承人记录影像之目连戏（南乐目连戏）	http://v.youku.com/v_show/id_XND-Y4MTcwMjc2MA==.html
20	非遗传承人记录影像之越调	http://v.youku.com/v_show/id_XND-Y4MTcwMjQ3Mg==.html
21	非遗传承人记录影像之二股弦	http://v.youku.com/v_show/id_XND-Y4MTcwMjE1Mg==.html
22	非遗传承人记录影像之花鼓灯（凤台花鼓灯）代表性传承人张士根	http://v.youku.com/v_show/id_XNDY4M-TY5OTE5Ng==.html
23	非遗传承人记录影像之湘剧	http://v.youku.com/v_show/id_XND-Y4MTcwOTM0NA==.html
24	非遗传承人记录影像之茅台酒酿制技艺	http://v.youku.com/v_show/id_XND-Y4MTcxMDI0NA==.html
25	非遗传承人记录影像之皮影戏（凌源皮影戏）综述片	http://v.youku.com/v_show/id_XND-Y4MTcxMDQ0MA==.html
26	非遗传承人记录影像之青田石雕	http://v.youku.com/v_show/id_XND-Y4MTcxMDc1Ng==.html
27	非遗传承人记录影像之河西宝卷	http://v.youku.com/v_show/id_XND-Y4MTcxMDk4OA==.html
28	非遗传承人记录影像之藏医药（七十味珍珠丸赛太炮制技艺）	http://v.youku.com/v_show/id_XND-Y4MTcxMTA5Ng==.html
29	非遗传承人记录影像之佛教音乐（天宁寺梵呗唱诵）综述片	http://v.youku.com/v_show/id_XND-Y4MTcxMTIxMg==.html
30	非遗传承人记录影像之苗族芦笙舞（滚山珠）综述片	http://v.youku.com/v_show/id_XND-Y4MTcxMTQyMA==.html
31	非遗传承人记录影像之冀中笙管乐（子位吹歌）	http://v.youku.com/v_show/id_XND-Y4MTcxMTU3Mg==.html
32	非遗传承人记录影像之曲剧	http://v.youku.com/v_show/id_XND-Y4MTcxNDg5Mg==.html

33	非遗传承人记录影像之井陉拉花	http://v.youku.com/v_show/id_XND-Y4MTcxNTIyOA==.html
34	非遗传承人记录影像之西合道—— 热贡艺术综述片	http://v.youku.com/v_show/id_XND-Y4MTcxNTM1Ng==.html
35	非遗传承人记录影像之古渔雁民间故事	http://v.youku.com/v_show/id_XND-Y4MTQ5Njk4NA==.html
36	非遗传承人记录影像之木偶戏（邵阳布袋戏）	http://v.youku.com/v_show/id_XND-Y4MTQ5Njk4MA==.html
37	非遗传承人记录影像之秧歌（昌黎地秧歌）代表性传承人秦梦雨	http://v.youku.com/v_show/id_XNDY4M-TY5ODk0MA==.html
38	非遗传承人记录影像之杨柳青木版年画	http://v.youku.com/v_show/id_XNDY4M-TY5OTAyMA==.html
39	非遗传承人记录影像之摔石锁	http://v.youku.com/v_show/id_XNDY4M-TY5OTAyOA==.html
40	非遗传承人记录影像之汉川善书	http://v.youku.com/v_show/id_XNDY4M-TY5OTAwOA==.html
41	非遗传承人记录影像之碉楼营造技艺（藏族碉楼营造技艺）	http://v.youku.com/v_show/id_XNDY4M-TY5OTAyNA==.html
42	非遗传承人记录影像之衡水内画	http://v.youku.com/v_show/id_XNDY4M-TY5OTAwNA==.html
43	非遗传承人记录影像之蒙古族长调民歌	http://v.youku.com/v_show/id_XNDY4M-TY5OTAzMg==.html
44	非遗传承人记录影像之四季生产调	http://v.youku.com/v_show/id_XNDY4M-TY5OTAzNg==.html
45	非遗传承人记录影像之剪纸（医巫闾山满族剪纸）	http://v.youku.com/v_show/id_XNDY4M-TY5OTAxNg==.html
46	非遗传承人记录影像之石雕（泽库和日寺石刻）	http://v.youku.com/v_show/id_XNDY4M-TY5OTAxMg==.html
47	非遗传承人记录影像之吟诵调（常州吟诵）	http://v.youku.com/v_show/id_XND-Y4MTQ1ODkzNg==.html
48	非遗传承人记录影像之中医诊法（张一帖内科疗法）	http://v.youku.com/v_show/id_XND-Y4MTQ1ODkzMg==.html
49	非遗传承人记录影像之朱仙镇木版年画	http://v.youku.com/v_show/id_XND-Y4MTQ1ODkyOA==.html
50	非遗传承人记录影像之中药炮制技术（四大怀药种植与炮制）	http://v.youku.com/v_show/id_XND-Y4MTQ1ODk0MA==.html
51	非遗传承人记录影像之和神一起跳舞	http://v.youku.com/v_show/id_XND-Y4MTcxNDY0NA==.html

52	非遗传承人记录影像之巴山背二歌	http://v.youku.com/v_show/id_XND-Y4MTcxMjI4MA==.html
53	非遗传承人记录影像之中江挂面（上）	http://v.youku.com/v_show/id_XND-Y4MTcxMTY4NA==.html
54	非遗传承人记录影像之中江挂面（下）	http://v.youku.com/v_show/id_XND-Y4MTcxMjA4MA==.html
55	非遗传承人记录影像之西林壮寨裁缝	http://v.youku.com/v_show/id_XNDY4MT-cyMTc3Ng==.html
56	非遗传承人记录影像之芒嵩	http://v.youku.com/v_show/id_XNDY4MT-cyMTU4NA==.html
57	非遗传承人记录影像之老秤儿（短片）	https://v.youku.com/v_show/id_XND-Y4MTcyMTU2NA==.html
58	非遗传承人记录影像之平遥布鞋（短片）	http://v.youku.com/v_show/id_XNDY4MT-cyMTQ1Mg==.html
59	非遗传承人记录影像之平民老倌罗家宝	http://v.youku.com/v_show/id_XNDY4MT-cyMTMyNA==.html
60	非遗传承人记录影像之大匠之梦	http://v.youku.com/v_show/id_XND-Y4MTcxODE2MA==.html
61	非遗传承人记录影像之戏梦关东——东北二人转民间老艺人档案	http://v.youku.com/v_show/id_XND-Y4MTcxODEwMA==.html
62	非遗传承人记录影像之和神一起跳舞	http://v.youku.com/v_show/id_XND-Y4MTcxODA4MA==.html
63	非遗传承人记录影像之守艺	http://v.youku.com/v_show/id_XND-Y4MTcxNzk2NA==.html
64	非遗传承人记录影像之片纸	http://v.youku.com/v_show/id_XND-Y4MTcxNzc0OA==.html
65	非遗传承人记录影像之巴山背二歌	http://v.youku.com/v_show/id_XND-Y4MTcxNzc0NA==.html
66	非遗传承人记录影像之宜昌薅草锣鼓	http://v.youku.com/v_show/id_XND-Y4MTcxNjM5Ng==.html
67	非遗传承人记录影像之土家打喜	http://v.youku.com/v_show/id_XND-Y4MTcxNjEwOA==.html
68	非遗传承人记录影像之桑洼	http://v.youku.com/v_show/id_XND-Y4MTcxNTg5Mg==.html
69	非遗传承人记录影像之偏偏喜欢泥	http://v.youku.com/v_show/id_XND-Y4MTcxNTY1Mg==.html
70	非遗传承人记录影像之甲子漆艺	http://v.youku.com/v_show/id_XND-Y4MTcxNTM2NA==.html

71	非遗传承人记录影像之守艺	http://v.youku.com/v_show/id_XND-Y4MTcxNTA4MA==.html
72	非遗传承人记录影像之片纸	http://v.youku.com/v_show/id_XND-Y4MTcxNDgwMA==.html
73	非遗传承人记录短片《梁二爷》	http://v.youku.com/v_show/id_XNDY4MT-cyMzI0NA==.html
74	非遗传承人记录影像之北京评书代表性传承人单田芳	http://v.youku.com/v_show/id_XNDY4MT-cyNTY3Mg==.html
75	非遗传承人记录影像之北京评书代表性传承人刘兰芳	http://v.youku.com/v_show/id_XNDY4MT-cyNTg2MA==.html
76	非遗传承人记录影像之凌源皮影戏	http://v.youku.com/v_show/id_XND-Y4MTczNTc3Ng==.html
77	非遗传承人记录影像之昆曲代表性传承人计镇华	http://v.youku.com/v_show/id_XND-Y4MTczNTkwOA==.html
78	非遗传承人记录影像之京剧唐派艺术周仲博	http://v.youku.com/v_show/id_XND-Y4MTczNTg2NA==.html
79	非遗传承人记录影像之京剧代表性传承人杨乃彭	http://v.youku.com/v_show/id_XND-Y4MTczNTk0MA==.html
80	非遗传承人记录影像之热巴舞（丁青热巴）	http://v.youku.com/v_show/id_XNDY4MT-cyMzgwOA==.html
81	非遗传承人记录影像之彩扎（秸秆扎刻）	http://v.youku.com/v_show/id_XND-Y4MTcxOTA0NA==.html
82	非遗传承人记录影像之崇阳提琴戏	http://v.youku.com/v_show/id_XNDY4ND-g4ODkzNg==.html
83	非遗传承人记录影像之新昌调腔	http://v.youku.com/v_show/id_XNDY4ND-g4ODk1Mg==.html
84	非遗传承人记录影像之瓯剧	http://v.youku.com/v_show/id_XNDY4ND-g4ODk0NA==.html
85	非遗传承人记录影像之石柱土家啰儿调	http://v.youku.com/v_show/id_XNDY4ND-g4ODk2MA==.html
86	非遗传承人记录影像之川剧	http://v.youku.com/v_show/id_XNDY4ND-g4ODk1Ng==.html
87	非遗传承人记录影像之景德镇传统瓷窑作坊营造技艺	http://v.youku.com/v_show/id_XNDY4ND-g4ODk0MA==.html
88	非遗传承人记录影像之傈僳族民歌	https://v.youku.com/v_show/id_XNDY4NDg4ODk0OA==.html
89	非遗传承人记录影像之夏布织造技艺	http://v.youku.com/v_show/id_XNDY4ND-g4ODk2NA==.html

90	非遗传承人记录影像之京剧（杨乃彭）	http://v.youku.com/v_show/id_XNDY4ND-gzOTIwMA==.html
91	非遗传承人记录影像之佛教音乐（北武当庙寺庙音乐）	http://v.youku.com/v_show/id_XNDY4ND-gzOTE4NA==.html
92	非遗传承人记录影像之蓝印花布印染技艺	https://v.youku.com/v_show/id_XNDY4NDgzOTE2MA==.html
93	非遗传承人记录影像之蜀锦织造技艺	http://v.youku.com/v_show/id_XNDY4ND-gzOTIwNA==.html
94	非遗传承人记录影像之盘索里（姜信子）	http://v.youku.com/v_show/id_XNDY4ND-gzOTE0NA==.html
95	非遗传承人记录影像之武汉木雕船模	http://v.youku.com/v_show/id_XNDY4ND-gzOTE1Mg==.html
96	非遗传承人记录影像之羌族刺绣	https://v.youku.com/v_show/id_XNDY4NDgzOTE5Ng==.html
97	非遗传承人记录影像之老河口木版年画	http://v.youku.com/v_show/id_XNDY4ND-gzOTE1Ng==.html
98	非遗传承人记录影像之龙舞（地龙灯）	http://v.youku.com/v_show/id_XNDY4ND-gzOTE2NA==.html
99	非遗传承人记录影像之凤翔木版年画	http://v.youku.com/v_show/id_XNDY4ND-gzOTE5Mg==.html
100	非遗传承人记录影像之建筑彩绘（陕北匠艺丹青）	http://v.youku.com/v_show/id_XNDY4ND-gzOTE4OA==.html
101	非遗传承人记录影像之京剧（赵燕侠）	http://v.youku.com/v_show/id_XNDY4NDc3NzE5Ng==.html
102	非遗传承人记录影像之莆仙戏	http://v.youku.com/v_show/id_XNDY4NDc3NzIwOA==.html
103	非遗传承人记录影像之京剧（谢锐青）	http://v.youku.com/v_show/id_XNDY4NDc3NzE5Mg==.html
104	非遗传承人记录影像之风筝制作技艺（北京风筝制作技艺）	http://v.youku.com/v_show/id_XNDY4NDc3NzE3Ng==.html
105	非遗传承人记录影像之玉雕（北京玉雕）	http://v.youku.com/v_show/id_XNDY4NDc3NzE4NA==.html
106	非遗传承人记录影像之龙舟制作技艺	http://v.youku.com/v_show/id_XNDY4NDc3NzIxMg==.html
107	非遗传承人记录影像之抬阁（芯子、铁枝、飘色）（吴川飘色）	http://v.youku.com/v_show/id_XNDY4NDc3NzIyNA==.html
108	非遗传承人记录影像之地毯织造技艺（北京宫毯织造技艺）	http://v.youku.com/v_show/id_XNDY4NDc3NzE4MA==.html

109	非遗传承人记录影像之思南花灯戏	http://v.youku.com/v_show/id_XNDY4NDc3NzIyOA==.html
110	非遗传承人记录影像之壮族三声部民歌	http://v.youku.com/v_show/id_XNDY4NDc3NzIyMA==.html
111	非遗传承人记录影像之壮族歌圩	http://v.youku.com/v_show/id_XNDY4NDc3NzIxNg==.html
112	非遗传承人记录影像之木拱桥传统技艺营造	http://v.youku.com/v_show/id_XNDY4NDc3NzIzMg==.html
113	非遗传承人记录影像之京剧（李长春）	http://v.youku.com/v_show/id_XNDY4NDc3NzIwNA==.html
114	非遗传承人记录影像之京剧（孙毓敏）	http://v.youku.com/v_show/id_XNDY4NDc3NzE4OA==.html
115	非遗传承人记录影像之北路梆子	http://v.youku.com/v_show/id_XNDY4NDQzOTIwMA==.html
116	非遗传承人记录影像之晋剧（武忠）	http://v.youku.com/v_show/id_XNDY4NDQyMjI2NA==.html
117	非遗传承人记录影像之印泥制作技艺（上海鲁庵印泥）	https://v.youku.com/v_show/id_XNDY4NDQyMjI1Ng==.html
118	非遗传承人记录影像之李自新	http://v.youku.com/v_show/id_XNDY4NDQyMjI3Ng==.html
119	非遗传承人记录影像之花灯戏（玉溪花灯戏）	http://v.youku.com/v_show/id_XNDY4NDQyMjI2MA==.html
120	非遗传承人记录影像之华阴老腔	https://v.youku.com/v_show/id_XNDY4NDQyMjI1Mg==.html
121	非遗传承人记录影像之白族绕三灵	http://v.youku.com/v_show/id_XNDY4NDQyMjI0OA==.html
122	非遗传承人记录影像之晋剧（阎慧贞）	http://v.youku.com/v_show/id_XNDY4NDQyMjI0NA==.html
123	非遗传承人记录影像之皮影戏（济南皮影戏）	http://v.youku.com/v_show/id_XNDY4NDQyMjE5Mg==.html
124	非遗传承人记录影像之山东梆子	http://v.youku.com/v_show/id_XNDY4NDQyMjE4OA==.html
125	非遗传承人记录影像之四平调	https://v.youku.com/v_show/id_XNDY4NDQyMjIwMA==.html
126	非遗传承人记录影像之皮纸制作技艺	http://v.youku.com/v_show/id_XNDY4NDQyMjIwOA==.html
127	非遗传承人记录影像之二人台	https://v.youku.com/v_show/id_XNDY4NDQyMjIyMA==.html

128	非遗传承人记录影像之二夹弦	http://v.youku.com/v_show/id_XNDY4NDQyMjE5Ng==.html
129	非遗传承人记录影像之瑶族盘王节	http://v.youku.com/v_show/id_XNDY4N-DI0OTQ5Ng==.html
130	非遗传承人记录影像之坠子戏	http://v.youku.com/v_show/id_XNDY4N-DI0OTUwNA==.html
131	非遗传承人记录影像之厦门漆线雕技艺	http://v.youku.com/v_show/id_XNDY4N-DI0OTQ4MA==.html
132	非遗传承人记录影像之高腔（常德高腔 - 李少先）	http://v.youku.com/v_show/id_XNDY4N-DI0OTQ5Mg==.html
133	非遗传承人记录影像之木鼓舞（反排苗族木鼓舞）	http://v.youku.com/v_show/id_XNDY4N-DI0OTQ2OA==.html
134	非遗传承人记录影像之武夷岩茶 (大红袍) 制作技艺	http://v.youku.com/v_show/id_XNDY4N-DI0OTQ1Ng==.html
135	非遗传承人记录影像之佛山木版年画	http://v.youku.com/v_show/id_XNDY4N-DI0OTUwMA==.html
136	非遗传承人记录影像之肥东洋蛇灯	http://v.youku.com/v_show/id_XNDY4N-DI0OTQ2MA==.html
137	非遗传承人记录影像之吕剧	http://v.youku.com/v_show/id_XNDY4N-DI0OTQ3Ng==.html
138	非遗传承人记录影像之花鼓戏	http://v.youku.com/v_show/id_XNDY4N-DI0OTUwOA==.html
139	非遗传承人记录影像之淮剧	http://v.youku.com/v_show/id_XNDY4N-DI0OTUxMg==.html
140	非遗传承人记录影像之高腔（常德高腔 - 龚景云）	http://v.youku.com/v_show/id_XNDY4N-DI0OTQ4NA==.html
141	非遗传承人记录影像之竹刻（常州留青竹刻）	http://v.youku.com/v_show/id_XNDY4N-DI0OTQ3Mg==.html
142	非遗传承人记录影像之东北二人转	http://v.youku.com/v_show/id_XNDY4N-DI0OTQ2NA==.html
143	非遗传承人记录影像之苏州评弹（苏州弹词）	http://v.youku.com/v_show/id_XNDY4N-DI0OTQ4OA==.html
144	非遗传承人记录影像之彝族撮泰吉	http://v.youku.com/v_show/id_XND-Y4Mzc3NjA3Mg==.html
145	非遗传承人记录影像之平遥推光漆器髹饰技艺	http://v.youku.com/v_show/id_XND-Y4Mzc3NjA3Ng==.html
146	非遗传承人记录影像之凤台花鼓灯	http://v.youku.com/v_show/id_XND-Y4Mzc3NjAyOA==.html

147	非遗传承人记录影像之塔吉克族鹰舞	http://v.youku.com/v_show/id_XND-Y4Mzc3NjA1Ng==.html
148	非遗传承人记录影像之皮影戏（腾冲皮影戏）	http://v.youku.com/v_show/id_XND-Y4Mzc3NjAzNg==.html
149	非遗传承人记录影像之乐清细纹刻纸	http://v.youku.com/v_show/id_XND-Y4Mzc3NjA0NA==.html
150	非遗传承人记录影像之傩戏（德江傩堂戏）	http://v.youku.com/v_show/id_XND-Y4Mzc3NjA4MA==.html
151	非遗传承人记录影像之绍兴黄酒酿制技艺	http://v.youku.com/v_show/id_XND-Y4Mzc3NjA0OA==.html
152	非遗传承人记录影像之玉屏箫笛制作技艺	http://v.youku.com/v_show/id_XND-Y4Mzc3NjA0MA==.html
153	非遗传承人记录影像之鹤年堂中医药养生文化口述片	http://v.youku.com/v_show/id_XNDY4M-zU4MTcyMA==.html
154	非遗传承人记录影像之侗族琵琶歌	http://v.youku.com/v_show/id_XNDY4M-zU4MTczNg==.html
155	非遗传承人记录影像之水书习俗	http://v.youku.com/v_show/id_XNDY4M-zU4MTcyOA==.html
156	非遗传承人记录影像之歌仔戏	http://v.youku.com/v_show/id_XNDY4M-zU4MTcyNA==.html
157	非遗传承人记录影像之口技	http://v.youku.com/v_show/id_XNDY4M-zU4MTc0MA==.html
158	非遗传承人记录影像之侗族大歌	http://v.youku.com/v_show/id_XNDY4M-zU4MTczMg==.html
159	非遗传承人记录影像之羌年	http://v.youku.com/v_show/id_XNDY4M-zU4MTc0OA==.html
160	非遗传承人记录影像之杨氏家庭泥塑	http://v.youku.com/v_show/id_XNDY4M-zU4MTc1Mg==.html
161	非遗传承人记录影像之昆曲（丛兆桓）	http://v.youku.com/v_show/id_XNDY4NDc3NzE3Mg==.html
162	非遗传承人记录影像之豫剧	http://v.youku.com/v_show/id_XNDY4NDc3NzI0MA==.html
163	非遗传承人记录影像之满族说部	http://v.youku.com/v_show/id_XNDY4ND-gzOTE0OA==.html
164	非遗传承人记录影像之北京评书	http://v.youku.com/v_show/id_XNDY4ND-gzOTE3Ng==.html
165	非遗传承人记录影像之风筝制作技艺（潍坊风筝）	http://v.youku.com/v_show/id_XNDY4ND-gzOTE4MA==.html

| 166 | 非遗传承人记录影像之昆曲（汪世瑜） | http://v.youku.com/v_show/id_XNDY4ND-gzOTIwOA==.html |
| 167 | 非遗传承人记录影像之婺剧 | http://v.youku.com/v_show/id_XNDY4M-zU4MTc1Ng==.html |

2021 年"云游非遗·影像展"由中国演出行业协会联合腾讯视频、爱奇艺、优酷、抖音、快手、哔哩哔哩、酷狗、微博 8 家网络平台共同承办。2000 余部非遗传承纪录影像、非遗题材纪录片、访谈综艺节目于 6 月 8 日至 14 日在线进行公益性展播。2021 年"文化和自然遗产日"期间，在严格做好新冠肺炎疫情防控基础上，全国各地将举办 4100 多项线上线下非遗宣传展示活动。"云游非遗·影像展""非遗购物节"将立足"人民的非遗 人民共享"主题，推出更加丰富、更加优质的产品和服务，更好满足人民文化需求、增强人民精神力量。

十年来，"中国节日影像志"与"中国史诗百部工程"以及"国家级非物质文化遗产代表性传承人抢救性记录工程"均已获得大量成果，产生了一大批较为优秀记录非遗文献的作品。这些作品或通过国内外各种（人类学、民族志、纪录片）影像大赛，或通过非遗影像巡展等方式，进行了多方面的跨文化传播与交流活动。中华民族在几千年历史中创造和延续的中华优秀传统文化，是中华民族的根和魂，非遗是千百年来中华民族根和魂的重要体现。上述这些公共性的学术影展和评奖活动，记录和传播了中华民族传统文化，有力扩展了非遗影像在国内影视人类学界的声誉和地位，切实加大了以节日、史诗、非遗传承人纪录为主的影视人类学实践成果在人类学、民族学和民俗学、非遗保护乃至纪录片界的影响力，通过这些传播与交流，更广泛的大众进一步加强和巩固了对我国优秀传统文化的感受和体认，将非遗保护与传承进一步深化，并由此催生出对中国文化的自觉和自信。

二、非遗公开课、音像出版物、书籍等

2020 年 6 月 13 日"文化和自然遗产日"，国家图书馆中国记忆项目中心特别策划推出《他们鉴证了文明——非遗影像公开课》系列课程。本次系列课程是国家级非遗代表性传承人记录工作成果创新性转化的重要成果，也是"文化和自然遗产日"非遗宣传展示全国主会场活动——"云游非遗·影像展"的重要展示部分。本次系列课程录制，国家图书馆创新性地采用"纪录片＋公开课"的形态，从国家级非遗代表性传承人记录工作优秀成果中精选 20 部非遗纪录片，邀请来自国家文化和旅游部、中国科学院、国家体育总局、中国艺术研究院等相关机构的 11 位非

遗专家实时解读纪录片，以"陪同观看、伴随讲解"为理念，从学术角度对影片中所涉及的非遗知识和传承故事进行点评讲解，使观众在欣赏纪录片的同时，更深一层地理解非物质文化遗产的要领和内涵，更进一步领会非遗保护的精神和意义。

三、数据库资源的建设与应用

"中国史诗百部工程"以抢救性记录濒危史诗为主要目的，所记录资料的珍贵性、唯一性、不可复制性已经获得了学术界的高度认可；因其严谨的学术规范和忠于现实的记录方式，被列入《中国民族》2016年刊发的"新世纪影像志十大代表项目"中。"中国史诗百部工程"是迄今为止国内规模最大、建制最完备、参与者最多的大型影像志工程，是21世纪以来最重要的国家级影像文献工程之一，具有显著的开创新与示范性。在其创作阵营之中，活跃着高校教师、科研团体、影视媒体、独立制片人等摄制队伍，以一种既有学术规范性，又适当彰显创作个性的方式，实现着中国传统节日与史诗影像的典籍化。"中国史诗百部工程"除了对传承人的完整演述做可视化记录以外，也是语境化的记录，记录社区、文化生态、传承人的生活状态等。它要求资料的标准化注入，包括语言和社区表达等，还对技术体系也有规范要求。总体上来说，它要求资料的科学性、学术性和对各种文化关联性因素的关注。它的视频记录所具有的不仅仅是传播意义上的，而且首先强调的是国家档案的意义，是完全按照科学的规范要求做全面的记录，而更加具有学术意义。这是后集成时代的显著特点。

"中国节日志"的第三部分是"节日数据库"，即运用现代科技手段对节日文本资料、图片资料及影像资料进行管理，形成中国节日文化数据库，内容包括我国传统节日文化的相关文献资源、新中国成立前的地方志、文人笔记等、传统节日调查的调查报告、传统节日的图片及影像等。数据库在网络上免费向政府部门及社会公众提供浏览、检索服务。

影像志为人类学、民族学等学术研究提供了宝贵的第一手资料。新疆师范大学教授刘湘晨说："镜头表达应追求信息承载量，要让人看到拍摄者对文化的理解，而不能仅凭长镜头或是一味地技术堆砌。"[①] 参考中心对节日影像志成果的界定来看，影片只是其中的一个重要元素，其重要性是通过创作以完成节日影像志综合成果的最后聚集与公共文化服务。围绕节日影像志作品成果的"内容要素、形式要

---

① 《文化和自然遗产日非遗影像展落幕，探寻记录与传播新路径》，中国非物质文化遗产网，https://www.ihchina.cn/details/9159.html。

素、意义要素乃至模式探索等"的研究仅代表了各子课题组，在当下对某一个节日的理解，这是一种作品化导向的成果，也必然会因影片视角、结构、叙事等因素，造成对节日的呈现只能是一个侧面的反映。从内容要素的角度来看，所有的展现都存在一定"缺失"，而这些"缺失"有很多又存在于作品剪辑时未被使用的素材中，或未被完全使用的某段素材中。从项目最终成果的组成来看，子课题的所有素材和场记单与作品同样重要，那些因各种原因没有被纳入作品的大量素材，并不能说它们就没有存在的意义和价值。

"中国节日影像志"和"中国史诗百部工程"拍摄影像之后的工作还面临着非常大的压力，包括海量资源需要迅速整改，这也给标引带来了新的挑战。据不完全统计，这两个项目的时间跨度均为 8 至 10 年。"中国节日影像志"目前已经进行了7 年，大概还有 3 年结束，史诗工程应该已经进行了 4 年，可能还需要 4 至 5 年才能结束。所有的音像成果除正式出版的以外，最终需要碎片化，即做成数据库里面的文化"切片"。这个项目的总目标就是使这些"切片"成为一种"颗粒"度合适、可操作的文化资源。这个工作量非常大，主要的参与队伍 90% 以上是有专业背景的学生和老师。

针对"中国节日影像志"和"中国史诗百部工程"海量的素材和场记单，可以通过数据整备的方式，在确定的元数据标准框架下，将素材整理成一条条有效数据，再置入数据库中。在这个过程中最为关键的就是如何来确定节日影像志的元数据标准。国际上较为通用的网络资源元数据标准是都柏林元数据标准，以都柏林元数据标准为蓝本，结合各自数据的特点进行相应元数据字段的改造和修改，通过工作人员依据元数据标准对每一条或每一组素材的标引，将其赋予相关的定义和描述。这样每一条视频素材，被标记为符号，通过相关搜索条件检索，能够精确检索。例如想检索节日中的戏曲，通过戏曲关键词搜索，就能检索到所有收入数据库里的在节日中与戏曲有关的视频素材，这样的数据库对于公众开放使用，能够让公众通过它，了解到与之相关的各类信息，并且是可视的影像资源。在当今这个数据时代，数据库资源只是一个开始，面对大数据技术、下一代移动通信技术和云计算等新兴技术的出现，"中国节日影像志"数据库应当成为一个可以不断成长的数据库。用户使用它不是单纯的接收信息，而是可以与数据库形成互动关系，既可以从这里获取，也可以依据数据库的标准，向数据库平台上传个人所记录的节日影像资源，经过一定程序审核通过后成为一条有效数据，这样每一个人都可以成为节日影像志的作者。

非遗影像记录分为学术型的影像志保护与行业型非遗纪录片传播。云南省社会科学院历史研究所研究员郭净认为，影像志是对一个地方风物和人文的完整系统的影像记录。目前，文化和旅游部民族民间文艺发展中心正在建设"中国记忆——中国传统文化艺术基础资源数据库"，对传统文化资源进行数字化整备，现在已有近100 万条图文和音像资源在平台上试运行。文化和旅游部民族民间文艺发展中心通过承担科技部"中国民族民间文艺基础资源拯救"项目、"中国民族民间文化重要品种空间信息整编"项目、文化部"国家文化资源信息平台建设"等项目，对中心的传统文化资源进行了数字化整备，并开发建设"中国记忆——中国传统文化艺术基础资源数据库"。该数据库以传统文化艺术基础资源为对象，以海量信息资源的管理与服务为导向，以文化艺术资源标准化建设为支撑，以前沿技术为基础，构建了一个具有数字资源著录、管理、社会应用于一体的数据库工作体系。目前该数据库已经实现阿里云运行，并引入地理信息系统的应用。

该数据库规划内容包括文学、音乐、舞蹈、曲艺、戏曲、节日等多个文化艺术门类的中国传统文化艺术资源，涉及文字、图片、声音、影像等各类介质。目前，该数据库的核心资源来源于"中国民族民间文艺集成志书"编纂工程。此外，该数据库还采集整编"中国节日志""中国节日影像志"中国史诗百部工程"等资源。数据库以传统文化艺术基础资源为对象，以海量信息资源的管理与服务为导向，以文化艺术资源标准化建设为支撑，以云计算等前沿技术为基础，构建起了一个集数字资源著录、管理与社会应用于一体的数据库工作体系。

数据库的建设得到文化部"国家文化资源信息平台建设"、科技部"中国民族民间文艺基础资源拯救"国家科技基础性工作专项"中国民族民间文化重要品种空间信息整编"等一系列项目的支持。学术界、教育界的众多专家学者参与了数据库架构的搭建、文化资源的整备和系统的研发。数据库将为我国传统文化的学术研究、教育传承、文化创造和公众提供基础性资源服务，为全社会文化资源高效共享提供平台。因数据库尚处于持续性建设中，将遵循边建设边服务的原则，不断完善和优化数据库资源和服务。

另外，针对非遗项目类别的专门的数据库，例如动作捕捉技术、VR/AR 技术还原再现日常生活中非遗的效度，以及 3D 打印技术等对于中国非遗数字化保护方面的巨大应用潜能也正在逐步开发。

总结：近十年以来，我国非遗影像文化工程的各项目主要有两大思路：一是以"中国史诗百部工程""中国节日影像志"为代表的国家文献典籍项目，主要特点是集成了民纪片的人类学影像风格，以集成为前期文献参考，发动了近千人次的专家学者参与共同实施，为国家留下了珍贵的民族文化记忆。二是以"国家级非物质文化遗产代表性传承人抢救性记录工程"、全国"文化共享工程"为代表的，依托博物馆、图书馆等公共文化资源，广泛服务大众的非遗文化纪录影像。文化工程所搜集的优质样本或资源遍布全国，涉及各民族，不仅抢救性地记录了即将消失的文化，同时能够投射当下文化状态，为民间文化的深入研究提供高质量的第一手资料，也是留给国家的一笔伟大的文化遗产。

笔者收集整理 2021 年度国家文化工程各类非遗项目作品时，发现已完成的项目在数量上已经非常庞大，但是获取全片或片段的难度依然很大，而短视频平台非遗短片的一片繁荣，也打开了新的创作与传播思路，如何将国家文化工程中的非遗影像的普及工作是之后的工作重点之一。从目前梳理的成果来看，通过国家不遗余力地文化投入，已取得了丰硕的成果，现已完成的作品只是成果展现的一部分，海量的影像数据资源还拥有后续开发的空间，例如成果出版，影像播放平台建设等工作还需完善；非遗影像的国际学术交流还需加强；继续推进数据库建设，加强文化工程项目资料应用，让国家宝贵的文化资源发挥更好的效用。正如《关于进一步加强非物质文化遗产保护工作的意见》所指出："适应媒体深度融合趋势，丰富传播手段，拓展传播渠道，鼓励新闻媒体设立非物质文化遗产专题、专栏等，支持加强相关题材纪录片创作，办好有关优秀节目，鼓励各类新媒体平台做好相关传播工作。"

国家文化工程中各类非遗影像作品均来自大众生活，最终也应回归到大众当中去，让大众能够看到这批以民族史诗、节日、习俗、技艺、生活为主题的系列影像成果。在面向大众传播时，要充分考虑用户需求，从用户体验的角度出发，面对不同的受众群体，提供不同的作品版本和形式，采取精准投送的方式，利用好项目中每个子课题中丰富素材内容。可以在形式上通过长片、短片、微视频等多种形式，甚至还可以将这些影像素材作为基础，进行动漫作品、衍生产品的再创作等。

从非遗短视频的火爆，到非遗纪录片市场繁荣来看，大众并非不喜欢这类承载着中国传统优秀文化基因的题材资源，而是大众能看到的优质资源太少，获取难度较大，数据库的开放使用也不够便利。在传播终端上，当下移动端的小屏幕已成为人们获取信息的主要方式，通过多样态作品形式、多样化终端选择，将丰富多彩、且生生不息的中国非遗文化传播给大众。作为非遗影像综合成果的聚集和展示，我们就必须利用好这批资源，让以民间文化为表征的中华优秀传统文化成为"网红"，用实际行动践行"不忘本来，吸收外来，面向未来"的理念，通过对传统节日文化的创造性转换和创新性发展，不断铸就中华民族优秀传统文化的新世界和新辉煌。

第二章　2021 年纪实／综艺类电视节目与非遗影像研究报告

高长虹　刘　展　刘　星*

随着越来越多影视公司、传媒机构、网络平台的兴起，电视节目的制作、出品方也越来越多样，因此本章所研究的"电视节目"并非狭义的"在电视台播放的节目"，而是延用"电视节目"概念制作的、在电视台或网络平台播出的节目。本章通过对 2021 年度纪实影像和综艺类电视节目中的非遗影像的爬梳，总结它们的阶段特点与发展趋势，并尝试讨论其中潜在的问题。

第一节　2021 年纪实／综艺类电视节目与非遗影像的整体概况

一、作为主力的央视与省级卫视

（一）晚会

2021 年度，央视陆续推出春节联欢晚会、元宵晚会、中秋晚会及"五小晚"（清明晚会、端午晚会、七夕晚会、重阳晚会、丰收节晚会），非遗元素依旧是央视系列晚会上的不可或缺的组成部分。在内容上，除"常客"相声、武术、戏曲、杂技等非遗元素以外，也涌现出如"南充大木偶""浙江嘉兴粽子制作技艺""龙舟龙头龙尾制作技艺""甘肃庆阳香包绣制""河北张家口绳结""中国大鼓"等鲜在电视晚会展示的非遗技术。越来越多小众非遗项目在央视平台的展现，说明非遗传播工作的广度和深度都有了进一步的提升，更注重系统、完整地展示非遗。例如以非

* 高长虹，四川卫生康复职业学院，主要从事体育经济与管理研究。刘展，成都东软学院数字媒体艺术系，主要从事纪实影像研究与创作。刘星，四川大学文学与新闻学院博士在读，主要从事影视文化与传播研究。

遗节日为中心的晚会中，与节日相关的仪式、服饰、饮食等被充分挖掘，多方面、立体呈现非遗节日，增强了晚会中非遗影像的学术性。同时，在科技赋能下，以往较难通过舞台展现的非遗项目也得以呈现，例如 2021 年首登央视春晚的"南充大木偶"，就是以传统川北大木偶形象和制作技艺为基础进行全新改良和设计的，节目组借助新科技制作了 6 个大木偶稻草人和 3 个巨型的机械金牛，在《听我说》节目高潮部分惊艳出场 1 分钟。在传播过程中，全场景跨屏互联、全媒体矩阵的加持，使得晚会中的非遗影像互动性大大增强。晚会在直播的同时，观众在相应视频网站上、微博上通过弹幕、留言等方式进行实时互动交流，同时非遗影像片段和相关花絮制作而成的短视频在小屏的传播形成"串屏互动"，进一步扩大了传播的覆盖面，将直播内容变成了一个更大的流量场域。

2021 年 2 月 4 日（农历腊月二十三）至 2 月 16 日（农历正月初五）期间，除黑龙江卫视外的 30 个省级卫视均继续推出春节联欢晚会，全国卫视频道一共相继播出了 62 台春节主题晚会。根据国家新闻出版广电总局广播电视节目收视综合评价大数据系统"中国视听大数据"2021 年 2 月 20 日发布的数据显示：一央视春晚收视持续占据绝对优势；二湖南卫视、浙江卫视、东方卫视、北京卫视、江苏卫视在省级电视台春晚中遥遥领先；三以天津卫视为代表的结合本地特色举办相声、戏曲主题春晚的电视台各领风骚。

表 2-1 2021 年部分卫视频道春晚收视率 [①]

播出日期	播出平台	收视率
2 月 4 日	湖南卫视	2.86%
2 月 10 日	浙江卫视	2.277%
2 月 10 日	天津卫视	1.154%
2 月 11 日	中央广播电视总台	23.262%
2 月 12 日	东方卫视	3.124%
2 月 12 日	北京卫视	2.86%
2 月 12 日	江苏卫视	1.579%

在其他传统节日中，湖南卫视、安徽卫视、江苏卫视、辽宁卫视、山东卫视、河南卫视推出元宵晚会；中国电影频道、湖南卫视、东方卫视、河南卫视、陕西卫视、浙江卫视推出中秋晚会。

[①]　数据来自：《2021"春晚"收视报告出炉：全国"春晚"超 60 台，央视收视率超 23%，语言类节目依然"最香"》，网易网，https://www.163.com/dy/article/G3BVAFMJ053469M5.html。

除传统节日晚会外，2021 年以非遗为主题的商业定制晚会也逐渐成势。浙江卫视联合百度 APP 的"百度潮盛典"、湖南卫视联合抖音的"抖音新潮好物夜"晚会、电影频道联合天猫国潮的"潮起中国·非遗焕新夜"、浙江卫视联合阿里巴巴的"天猫双 11 全球狂欢夜"晚会等定制晚会对非遗衍生出的"国风""国潮"进行个性强化展示，与明星流量叠加，是媒体融合进程中对非遗泛娱乐化、跨平台化的"消费 + 娱乐"模式的有效探索，尤其对于贵州、云南、广西、新疆等非遗资源集中的地区而言，晚会平台与有助于拓展乡村振兴的深度和广度。部分国家晚会中也展现了非遗元素，如《中国梦·祖国颂——2021 国庆特别节目》展现了戏曲、武术等非遗元素，《第十四届全国运动会开幕式及文艺表演》展现了举办地陕西省具有代表性的秦腔、大鼓等非遗元素。

2021 年晚会中的非遗影像最值得关注的有两个平台：

一是河南卫视。河南卫视打造了"中国节日"系列，包括"元宵奇妙夜""清明奇妙游""端午奇妙游""七夕奇妙游""中秋奇妙夜""端午奇妙游"。春节的《唐宫夜宴》、元宵节的《芙蓉池》、清明节的《纸扇书生》、端午节的《洛神水赋》、七夕节的《龙门金刚》、中秋节的《少林·功夫》从传统节日出发，以弘扬传统文化为初心，融合科技创新手段，精心打造了令人叹为观止的非遗与现代艺术完美融合的影像。在节目编排方式上，河南卫视摒弃了借鉴海外模式和流量明星拼盘式晚会，首创"网络剧 + 网络综艺"的"晚会连续剧"概念，架构了一个可持续开发的"唐小妹宇宙"。"端午奇妙游"讲述了发生在《唐宫夜宴》之前的故事，万国使臣来朝，皇帝为款待各国遣唐使选拔技艺高超的民间艺人登堂献艺，唐小玉、唐小彩、唐小竹、唐小可四位女孩的故事就此展开。"中秋奇妙夜"讲述了唐小月为和家人团聚，通过重重考验，在不同的时空中收集信物，最终在中秋佳节父女团聚的故事。"网络剧 + 网络综艺"的"晚会连续剧"模式去掉了晚会主持人，通过故事主线将各个节目有机串联，每一个节目都是故事里的故事，非物质文化遗产和各艺术流派传承人循序惊艳亮相，系列节日晚会之间相互呼应，引人入胜，增强了收视黏性。在呈现上，采用实景拍摄与现代科技相结合的方式。"博物馆元宵奇妙夜"中的太极拳节目《斗转星移》就采用了 AR + 实景拍摄的方式，但是，节目并没有把高新科技的融入简化为对流行、年轻化表达的盲从，而是把武者的虚怀若谷与天人合一的宇宙观各自完成美学价值表达，"大而博"与"小而美"在节目中达到高度统一。在内容上，紧扣传统内核，对中原传统文化和非遗元素进行创新性、创造性探索。"端午奇妙游"的《祈》借助端午祭祀洛神和端午传说都与水紧密相连的背景，将节目放置水下，舞者化身水下洛神，拨裙回转、缠绵缱绻、翩若惊鸿、矫若游龙。端午节日、洛神传说、飞天文化、杂技等一个个单一非遗"项目"构建了一套新的视觉化符码，糅合成一个了创新的"节目"，使观众与苏东坡《浣溪沙·端午》中的"彩线轻缠红玉臂，小符斜挂绿云鬟"跨越千年相见。

二是哔哩哔哩。经过一段时间台网联合举办晚会的尝试之后，互联网视频平台开始独立制作晚会，加入晚会赛道。哔哩哔哩凭借自身丰富的非遗博主资源，在其主办的"花好月圆会"中秋晚会、"2021 最美的夜"晚会中融入了丰富的非遗元素，展现出浓厚的家国情怀，"2021 最美的夜"还入选了国家广播电视总局"网络视听节目精品创作传播工程"项目。

（二）综艺类电视节目

央视 2021 年新开播的《典籍里的中国》《上线吧！华彩少年》两档节目中，均有大量非遗影像。《典籍里的中国》作为中央广播电视总台重点文化类创新节目，核心是聚焦中华优秀文化典籍，从中甄选最值得讲述的优秀传统文化作品，以"文化节目＋戏剧＋影视化"的方式，运用沉浸戏剧、AR 等技术，讲述典籍的成书、核心思想以及流转中的闪亮故事，让书写在典籍里的文字"活"起来。屈原传说、中药等非遗元素成为展现典籍里蕴含的中国智慧、中国精神和中国价值的重要载体。《上线吧！华彩少年》从促进青少年认识和了解的传统文化出发，通过竞技选秀的节目形式，展现了戏曲、非遗器乐、传统舞蹈等多种非遗项目，极大促进了非遗在青少年群体中的传播。央视"综 N 代"节目《国家宝藏·展演季》《宝贝亮相吧》《舞蹈世界（2021）》《文化十分》《非常传奇（第三季）》也更广泛、深入的融入非遗元素，在内容、形式和立意上进行了多样化探索。《宝贝亮相吧》是一档以展示、互动为主的少儿戏曲类节目。节目摒弃了传统竞演形式，参加的选手只展示，不排名。节目的特别之处在于参与对象年龄小，大多在 10 岁以下，还有众多来自新西兰、法国、印度等国家的外籍小戏迷。《舞蹈世界》是中央电视台综艺频道的唯一一档以舞蹈为主要内容的节目。持续播出的 22 年间，对壮族、傣族、维吾尔族、蒙古族、藏族、土族等多个少数民族非遗传统舞蹈进行了展示与综合普及。2021 年 7 月推出《中国舞蹈·非遗云上舞》，用纪实影像集中展现了玉树武士舞、巴塘弦子舞、甘孜踢踏、霍尔古舞、青稞古舞等国家级非遗传统舞蹈项目。《文化十分》是 2015 年开播至今的日播文化类栏目，重在展示中外优秀文化成果和时代佳作，展示艺术工作者的风采和人民群众的文化情怀，涉及众多非遗类目，且时效性强，及时关注新入选的非遗项目和时事热点中所涉及的非遗项目。《非常传奇》是央视推出的专门以非物质文化遗产的传承为题材的季播类电视节目。2021年《非常传奇》第三季共 12 期节目分别展现青城武术、哈萨克族民歌、五禽戏、花丝镶嵌制作技艺、北京面人郎、箜篌、赤水独竹漂、木鼓舞、赫哲族伊玛堪、华阴老腔、四川竹琴、面食制作技艺、蒙古族马头琴音乐、水鼓舞、二胡、英歌舞、傅氏幻术、高跷、传统杂技、国画颜料制作技艺、川北大木偶戏等二十余个国家级非遗项目，涵盖全部十大非遗项目类别，节目通过邀请当下观众喜爱度高的嘉宾与非遗传承人一道进行真实体验和学习后对非遗项目进行推介，通过艺术创新和跨界融合，赋予传统非遗项目新的生命力，加深观众对非遗的了解，也吸引观众从仅仅观看的层次向真实参与体验与传承迁移。

以浙江卫视为代表的省级卫视和重点平台新开播了多档非遗主题节目。浙江卫视推出了探索传统非遗书法与美育教育交互的《妙墨中国心》、追寻国民归属感的《美好的星城》、探寻非遗美食的《超燃美食记》；中国青年报·中青在线联合优酷重点打造了聚焦非物质文化遗产传承与创新的《指尖上的非遗》；北京卫视推出沉浸体验戏曲实景创演节目《最美中国戏》；中国教育电视台推出让孩子唱主角、唱大戏的《一堂好戏》等。2021 年省级卫视以非遗为主角继续制作的"综 N 代"节目中，以戏曲和美食类居多，例如中央电视台戏曲频道自 2013 年打造的周播类戏曲栏目《一鸣惊人》继续播出；吉林卫视于 2020 年 1 月首播的《经典二人转翻拍计划》也推出了第三季；江西卫视自 2018 年起推出的周播节目《非遗美食》节目也持续制作播放。除以非遗为主角的综艺节目以外，其他综艺节目中也大量融入非遗元素。例如文化类综艺节目中的浙江卫视《还有诗和远方（第二季）》、天津卫视《跨时代战书（2021）》、湖南卫视《天天向上（2021）》、浙江卫视《听说很好吃》、东方卫视《接招吧！前辈》、云南卫视《穿在身上的艺术（第二季）》；文旅探索类节目中的山东卫视《寻声计（第二季）》等；游戏竞技类节目中湖南卫视《乘风破浪的姐姐（第二季）》、浙江卫视《青春环游记2》、东方卫视《极限挑战（第七季）》；另外，在探索城市风俗、特色的综艺节目，例如东方卫视《打卡吧！吃货团》、北京卫视《最美中轴线》、上海星尚频道《星旅途 2021》、北京卫视《我的桃花源》、湖南卫视《我的家乡好美》中，非遗往往成为区域特色被纳入并呈现。

二、各平台非遗纪实影像的差异化发展

2021 年央视纪录片频道（CCTV 9）共计播出纪录片 88 部，其中以非遗为主题的纪录片仅有 3 部，分别是《茉莉花开》《世界遗产漫步》《百年紫砂》。《茉莉花开》是一部关注外国人在中国追寻非遗技艺的体验式人文纪录片，通过外国友人的第一视角，极致地呈现了中国传统非遗技艺的精妙，传递出中国非遗所蕴含的东方智慧，体现了中国在与世界文化交流融通过程中的相互关注和互相融入。《世界遗产漫步》由中央电视台影视剧纪录片中心与日本放送协会（NHK）联合摄制，镜头聚焦丽江、杭州、鼓浪屿，以自由自在的视角和电影般余韵的体验，带领观众体味世界遗产内在的人文价值，兼具故事性、趣味性和娱乐性。《百年紫砂》以客观写实的风格展现紫砂制作技艺，是国家广播电视总局"十四五"纪录片重点选题《百年巨匠》第二季"非遗篇"的开篇之作。除纪录片频道外，科教频道重点推广的品牌节目《味道》在通过纪实影像展示的中国及世界各地的美食中，也包含大量非遗影像。由西影视频与秦汉影视共同出品，央视财经频道首播的美食人文纪录片《千年陕菜》被称为低配版"舌尖上的中国"，以《九鼎之味》《妙造自然》《面里乾坤》《三秦五味》《炊金馔玉》《古意薪传》这六集从不同主题全方位地讲述了陕菜在千百年中的传承和演变，描绘出非遗美食所承载的世世代代人民的味觉与记忆。此外，2021 年央视播出的纪录片《有滋有味内蒙古》《敦煌千年不散的筵席》《听起来很好吃》《澳门之味》，虽不是非遗纪录片，但其中包含较多非遗元素，如内蒙古面食、奶豆腐、四川回锅肉、干烧鱼、麻婆豆腐、毛血旺等非遗美食及其制作技艺。

湖南金鹰纪实频道 2021 年播出聚焦湘西地区非遗项目的纪录片《不老乡音 2》，由金鹰纪实频道拍摄制作，以偏散文的体式全面展现了湘西土家族茅古斯、木叶、摆手舞、打溜子、西兰卡普、咚咚喹、酉水船工号子、梯玛神歌等传统音乐、传统舞蹈、民间文学等，在给观众呈现出非物质文化遗产的历史浑厚感和时代创新感的同时，也带来新时代文旅产业发展、乡村振兴的新思考。湖南卫视《傲椒的湘菜》从人文、传统、新派等多种角度，以湘味为载体，湘人为依托，通过展现湖南地区非遗美食和传统辣味文化，也展现湘人"霸得蛮"的性格特点。上海电视台纪实人文频道 2021 年播出《烟火拾味》，聚焦上海人文与非遗美食。广东卫视《老广的味道（第六季）》节目以岭南地区非遗美食为载体，展现出岭南农业文化和海洋文化的情怀与自信。

截至 2021 年 6 月，我国网民数量达 10.11 亿，网络视频用户超过 9 亿，随着网络视频用户数量激增，同时经过多年的探索和发展，新媒体纪录片产业规模不断扩大，互联网平台自制纪录片质量不断提升，新媒体纪录片已成为纪录片产业的重要版图之一。五大头部互联网视频平台哔哩哔哩、腾讯、优酷、爱奇艺、芒果 TV

也不断开发各自优势题材类型，在纪录片产业上持续发力，凭借着产播一体、即时互动等得天独厚的优势，制作了一批题材丰富、风格鲜明、话语年轻的纪录片。

哔哩哔哩因其受众群体的年轻化、个性化特点，《小城夜食记 2》《第一餐》《奇食记》《我粉你》《中华制面》制作也深受互联网思维、受众思维影响。同时，哔哩哔哩还关注了更多小众、关注度相对较低的非遗项目，如呈现非遗建筑技艺福建土楼的《中国民居》、呈现中医非遗技艺的《东方医学》、呈现世界非物质文化遗产送王船技艺的《水居之民》、呈现传统非遗二十四节气的《懂点文化》以及和天猫联合出品的《神奇的老字号》，展现了金石篆刻（西泠印社）制作技艺、定胜糕制作技艺、胡庆余堂手工泛丸、徽墨、红星宣纸、鸵鸟墨水等。

腾讯视频纪录片频道打造的"一日之食"IP 矩阵在 2021 持续发力：《早餐中国（第三季）》是由陈晓卿担任总顾问、腾讯视频和福建海峡卫视联合出品的大型美食短纪录片；《沸腾吧火锅（第二季）》是由腾讯视频出品，陈晓卿监制、许芝翔导演，稻来传媒、企鹅影视联合制作的；《向着宵夜的方向》是腾讯自制美食微纪录片；《开动吧！海鲜》是由福建电视台综合频道首次与腾讯视频合作推出的海鲜类美食纪录片；《风味人间 3·大海小鲜》由腾讯视频出品，陈晓卿、李勇担任总导演，稻来传媒、企鹅影视联合制作。在陈晓卿为首的纪录片导演带领下，腾讯纪录片开发主要集中的饮食板块，诸多非遗饮食被收入其中进行高质量呈现。在合作上，腾讯不拘一格，联合传统媒体、新型网络公司多平台联动传播，影响力较大。优酷的《奇妙之城》是一档城市探索类纪录片，选取了全国各地具有代表性的贵阳、重庆、西安、厦门、青岛、克拉玛依六座城市，以明星作为城市代言人，通过他们的脚步探秘城市的文化底蕴，展现每个地域的非遗特色；《大江之味》则是由五粮液携手南方周末打造的微游纪录片，知名酒企巨头与有态度的报纸媒体合作出品的美食纪录片尚属罕见。爱奇艺纪录片频道的《城市探味》《乡野下饭魂》在探寻各地美食的同时，展现非遗美食制作技艺，展现非遗美食与城市、乡野的文化和情感勾连。

从 2021 年各平台所制作的以非遗为题材及包含非遗元素的纪实影像的总体情况来看，主要呈现出以下特点：

一是美食类纪录片占据重要地位，无论是从播出数量还是收视率／点击率来看，饮食类纪实非遗影像都占据大部头，这也从另一个侧面说明，非遗饮食类纪实影像同质化较为严重。

二是央视依托高水准的制作宣发团队和优势明显的播放渠道，依旧是制作非遗纪实影像的重要平台。央视的纪实影像更多是从国内视角上升到世界视角，或从世界回观中国非遗，将中国非遗放到世界范围进行展示和研究。

三是各地方纪录影像专门频道把握在地优势，聚焦本地非遗项目和非遗传承人，承载起传播地方优秀传统文化的重要职责，为非遗深入大众日常生活提供了多层次的视听氛围。

四是互联网视频平台已成为非遗纪录纪实影像极其重要制作主体和播放平台。相较于电视台，互联网平台对受众的分类更为细致，对诸多小众、知名度较低的非遗项目和非遗传承人的影像化，成为互联网平台非遗纪实影像差异化发展的应有之义和出圈之道。

三、非遗纪录电影

2021 年院线共上映纪录电影 11 部，而非遗题材纪录电影仅有 1 部，即《天工苏作》。《天工苏作》于 2016 年年底立项，影片在中共苏州市委宣传部指导下，由苏州市文化广电和旅游局非遗处处长李红担任总制片人、著名纪录片导演孙增田执导、在《舌尖上的中国》中配音的李立宏老师担纲配音，由苏州市文化广电和旅游局、苏州市广播电视总台联合摄制，苏州市广播电视总台、苏州市非物质文化遗产保护管理办公室联合出品。经过 4 年的筹备、拍摄和后期制作，影片于 2021 年 6 月 12 日，即 2021 年的"文化和自然遗产日"宣布定档，7 月 10 日在上海举行首映礼并全国正式上映。

苏州浓厚的历史文化底蕴和丰富的非物质文化遗产给《天工苏作》提供了极其丰富的原始素材。电影聚焦的苏州传统非遗手工制作技艺，选取了灯彩、宋锦、核雕、明式家具、苏式船点、苏绣、香山帮建筑营造、缂丝、玉雕 9 项苏州传统手工艺，以故事片的方式，通过 12 位不同年龄、不同阅历、不同领域的非遗传承人的视角，结合旁白解说，辅以纪实采访和细节的拍摄，力求完整地展现苏州传统手工制作技艺，展现千年传统工艺的流变与革新，展现手艺人穷其一生追求一艺之群像，凸显新时代以守正创新为核心的苏州工匠精神，同时也通过镜头向观众传达了非遗传承的困境与面临断档的无奈。

在发行方式上，为了达到更好的文化传播目的，影片采用了立体式的发行方式。在正式上映前，于 2021 年 6 月 28 日"苏州文化遗产日"选取北京、上海、成都、杭州等全国 46 个城市进行点映；在各地点映活动中，将影片中出现的非遗技艺搬到点映现场，让观众在观影之余亲身体验非遗技艺，加深对非遗的了解和喜爱，从而成为非遗传播与电影的"自来水"。为了更好地吸引青年观众群体，苏州市非物质文化遗产保护管理办公室与西交利物浦大学、苏州大学、苏州科技大学、苏州工艺美术职业技术学院、中国常熟世界联合学院等院校合作，开展了《天工苏作》进校园行活动，每场活动均由非遗传承人随影片一起进入校园。同时，影片也在哔哩哔哩平台上播放，至今已取得 30.4 万次播放，线上线下结合放映方式收效较为显著。作为 2021 年唯一一部在院线正式上映的非遗影片，对于非遗项目的关注、保护与传承都具有重要的意义。

从票房上看，《天工苏作》上映后虽引发了一定的热度，但最终也仅收获 30.06 万票房。如何培养兼具非遗知识与纪录片创作素养的人才，如何平衡非遗纪录片的文献价值、艺术性、市场性，依旧值得学界和业界思考。

第二节　2021 年纪实 / 综艺类电视节目与非遗影像的特点

一、与时代同频共振的小切口、大情怀

2020 年我国取得了脱贫攻坚的全面胜利。在推进、巩固和拓展脱贫攻坚成果与乡村振兴有效衔接的期间，涌现出诸多优秀的影像成果。例如，2021 年央视纪录片频道出品的系列纪录片《告别贫困》、上海广播电视台纪录片中心推出的中英合拍纪录片《行进中的中国》、广州广播电视台纪录片中心制作的 4K 大型纪录片《新山海经》、日本导演竹内亮拍摄的纪录片《走近大凉山》、香港无线电视制作出品的《无穷之路》、湖南卫视、金鹰纪实卫视联合出品的《冬景胜春华》等。

（一）指尖上的乡村振兴

《行进中的中国》作为中宣部国际传播局"纪录中国"传播工程重大外宣项目，由上海广播电视台纪录片中心与英国雄狮电视制作公司联合摄制，是国家广播电视总局"十四五"纪录片重点选题。纪录片通过两位外籍主持人安龙和珍妮的国际视角，分别聚焦中国的脱贫攻坚工程和疫情防控常态化下中国经济的快速复苏。第一集聚焦偏远地区少数民族非遗绣娘发展产业、西部地区沙漠化治理如何与互联网有效结合、云南普洱农民种植咖啡豆、上海期货交易所通过金融产品精准扶贫天然橡胶产地四个故事，展现了非遗扶贫、生态扶贫、产业扶贫、金融扶贫等中国首创的扶贫方式。在非遗扶贫的段落中，主持人珍妮来到贵州的贞丰县。独臂绣娘梁忠美作为布依刺绣的非遗传承人坦言，刺绣最开始只用于当地生活用品，比如鞋子、鞋

垫、小孩的被面，但自从一位北京的设计师将大山里的作品带出来之后，那些精美的刺绣和布依族女性也受邀参加了伦敦时装周。北京依文集团为这些作品建立了数据库，刺绣图案被注册为知识产权。通过这样城乡联动的非遗扶贫方式，让布依族女性在家乡就能通过手艺增加收入，将这门古老的技艺代代相传。

在以外国人视角讲述中国脱贫故事的另一部纪录片《走近大凉山》，对彝族刺绣由生活方式转变为文创品牌进行了描写。刺绣作为传统手工艺品，制作周期、高成本等局限，这里的绣品因为技术条件等原因虽然未能形成规模，但作为当地旅游文创产品依然占有重要市场。作为日本知名导演，竹内亮在网络平台拥有数百万粉丝，他的作品点击量在 24 小时破千万。《走近大凉山》的播出，让国内外更多观众了解了遗刺绣的精美与一针一线背后的温暖故事。

纪录片《新山海经》，通过每集选取的 4—5 个广州对口帮扶地区的代表性人物，记录广州在东西部扶贫协作大潮中开展扶贫工作的实践。自从广州对口扶贫毕节、黔南以来，2017 年借助东西部扶贫协作的东风，贵州省织金县的织金蜡染刺绣与唯品会成功"牵手"，共同创建了"唯爱·妈妈制造织金蜡染刺绣合作社"。2019 年，为了帮助织金改善蜡染工艺品的传播和销售情况，广州市充分发挥属地互联网企业优势，开展电商扶贫。织金绣娘通过直播平台，向网友们介绍织金蜡染刺绣、售卖蜡染刺绣非遗产品。做到了从原来输血式的订单到现在造血式的扶贫转变。让乡村妇女的生活与生产得以兼顾，非遗的传承与活化得以并举。

"活化"非遗是指根据当今时代的需要，在保护非遗项目核心特点的同时，重构非遗以审美、教育、传承为代表的多元化文化价值，使得非遗能够适应当今时代的需求，获得一种新的经济价值与文化价值，以更具活力的形态重回公众生活视野。[①] 纪录片对非遗以及非遗传承人的影像化呈现与传播，使非遗从"情怀"走向人民大众的"日常"，为非遗拉动内需、扩大就业、促进区域经济发展起到了辅助作用。非遗被市场认可、接受，有了基础消费用户量后，又将反哺非遗的创新与保护，因而形成良性循环。

（二）味蕾上的乡村振兴

影像化可以将声、形、色以及文化空间有效的记录下来，呈现非遗发展演变的历史过程和当前所处的文化场域，为今后非遗的研究、保护、传承与发展提供可视

---

① 张旻昉、刘晓远：《非遗"活化"中的价值协调与路径探索：以成都漆艺为例》，《四川省干部函授学院学报》2020 年第 4 期。

化资料。如今美食类非遗影像不单停留在过程、技艺的展示，在纪录片这一载体下，影像开始着力于如何挖掘食物背后的意义。《冬景胜春华》是湖南卫视、金鹰纪实卫视联合出品的"四季"系列脱贫攻坚主题纪录片中的第四季，其中第一集《冬储》通过特色非遗美食的制作展示人与食的纯真关系。隆回县丁秀玲夫妻俩开办的制糖厂，将甘蔗榨汁、去杂质、不断熬煮、搅拌直至形成暗红偏黑色的糖浆，再将熬好的糖浆倒在竹席上，进行最为关键的一步——"打沙"，成型后的红糖，一口咬下去，能够让舌头感触到的颗粒感正是来自于此。在拍摄手法上运用升格的技巧辅以商业化的剪辑风格，再配上"舌尖"体的画外音解说，将红糖古法制作技艺完美展现。到此影像还停留在技法、技艺的展示，但画面通过解说词发生了变化。"年轻、懂得网络销售的丁秀玲是从来不愁红糖的销路的。但是村里还有很多上了年纪的村民在红糖收成之后，销路却成了难题。"画面一转，夫妻俩来到村中陈大叔家。因为老两口不懂销售，所以每年丁秀玲都会上门收购。画面以不善言谈的大叔看着丁秀玲递过来的现金脸上浮出幸福的笑容作为结束。丁秀玲不仅通过推广家乡非遗美食传承梦想，还肩负着振兴家乡的责任。一般传统美食类纪录片会将重点放在制作工艺和成品展示的环节上。但在《冬储》的第二个故事中拓宽了观众的视野。老彭是一家民宿的老板，年轻的时候在村里担任村支书，为村子服务了大半辈子，退休后，就把自己的房子改成了民宿。今天，湖南工业大学阮将军师生一行人来到这，老彭一大早便开始着手准备制作非遗美食猪血丸子的原材料。猪血丸子便是阮将军师生一行人的研究课题，目的是通过近距离体验让学生和当地老百姓一起重新来发现这些司空见惯的传统文化生活的价值和意义。制作菜肴的流程较为常规，与传统美食纪录片不一样的是没有了品尝环节，延长了准备环节，即阮将军师生与老彭一起揉猪血丸子。学生们并不是单纯的体验生活，而是作为一项课题进行科学研究，把制作环节量化，一个猪血丸子多重，要多少肉，多少猪血，静止多久，熏制多久等等数据化，用可视化呈现出来让观众对这项传统文化一目了然，同时这些影像还可以用作乡土教材或者导游词等多种途经的传承。

创作者们把镜头对准脱贫攻坚大潮中的践行者、亲历者和见证者，通过非遗脱贫这一小切口，凸显中国智慧、中国力量，讴歌披荆斩棘、迎难而上的时代精神，同时也体现了媒体人记录新时代的光荣使命。

二、跨界与融合：新技术语境下非遗影像的美学特征

在各领域新技术快速发展的语境下，非遗相关领域同样积极参与跨界融合，依

托新型技术和新媒介融合环境探索新的表现路径，逐步突破传统非遗影像单一的纪实美学特质，迈入多元化美学探索之路，呈现出以陌生化的创作手法为支撑的技术美，以趣味为导向的风格美，以及以多元化对话为目标的融合美的新美学特征。

（一）基于陌生化手法的技术美

2021年非遗影像在纪实/综艺类电视节目中呈现出基于展示性技术和陌生化手法的视觉美和技术美。陌生化作为一种创作手法来源于俄国形式主义什克洛夫斯基，当一种艺术语言的形式变为熟悉的动作，进入无意识、机械的领域，接受者将会对此失去兴趣，而由此产生的美感也将随之降低，甚至消失。长期以来，非遗文化与舞台、影像的合作以纪实性的展演为基本手段，这似乎已经使接受者产生了审美疲劳。而在影像技术、舞台技术、数字技术等多重技术支撑的以展示为主要目的的技术语境下，非遗文化开始使用陌生化手法，打破传统纪实美学特征，形成具有技术特性的视觉效果，使非遗影像呈现出陌生化、奇观化的技术美特征。《国家宝藏·展演季》启用了"AI+VR裸眼3D"拍摄技术，这一技术是中央广播电视总台在积极推进超高清视音频制播呈现国家重点实验室的科研工作中研发的新技术，曾在2021年春晚首次采用。《国家宝藏·展演季》通过"AI+VR裸眼3D"打造的无限延展的五维时空，使电视节目突破了"实体陈列"的局限，让蕴含在珍贵文物中的中华优秀传统文化在科技赋能下实现创新性发展和创造性转化，给观众带来了焕然一新的视觉体验。《上线吧！华彩少年》将中国国内首个国风超现实虚拟人物翎（Ling）纳为节目练习生之一，翎（Ling）的登台亮相打破了中国市场在超写实虚拟人领域的空白，她的声音来自京剧梅派第三代传人，爱好京剧、书法、太极，她的舞台成为非遗与时尚、创新与传承融合的典型。非遗影像与技术手段结合而产生的陌生化展示方式和奇观化视觉效果，在2021年电视舞台上又上了一个新台阶。

（二）基于趣味化叙事的风格美

2003年联合国教科文组织正式通过《保护非物质文化遗产公约》，2004年我国正式加入该公约。2005年我国建立起四级保护体系以来，非遗文化在国内文化领域逐步得到重视。2021年中共中央办公厅、国务院办公厅印发《关于进一步加强非物质文化遗产保护工作的意见》，再次强调对非物质文化遗产的保护和传承。而非遗的保护和传承首先需要让非遗文化被人们认识并对其产生兴趣，因此，非遗文化的创作理念、创作手段以及传播方式都需要积极创新。在以视觉传播为重要途径的当代文化传播语境中，个性化、趣味化、风格化的叙事，是非遗影像创新的重要突破点，2021 年电视类非遗影像在这一方面也有所突破。

由中央广播电视总台影视剧纪录片中心与日本放送协会（NHK）联合摄制的纪录片《世界遗产漫步》系列节目，突破传统非遗纪录片中"解说 + 纪实画面"的叙事方式，分别以一对夫妻、一对兄妹、一对母子的虚构人物的情感故事为基础，以第一视角、沉浸式镜头带领观众穿梭了丽江、鼓浪屿和杭州三个世界遗产名地，以具有共鸣特性的虚构的情感故事和文化情怀勾连全片，在见景不见人（这里指故事主人公、主持人或叙述者）的游览过程中展现非遗文化之美。《世界遗产漫步》摆脱传统讲述者出镜或解说词叙述的方式，采用具有个性化特征的旅游 Vlog 形式，提前设定人物故事和情绪，以虚构人物之间对话的形式展开叙事，是一种较为新颖，且具有趣味性、故事性和亲和力的非遗影像叙述方式，展现出独特的风格魅力。

（三）基于多元化对话的融合美

跨界与融合是当前文化产业的时代背景和发展趋势，电视类非遗影像的生产和传播也呈现出多元对话的融合美特征。主要表现为文化融合、时空融合、身份融合和技术融合四个方面，在具体文本中，四者之间又相互作用、交融。

文化融合是非遗影像中表现出传统文化与现代文化，中国文化与外国文化等不同文化元素之间的碰撞和交流，时空融合是在此基础上不同文化在时间和空间坐标中最原初的存在之间的融合，身份融合则是不同文化所属群体以及群体中的个体之间的交流，技术融合也就是前文所提的非遗影像中非遗文化、技艺与现代技术的融合。非遗影像中的融合之美具体表现为各层面在文本中的多元对话。2021 年电视类非遗影像在四个不同的融合层面都有所扩展和加强。

系列纪录片《茉莉花开》，讲述因非遗文化之缘而久居中国的外国人与中国非遗技艺的深度交流，从中国非遗文化中寻找养分，创作新的具有中国非遗元素的艺术作品。来自英国的声音艺术家秦思源搜集北京独特的声音元素，录制剃头匠的唤头，郎中使用的虎撑，卖布、卖木炭的商贩使用的大鼗等各种响器声，最后将各种声音定格在物理空间之中，可供人们欣赏和体验。法国大漆创作艺术家文森前往四川大山深处的美姑县，与彝族皮器制作技艺代表性传承人白石夫机深入交流漆器的制作工艺，最后举办了自己的大漆艺术展览。德国高级定制设计师凯瑟琳，比利时的设计师翠翠都从我国非遗技艺中汲取灵感和元素，创作出面向世界的作品。纪录片中体现了中国非遗文化与外国文化和思维的交流，在更具体的层面表现出我国非遗技艺在世界工艺水平层面的位置。这其中又包含不同文化群体中，拥有不同文化、教育、身份等经历的个体之间的对话，也包括古老的中国非遗文化场域与当代国际时尚文化场域的对话。

非遗文化节目《非常传奇（第三季）》不仅注重非遗文化和技艺的展示和传承，更加强调非遗文化与文化产业可持续发展的生产性的融合。节目包括三个环节：非遗传承人与表演者合作创意表演，明星推介人现场向传承人"学艺"，最后针对不同非遗项目提出非遗衍生文化产品的创意，然后双方达成合作意向，开发非遗衍生文化产品。节目整体避免了以往单纯的展示式和体验式的非遗文化呈现，而是搭建了一个非遗文化与和文化生产可以多元对话的平台，为非遗文化在当代文化市场中寻找出路。节目中非遗文化与时尚文化的交流、不同身份人群之间的对话、非遗技艺与现代科技的融合比比皆是，节目中深层次的对话和融合有助于非遗文化从"活"起来到"火"起来的转化。

总体而言，2021 年纪实／综艺类电视节目中的非遗影像实践在保持非遗影像纪实美的基础上，在技术美、风格美、融合美方面都有不同程度的探索，并取得了良好的效果和反馈。非遗影像作为非物质文化遗产保护和传承的重要手段，电视类非遗影像实践者应利用平台优势，积极探索和挖掘非遗影像的美学潜力，为非遗文化的传承和保护做出贡献。

三、综艺、非遗、明星：泛娱乐语境下的编码与解码

在"政策＋市场"的合力引导与双向作用下，2021 年非遗综艺释放的创新效应令人瞩目，非遗综艺的重心由"景观消费"转向"文化消费"，这种转向正逐步填补着泛娱乐背景下的喧嚣与空洞。

（一）政策利好与消费转型

2021 年是《中华人民共和国非物质文化遗产法》颁布实施十周年，中共中央办公厅、国务院办公厅在 8 月和 9 月先后发布《关于进一步加强非物质文化遗产保护工作的意见》《关于在城乡建设中加强历史文化保护传承的意见》，"两办"接连印发关于加强非物质文化遗产、传统文化保护工作的政策性纲领性文件，足见党和国家对此重视程度之高。2021 年，新开播了聚焦非物质文化遗产传承与创新的《指尖上的非遗》、融合潮流与非遗的《向往的国潮》、沉浸体验戏曲实景创演的《最美中国戏》和将历史"古韵"和当代"古风"与 Z 世代"无缝"连接的《舞千年》。

整体来看，涉及非遗项目众多、表现形式多样，非遗在与综艺、与明星的结合中关注度、话题度明显上升。

表 2-2 2021 代表性非遗综艺

栏目名称	出品单位	栏目特色	所涉及非遗	获奖记录
《一堂好戏》	中国教育电视台	节目通过学生展演、现场互动、专家点评、外景拍摄等多种表现手法，与孩子们一起分享戏曲进校园给他们带来的快乐和成长，节目中最大亮点是让学生唱主角儿、唱大戏。	京剧、评剧、豫剧、河北梆子、越剧、广东粤剧、黄梅戏、锡剧、沪剧、川剧、秦腔等。	国家广播电视总局2021年第一季度广播电视创新创优节目
《邻家诗话（第二季）》	腾讯视频、河南卫视、一心明德文化有限公司	节目将传统文化与综艺元素有机整合，邀请众多顶级才艺嘉宾，通过朗诵、演唱、器乐、舞蹈、书法、绘画、茶席、手工、烹饪等形式，多维度诠释诗词内涵，注重知识的趣味体验，打造出独一无二的中国诗词雅集。	骑射、茶艺、古琴艺术、琵琶艺术等。	国家广播电视总局2020年度优秀网络视听作品国家广播电视总局2021年第一季度广播电视创新创优节目国家广播电视总局"弘扬社会主义核心价值观共筑中国梦"主题优秀网络视听节目（注：该节目播出时间为2020年12月21日—2021年3月8日）
《指尖上的非遗》	优酷、中国青年报·中青在线	节目邀请国家优秀非物质文化遗产传承人、青春正能量文体工作者、青年学生等不同领域的嘉宾讲述非遗的前世今生，通过以点带面、体验学习的方式，为观众呈现真实的非遗风貌，解读中华文化的基因密码。	泥塑、面人、剪纸、花丝镶嵌制作技艺、制扇技艺、月饼传统制作技艺等。	国家广播电视总局2021年第一季度优秀网络视听作品

续表

栏目名称	出品单位	栏目特色	所涉及非遗	获奖记录
《国家宝藏·展演季》	中央广播电视总台	节目从前三季国宝的前世今生中汲取灵感，特别打造国宝身份证，将文物与各地非遗元素、民俗特色碰撞，再一次用全新的表达形式激活了文物的生命力和想象力。节目还启用了2021年总台春晚首次采用的"AI+VR裸眼3D"拍摄技术，让演员突破传统舞台空间呈现形态，带给观众焕然一新的视觉体验。	大鼓、石雕、面花、狮舞、杂技、鸽哨、自贡盐场号子等。	国家广播电视总局2021年第四季度广播电视创新创优节目
《最美中国戏》	人民日报《国家人文历史》杂志社、北京广播电视台、北京市公园管理中心、北京市颐和园管理处	节目突破传统的戏曲舞台概念，让戏曲与园林相遇，将舞蹈、情景剧等艺术形式与戏曲结合，用更靠近21世纪人们日常与审美的体验，在颐和园的园林实景里探索传统戏曲的演出场景，精雕细琢戏曲的形式美与意韵美，让中国戏曲"破圈"获得更多可能。	昆曲、豫剧、京剧等。	国家广播电视总局2021年第四季度广播电视创新创优节目
《妙墨中国心》	浙江卫视	节目是全国首档书法美育交互式节目，在设计上展现出强交互属性，通过"妙墨赏习屋"、解墨人、寻墨人等设计，寻找书法艺术与当下联结、与年轻人沟通的方式。	汉字书法等。	国家广播电视总局2021年第四季度广播电视创新创优节目
《舞千年》	哔哩哔哩、河南卫视	节目通过"文化＋剧情＋舞蹈"的新形式，以剧情为经，以舞蹈为纬，把历史"古韵"、当代"古风"与Z世代"无缝"连接，让当代观众在现代科技平台上相遇最美的中国舞蹈。	庙会、农历二十四节气、锣鼓艺术、伞制作技艺、王昭君传说等。	国家广播电视总局2021年第四季度广播电视创新创优节目

续表

栏目名称	出品单位	栏目特色	所涉及非遗	获奖记录
《美好的星城》	浙江卫视、浙江蓝巨星国际传媒有限公司	节目关注非遗文化的传承与各地文创产业的发展，致力于挖掘城市文化亮点、探寻非遗技艺、普及传统手工艺制品，让观众感受城市风光的同时了解不同城市文化底蕴，让更长远的城市建设、传统文化的通俗传播成为主题的升华。	羌绣、鳌龙鱼灯舞、皮影、六安瓜片等。	
《向往的国潮》	百度百科、百度"国潮"季、百度 APP	节目由主持人张玉安、设计师齐天震以国潮合伙人的身份一同前往杭州、苏州、金华、北京、昆明拜访五位国家级非物质文化遗产传承人，了解、体验各项非遗技艺，并去到当地的潮流圣地寻找国潮 C 元素，再结合非遗技艺打造一款贴合年轻人审美的国潮单品，最终落地为全国首个非遗样板间。	景泰蓝制作技艺、铜雕、苏绣、婺州窑陶瓷烧制技艺、乌铜走银制作技艺等。	

日常生活的娱乐化、娱乐生活的日常化的背景下，不断出现的低俗化、同质化的综艺节目逐渐让观众审美疲劳。2021 年文娱领域的"清朗行动"陆续展开。10 月 29 日，中央宣传部、国家广电总局对上海、江苏、浙江、湖南广播电视台进行约谈，要求各卫视频道深入开展文娱领域综合治理工作，整改各自存在的不同程度的过度娱乐化、追星炒星等问题，坚持政治家办台，坚持社会效益优先，大力弘扬社会主义核心价值观，更加聚焦新时代火热生活，聚焦新时代奋斗者、劳动者。① 虽然被约谈的只有四家卫视，但其影响是辐射国内所有媒体和平台的，媒介环境的改善为非遗融入电视综艺节目提供了良好的基础。大众在美学经济时代对文化的多样化审美娱乐需求，成为文化类节目发展的市场动力，也使得非遗影像的娱乐化发展有了现实存在意义。各平台的王牌综艺，如竞演类《上线吧！华彩少年》《乘风破浪的姐姐（第二季）》《接招吧！前辈》、游戏类《青春环游记2》《极限挑战（第七季）》、脱口秀《天天向上（2021）》等，或设定非遗专题、或融入非遗元素，都在积极提高综艺节目的公益属性和文化属性。《寻声计（第二季）》《奇妙之城》《打卡吧！吃货团》《象牙山爱逗团》《最美中轴线》《星旅途2021》《我的桃花源》《我

① 《中央宣传部、国家广电总局约谈 4 省市广播电视台》，新华社，https://baijiahao.baidu.com/s?id=1714925191932969775&wfr=spider&for=pc。

的家乡好美》等探索城市风俗与特色的综艺，自然流畅地融入了大量各民族、各地区的非遗文化，成为颇受观众欢迎的了解非遗文化与地方文化的形式，这一形式也成为2021年非遗＋综艺的主流。

（二）受众调动与文化认同

在新时代的发展语境与新媒体的竞争格局下，创新是激活非遗影像的永恒指向。非遗综艺不单是面向过去的挖掘、整理、学习，更是面向未来的积极文化建构。整体上，2021年非遗综艺的文化浓度在不断提升，非遗项目覆盖面不断扩大，文化传承意味也在不断增强。在形式上，今年的非遗综艺几乎囊括了当下流行的明星沉浸体验、竞技展演、主题任务、互动游戏、慢综艺等元素，不同形式在不同维度增加着非遗综艺的专业性、娱乐性和社会性，多数非遗综艺都以复合形式呈现，新旧形式相互嵌套、类型拼贴。《寻声计（第二季）》寻声而入、寄情于曲，以经典革命歌曲切入，以一条条寻声线索作牵引，深入其背后的热血往事，最后由嘉宾重新演绎经典歌曲；《奇妙之城》以明星个人视角展开，这些明星的籍贯大多属于参与当期的城市，通过对生活于城市中的手艺人、美食家和艺术家的走访，探寻六座城市蕴藏在日常生活中的文化内核；《象牙山爱逗团》组建"常驻嘉宾＋飞行嘉宾"的阵容，前往十个城市旅游采风＋职业体验，沉浸式体验不同城市的风情风貌，以前是非遗走进演播厅，现在更多的是摄像机走近非遗，在见人见事见生活中重新激活非遗的生命力。随着观众艺术鉴赏力的提升，综艺里精美的非遗影像和高浓度的文化知识，成为节目扩展的方向。《最美中国戏》在我国现存规模最大、保存最完整的皇家园林——颐和园中全实景拍摄，"颐和园之夜"在荧幕上首秀，佛香阁、德和园、知春亭等十余处皇家园林与戏曲艺术共同打造一景一舞台、一曲一故事的梦幻联动，豪华的感官体验满足了新时代观众的文化期待和情感诉求，有助于中国观众增强文化认同感和民族自信，同时也增强了非遗影像的国际传播力、竞争力与影响力。

（三）非遗破圈：聚能与赋能

明星，向来是综艺节目博得高热度、高收视率的法宝。《指尖上的非遗》邀请了杨幂、杨超越、朱正廷等一线明星向非遗传承人了解学习一项非遗项目；《最美中国戏》由汪涵与新生代偶像张颜齐带领每期的明星飞行嘉宾沉浸式体验戏曲文化；《美好的星城》也是由伍嘉成领衔的主持团与每期的明星飞行嘉宾一起挖掘城市文化亮点，探寻非遗技艺。综艺节目邀请高人气、高流量明星，先引流量入局，在偶像的带领下，观众追随明星的体验、学习，一起了解非遗历史与知识。综艺中非遗影像，借由明星的流量，容易形成话题，在热搜热议中，大大提高了传播力，有助于更多人关注非物质文化遗产项目、关注民间技艺、关注传统文化。但是，高热度的明星并非非遗综艺的万胜法宝，大牌的明星出场费高昂、档期紧张，很少能深入到非遗源发地与原生环境之中去学习、体验、展示，因此在综艺中所展现的非遗项目相较于我国纷繁丰富的非遗宝库来说，十分有限，浅尝即止的体验也会折损非遗根源性的文化内涵与历史魅力。

浙江卫视总监林涌在浙江卫视 2021 秋季大片沟通会上，表示"'颜值即正义'的时代正在被'颜值＋正义'所取代"。[①] 非遗自带正向流量，明星可以帮助非遗综艺出圈，非遗综艺也创造着新的流量明星。原故宫博物院院长单霁翔随着故宫IP 的大火，成为中国博物馆史上最广为人知的一位院长。2021 年 1 月，以单霁翔为核心的综艺节目《万里走单骑（第一季）》开播后反响甚佳。节目根据单霁翔个人爱穿布鞋的特点，将探访团命名为"布鞋男团"，单霁翔俨然成为一位带有"文化遗产"标签的流量明星。在国风少年创演综艺节目《上线吧！华彩少年》中，华彩少年们在比赛中呈现了古典舞＋架子鼓、手碟＋说唱＋快板、竹笛＋国风演唱＋戏腔、说唱＋戏腔等多种非遗与流行文化融合的舞台，青少年对非遗的解读与展现让观众耳目一新，华彩少年团已先后受邀参加了 2021 年央视戏曲晚会、《音乐公开》《角儿来了》等节目的录制。他们借助非遗成为新一代的优质青年偶像，获得了新的社会影响力。

非遗综艺星光熠熠，促成了新的电视热潮，如何对中国文化遗产做出新的判断、新的概括和新的定义，赋予崭新的时代内涵和国际传播价值，还是接下来很长一段时间我国综艺人要思考、践行的内容。

---

① 《专访浙江卫视总监林涌：在这里体验"美好中国"，读懂"视媒体"》，百度，https://baijiahao.baidu.com/s?id=1678781962841329947&wfr=spider&for=pc。

第三节 2021 年纪实 / 综艺类电视节目与非遗影像中的新动向与存在的问题

一、拓新与细分：非遗影像助力文化自信再提升

中华民族的优秀传统文化是文化自信的基石，"增强文化自信，必须让优秀传统文化融入人们的生产生活中，展示优秀传统文化的生命力"，[①] 传承好、弘扬好中华优秀传统文化是夯实文化自信之基的关键。视听影视作品为非遗的主题呈现与元素注入提供了影像机遇，2021 年各级电视台与各大网络平台产出了一大批表现中华传统文化的优秀电视节目与纪录片，如《典籍里的中国》《上线吧！华彩少年》《向往的国潮》《非常传奇》《妙墨中国心》《奇妙之城》《茉莉花开》《不老乡音（第二季）》《中国民居》《东方医学》《天工苏作》等。"在新时代中，加快中华优秀传统文化纪录片的发展步伐，对弘扬中华文化、推进文化交流具有积极的意义，是彰显大国文化自信、讲好'中国故事'的有效途径"，[②] 影像背后是其文化价值、历史价值、教育价值的高度彰显。2021 年，非遗电视节目与非遗纪录片在创作思路上呈现出两大趋势，即选题的创新性拓展与内容的精细化编排，持续开拓的非遗创新选题与不断攀升的非遗影像数量，精益求精的非遗内容编排与再度拔高的非遗影像质量，使国人的文化自信在极致享受的视听体验中，在中华传统文化强大生命力的助推下持续提升。

（一）创新性选题拓展

国家级非物质文化遗产代表性项目名录分为民间文学、传统音乐、传统舞蹈、传统戏剧、曲艺、传统体育、游艺与杂技、传统美术、传统技艺、传统医药、民俗，共十大门类，总项目数为 1557 项。[③] 丰富的非遗项目为非遗影像的创作提供了充足选题，与此同时，对创作者而言，面对如此庞大的非遗项目库，基于社会效益与经济效益的双重要求，选择哪些非遗项目进行影像化呈现，同样是创作选题上的一大难点。非遗之所以需要抢救性记录、系统性保护，是因为大多数非遗具有民

---

① 单丽：《中华优秀传统文化是文化自信之基》，《人民论坛》2018 年第 35 期，第 134—135 页。

② 敬菲菲：《中华优秀传统文化纪录片的价值与传播》，《当代电视》2019 年第 9 期，第 69—71 页。

③ 数据来源：《国家级非物质文化遗产代表性项目名录》，中国非物质文化遗产网，https://www.ihchina.cn/project.html#target1。

族性和地域性特质，长期以来固定活跃在小范围的区域、人群中，因此在短时间内，其独特的文化内涵无法被大众所理解。面对非遗的这一现状，非遗影像的选题开拓需要将传统文化与现代文化相结合，与世界文化相交融，在现代人的观影喜好中找到非遗的落脚点，提升国人的文化自信，实现非遗的现代价值。

今年的非遗电视节目、纪录片在创作选题上持续探索、大胆创新，如《向往的国潮》中"潮流＋非遗"的内容创新，《妙墨中国心》作为全国首档书法美育交互式电视节目的形式创新，《茉莉花开》通过外国友人的第一视角呈现中国传统非遗技艺的视角创新。作品背后体现的是创作者在选题思路上的持续开拓，同时也蕴含着创作者对于如何实现传统文化输出并在此过程中提升国人文化自信的思考。

综艺节目《向往的国潮》选题的"新"主要表现在节目的内容上，主持人与设计师一同拜访五位国家级非物质文化遗产传承人，了解和体验苏绣、景泰蓝、铜雕、乌铜走银、婺州窑五大非遗技艺，并联合非遗传承人打造国潮单品。"'国潮'顾名思义是由'国家'与'潮牌'两个中文词组合衍生而来，是体现中国文化和设计特色的风尚品牌。"[1] 国潮的背后是中国文化、中国元素在各类品牌上的创新性应用，体现了国人日益增强的文化自觉与文化自信。该节目尝试将非遗与潮流相结合，通过传统文化与现代文化的碰撞与交流，助力传统非遗技艺出圈，呼吁更多的年轻人关注到非遗文化，引导年轻人的目光从潮流文化转向非遗文化，感受非遗背后的丰富文化内涵。

浙江卫视推出的《妙墨中国心》是全国首档书法美育交互式电视节目，以篆隶草行楷这五大书体为切入，讲述中国的汉字书法。该节目尝试书法题材的创新开拓，同时在节目环节的设置上构思精妙，邀请数位书法名家、文化名家书法爱好者担任"守墨人""解墨人""寻墨团"，从不同的视角讲述与书法相关的人文故事。节目加入外景的路人问答与墨迹追寻，内景的现场表演与作品临摹，通过内景与外景的结合，实现当下与历史的交汇，多种形式的体验互动与组合交融，将节目的形式变换推向新的高度。节目获得高收视率和好口碑的背后，是对中国传统文化题材的创新开拓，运用电视表现形式让文化动起来、活起来，让观众在了解书法历史的同时感受中国传统文化的深厚积淀，增强文化自信。《妙墨中国心》为观众送上了一堂别开生面的书法课、历史课，也为中华优秀传统文化的影像创作与传播提供了一条值得思考的新路径。

---

① 李艳、刘秀、陆梅：《"国潮"品牌发展趋势及设计特征研究》，《设计》2020 年第 9 期，第 71—73 页。

纪录片《茉莉花开》通过外国友人的第一视角，呈现中国传统非遗技艺，讲述外国友人在中国追寻非遗技艺的故事。片中所展现的漆器、香云纱、苗绣、瓷器等非遗技艺都已有相关的纪录片作品，通过外国友人的视角来解读非遗技艺，这是一次新的尝试。来自不同国家的设计师、艺术家，走进非遗发源地，了解和学习非遗文化，将非遗技艺与现代文化相结合，推动非遗文化走向世界。在外国友人的视角下，我们可以更强烈地感受到中国文化所散发的独特魅力，中国传统文化正在与世界文化产生交流与融通，非遗在走出国门的同时，也在吸引更多国家的人走进中国。

（二）品牌意识下建构IP

近年来，不论是好莱坞的IP商业开发，还是《舌尖上的中国》IP化运营的成功实践，在商业和文化上都实现"双赢"。尹鸿教授认为："IP是那些具有高关注度、大影响力且可以被再生产、再创造的创意性知识产权。"[①] 早期的非遗影像更多是承载抢救、保护功能，但非遗本身具有较强的强渗透力和延展性，其影像化后，依托当下互联网时代的优势，借助母本的巨大吸引力、新兴技术和商业资本，可打造成优质IP，使其文化和资本属性均得以升值。非遗影像IP的打造，既可看作非遗试图借助影像扩大文化辐射效益、增大可持续开发价值和延展性的实践，也可看作泛娱乐背景下，观众不满足于浅层化视觉娱乐，寻求真正有价值和内涵的文化内容的转向。

近年来，腾讯依托其游戏资本实力和对娱乐产品的运营经验以及互联网公司的庞大的数据处理系统，一直致力于IP的开发与运营。腾讯利用自身成熟且独立的IP运营体系，牵头打造的"风味"IP矩阵，推出将"风味"从纪录片延展到综艺领域的《风味实验室》、新媒体领域的"全国海岸线风味推荐"微博活动，并且还推出过微纪录片《风味原产地》、模拟经营手游《风味小馆》，以及联合故宫开展"风味之宴""风味之箸"等活动，形成了线上具有品牌影响力、标识度的非遗影像IP。《国家宝藏》也从一档文化节目逐渐裂变出"国宝宇宙"，将文物与各地非遗元素、民俗特色碰撞，融合歌舞戏诗词曲赋等诸多艺术形式，重新激活"国宝"的生命力和想象力，衍生出"国宝音乐会"、《国家宝藏·挖藕季》《宝证不一样》等诸多内容形态，原创了"001号讲解员""宝证"等新概念，由节目衍生的诸如"18岁做过最骄傲的事是什么"等微博话题联动古今，引发网友热议。河南卫视虽然财力有限，

---

① 尹鸿、王旭东、陈洪伟、冯斯亮：《IP转换兴起的原因、现状及未来发展趋势》，《当代电影》2005第9期，第22页。

但依托中原文化发祥地丰富的非遗资源，与河南博物院、河南传统文化景区间的文化热点联动，对非遗项目、非遗故事、非遗知识、非遗人物进行深入挖掘，借助5G、VR、AR 等科技进行创新呈现，共同打造"中国节日"系列电视节目，以鲜明的非遗符号、传播流量与情感元素相互借力，从共享到共情实现了从情感到精神的升华，传承了民族精神，传递了文化自信。河南卫视春晚播出后，驴妈妈旅游网数据显示，春节期间河南博物院搜索量同比上涨 500%。非遗 IP 的影像化已成为文化生产结构转型和跨媒介叙事兴起后，非遗宣传和品牌化的重要手段。2021 年，"风味" IP、"国宝" IP、"中国节日" IP 在"走到线下、走出国门、走向全域"的过程中，深耕着非遗的内核与外延，在打造"爆款"精品节目的同时，IP 建构出的强大品牌价值又反哺非遗影像创作，这些实践为非遗影像 IP 化提供了可借鉴思路。

二、流量密码：非遗在晚会中的"现"与"隐"

在文化复兴大潮下，非遗、晚会、政治和消费组成的新符号不断给中国电视带来激流与震荡。非遗在晚会中的编码与解码，俨然已成为万物皆媒背景下，不断解构、重构大众审美方式与价值认同的复杂实验场域，实践着非遗为代表的传统文化在当代社会生活的转译，隐喻着国家、媒体、企业、受众的话语竞争与利益合作。

（一）晚会＋非遗：协商空间与价值同构

电视作为目前拥有最多受众的大众媒体，在碎片化时代的权威性和影响力仍具有不可替代的地位，在新时代发挥着政治远见和责任担当的"议程设置"作用。晚会作为我国独有的艺术奇葩，内容丰富、雅俗共赏，形式多样、灵活自由，且观众有较强的参与感，具有极强的包容力和极大的综合性，[①] 是主流意识形态与大众文化理想的"协商空间"，也是建构媒介文化奇观的先天土壤。

非遗作为一个类型丰富、体量庞大的综合 IP，既体现了政治话语的在场，也彰显着市场话语，是国家、媒体、企业、观众各方的角力场和利益需求平衡器。同时，其独特性、稀缺性、可塑性，是包装或剪裁为具有原创性、可识别性奇观的优质素材。非遗与晚会的融合不拘于一格、不定于一尊、不形于一态，是高度混杂的传播文本，国家、媒体、企业、受众竞争与合作的同时，活跃的流量和热度也随非遗导流到了晚会平台，晚会成为了一个更大场域的"流量池"、一个新的公共文

---

① 曾文：《关于"电视综艺晚会"的思考》，《大市场广告导报》2006 年第 8 期。

化空间。2021 年，各晚会中，非遗或直接作为表演元素激活观众的传统文化记忆，或对提振文化信心及维系民族凝聚力深层隐喻，对文化传承、建构文化价值观念和社会意识形态框架发挥了极为重要的作用。观众对非遗为代表的传统文化的热情也被推向新的高点，社会整体的文化自觉与文化自信得以提升，电视呈现出久违的"可以兴、可以观、可以群"的文化奇观。

（二）博弈与合谋：审美与叙事的奇观建构

互联网时代，信息泛滥、大小屏竞争激烈、舆论环境复杂，大众对视觉文化的依赖程度与日俱增，传播信息形式的炫目与否，甚至成为衡量传媒文化影响力的重要依据之一。[①]电视晚会的本质是融合的、开放的、多媒介的，在用户思维、数据思维和技术思维的驱动下，非遗性与电视性的融合不拘于一格、不定于一尊、不形于一态，奇观的审美导向被激发，观众在放大与炫示中被冲击、被吸引，进而建构"文化习得者""文化参与者""文化消费者"的身份。正如居伊·德波所言，奇观"位于维持观众隔离的中心，汇合着分离物，把所有观众联系起来"[②]，国家、媒体、企业、观众在奇观建构中不断博弈与合谋。

1. 视听奇观建构

机巧变幻的空间造型。传统的晚会舞台限制了电视节目的发展，因此很长一段时间，户外真人秀以其开阔变幻的空间场景狂揽收视。在 2021 年初河南卫视的"刺激"下，2021 年中秋节晚会的舞台设计俨然成为各台较量的"修罗场"。央视"月伴七星"的主舞台，将西昌月亮城与"北斗""嫦娥"唯一"母港"的双重身份隐喻其中；陕西卫视在西安代表性的大唐芙蓉园紫云楼前打造了"皎月"为主题的露天舞台；东方卫视把城市当作取景框，在晚会中开启巡礼城市地标的新玩法；湖南卫视以"月亮走·我也走"为主题，搭建了湘江行船、星空天台、浪漫草地等五种风格的舞台以搭配不同的"享"月氛围。各台结合各自地域文化、制作特长，把"中秋"从过去的生活经验遗存转化为当代人能够理解、感受、体验的审美意象，为"中秋"的活态传承提供了差异化的空间。

除了创意的更新，新的科技也与新的电视语言互相推动，3D、4R、5G、环幕投屏、实时跟踪等高新科技为晚会空间变幻带来新的维度。《非遗焕新夜》以三块 3.5m×3.5m 的方形屏幕拼接成一个正方体相连的三面作为屏幕，在开合背景大屏、

---

① 吴迪：《视觉文化影响下的春晚奇观》，《青年记者》2013 年第 15 期。

② [法]居伊·德波：《景观社会》，王昭风译，南京大学出版社，2006，第 9 页。

两块包围式的侧屏、LED 地屏和顶部旋转灯架的相互配合下，苏绣、蓝印花布、凤翔年画、徽墨等十组非遗裸眼 3D 影像效果逼真灵动。

虚实结合的运动造型。非遗经由数字化、电视化、舞台化的解码编码，打破了非遗项目间的壁垒，在虚实转换中营造出陌生感与想象空间，建构起"现"与"隐"、"真实"与"想象"间的无限张力。2021 年《端午奇妙游》的《祈》借助端午祭祀洛神习俗和端午节传说都与"水"紧密相连的背景，将节目放置水下。端午节日、洛神传说、杂技等一个个单一非遗"项目"构建了一套新的视觉符码，糅合成一个创新的"节目"。舞者化身水下洛神，拨裙回转、缠绵缱绻，使观众与苏东坡《浣溪沙·端午》中的"彩线轻缠红玉臂，小符斜挂绿云鬟"跨越时空相见。

2. 叙事奇观建构

剧情＋综艺式叙事。《2021 河南春晚》全网点击量超 50 亿、《元宵奇妙夜》全网点击量超 30 亿、《端午奇妙游》全网点击量超 50 亿。[①] 河南卫视 2021"中国节日"系列晚会首"网络剧＋网络综艺"的"晚会连续剧"概念，这一模式去掉了传统晚会中的主持人角色，通过故事主线将各个节目有机串联，每一个节目都是故事里的小段落，非遗和各艺术流派传承人循序惊艳亮相。"中国节日"系列晚会架构的可持续开发的"唐小妹宇宙"，使系列晚会中故事、人物之间前后呼应，引人入胜，大大增强了收视黏性。剧情＋综艺式叙事模式中讲述的故事偏向日常，使在互联网媒体基因、超时空基因在拓宽叙事维度的同时实现终极人文关怀。

情境叙事。传统仪式依赖参与者在固定时空的具身在场，电视晚会摆脱了物理地域的局限，弱化了仪式的空间感、具身性、物质性，成为对当下仪式缺失的替代和补充，为观众提供"高度的相互关注"和"高度的情感连带"，使其即使在脱域和离身的情况下，也能产生"互动仪式链"的效果。[②] 与其说晚会创造的是非遗的使用场景，不如说它创造了一种"文化情境"，观众在情境中感知、体验、发现和"深描"其中的审美意味，以无限地拉近"真实"与"虚幻"的距离。湖南卫视"月亮走·我也走"中秋主题晚会将传统赏月意境与当代赏月场景结合，设置湘江行船、星空天台、浪漫草地、活力热气球等不同情境。中秋相关饮食、诗歌、仪式、风俗的融入，进一步强化了情境中的节日氛围，观众透过象征性符号理解"隐

---

① 数据来自：《"不懂流量"的河南卫视是如何将传统节日晚会玩成全网顶流的?》，搜狐网，https://www.sohu.com/a/511932833_120099892。

② [美]兰德尔·柯林斯：《互动仪式链》，林聚任、王鹏、宋丽君译，商务印书馆，2009，第 3 页。

藏"在象征体系背后的信仰、观念、文化、价值观，[①]并随之产生层次丰富的念友思乡、祈求团圆、恋家爱国的心境，使节日富有情趣且具有审美意义。

当下性叙事。非遗在电视中的影像化呈现问题，不仅仅涉及艺术、传播领域，本质上，应当把它看作是以非遗为代表的中华优秀传统文化如何在当代社会生活中转译的问题，以及多重力量如何角力和协作的问题。《2021 春节戏曲晚会》在演绎戏曲艺术"四功五法"的基础上，积极回应时代。《春天》将京腔京韵与现代双人芭蕾舞融合，表达疫情阴霾下人们对春天与美好生活的向往；京剧、川剧、贵州花灯戏合演的《江姐》和眉户《十二把镰刀》等节目，则带领观众重温红岩精神和党与广大人民群众的鱼水深情。2021 年《大湾区中秋晚会》，当香港中乐团隔空演奏的《男儿当自强》鼓点响起，广府文化的代表飞天醒狮鱼贯而出，气势如虹。在中秋这个念根、思乡的节日，醒狮的表达张力被充分调动，唤起了粤港澳同宗同源的共情共鸣。晚会与非遗对历史性积淀与当代性体验接轨的探索，最终都将指向民族精神、个性以及凝聚力，以促进当代社会的和谐发展与当代价值体系、文化体系的整合重构。

（三）奇观的意义生产与共享

1. 引领确立新的精神坐标与美学趣味

在后疫情时代，户外活动的减少使家庭成员共处一个物理空间、共享同一媒介信息体系的频率大大增加，新媒介技术的发展助推了全场景跨屏互联、小屏反哺大屏，增强了客厅的娱乐性、体验性、数字化。客厅文化的回归使得更多观众共享电视晚会建构的多元文化交互认知、沟通时空。非遗与晚会利用这一时空，将分布在不同空间的非遗元素缝合在同一舞台。非遗在融入晚会的过程中，从当代人类审美意识建设的层面出发，将观众从主流精英文化形塑的美学传统和美学史观中解放，开启了比"大传统"更广袤的美学传统视域，既唤醒了不同文化背景的群体的集体记忆与情感认同，成为非遗代际传承的重要中介，也通过审美升华产生对当下知识和价值的镜像批判，成为现实生活的有益借鉴。观众在消费晚会、解读奇观的过程中产制出各种意义符号，既有迎合，也有抵制，在自我反省与批判中实现跨文化深度理解与自我他者化的文化互享。这意味着晚会与非遗融合建构的奇观不是固化的影像符号，而是一个动态的文化实践场域，其所产生的影响也已超越了非遗本身，

---

① ［德］阿克瑟尔·米歇尔斯：《仪式的无意义性及其意义》，王霄冰译，民族出版社，2008，第 36～37 页。

开始向着营造一种更为广泛的社会氛围转变，在抵抗当代文明危机和国家文化建构中发挥着其他文艺形式难以企及的作用，引领大众走向"各美其美，美人之美，美美与共，天下大同"。

2. 地方卫视的差异化发展与地方文化的张扬

晚会的发展使得央视晚会一家独大的局面不复存在，各地卫视晚会开始争奇斗艳，辽宁台的小品、天津台的相声、湖南台的明星、浙江台的舞美都吸引了一大波关注，河南卫视更是凭借对地方非遗的深度解码与创新编码频繁登上热搜，"河南卫视杀疯了"的微博话题阅读次数更是高达 10.9 亿。河南卫视呈现地方非遗的历史可以追溯到 1994 年开播的戏曲节目《梨园春》，2001 年节目组甚至把总决赛放在了除夕夜，和央视"春晚"公开打擂；2004 年，又推出了《武林风》，弘扬中国传统武术。当别的地方台借引进版权赚得盆满钵满、靠明星光环狂揽收视时，2011 年河南卫视确立"河南卫视·文化卫视"和"河南卫视·寓道于乐"两个具有递进意义的宣传口号。这样来看，河南卫视"中国节日"系列的推出是水到渠成、厚积薄发。河南卫视 2021 年春晚播出后，据驴妈妈旅游网数据显示，2021 年春节期间河南博物院搜索量同比上涨 500%，《清明奇妙游》播出后，据去哪儿网数据显示，2021 清明假期河南搜索热度与 2019 年同期相比增长 4 倍。① 非遗作为地方软实力的重要组成部分，具有唯一性及垄断性，表现出较高的区域空间价值，尤其在国内外城市形象、城市品牌的竞争日益激烈的趋势下，非遗更是地方宝贵的无形资源和软性提升力。电视晚会中的非遗影像，是地方个性、形象、精神的具化物，它的传播有利于区域文化良性循环系统的塑成，有利于非遗跨地域、跨文化的传承与传播，有利于地方在城市化进程中重构核心竞争力。"中国节日"系列展现出非遗与晚会开发的全新可能性，让电视工作者看到了地方非遗引领社会文化风尚的巨大潜力，为各地卫视晚会创作具有独立性、地方标识性节目提供了参考路径，也为中国电视以独特叙事和独立身份在世界平台拥有一席之地迈出了一步。

3. 流量链的跨圈开发与延展

十三届全国人大四次会议通过的《中华人民共和国国民经济和社会发展第十四个五年规划和 2035 年远景目标纲要》第十篇"发展社会主义先进文化提升国家文化软实力"的第三章明确提出将"扩大优质文化产品供给""推动文化和旅游融合

① 数据来自：《牛年新春："新年俗"年味浓》，人民资讯，https://baijiahao.baidu.com/s?id=169220 8064689045198&wfr=spider&for=pc；《清明出游机票预订达前年同期 1.3 倍》，央广网，http://finance.cnr. cn/gundong/20210324/t20210324_525444285.shtml。

发展""深化文化体制改革"作为未来五年我国文化产业的发展目标。《非遗焕新夜》晚会上，插画师谢凸基于秸秆扎刻创作的平面作品《梁上高楼》、艺术家 Ikky Lin 使用苗族刺绣纹样创作的《护生图》、面人技艺传承人彭小平使用插画师贾叽创作插画形象捏制的作品《虎虎可爱》等十组由非遗传承人与先锋艺术家联手创作的跨界国潮作品接连亮相。在消费主义洪流的冲击下，大众的消费不再局限于商品的使用价值，商品的符号意义成为更受追捧的消费对象，非遗在国潮复兴的市场环境下逐渐成为消费新风尚。2021 年定制晚会成势，浙江卫视联合百度 APP 的《百度潮盛典》、湖南卫视联合抖音的《抖音新潮好物夜》、电影频道联合天猫国潮的《潮起中国·非遗焕新夜》、浙江卫视联合阿里巴巴的《双 11 全球狂欢夜晚会》这四台商业定制晚会通过对非遗衍生出的"国风""国潮"进行个性强化展示，依托"文化＋明星＋公益＋商业"的模式将流量从流量池引流到文创产品、服装化妆、动漫游戏等不同领域，流量链以流量池为中心，呈放射状延伸向各个产业。据《2021 非遗电商发展报告》显示，和两年前相比，西部地区的非遗产品店铺数量增幅在全国前十中占据六席，西部地区淘宝天猫商家的非遗产品销售额同比增长超过 30%，增速显著领先于中东部地区。对于贵州、西藏、甘肃等非遗资源集中的地区而言，借助晚会非遗影像流量链，有助于拓展乡村振兴的深度和广度。

非遗在晚会中的编码与解码，俨然已成为万物互联、万物皆媒背景下，不断解构、重构大众审美方式、价值认同的复杂实验场域。实验表征为一个个高度混杂的非遗影像文本，隐喻着国家、媒体、企业、受众的话语权竞争与利益合作。在科技革新带来的新信息生态下，对国家与资本利用非遗重塑电视晚会文化身份的深入研究，有益于警惕视觉奇观膨胀为视觉暴力、非遗政绩优先于非遗活力的现象，同时，也有助于"文化生产"与"文化消费"中类似生产逻辑和革新策略讨论的展开。

三、爆款与趋同：后"舌尖"时代的本位失效

2012 年《舌尖上的中国》上映，超高的收视和热烈的市场反响改变了中国观众对于美食纪录片的思维定式，开启了中国纪录片的新纪元。在"民以食为天"的中国，开拓食源、开发食品、制造食器、消费食物的过程都内蕴和外显着不同地域、不同民族不同的生活规律、共处方式、价值观体系、传统和信仰。各地美食许多都是当地甚至国家级非遗项目，美食类纪录片也成为非遗影像化的重要形式，饮食类非遗项目也成为被影像化最多的非遗类别。尽管距离《舌尖上的中国》第一季上映已经过去快十年了，但"舌尖"风格依旧深刻影响着 2021 年与非遗饮食相关

的纪录片。

（一）欲望表达与非遗书写

"饮食男女，人之大欲存焉"。《舌尖上的中国》所呈现的极致烹饪技艺、珍贵稀有食材、色香味俱全菜品极大满足了观众对日常生活难以获得的食物带来的感官刺激。美食纪录片、吃播、美食探店、美食视频教程越来越受到人们的欢迎，这些影像是人们对丰衣足食、健康长寿的美好向往。

2020年以来展开的第五批国家级非物质文化遗产代表性项目名录评审中，评审专家小组由过去的10个门类增至11个，新增"饮食类"。与饮食相关的民俗类项目申报的项目越来越多，在第五次评审中达到135个，占了推荐申报项目总数的六分之一，足见与饮食相关的民俗类项目的传承与保护越来越受到重视，这为非遗饮食纪录片提供了巨大的素材库。非遗饮食纪录片既有来自宫廷的苏宴会（《非遗饮食·宫廷苏宴》），也有市井小吃钵钵鸡（《向着宵夜的方向（第二季）》）。既有记录非遗饮食的传统烹饪、食品加工制作、酿酒、酿醋、制茶等技艺，也有《江湖菜馆》第二季中的焦家面馆、《风味人间3·大海小鲜》中的潮沟捕乌虾、《非遗饮食·知位五谷》中的五谷养生、《沸腾吧火锅（第二季）》中的冬日羊肉汤等传承老店、食物采选、饮食养生、美食消费相关的制作工艺与社会活动；既展现了中华民族各地的节庆民俗、人生礼俗、民间信俗，也传达着中国人尊崇自然、食治养生的思想与理念；既充分体现了中华民族的伟大创造力、文化多样性，又对现代饮食生活方式冲击下的非遗饮食文化有传承保护作用。

（二）作为收视保障的"舌尖"模式

2021年，非遗饮食依旧是美食纪实影像中的中坚力量，"市场竞争的白热化，加剧了美食题材按照地域、食材、时间进一步进行内容细分"，[①] 有以空间地域为主题的《千年陕菜》《寻找黔味（第三季）》《老广的味道（第六季）》《千年陕菜》《傲椒的湘菜》《烟火拾味》《知味新疆》《敦煌，千年不散的宴席》《澳门之味》；以食材为主题的《有面有朋友》《超级食材》《开动吧海鲜》《风味人间3·大海小鲜》《沸腾吧火锅（第二季）》《中华制面（第三季）》《我粉你》；以就餐时段为主题的《第一餐》《小城夜食记（第二季）》《第一餐》《向着宵夜的方向（第二季）》。这些

---

① 韩飞：《功能驱动与建设性表达：2021年中国纪录片创作发展研究》，《当代电视》2022年第1期。

饮食类非遗纪录影像的叙事模式绝大部分依旧在"舌尖"模式的手艺人日常生活＋美食制作工艺框架下发挥，从非遗饮食入手，以小见大，挖掘饮食制作与文化的故事，展现中国人民对食物的热爱、尊重以及对美好生活的向往。镜头语言也深受"食不厌精，脍不厌细"的影响，依托无人机、高速摄影、显微摄影、水下摄影、高温拍摄、延时摄影等科技影像拍摄技术的各类特写镜头，聚焦食物分子的变化、细微的肌理质感、人物丰富细腻的情感变化，通过微观视角传达出食物的味道和人文的温度。"大全景"接"大特写"的两极镜头产生强烈的视觉落差营造冲击感，利用空间碎片化与时间跳跃化营造"时空穿越"的临场感。

表 2-3 2021 代表性非遗美食纪录片

	片名	出品单位	播出平台
空间地域	《千年陕菜》	西影视频 秦汉影视	中央电视台财经频道、爱奇艺、优酷视频、腾讯视频、西影视频
	《老广的味道（第六季）》	广东卫视	广东卫视、腾讯视频、爱奇艺、哔哩哔哩
	《傲椒的湘菜》	湖南广播电视台 时代华影	湖南卫视、芒果 TV
	《烟火拾味》	上海广播电视台	上海广播电视台纪实人文频道、爱奇艺、哔哩哔哩
	《知味新疆》	新疆万摄师影视传媒有限公司	腾讯视频、爱奇艺
	《敦煌，千年不散的宴席》	敦煌文旅集团	中央电视台纪录片频道、腾讯视频、爱奇艺、哔哩哔哩
	《澳门之味》	中央广播电视总台	中央电视台纪录片频道、央视频
	《寻找黔味（第三季）》	优酷	优酷
食材	《风味人间3·大海小鲜》	腾讯视频出品	腾讯视频
	《沸腾吧火锅（第二季）》	腾讯视频	腾讯视频
	《有面有朋友》	优酷	优酷
	《中华制面（第三季）》	劲面堂	哔哩哔哩
	《我粉你》	哔哩哔哩、北京极目长天文化传播有限公司	哔哩哔哩

	片名	出品单位	播出平台
就餐时段	《第一餐》	哔哩哔哩、天津大声文化传媒有限公司	哔哩哔哩
	《小城夜食记（第二季）》	哔哩哔哩、北京正塑一嘉文化创意有限公司	哔哩哔哩
	《向着宵夜的方向（第二季）》	腾讯视频	腾讯视频

创作者和播出平台为了降低风险，都倾向于参考成功案例和经典模式，"舌尖"模式是被观众和历史检验过的经典，非遗饮食影像也继续了"舌尖"的模式，但同质化严重和文化属性缺失使得"非遗"成为一些电视节目用以制造新的消费意义的标签。例如《千年陕菜》中关于花馍的段落，无论叙事结构，还是旁白措辞，都是典型的"舌尖"模式，虽然4K画面精美、食物诱人，但整体气质上却缺乏三秦大地厚重博大、淳朴赤诚的气场。《寻找黔味——肠旺面》从面点老板程家林的父亲从川入黔学习肠旺面制作开始讲述一家三代一馆一面的故事，试图在短时间内将"至味手艺"戏剧化的呈现，但一味为了讲故事而讲故事，为了煽情而煽情，是不可取的。《非遗饮食》作为专做非遗饮食的节目，有了相关专家学者的介入，影像的文化属性显著提高，但相关专家学者的观点介绍如何有机融入非遗影像、如何平衡文化性与娱乐性，依旧是电视人的重要课题。如果非遗元素与其文化语境互相脱离，意义也将在浅层次搬用和模式重复中被消解，非遗饮食影像最终将沦为爆米花作品。

（三）非遗饮食里的中国故事

孟子曾言："口之于味，有同嗜焉"。西方也有马斯洛的需求层次理论，食物作为人类赖以生存的物质基础，具有跨越地区、种族、文化的共通性。非遗饮食作为中华优秀传统文化的一部分，承载着中华民族的过去、现在和未来，凝聚了祖先们代代相传的生活智慧及人生哲理，因此，非遗饮食影像成为"讲好中国故事"的重要载体和渠道。对内而言，文化自信建立在文化认同基础之上，非遗饮食影像有助于文化认同的建立，提升国家综合国力的"软实力"；对外而言，可以打破意识形态的围堵、"西强我弱"的舆论生态，借助非遗饮食影像建立中外融通的全新话语体系。

文化可以分为"表层文化"（主要涉及外在的直观事物）、"中层文化"（主要为社会规范）、"深层文化"（包括宗教、哲学性的思考）。[①] 非遗饮食影像在传播过程中，表层的物质文化总能最先得到人们的认可，其渗透性与传播力也最强。但创作者不可为了戏剧性与传播效果"为赋新词强说愁"。例如《大江之味巴蜀篇》在记录宜宾珍馐美味、美酒酿造和市井生活百态的同时，将天人合一、阴阳五行、家国情怀等人文元素融于其中，显得牵强附会、浮而不实。这些无疑都是对非遗饮食本质和价值的破坏，令传播效果大打折扣。

非遗饮食影像的创作，需要强化非遗项目的核心技艺和核心价值，用非遗饮食触发不同地区、语言、文化背景下人们的共同情感，既要"敢讲"，也要"善讲"，把官方表达与民间诉求、海外认可结合起来，才能最大程度上调动普通民众参与中国文化的传播，使多元立体的中国故事、中国声音得到海外观众的理解与认同。

---

① 陈晓萍：《跨文化管理》，清华大学出版社，2009，第 15 页。

第三章　2021 年度影视剧、广告与非遗影像研究报告

张珊珊[*]

　　根据《"十四五"非物质文化遗产保护规划》的要求和任务，非遗的传播与普及需要进一步发力，民众的参与力度和范围还需要进一步加大。其中，影视剧与影视广告对拓宽非遗传承路径，增厚非遗的传播价值具有重要意义。本章通过爬梳 2021 年我国影视剧和影视广告中非遗影像的呈现肌理和产业态势，分析非遗的影视化功能调整以及价值体系重构过程，总结非遗影像"想象共同体"建构的实践经验。2021 年影视剧中的非遗"屏前"和"屏后"功能开始出现内容与结构的"双融合"，非遗本体价值的再造已成为"影视产业 + 非遗"的新发展理念。

　　非物质文化遗产的传承注重原生性和活态性，"原生"意味着文化内涵（本体价值）需要最大限度地真实性、整体性存留；"活态"则表示文化外延（传播价值）需要动态化、多元化的创新，但归根结底，活态传承要以尊重和保护非遗的原生性为法脉准绳。与数字化记录工程和纪录片等非虚构类影像相比，影视剧和影视广告（属于虚构类影像）中的非遗大多数是作为一种修饰性艺术符号出现，其中不乏忽略非遗原生形态和本体价值的现象，需要及时识别和纠偏。影视剧和影视广告以非遗为创作对象时要将其本体价值放在艺术创作的首位，方能赓续中华民族文化共同体的文化基因。

第一节　2021 年度影视剧中的非遗类型及特点

　　尽管"纪实运动"和"非虚构写作"进一步深解和分化了影视剧的生产理念，但虚构式创作仍是影视剧的本色，祝虹认为其本质就是一种社会游戏，是最具社会影响力的虚构形态。[①] 从这点来说，非遗核心价值的持守底线在影视剧虚构叙事中

---

　　* 张珊珊，四川师范大学影视与传媒学院学院副教授，主要研究领域：乡村文化传播、非遗影像传播等。

① 祝虹：《影视剧的伦理学内涵》，《当代电影》2012 年第 1 期。

的确存在影像断层或内容出戏的可能性，但也因此激发全新的影像创作和讨论空间，促进艺术更生向新。

当非遗进入了影视剧的虚构空间之后，有关"真实"与"虚构"该如何保持边界和平衡就引起了学界关注。孟志军认为非物质文化遗产就像电影或电视剧的植入式广告一样被融入故事情节当中，它们并非是影视作品表现的主体，而是其中关键的陪衬、道具或背景，这种虚构式表达要注意对非物质文化遗产的基本事实给予一定的尊重，不应该篡改核心事实和核心特征。[①] 何奎也认同电影以直观的视觉影像展现非遗文化，将非遗推向大众，但也要注意在处理非遗部分容易出现"失真"（伪民俗）和"失质"（缺少精神内核）的情况。[②] 余韬是以《尔玛的婚礼》这部表现羌族地域文化的电影为个案，从认同理论切入，分析电影中非遗影像品格的实现路径重视，提出使用非遗元素的同时也不能忽视了电影艺术创作自身的规律。[③] 刘修敏认为非遗题材电影应该忠于非遗项目内涵与精神实质，以受众为中心，尊重传播与教育规律，用经营的态度来对待非遗题材电影的传播和教育。[④]

可以说，这类"虚实之辩"在观察非遗影像的虚构式创作原则当中立稳了学根，为讨论非遗与电视剧、故事片结合的具体呈现形态和效果提供了指向。比如，由于非遗依赖于人的活态传承，所以电影中的非遗以人物"身体表演"为表现依托，通过身体仪式化、身体奇观化和身体戏仿化来实现其美学功能。[⑤] 非遗以传承人的身体为表现依托，电影影像可以将这种"身体表演"作为范式固定和传承下去。[⑥] 电影中的非遗形象建构要面对电影市场的文化消费和跨文化传播问题，走出严肃性、拯救性叙事的限制，重塑非遗电影奇观。[⑦] 还有的学者将个别非遗事项作为研究主体，观察其在影片中的功能表现。例如，傩戏在影片中的娱人、祭祀等功能。[⑧]

影视剧为非遗传承带来的最大功用就是扩大了其传播价值的影响力，以此吸引

① 孟志军：《类型与边界：非物质文化遗产的影视表达》，《新闻界》2015年第12期。
② 何奎：《论电影对非物质文化遗产的传承与保护》，《电影文学》2012年第14期。
③ 余韬：《"非遗"电影的影像品格与认同建构——以〈尔玛的婚礼〉为例》，《当代电影》2013年第7期。
④ 刘修敏：《"非遗"题材电影传播力与教育力研究》，《当代电影》2012年第5期。
⑤ 黄宝富、齐晓萌：《仪式、奇观与戏仿：非物质文化遗产在电影话语中的身体表现》，《当代电影》2012年第5期。
⑥ 黄宝富、熊馨：《〈爱在廊桥〉："非遗"影像的身体叙事》，《当代电影》2013年第7期。
⑦ 苏东晓：《论电影中的非遗形象建构——以非遗题材电影为例》，《大众文艺》2014年第22期。
⑧ 田欣、陈一墨：《重庆西阳阳戏面具的功能及其在影视作品中的体现》，《电影评介》2018年第5期。

社会对本体价值的关注，比如，高有祥提出了"非物质文化遗产的影像化生存"的说法，尤其是影视艺术能够引导非遗传承重要性的社会意识。[①] 唐铭崧认为电影中的非遗提供了丰富的民族想象空间，并唤起受众对民族文化未来走向和保护方法的重视，[②] 还有针对具体非遗事项的影视作品，吉平、刘昭认为秦腔不仅要与影视内容进行深度合作，借力多媒体平台的话题营销和粉丝效应拓展受众，还要依托丝绸之路国际电影节推动秦腔的跨文化传播。[③] 钱成通过分析电影《腊月雷》内容和形式上对传统戏曲的挖掘与创新，指出这种将优秀地方剧种等非遗引入电影文化产业中的新模式探索，是保留民族文化遗产的一项历史重任。[④] 反过来看，非遗的融入也让影视剧获得了更具弹性和活力的创作和运作空间，刘国政认为非遗题材电影要向中国电影的新主流大片发展看齐，不仅要借鉴类型化叙事和类型化经验，还要以接地气的方式有效扩容。[⑤]

非遗和电影艺术在市场时代的"联姻"产生了新的视听艺术，可以从文化语境、文化进程和现代文化心理三个方面来透视。[⑥] 本节也基本遵循这样一个基本思路，关切 2021 年电视剧和故事片中的非遗影像是如何适应当下文化语境，用独特的叙事方法和影像风格来寻找与受众心理接通的有效途径的。

根据联合国教科文组织 2018 年修订的实施《保护非物质文化遗产公约》（以下简称"《公约》"）的业务指南中提到"鼓励媒体在提高大众对非物质文化遗产表现和表达形式多样性的认识方面做出贡献，特别是通过制作针对不同目标群体的专门节目和产品"，对大众化非遗影像产品的推广目标和实现路径做出指导。影视剧是非遗影像面向大众的主要创作方式，通常借助有影响力的创作团队或者热度 IP 改编，将非遗元素作为主题材或者关涉对象，学界和业界也通常倾向于从影视剧创作规律来分析非遗影像如何植入或嫁接。但是，《公约》中也明确指出"不使非物质文化遗产的相关表现或表达形式脱离其背景或背离其本质"，这是以准则性文件的形式来强化非遗在面向现代性空间时较为脆弱的自我保护机制，即非遗的表现形式要秉持"外变内不变"的原则——核心工艺、材料、伦理与主客体关键关系等内在

① 高有祥：《非物质文化遗产的影像化生存》，《现代传播（中国传媒大学学报）》2007 年第 6 期。
② 唐铭崧：《非遗电影的创作主题略论》，《电影文学》2018 年第 14 期。
③ 吉平、刘昭：《秦腔在西部影视中的传播样态与传播策略》，《当代戏剧》2018 年第 4 期。
④ 钱成：《从〈腊月雷〉看当前戏曲电影的"沉寂"》，《电影文学》2017 年第 19 期。
⑤ 刘国政：《"互联网+"推进电影与非遗保护发展的新思路——由非遗题材电影〈百鸟朝凤〉谈起》，《电影评介》2017 年第 12 期。
⑥ 宋金林、刘子建：《非遗题材电影的文化透视》，《电影文学》2017 年第 24 期。

本质不变，应用场景、社会功能和载体类型等外化形式求新。这为非遗的影视剧创作框定界限和尺度，可以针对非遗的外化形式进行艺术加工和合理想象，但涉及非遗的内在本质，就需要保真守正，审慎处理。因此，本章将非物质文化遗产作为研究本体，反观 2021 年度影视剧中的非遗影像创作特征，追索非遗的文化事象与影视艺术创作之间的链接原则与关系。

非遗影视剧主要有非遗题材和关涉非遗两种类型，前者是以非遗为表现主体和表达主题，后者是以非遗为主要或关键的艺术参照和创意对象。非遗题材的影视剧首先要求"本真"，即真实性展示非遗可公开的物质载体形态、工艺流程或者对社区／个人的价值和意义，艺术加工需要让位于非遗本真性。无论哪种类型，非遗的展示和说明必须是其创作动因或者是关键元素之一，方能称之为非遗影视剧。比如，2021 年国庆期间播出的非遗戏曲（松阳高腔）电视剧《红色浙西南》将传统戏曲松阳高腔从舞台搬到了日常生活中，其唱腔、乐器等本体要素不发生改变，但唱词内容可以根据剧情进行创作。第七届重庆青年电影展最佳剧情长片《卧云》多运用中景、近景以及特写来表现巴渠河流派川剧表演元素，引导受众关注川剧传承问题的同时，将重心放在真实地呈现川剧舞台魅力上。关涉非遗的影视剧基本思路通常是从非遗中提炼对表达剧情或烘托主题有益的元素进行艺术创作，其艺术表现性比非遗本真呈现更为突出。比如，2021 年热播剧《上阳赋》《玉楼春》等电视剧，根据年轻受众的口味和喜好，从非遗中寻找与剧情以及人物相匹配的元素进行艺术再创作。电影《白蛇：情劫》《新封神：哪吒重生》等电影，则是以人人熟知的民间文学为创作母本，对其进行抽象化艺术加工和技术特效重塑，以艺术体验和视觉效果来吸引社会关注。

从 2021 年非遗影像的整体生境来看，"挪用"和"借用"两种影视创作手法在非遗题材和关涉非遗影视剧中已经普遍存在。"挪用"是指影视剧直接搬挪使用了非遗的名称、地理、历史、传承人等多种核心要素作为剧中的关键内容，比如，电视剧《当家主母》中使用苏州缂丝技艺作为剧情主要推动力；"借用"是指影视剧摘取了非遗的某一种核心要素，其余部分进行了艺术化处理，比如，根据孙悟空传说、哪吒传说等民间文学改编的电影作品，仅使用这些经典民间文学 IP 的故事内核，在叙事和视听语言方面力求突破与创新。"借用"手法有利于非遗传承和创新，但是凸显非遗本体价值的作用较弱，相比之下，"挪用"手法更能推动非遗的本体价值从"屏后"走到"屏前"，实现两个空间的畅通流动。"屏前"的非遗在影视剧中主要承担叙事功能，是其传播价值的体现；而在"屏后"非遗的本体价值和文化功能往往被忽视或遮蔽。随着非遗影像体量越来越大，社会影响力越来越深，其影视创作理念和方法都需要尽快形成普遍性认识或行业内规定，遵守基本的创作规则是非遗影像生态维持平衡、健康发展的保障。

一、古装类型电视剧中的"非遗风"

非遗影像在电视剧领域主要是以关涉形式出现，相比起电影，电视剧的大众性更为突出，是推动非遗走进"寻常百姓家"的绝佳方式。面对电视剧内容同质化和选题单调性等问题，灿若繁星的非遗文化宝库能为其提供不竭的创作灵感。由于非遗具有天然的历史性、传统性和民族性，就成为古装电视剧创作的基本要素。从时间节点来看，2018 年至 2019 年是我国古装类电视剧的转折点。2019 年国家新闻出版广电总局出台新规严厉调控武侠、宫斗、神话、玄幻等古装类电视剧，涤清之前篡改历史、乱编史事、滥用历史元素拼接等乱象，使得古装类型电视剧开始重新摆正历史观，意识到借用非遗元素在还原历史情景中的重要作用。从近几年的《延禧攻略》(2018)、《如懿传》(2018)、《长安十二时辰》(2019)、《鬓边不是海棠红》(2020)、《玉楼春》(2021)等市场反馈来看，剧中涉及的非遗元素工艺性和功能性越来越突出，"古装剧 + 非遗风"已经成为影视剧产业中的热点文化现象，这也与2018 年以来的国潮热环境相助相长。

（一）国潮热与 Z 世代的文化自信

2018 年 2 月，"中国李宁"品牌登上纽约时装周秀台引爆"国潮"舆论，被称为"国潮"元年；同年 7 月，《延禧攻略》掀起观剧狂潮，全网播放量破 200 亿，剧组请了缂丝织造技艺传承人顾建东、京绣匠人张红叶、绒花制作技艺传承人赵树宪等传统手工匠人进行指导和技术支持，使得"中国风"话题一度成为全网热点，非遗也重新受到年轻受众群体的追捧。曾经被年轻群体认为是"传统、复古、拙朴、遥远"的非遗，近些年仿佛找到了大众化思路，逐渐与颇受 Z 世代青睐的影视 IP 结合，走"新潮、时尚、格调、当下"之路。根据邢海燕的网络话语扫描结果，"与上一代人相比，Z 世代的人群有着更强烈的文化自信和民族认同感"，[①] 而非遗所体现出来的东方美学与民族气质，正是他们用来表达自我、标榜身份、彰显情怀的文化符号。

---

① 邢海燕：《"国潮"与"真我"：互联网时代青年群体的自我呈现》，《西南民族大学学报（人文社会科学版）》2021 年第 1 期。

2021 年 5 月 10 日，百度与人民网研究院联合发布的《百度 2021 国潮骄傲搜索大数据》报告显示"十大热门国潮内容 IP"——《哪吒之魔童降世》《大鱼海棠》《舌尖上的中国》《国家宝藏》《中国诗词大会》《白蛇：缘起》《大圣归来》《一封家书》《见字如面》和《上新了·故宫》，大多数都与非遗有密切关系，2021 年播出的二十多部古装剧也全部涉及了非遗元素的使用。非遗正在以更年轻、更具生命力的姿态与大众文化影像深度结合，成为我国文化产业中消费空间增殖的新驱动。

（二）从"饰点"到"看点"：电视剧中的非遗影像张力

电视剧是高度产业化的商品，考虑到投入产出比和投资回报率，其内容产制往往在顺应受众喜好的基础上略微进行创新性尝试，其文本从本质上说是一种浮动性生产，收纳受众可能会喜欢的内容进行糅合和拼接，让受众从己所愿进行取舍。如果遇到备受市场追捧的元素，电视剧会加大其生产规模，产生"逐浪效应"——后来者通过效仿或增量赶超前者。2019 年，唯品会公益联合艾瑞咨询、广东省振兴传统工艺工作站、文木文化遗产技术服务中心共同发布了我国第一份关于非遗消费的《2019 年非遗新经济消费报告》，数据显示非遗消费品品类中首饰配饰类产品销售占比达到 40.7%，最受欢迎的是扇子、项链、围巾等产品，而这恰恰也是古装类型电视剧中经常出现的非遗元素。2021 年古装电视剧《长歌行》《锦心似玉》《雁归西窗月》《春来枕星河》《白玉思无暇》《玉昭令》等均大量使用团扇、饰物等非遗元素，与市场消费偏好相呼应。从 2021 年涉及非遗的电视剧来看（见表 3-1），刺绣、油纸伞、团扇、古筝等都属于标配性元素符号，说明受众认可度较高。此外，"爱优腾"三家头部视频网站拥有播出平台的绝对性优势，是推动用户从影视内容的消费者变成生产者和传播者的主要力量，使得电视剧对非遗元素的借鉴和使用更贴近大众文化审美标准，尤其是在剧集市场供给侧改革的压力性环境中，视频平台对剧集制作的参与度会越来越高，其用户偏好和数据算法也逐渐成为"用什么非遗""怎样用非遗"等问题的主要变量。

表 3-1 2021 年我国涉及非遗电视剧一览表

剧目	出品方	播出平台	非遗元素	非遗类别
《上阳赋》	喀什飞宝、浙江天猫、北京完美影视等	优酷视频	上元节、皮影戏	民俗、传统戏剧

续表

剧目	出品方	播出平台	非遗元素	非遗类别
《我就是这般女子》	企鹅影视、谷元文化	腾讯视频	围棋、古筝艺术、油纸伞	传统体育、游艺与杂技、传统音乐、传统技艺
《风起霓裳》	优酷、陕文投艺达影视、国文影业	湖南卫视、优酷视频	刺绣、印染、油纸伞、剪纸、汉字书法	传统技艺、传统美术
《锦心似玉》	企鹅影视、华策集团	腾讯视频	京剧、昆曲、刺绣、油纸伞	传统戏剧、传统美术、传统技艺
《大宋宫词》	荣信达影视、儒意影业等	爱奇艺、腾讯视频、优酷视频、江苏卫视	傩舞、宋代点茶、蜀绣	传统舞蹈、民俗、传统美术
《玉昭令》	北京爱奇艺科技有限公司	爱奇艺视频	团扇、油纸伞、古筝艺术	传统技艺、传统音乐
《长歌行》	浙江华策影视股份有限公司等	腾讯视频、山东卫视	蹴鞠、油纸伞、古筝和琵琶艺术、糖塑	传统体育、游艺与杂技、传统音乐、传统美术
《白玉思无瑕》	厦门惊奇幻想影业有限公司	芒果 TV	团扇、中医药、油纸伞	传统技艺、传统医药
《骊歌行》	东阳欢娱影视文化有限公司	腾讯视频、爱奇艺	扎染、刺绣、绒花、盘金绣、缂丝、纭裥	传统美术、传统技艺
《小女霓裳》	优酷、飞宝传媒等	优酷视频	纺织、刺绣、印染	传统美术、传统技艺
《雁归西窗月》	企鹅影视、万达影视、新媒诚品	腾讯视频	琵琶艺术、油纸伞、蹴鞠	传统音乐、传统艺术、传统体育、游艺与杂技
《花好月又圆》	蓝港影业、优酷	优酷视频	杂耍、古筝艺术、油纸伞	传统体育、游艺与杂技、传统音乐、传统技艺
《红色浙西南》	丽水市委宣传部、松阳县委、松阳县人民政府	150 多家融媒体中心电视台	松阳高腔	传统戏剧

续表

剧目	出品方	播出平台	非遗元素	非遗类别
《玉楼春》	东阳欢娱影视文化有限公司、优酷	优酷视频	古筝、中医药、刺绣、琵琶艺术、皮影、蹴鞠、戏法、纸鸢、花灯、书法、油纸伞	传统音乐、传统技艺、传统体育、游艺与杂技传统美术、
《周生如故》	北京爱奇艺科技有限公司	爱奇艺视频	古筝艺术、油纸伞	传统音乐、传统技艺
《百灵潭》	芒果 TV、晨星盛世等	芒果 TV	折扇、孔明灯、刺绣	传统技艺、传统美术
《逢君正当时》	海宁天翊影业有限公司	腾讯视频	油纸伞	传统技艺
《春来枕星河》	北京麦田映画文化传媒有限公司、耐飞影视有限公司等	爱奇艺视频	古筝艺术、中医药	传统音乐、传统医药
《一剪芳华》	爱奇艺、旭东影业	爱奇艺视频、优酷视频、腾讯视频	旗袍制作	传统技艺
《舍我其谁》	幸福蓝海影视集团、完美世界影视、皓瑅影视	优酷视频	围棋	传统体育、游艺与杂技
《当家主母》	欢娱影视、爱奇艺	爱奇艺、腾讯视频、优酷视频	缂丝、苏绣、织锦	传统技艺、传统美术
《昔有琉璃瓦》	完美世界影视、完美远方、优酷	优酷视频	文物修复	传统技艺
《君九龄》	优酷、鸿文传媒	优酷视频	中医技法、传统节日	传统医药、民俗
《清落》	优酷、华晨美创、亿奇娱乐、银河酷娱	优酷视频	中医药	传统医药
《风起洛阳》	东阳留白影视文化有限公司、洛阳历史文化保护利用发展集团有限公司	爱奇艺视频	洛阳宫灯、汉族传统婚俗	传统美术、民俗

　　古装类型电视剧中的非遗影像呈现为点状结构，有些点与点之间存在交集和联动，有些只是独立存在，不与其他点产生关系。单个点的非遗影像只具备修饰功能，不能辐射整集或者全剧情，更难以形成意义新空间，但是有关联和呼应的点结构在剧中却能产生非遗元素的多层意义空间，让附着于非遗本身的文化特质、群体

关系和社会应用等内容成为显性要素，产生沉浸式"感官＋情绪"效果，不显非遗本体价值。2021 年以缂丝非遗项目为关键元素的古装剧《当家主母》中，缂丝、织锦技艺与乾隆年间苏州织造业的时代背景（多为宫廷服务）、匠人技艺（戗色法、苏裱等关键工艺）形成呼应，既能够将女性意识崛起的剧情主题与时代新意相扣，又能让拥有世界非物质文化遗产和国家非物质文化遗产双重身份的缂丝技艺增加大众知晓度。另外，昆曲作为剧中的一个非遗点，也与织锦之间形成勾连，剧中所提及的"官家不能私养行院戏子"的确与雍正即位后下旨禁止官员蓄养优伶的历史相符合，这些互相交织和渗透的非遗点共同勾勒出乾隆年间苏州的昆曲与织造行业的大致情景。

2018 年之前，古装类型电视剧关涉非遗多属于点缀式借用，即将非遗作为一个个单独的"饰点"来丰富剧情，非遗本体价值是被遮蔽的，只突出其艺术渲染效果。这种借用法的娱乐功能大于教化功能，只能让受众停留在浅层的感官刺激中，不能深入了解和领悟非遗的本体价值。从 2018 年至今的古装类型电视剧在极力扭转这一创作趋向，使非遗影像尽量贴合其本质，从非遗的制作技艺、应用场景和形制样式等几个方面搭建多点联动的构造，形成融合于剧情又自成一体的新意义情境，力求真实性还原故事情节，成为电视剧的"看点"。从"饰点"到"看点"的风格转向，不仅是结构上从单点合并向多点联动发生了改变，也说明非遗正在以本体价值的彰显来带动传播价值，进而影响到古装类型电视剧的创作理念，这种求真求原的非遗影像呈现非但不会跳脱出电视剧的剧情空间，反而丰富了叙事维度，产生多重意义的新生境。

二、非遗影像语言的剧情化

电视剧中的非遗影像语言就是指非遗镜头所表述和指涉的剧情意义。不管是以非遗为主题材还是创作元素，电视剧对于非遗影像的应用和处理都存在一个基本考虑：将非遗最具镜头性表达的特点进行提炼和艺术创作，与剧情推演相结合。从结合类型来看，分为"物质性结合"和"思想性结合"两类，前者是指非遗元素应用在剧中的服装、化妆、道具、置景等物质方面，突出感官愉悦；后者是指非遗元素应用在剧中的台词、情节、音乐、主题等思想方面，力求情感触达。大多电视剧还是停留在"物质性结合"的层面，要想在"思想性结合"上找到突破，前提是认真研究非遗项目的本质特点，通盘考虑其社会功能的更新与传播价值的挖掘。比如，倪立针对昆曲电视剧《牡丹亭》中的电视戏曲艺术特点进行了分析，认为寻找戏曲舞台艺术与电视表现艺术的契合点，是一个值得探索和研究的问题。[①]

　　从 2021 年电视剧中涉及的非遗元素来看，借用和加工频率最高的三类非遗项目为"传统技艺""传统美术"和"传统音乐"，这三类非遗事项重在行为空间展示与声音维度建构，能够与电视剧的人物活动、故事氛围等深度耦合。比如，2021 年古装电视剧《玉楼春》中出现的非遗元素有皮影、琵琶、古筝、中医药、顾绣、粤剧、扬剧、笛子、茶文化、蹴鞠、纸鸢、花灯、书法、油纸伞等十几种，构筑了多元的古典审美意象空间，剧中大量使用"传统音乐"和"传统技艺"，主要承载氛围意境营造，通过人物活动来透射人物性格和内心的作用。因此，电视剧中的非遗影像不仅通过镜头表述了作为文化事象的本体意义，还借助剧情演绎，生成了具有丰富功能的开放性系统。

（一）烘托剧情氛围

　　电视剧剧情氛围主要通过布景、光线、色彩、声音、服装、化妆、道具等客体性因素来渲染，由于非遗本身具有特定文化的代表性和积淀性，在营造某种特殊氛围以推动剧情演绎方面效果很好。比如，在《上阳赋》的上元灯节中，上阳郡主子澹（女主角）和三皇子王瑄青梅竹马，来到河边放花灯，用花灯传递着自己的心愿，放花灯的场景极具视觉美感，烘托节日气氛，也与即将到来的危机形成了鲜明对比。《大宋宫词》中宋太宗设宴招待秦王时，在近两分钟时长的二人对话过程中穿插了一段傩舞，舞者姿势和手诀与人物对话相呼应，营造出神诡和恍惚的氛围，层层铺陈剧情。

（二）塑造人物形象

　　非遗的核心是人与技艺的一体性融合，提炼人在传承过程中的精神和意志不仅能正确传达非遗本体价值，还能够对剧中人物形象塑造起到事半功倍的效果。《雁归西窗月》中女主角谢小满为了证明女子也可以和男子一样，日夜练习打马球，为的是在比赛上击败男方，这既能说明宋仁宗时期马球运动从宫廷到民间盛行的历史背景，也能让观众感知此类体育非遗事项在传承中所需要的匠心与责任，从而塑造女主角不服输，自立自强的性格。《大宋宫词》中来自蜀地的民女刘娥因精通练刺绣和点茶而受到秦王青睐，一方面说明北宋时期的点茶技艺和刺绣工艺已经相当流

---

　　① 倪立：《谈昆曲电视剧〈牡丹亭〉的艺术再创作》，《中国电视》2008 年第 11 期。

行，另一方面，也说明剧中人物刘娥聪慧过人，举止庄雅，能行皇室宗亲风雅之事。《玉楼春》中泼辣玲珑的大学士之女三奶奶许凤翘用的是华丽孔雀羽扇，典雅沉稳的孙府二小姐孙有德用的是清致团扇，用扇子的文化内涵来衬托人物性格。

（三）介绍人物关系

巧妙借助非遗本身的文化象征与社会意涵，可以帮助观众区别剧中人物性格、身份，判断和理解其社会关系。比如，《当家主母》中沈翠喜与曾宝琴同台竞技比拼缂丝技艺，曾宝琴用了缂丝中的戗色法赢了沈翠喜的缂丝＋刺绣，剧中借助非遗项目缂丝的技法不同来映衬两位女子在剧中剑拔弩张的关系。《舍我其谁》中，盛景初与来自韩国的棋手赵延勋进行对弈，围棋文化以静制动，影像表现单调，导演通过设计一场在虚拟空间中进行的中国风武侠对决来辅助对弈过程，拓展了影像叙事维度，也巧妙地推动剧中两位棋手攻守往来的关系。

（四）推动故事情节

在剧情关键节点上，使用非遗作为"隐喻"，在展示非遗相关特点的同时，对剧中故事情节做预设。比如，《锦心似玉》中偏房"乔莲房"穿着与身份不符的"蜀锦"，府里的永平侯徐令宜让乔莲房不要对不属于她的东西起贪念。这件事使得她一直耿耿于怀，并对正室"十一娘"（女主角）心怀不满，为后面上位之争埋下伏笔。《一剪芳华》中，陆远之设计出改良旗装——旗袍，面对隆裕太后审问时，他避开旗袍的政治意义，坦言只求设计一款让天下女子穿上既舒适又方便，能随心选择的衣服，这为风雨飘摇中大清王朝即将覆亡埋下伏笔，也暗示旗袍盛行的民国就要到来。

（五）揭示叙事主题

非遗本身的美学特点能够昭示某种特定主题，可以通过繁密、闲雅、疏离、古拙、轻灵等东方诗性美学来切合剧中叙事主题。《玉楼春》的开头和结尾，都借助非遗皮影戏来展开叙事和收紧主题。皮影戏是民间传统戏剧的典型代表，讲求通俗、轻松的表达风格，人物形象鲜明，戏剧冲突饱满，《玉楼春》在开头借用皮影的形式来介绍人物关系和故事背景，与其诙谐的欢乐剧本设定是相符的。同时，剧中随涉及孙家大户的几段情感故事，但讲述方式和表达主题却是平民化的，具有现代感的，这也与皮影戏的民间艺术功能相吻合。

（六）链接"屏前""屏后"空间

非遗本就自成文化系统，有独特的表述体系和意义空间，电视剧的内容生产也越来越倾向于建立具有开放性和流动性的节点枢纽，可以将"屏前"和"屏后"文化产业空间进行跨文本、跨介质、跨语境的精巧缝合，例如，融合性传播矩阵的搭建，从单屏影像（电视屏幕）到多屏的延拓等。虽然电视剧中借用非遗元素由来已久，但是非遗真正被看作是电视剧整体中的一个有机部分，并将受众的关注视线由"屏前"引到"屏后"，还是自 2018 年以来的事情。非遗的本体价值正变成其传播价值的有力依托，不仅让电视剧剧情更具真实感和多面性，还能够链接"屏前"虚拟镜像与"屏后"现实世界，让非遗影像语言在"说剧情"的同时，也在"说自己"。

三、非遗题材电影的创作之潮

与非遗题材纪录影片和民族志电影不同的是，有关非遗的故事片既能汲取前者的纪实美学风格，又能借助剧情故事来勾勒独特的视听艺术图景。何洋托美次仁考虑到非遗所承载的人文价值、社会价值、历史价值，认为电影实质上也是一种记录非遗的手段，是融合影像技巧和图像艺术为一体的存留方式。[①] 我国第一部故事片《难夫难妻》（1913）中就有"十里红妆"的婚俗文化影像，之后相继有《西厢记》（1927）、《木兰从军》（1939）、《混江龙李俊》（1940）、《生死恨》（1948）等几部电影涉及民间文学、传统戏剧和民俗，尽管非遗是进入 21 世纪之后才被国人认识和了解的一个概念，实际在中国电影发展之初就对当前非遗体系中的某些事项进行了挪用和借鉴，这对 21 世纪以来中国非遗题材电影的创作源起和叙事风格仍具有强劲的影响力。

如果从非遗分布的地域性和民族性方面来说，对少数民族文化的关注也是涉及非遗元素故事片的重要题材，少数民族非物质文化遗产是中国非遗的重要组成部分。新中国成立后，少数民族题材故事片开始勃兴，1950 年我国第一部少数民族题材电影《内蒙人民的胜利》诞生，到 1966 年间，涌现出《芦笙恋歌》《五朵金花》《达吉和他的父亲》《刘三姐》《农奴》《冰山上的来客》《鄂尔多斯风暴》《阿诗玛》等约 50 部少数民族故事片。1978 年改革开放之后一直到 20 世纪末，一部分少数民族电影产生了主题探寻的转向，少数民族在新的经济社会发展时期该如何融入现代化、城市化和全球化，如何看待本民族的传统文化和主流文化、大众

---

① 何洋托美次仁：《民俗类电影中非物质文化遗产的影像诠释》，《电影文学》2015 年第 19 期。

文化共生，这期间的代表作品有：《舞恋》（1981）、《孔雀公主》（1982）、《青春祭》（1985）、《盗马贼》（1986）、《黑骏马》（1995）等。影片中政治叙事功能减弱，文化叙事功能抬升，一类影片用来审视和呐喊，尤其是在本民族成员为创作者的"主位电影"中，用来抵御被视为"他者"猎奇与想象的本民族核心文化内容与价值观念被放在了更为重要的位置，^①与主流文化意识形成对照或切入关系；还有一类影片用作观视和记录，尤其在一些非本族成员为创作者的少数民族非遗题材电影中，从"他者"视角来观察、感受，同时也在记录社会转型中少数民族自身文化演进与挣扎。^②

2011 年《中华人民共和国非物质文化遗产法》公布之后，非遗题材电影进入了创作高潮，这一年，除国内首部非遗题材电影《郎在对门唱山歌》公映之外，还有《高甲第一丑》《一个人的皮影戏》《蔡李佛》《锹里奏鸣曲》《我们的桑嘎》《羌笛悠悠》《白蛇传说》《新少林寺》等十几部非遗题材故事片相继面世。随着"京剧电影工程"和"中国少数民族电影工程"相继启动，对非遗题材的关注和挖掘热情也随之高涨。由于有了政策性支持，非遗题材电影成为推广地方性文化和旅游等资源的重要手段之一，也开启了地方政府积极推动和参与电影制作来宣传本土非遗事项之路。笔者对影片《卧云》的主创团队成员秦松进行了访谈，他表示非遗题材电影正进入一个黄金时期，有些地方政府已经慢慢跳脱出"宣传功效大于电影艺术"的视窗，主张"先要电影做到有故事有张力，而后在潜移默化中烘托出本地文化。"

受疫情冲击和影响，2021 年电影市场整体仍然持续性收紧，国内电影产业转型升级到了关键时期。一方面，疫情导致进口片锐减，国产片在占比上取得绝对优势，为有优质内容的国产片提供了市场机会；另一方面，中国银幕建设不降反增，根据国家电影局统计数据显示，截至 2021 年 9 月底，中国电影市场 2021 年日均新增银幕 17.8 块，银幕数正式突破 8 万块大关，^③电影产业链日趋强大和成熟，能为不同类型的电影提供完整的产制宣发模式。2021 年院线公映故事片中共有十多部将非遗作为关键元素（包括"非遗题材"和"关涉非遗"两类）（见表 3-2），总体占比不高，使用频率最高的是民间文学、传统戏剧和传统音乐。对民间文学的借鉴基本属于"关涉非遗"类型——在保证文学精神核心内容不变的基础上，或采用影

① 朱靖江：《当代中国少数民族"主位"电影创作研究》，《民族艺术研究》2015 年第 6 期。

② 王巨山：《社会转型中的乡村影像与文化想象——以"尔玛的婚礼"为例》，《当代电影》2013 年第 7 期。

③ 《中国银幕数量突破 8 万块 连续六年稳居世界第一》，央视网，2021-10-13，https://tv.cctv.com/v/v1/VIDE7b8OFTIDz5ahUgklejrd211013.html，2021 年 10 月 13 日。

视特效进行视觉创新，或采用增加故事维度进行叙事创新，但基本上还是没法脱离孙悟空传说、白蛇传传说等几大经典民间文学 IP。非遗题材的故事片《老爷保号》《抢花炮》《草原上的搏克手》《卧云》和《龙井》无一例外将非遗传承与年轻一代的生活进行结合，从青年的社会观、爱情观、民族观和文化观入手，寻求与非遗的相交点。

表 3-2 2021 年我国涉及非遗故事片（院线公映）一览表

影片	出品方	类型	非遗元素	非遗类别
《新神榜：哪吒重生》	追光人动画设计（北京）有限公司	动画、奇幻	哪吒传说	民间文学
《老爷保号》	广州比格影业有限公司	喜剧、爱情	潮剧	传统戏剧
《抢花炮》	电影频道节目中心、清远广播电视台、北京述宁文化发展有限公司	动作、爱情	抢花炮	民俗
《歌声的翅膀》	天山电影制片厂	歌舞、公路	民俗、多民族歌舞	传统音乐、传统舞蹈
《柳浪闻莺》	浙江晟喜华视文化传媒公司、北京紫丁香影视文化传播公司等联合出品	爱情	越剧	传统戏剧
《白蛇：情劫》	项氏兄弟影业、奇树有鱼、芮翊影视	奇幻、爱情	白蛇传传说	民间文学
《白蛇传·情》	珠江电影集团有限公司、广东粤剧院	戏曲、爱情	白蛇传传说、粤剧	民间文学、传统戏剧
《草原上的搏克手》	电影频道节目中心	剧情、喜剧	搏克	传统体育、游艺与杂技
《卧云》	达州市文化旅游投资有限公司、成都乐图恒文化传媒有限公司	剧情	川剧	传统戏剧
《西游记之再世妖王》	星皓影业有限公司	动画、奇幻	孙悟空传说	民间文学
《济公之降龙降世》	浙江天台和合影视文化传媒有限公司、浙江睿宸影视制作有限公司	剧情、动画	济公传说	民间文学

续表

影片	出品方	类型	非遗元素	非遗类别
《龙井》	浙江蓝联听雨文化发展有限公司、浙江国新文化传媒有限公司联合出品	剧情	龙井茶制作技艺	传统技艺
《半个月亮爬上来》	陕西华鼎古悦影视文化传播公司	音乐、爱情	西北民歌	传统音乐
《雄狮少年》	北京精彩时间文化传媒有限公司、广州易动文化传播有限公司 墨客行影业（北京）有限公司	动画、剧情	广东醒狮	传统舞蹈

除了院线公映，上线也成为自 2021 年以来电影市场的重要选择，出于新冠肺炎疫情防控的需要，大量电影考虑通过上线视频平台来降低库存压力。2021 年，网络电影借鉴和改编民间文学的作品有《济公：降龙罗汉》《武松血战狮子楼》《镜花缘之决战女儿国》《大圣无双》《西游魔童红孩儿》《西游记比丘国》《封神·托塔天王》《雷震子：封神缘起》《大汉张骞》等；《扑蝶》表现的是传统舞蹈"龙岩采茶灯"；《戏法师》《少林小子》《武风》等则是从传统体育、游艺与杂技中提炼创作灵感。另外，原计划 2021 年上映但档期未定的《幸福小马灯》《凤凰的微笑》和2021 年开拍的《千年窑火》分别将民俗小马灯、民间文学"百鸟衣故事"和传统技艺吉州窑作为影片的叙事主体，孙小茹执导的以川北大木偶戏为题材的影片《因你而动》也计划在 2022 年公映。这些故事片的创作在对非遗项目进行宣传推广的同时，不断拓展"故事片＋非遗"影像创作新空间，获得了地方政府的重视与支持，并通过资金补贴、参与拍摄和渠道推广等方式参与其中。

（一）非遗题材电影：重在立意、凝神

王巨山认为电影与非物质文化遗产保护的法律法规、政策体系之间的确存在"联姻"关系，[①] 但不可否认的是，中国非遗题材故事片，在"文化抢救"和"文化新生"交织的地带不断开辟新的影像表达路径，这也是中华民族文化自信的底色之一。他还将非遗题材电影分为原生型、次生型和嫁接型，认为从故事片的二次创作性和商业性来说，属于次生型及嫁接型，在讲求故事性和艺术性的同时，一定要对

---

① 王巨山：《影像记忆与文化表达——传播学视角下的非遗题材电影解读》，《现代传播（中国传媒大学学报）》2014 年第 6 期。

非遗记录的真实感和可信度保持审慎，在深层次立意方面需要认真思考。[①] 因此，非遗题材电影是在尊重和还原非遗事项某种本质特点的前提下对其影像创作艺术的积极探索，重在用深刻的主题来立意和凝神，铺垫好故事基线，对非遗部分的影像呈现设计叙事视角。

电影需要处理好艺术与盈利之间的关系，非遗题材故事片要想由"小众"变"大众"，就必须要从扎实的田野调查工作中发现现代社会中的普遍性问题，既有非遗传承与保护发出的召唤，也有在社会洪流中驻足凝视传统文化时发出的呐喊。目前，"传承危机"和"更新迭代"是非遗题材电影的表述主旨，这的确是非遗保护和传承工作普遍存在的现实困境，但仍是属于非遗传播价值层面的内容，对于非遗本体价值的立体化呈现缺乏考量。考虑到电影创作已经成为其中一个重要组成部分，非遗题材故事片还是要充分地将非遗事项独特之处与电影创作手法相结合，从非遗本体价值中挖掘影像表达的要义。比如，2021 年电影《抢花炮》将壮族抢花炮这一非遗事项的竞技性、娱乐性、观赏性作为电影基调，围绕一对青年恋人与抢花炮活动之间的缘分展开叙事线，将非遗传承问题放置于其本体价值之后，让观众先来理解这项非遗的核心精神，进而产生支持和参与其保护和传承工作的意愿和热情。

（二）关涉非遗电影：重在造形、构境

关涉非遗电影主要是借鉴非遗的表现形式或者内在精神，以其为创作原点，进行艺术性或技术性影像处理。随着新媒介技术与电影制作的融合程度越来越深，尤其是虚拟现实、3D 影像、CG 动画等技术促使观影体验和视觉美学发生了重大转变。但是中国电影市场的一个独特之处在于，一方面不断寻求数字技术对"超真实"空间呈现方法的突破，另一方面又将中国传统画意影像和东方写意的审美经验糅合到技术美学中。[②] 这种偏重于视听效果的构造形式在关涉非遗的故事片中统摄了叙事，比如，占了很大比重的民间文学改编类型试图通过技术改造来建构"东方奇幻"的视觉奇观景象。[③] 另外，造形、构境并不意味着不需要主题的深刻性，恰恰相反，先有"意"而后生"境"，如果电影没有深意的主题表达，炫酷视效包装

① 王巨山：《在文化记录与情景叙事之间——谈电影对非物质文化遗产的保护与利用》，《当代电影》2012 年第 5 期。

② 张燕菊：《中国电影摄影的国画传统与影像实践》，《当代电影》2019 年第 6 期。

③ 梁明、王若璇：《数字时代中国奇幻电影的影像发展趋势》，《现代电影技术》2019 年第 1 期。

下的叙事也是空洞而苍白。在借鉴和改编民间文学这一类型中，近些年也陷入了一个"创作怪圈"——蜂拥生产几大经典热门，对于"冷门"文学则不敢轻易尝试。封神系列、西游系列、白蛇传系列、济公系列由于拥有丰富的产品线，已然形成"电影宇宙"，但是主题的深度挖掘方面，并没有匹配其故事延展的广度。尽管这些经典民间文学 IP 拥有较广泛的粉丝基础，但是仅出于降低投资风险的考虑而重复性地使用这类民间文学，会挤占优质内容的生产和发行空间。因此，如何设计既守住民间文学核心又贴合现代气质的影像造型形式，构造具有中华内蕴和人类共通情感的想象意境，是这类电影应有的冷静思考。

造形、构境还需要注意"形"与"境"的搭配和互融要吻合非遗本质特点。2011 年我国"非遗保护第一案"中，张艺谋的《千里走单骑》能否将安顺独有的地戏"面具戏"处理为"云南面具戏"在当时引起较大争议。这种争议时至今日仍然未走出迷困：如果影片并不是以某项非遗事项为题材而仅仅是借用，是否可以不用考虑非遗的地域性、社区性和个体性等基本属性来进行艺术加工，或者进一步说，如果影片关涉非遗的目的是服务于另一个故事主旨，是否就意味着可以为了求"形式新"和"意境美"而放弃对非遗"本体真"的坚守。仅从《千里走单骑》电影的叙事特点来看，"面具戏"是电影成形、构境的主要元素，用到的演员、剧目、声腔、方言等都来自安顺地戏，尽管非遗事项目前没有署名权，但是根据《中华人民共和国非物质文化遗产法》《保护非物质文化遗产公约》、实施《公约》业务指南等法律和政策文件的基本条款，非遗的地理分布、场所环境、实物形式和人文精神都是非遗不可割裂的有机部分。尽管故事片遵循的是虚构原则，对非遗借鉴和使用也属于"传承"和"传播"层面，但故事片对非遗的艺术想象要守住底线——尊重非遗本质特点，珍视非遗核心价值，"保护"应该是"传承"的前提。

2021 年 8 月，由 1905 电影网、电影频道融媒体中心、M 大数据、《今日影评》栏目联合发布的《Z 世代观影偏好调查报告》（样本量为 3747 份问卷）显示：有46.44% 的 Z 世代喜欢将历史人物作为自己的偶像，因为他们"更具真实感、有更深邃的思想、更丰富的人生经历"。这一点反映出有不少 Z 世代的偶像观更关注人物的内在，而非遗从本质上说就是体现人文精神的文化事项，不管是非遗题材还是关涉非遗故事片，如果能从多维度来塑造一个饱满的人物形象，有助于非遗本体价值的充分展示和一定的票房保证。在"最吸引 Z 世代的电影内容创作风格"调查中，"剧情丰富"（60.93%）、"内容有深度"（59.49%）、"情感共鸣"（50.68%）和

"视觉效果"（45.64%）排名前四。① 如果非遗题材或关涉非遗故事片能够在剧情表现、主题提炼以及视觉呈现方面潜心做文章，对年轻受众市场是有极大吸引力的。近些年中国电影在票房上的优越表现说明国产电影产制、宣发体系都在持续优化，讲好"中国故事"，输出中华优秀文化作品，需要尽快解决非遗题材故事片"热宣传"和"冷票房"的矛盾，在求真存实的基础上，深掘文化想象力，不断丰富非遗题材故事片的主题类型和影像表达空间。

四、电影中非遗元素的视听叙事

非遗"无形"文化属性需要借助"有形"的物质载体和活动过程来实现，无论是在现实环境还是媒介环境中，其影像的核心意义就是通过"有形"之物来传达"无形"之神。电视剧和电影的艺术创作，只要将非遗作为题材或要件，都需要对非遗的核心价值有较为准确的把握，在这一点上，两者的艺术取态是一致的，但是从形式和功能来看，大多数电视剧中的非遗元素呈现单点散状结构，没有产生呼应效果，属于"拿来式应用"，借助非遗元素进行情节延展和渲染环境过程是单向延展的线性过程；而电影（故事片）中非遗影像与剧情的关系却是纵深式结构，属于"融合式应用"，非遗元素在影片中功能主要是铺设主题和深化意象，这种跳跃式的非线性方式与电影的视听叙事要求有着直接关系。

祝红认为，电影的"影视叙事研究文本如何运用视和听的技术手段进行时间和空间的个性再现"。② 与其他文化艺术元素不同的是，非遗事项首先要"求真"，这种带有天然纪实性的影像在参与到故事片的虚构叙事中时，对视听语言运用方式和尺度的把控是有较高难度的。2021 年电影《歌声的翅膀》可谓是近年来对非遗影像的视听叙事进行大胆创新的作品，将民族歌舞和民俗放置于当地环境和人文气息中进行复现，柯尔克孜族驯鹰技艺、哈萨克族冬不拉演奏、喀什高台歌舞、塔吉克族的迎亲鹰舞等多种传统技艺、音乐、舞蹈等非遗形式在影片中既是具体的影视语言叙事主体，又是民族共荣符号的文化隐喻，实现了框架式和意象化的借鉴。

非遗"有形"与"无形"的双重属性对电影视听叙事还具有"实虚"转换功能。电影通常需要将真实性场景与音乐、色彩等写意化符号进行搭配，或者将写意化造景与真实人物、器物等写实性符号进行融合，产生虚实相生的独具中华传统文

---

① 《2021 年〈Z 世代观影偏好调查报告〉发布》，1905 电影网，https://www.1905.com/news/ 20210 820/1536592.shtml。

② 祝红：《视听叙事学刍议》，《当代电影》2014 年第 10 期。

化意境的视听效果。2021 年电影《龙井》用一片茶叶"条形紧凑、成化均匀、一旗一枪"画面语言浓缩杭州千年龙井文化,龙井炒茶技艺的手势手法也暗含中华传统文化里"天人合一"的超然文化品格,在具象叙事和意象传递中转换自如。另一部立足于杭州经典民间文学的影片《白蛇传·情》则使用了粤剧的唱法,特效镜头约占全片的 90%,用国风水墨画视觉效果和粤剧独特唱腔来支撑叙事,将"虚实难辨"的感官刺激与"人妖难分"的心理领悟融合在一起,实现了非遗影像技术美学与艺术构思的深度勾连。

　　除了承载过去,面向未来也是非遗自身不断演化和更新的基本命题。非遗影像叙事不仅可以在电影内部空间(影片主题和表述逻辑)建立多态立体的视听结构,也可以在电影外部空间(影片衍生性主题和现存逻辑)建构"想象共同体",受众可以随己所愿自由延伸意义所指,进行文化缝合,这种功能尤其是在非遗题材故事片中体现得较为明显。电影《卧云》以四川省达州市巴渠河流派川剧的传承与振兴为创作素材,影片中偏写实的视听语言与富有层次感的戏剧张力共同烘托出特色鲜明的川西地域文化,通过诉述川剧生存的现实困境(电影内部)让受众深思其他非遗事项在新时代的传承问题(电影外部)。借助视听叙事所产生的想象共同体,影片中的非遗影像完成了由内向外弥散的艺术性重构。

五、不同非遗类型的影视剧创作特点

　　由于不同类型的非遗在现实生活中的物质形态和人文活动具有明显差异,所以影视剧在挪用和借鉴非遗元素之前,必须要对各类非遗事项的本体特点和价值进行充分了解和准确把握。影视剧中的非遗影像主要通过感官审美、景观凝视和经验传递三种方式来实现其叙事功能。例如,电视剧《大宋宫词》中出现了傩舞、茶点、刺绣等非遗类型,通过演员的身体表演来再现非遗中的传统技艺流程与魅力;电影《歌声的翅膀》中将各民族音乐和舞蹈混搭在一起,打造了一场民族之间文化对话的视觉盛宴,并将人物活动放置于独特的地理风貌中建构非遗景观;电视剧《当家主母》中利用缂丝技术手法的不同,巧妙地编织到两个女人的关系变化中,同时也将缂丝与苏绣的区别作为推动剧情的关键环节。本剧创作团队邀请了苏州缂丝技艺制作人顾建东作为道具和表演顾问,也表现了创作者在保证戏剧效果的同时,力求向受众传递正确的非遗知识和经验。

（一）民间文学类

民间文学有历史悠久、流传度广、通俗性强、接受度高等特点，成为影视剧创作的主要借鉴对象。民间文学影视化主要体现为改编和改造，并且在被不断重构的过程中，常新的时代语境及社会主流思潮从未停止对其审视和改造。[①] 比如，2021年影片《新封神：哪吒重生》延续性打造民间文学中的超级 IP 哪吒，试图通过融入炫目的数字动画技术和流行文化元素来重新诠释新国漫。影片仍然遵从传说中哪吒舍生取义、惩恶扬善的人物性格，同时又将哪吒和龙王三太子与现代社会中的一对年轻人的人物关系做了转换，依托哪吒内心交织挣扎来映射当下 Z 世代们的焦虑性表达。

（二）传统音乐类

音乐具有古老的文化属性，并且可以广泛地借助于电子媒介进行传播和传承。但进入非遗领域的传统音乐大多面临着受众面较小，传播方式和范围比较有限等传承问题。音乐对听觉的刺激能在一定程度上丰富影像内涵，拓宽影响空间，因此，影视剧需要考虑善用传统音乐，将其与故事、场景、人物、色彩等巧妙搭配，利用奇特、新鲜的听觉感受来推动剧情或表达主题。2021 年歌舞类故事片出现了转机和突破，《歌声的翅膀》和《半个月亮爬上来》两部电影展示了多个民族的传统音乐魅力，将音乐的抽象意义与其他影像要素组合产生具象之美。

（三）传统舞蹈类

舞蹈与音乐一样，都是承载和表达人类情感的古老文化艺术形式。非遗体系中的传统舞蹈涉及范围极为广泛，宫廷舞蹈、民间舞蹈、宗教舞蹈等所代表的群体关系和社会释义丰富宽广。影视剧中传统舞蹈影像分为群体表演和个体表演两种，群体表演的舞蹈场面通常恢宏、艳丽，用于烘托剧情氛围、增厚叙事语境；个体表演的舞蹈形式通常配合中、近景或特写镜头，用于聚焦人物形象和性格，推动人物关系发生转折。电影《摆手舞之恋》（2010）中一段酉阳土家族摆手舞喜庆的群体表演是土家族婚俗的真实影像，而影片中廖云在山林中教谭秉坚跳的摆手舞则是二人关系递进的镜头表意。

---

① 于丽金：《传承与重构：民间文学与中国电影———以江苏省国家级"非遗"民间文学项目为例》，《电影文学》2020 年第 24 期。

（四）传统戏剧类

中国传统戏剧的艺术程式和表演体例一直在不断交叉、借鉴和融合，形成了京剧、粤剧、豫剧、川剧、皮影戏、梨园戏、秦腔、河北梆子、汉剧、评剧、越剧等门类。1905 年，中国第一部电影《定军山》[1] 就是拍摄了京剧名伶谭鑫培的表演片段。正因为传统戏剧的艺术体系如此成熟，所以与影视剧的结合一直存在到底是"以影就戏"还是"以戏就影"的争议和讨论。[2] 从舞台、广场到荧幕、屏幕，影像呈现的空间发生了变化，传统戏剧的核心——腔调、表演、剧本、造型、服装等在保留区别于其他剧种要素的基础上，与不断革新的影视剧创作技术与理念产生互构。2021 年上映的《白蛇传·情》是国内首部 4K 粤剧电影，其中粤剧的唱腔、表演和武打都有了创新性呈现，将传统粤剧的"入戏"与电影叙事空间的"出戏"用国风特效融合在一起。电视剧《红色浙西南》以松阳高腔为题材，将戏剧与历史主题进行结合，并采用了创新性唱腔和表演形式。

（五）曲艺类

曲艺，是对中国民间各类说唱艺术的统称，"说"和"唱"是其最鲜明的艺术表现方式，集文学、音乐、舞蹈、表演等多种艺术元素于一体。曲艺表演轻便灵活，不受场所环境限制，主要诉诸受众的听觉进而产生各类想象。20 世纪 90 年代中后期，根据评书大师单田芳评书所改编的电视剧《白眉大侠》《说后岳传》《风尘豪客》《隋唐演义》等曾掀起过收视狂潮。但自 2000 年至今，曲艺类的影视剧创作一直呈现低迷态势，仅有几部影视作品将曲艺作为创作要件：电影《日出日落》（2005）以游走卖艺的"陕北说书"为创作对象；电影《贵妃还乡》（2010）对东北二人转的音乐、韵白等方面都进行了创新；电影《凤阳花鼓》（2017）是首次将凤阳花鼓搬上荧幕。这与曲艺类传承的现实困境有关，也深受此题材影视剧受众市场偏小偏弱等情况的影响，因此，曲艺类的影视剧创作要结合新时代文化传播规律和年轻市场需求尽快做出调整。

---

[1] 笔者认为，尽管学术界对这部电影是否完成拍摄尚有争议，但不可否认的是，拍摄《定军山》影像资料就是根据了"活动照相"这一概念，无论《定军山》是否以影片形式完成，在当时来看，以"活动照相"来存留国粹京剧的想法就值得从电影学创作的角度来深研。

[2] 金响龙：《体用缝合、民族元素与光影表达——论顾而已的戏曲电影》，《电影文学》2021 年第 3 期。

（六）传统体育、游艺与杂技类

体育、游艺与杂技类的表演形式奔放明朗，极具张力，与某一地域、民族或群体的生产、生活方式有密切关系，通常伴随民间庆祝、祭祀、聚会等活动。影视剧中的体育、游艺与杂技运动镜头十分丰富，视觉冲击力强，受众容易产生强代入感和沉浸感。2021 年电影频道节目中心出品的电影《草原上的搏克手》就是对蒙古族男儿三艺（摔跤、赛马、射箭）之首"搏克"（汉语"摔跤"的意思）背后所代表的公平、团结、拼搏等体育精神进行电影叙事。由于这类题材的影像运动感过强，镜头多而杂，很容易走入"只讲动作，不讲意义"的创作之围，要注意对主旨意义的凝练和拔高。影片《草原上的搏克手》不仅有搏克的精彩，更有那达慕大会、祭敖包、蒙古婚礼等蒙古族特有的壮观场景，系统地呈现出一幅具有蒙古族精神和人文风情的民族画卷。

（七）传统美术类

传统美术类非遗兼有物质性和非物质性特点，是中国民间对自然和社会审美观的浓缩，借助于一定工具和原材料，可以实现各种抽象的主题表达。从借鉴的形式来看，电视剧中通常利用剪纸、灯彩、刺绣、泥塑、面人等传统美术元素来做剧情点缀，或者倾向于借用美术作品的"物质性"和"工艺性"，例如，2021 年电视剧《锦心似玉》《大宋宫词》《骊歌行》《小女霓裳》《当家主母》中的刺绣、织锦等，通过织物的外观和技艺呈演推进剧情。故事片通常将美术元素作为影片叙事主线或者艺术风格，更偏向对美术作品"非物质性"进行提炼和加工。

（八）传统技艺类

生产性和生活性是传统技艺类非遗的两大本质特征，凝结着中国匠人的智慧和经验。技艺主要依靠人物操作和物质形态变化来呈现，受众视点会有规律性地跟随人物动作变化而发生转移，是影视剧引领观看情绪、传递实践经验最常用的方法。比如，影片《龙井》中通过男女两人合力完成的炒茶镜头展示龙井茶制作技艺中的基本手法，受众对炒茶技艺了解的同时，也能理解和领会故事中的人物关系。关涉非遗类型的影视剧中传统技艺通常以物质形态展示为主，例如古装剧中常见的团扇、油纸伞、风筝等元素，只需物品，无须技艺。这种忽视技艺本体的现象可能会导致为了剧情需要违背非遗的真实性。例如，电视剧《天盛长歌》（2018）中就出现过对蜀锦织造技艺的手法和称呼不符合实际的情况；2021 年电视剧《当家主母》

是以缂丝织造传统技艺为题材的电视剧，但是出于剧情对女性角色的诠释需要，并没有完全按照缂丝艺人真实生活经验来叙写故事，技艺展示影像也只能成为表达人物形象的支撑符号。

（九）传统医药类

传统医药类非遗是几千年来各族人民在认识和实践身体与自然关系过程中所产生的文化瑰宝。由于传统医药学中包含丰富而深刻的"天人合一"和"阴阳五行"观等，所以影像表达通常难以深入其学理层面，通常针对传承人的故事来进行影视剧创作。影片《大明劫》（2013）中借自创"瘟疫论"游医的故事传达"医者无法医心，更无法治国"的主题；影片《正骨》（2014）通过对平乐郭氏正骨世家传人郭春远（人物原型是平乐正骨第五代传人之一郭春园）的故事阐释了所谓"正"字不只有"身正"，还有"心正"；电视剧《老中医》（2019）讲述江苏常州"孟河医派"传人翁泉海如何带领中医同仁共同抵抗南京国民政府发布"中医废止案"，守护"中医"这一民间瑰宝的故事。2021 年有四部古装电视剧将传统医药作为叙事主干或关键要素，表现空间和呈演方式均有较大突破。但总体来看，影视剧中传统医药类非遗影像的形象建构维度还较为单薄，可以在如何融入"问道"的思路上尝试创新。

（十）民俗类

民俗类非遗是民间精神风貌、生活方式、生产习惯以及社会关系等日常经验的最直观反映，具有强烈的地域性、民族性、集体性符号意义。影视剧创作中通常借助民俗类非遗与其他类别的非遗结合使用来传达浓烈的地域和民族文化特色。韩万峰执导了多个反映民族民俗的影片，例如，讲述羌族习俗，服饰，婚俗等民俗文化的系列影片《尔玛的婚礼》（2008）、《云上的人家》（2011）；反映侗族民俗和歌舞的影片《我们的嗓嘎》（2010）；反映靖州苗族歌鼟和民俗元素的影片《锹里奏鸣曲》（2011）；反映嘉绒藏族民俗与歌舞文化的影片《马奈的新娘》（2013）等。2021 年吴卫东执导的电影《抢花炮》就是以壮族的传统民俗"抢花炮"为题材而展开叙事，民族特色浓郁，视觉冲击感较强。民俗类非遗影像本身就是作为异质性文化符号而存在，并可以承载多种文化元素和人物关系，扩展了影视剧的叙事空间，同时，民俗影视片也要注意保持民俗事象的真实性，要展现真实的事件、人物、氛围和心态。①

第二节　2021 年影视广告中的非遗呈现及特点

对于影视广告与非遗结合的框架、方法和表现，学界给予的关注还较为单薄，最突出的问题就是把非遗归于中华传统文化和民族文化等"大文化"概念中，观察其在广告中的具体呈表和功能，专门将非遗提炼出来作为研究主体，细究与广告结合的学术讨论较少，有也仅限于借用非遗来谈广告的传播问题。比如，成娟认为使用传统文化元素的电视广告不能仅仅做简单的加法，而是充分要考虑各种媒体技术和内容融合需求，将传统文化作为电视广告的创意源泉。②曹陆军认为电视公益广告中的中华传统文化元素能够与广告性质相贴合，具有正确引导受众价值观和增强文化认同感等作用。③徐慧文、黄志华从符号学的角度来分析传统文化元素在广告中的呈表和意义，建议灵活、广泛地使用各类符号来挖掘和表达传统文化中适合进行广告叙事的成分。④胡凡关注国家形象广告中非遗元素的重要作用，即通过这种厚重的文化依托来讲好中国故事，远播中华文化。⑤庄伟认为非遗公益广告要充分考虑受众的个性化，采取多元传播策略。⑥

纵观以上，从非遗本体价值出发，讨论与广告进行形式和内容互构的研究较少，关注影视广告与非遗影像动态性融合的研究更是稀疏。本章意在将影视广告和非遗影像作为两个平等的概念，不刻意强调一方对另一方的依附和倚赖，而是从客观中立的角度打量这两种艺术类型碰撞后给影视创作带来的可能性空间。两者可以是相互成就，也可以是相互镜鉴，比如，权玺认为非遗可以利用广告的传播优势来扩大自身影响力，但也要在合理合法的情况进行传承和创新。⑦

随着近些年影视广告媒介技术和展示平台的多元化，越来越多的商业影视广告意识到非遗在文化事象中的独特性和影响力，也开始将不同类型的非遗单独作为研

---

① 金晓鹏：《如何用影视手段对少数民族非物质文化遗产进行保护》，《大众文艺（理论）》2008年第 9 期。

② 成娟：《中国传统文化元素在电视广告创意中的运用》，《当代电视》2015 年第 11 期。

③ 曹陆军：《电视公益广告中的中国传统文化元素分析》，《当代电视》2016 年第 6 期。

④ 徐慧文：《民族元素符号在商业广告中的应用研究》，《贵州民族研究》2016 年第 12 期；黄志华：《现代广告设计中民族传统文化元素的符号学解读》，《贵州民族研究》2018 年第 2 期。

⑤ 胡凡：《非遗文化在国家形象广告中的价值体现》，《视听》2019 年第 9 期。

⑥ 庄伟：《非遗公益广告多元化的传播策略》，《传播力研究》2021 年第 6 期。

⑦ 权玺：《论广告对非物质文化遗产的保护利用》，《兰州大学学报（社会科学版）》2008 年第 4 期。

究对象来思索广告策略。比如，郑静、王晓宁总结了影视广告中的民俗类型与特点。[①] 广告与非遗，看似都在求新，但前者追求全方位突破，而后者需要坚守核心价值，这实际上也值得生发一些有关对抗性的思考。随着非遗在"大文化"范围中的辖域越来越清晰，可以从理念融合、内容融合和技术融合等多个方面积极探索影视广告与非遗相互征用的实现路径。

影视广告是所有流动性影像中最具市场敏感的光影作品，由于其短小精悍，主题明快，传播力强，成为非遗影像试探社会反响的创新探索形式，在后现代影像中，只有活动影像才能使受众对之前一无所知的真实形成新看法。[②] 本部分所研究的对象是将非遗元素与特定产品或品牌形象相结合的商业影视广告短片，主要有产品/服务广告和企业形象广告两种类型。因为这类广告片先天具有双重功能性，即"品牌影响力"和"非遗号召性"，两者互补互构，利用融合媒体矩阵，形成了触角新、视域广的非遗业态镜像，对于探索非遗的创新性保护和传承工作具有较大启发。

根据央视市场研究（CTR）报告《2020 年中国广告市场年度盘点》数据显示，受新冠疫情影响，2020 年中国广告市场花费出现了 –11.6% 的降幅，是五年以来该数据的新低。电视、报纸、杂志、广播、传统户外、影院视频和互联网站广告花费均为负增长，尤其是影院视频达到了 –62.6% 的降幅。[③] 而来自中关村互动营销实验室的《2020 中国互联网广告数据报告》则显示，2020 年全年短视频广告增长超过一倍（106%），远超长视频媒体 25% 的增幅。[④] 一降一增的数据对比说明，短视频广告市场接受度呈现出前所未有的良好态势，尤其是在互联网广告渠道上的数据表现远远优于传统媒体渠道广告。

2021 年 5 月文化和旅游部发布的《"十四五"非物质文化遗产保护规划》中鼓励有关机构策划和推出体现非遗内容的传播形式，加大非遗的传播普及力度。对比2020 年广告市场来看，2021 年出现的带有非遗元素的商业影视广告数量明显增多，渠道方面仍延续往年的投放偏好，集中通过全网分发的形式进行立体化传播。为了优化传播效果，广告片在如何呈现非遗的创意和表现手法上均有创新性突破，进一

---

① 郑静、王晓宁：《当代中国影视广告的民俗表达》，《新闻研究导刊》2015 年第 22 期。

② 邓启耀：《视觉表达与图像叙事》，《广西民族学院学报（哲社版）》2004 年第 1 期。

③ 《2020 年中国广告市场年度盘点》，CTR 媒介智讯，http://www.chinapost.com.cn/xhtmll/report/21031/1250-1.htm。

④ 《〈2020 中国互联网广告数据报告〉正式发布》，中国经济网，http://www.ce.cn/xwzx/gnsz/gdxw/202101/12/t20210112_36214380.shtml。

步提升了短片的整体美学质感，强化其传播功能和市场功能。

根据广告片的内容和目的，将关涉非遗元素的影视广告分为产品 / 服务广告和企业形象广告两种类型。产品 / 服务类广告片中的非遗大多以故事创意、形象展示、动画特效和传承人故事化或技艺展示为主要呈现方式，重在通过明快活泼的创意想法和具有视觉冲击的表现手法来表达非遗项目内在气质。而企业形象类广告片中的非遗呈现则重在事象的美学意境塑造与诠释，从而引发话题产出，推动社会关注。2021 年关涉非遗产品 / 服务广告数量要多于企业形象广告，对传统技艺、传统戏剧、传统美术非遗的使用偏好都比较突出，但在民间文学的借鉴上，产品 / 服务广告类使用频率要明显高于企业形象类（见表 3-3、表 3-4）。

表 3-3 2021 年我国关涉非遗产品 / 服务类影视广告一览表

广告片	出品方	时长	非遗元素	非遗类别	主要呈现方式
肯德基贺岁片《千灯万愿耀新春》	肯德基、故宫博物院	1′10″	灯彩	传统美术	动画特效
麦当劳贺岁片《哪吒之魔童降世》	麦当劳、彩条屋影业	1′00″	哪吒传说	民间文学	故事创意
奥利奥《三仙归洞》	奥利奥	10′06″	三仙归洞	传统体育、游艺与杂技	故事创意
奥利奥《庙会》	奥利奥	1′03″	庙会、舞狮	民俗、传统舞蹈	动画特效、形象展示
华硕灵耀《时之号令非遗中国色》	华硕	1′53″	夏布织造技艺	传统技艺	技艺展示
王者荣耀 2021 蒙犽《龙鼓争鸣》	腾讯游戏	0′54″	端午节	民俗	动画特效
王者荣耀《孙悟空·孙行者》	腾讯游戏	3′11″	孙悟空传说	民间文学	动画特效
华为 mate 手机《暗光三岔口》	华为	4′30″	京剧	传统戏剧	形象展示
百度《见真功夫》	百度、少林寺	7′30″	少林功夫	传统体育、游艺与杂技	传承人故事化
金龙鱼《非胡姬花不可》	金龙鱼	1′00″	古法榨油	传统技艺	故事创意

续表

广告片	出品方	时长	非遗元素	非遗类别	主要呈现方式
天猫三八节《种草纲目》	天猫	2′16″	牛郎织女传说、花木兰传说、梁祝传说	民间文学	故事创意
乐高《成大圣看我的》	乐高、上海美术电影制片厂	1′40″	孙悟空传说	民间文学	故事创意
有道词典《白蛇传》	网易有道	3′27″	白蛇传传说	民间文学	故事创意
相宜本草《寻找卓玛》	相宜本草、UCCA Lab	35″	藏毯、藏绣、藏族编织	传统技艺、传统美术	形象展示
涪陵榨菜《神奇的乌江榨菜》	涪陵榨菜集团、中国国家地理	3′51″	榨菜传统制作技艺	传统技艺	技艺展示、形象展示
罗莱家纺《川山蜀丝被》	罗莱家纺	1′52″	蜀地古法养蚕制丝工艺	传统技艺	传承人技艺展示
奈雪的茶《当家花旦》	奈雪的茶	1′44″	京剧	传统戏剧	形象展示
万达《万达新国货一起国潮》	万达广场	2′47″	风帽	传统技艺	形象展示
京东《原来可以这样整活》	京东、哔哩哔哩	2′18″	皮影戏、木雕、京绣唐卡	传统戏剧、传统技艺、传统美术	技艺展示、形象展示

表 3-4 2021 年我国关涉非遗企业形象类影视广告一览表

广告片	出品方	时长	非遗元素	非遗类别	主要呈现方式
抖音贺岁广告《绣球》	抖音	8′51″	舞狮、绣球	传统舞蹈、传统技艺	传承人故事化
平安私人银行新春贺岁《御厨传人》	平安银行	2′35″	北派满汉全席	传统技艺	传承人故事化
平安私人银行新春贺岁片《岭南狮王》	平安银行	2′35″	舞狮	传统舞蹈	传承人故事化

广告片	出品方	时长	非遗元素	非遗类别	主要呈现方式
平安私人银行新春贺岁片《姑苏绣郎》	平安银行	2′35″	苏绣	传统美术	传承人故事化
四川文旅贺岁广告《家在四川》	四川文旅、时差岛、快手、理塘文旅	3′53″	川剧、藏戏、川菜烹饪	传统戏剧、传统技艺	形象展示
支付宝年俗片《年年有余之鱼灯》	支付宝	6′31″	鱼灯	传统舞蹈	传承人故事化
美的《湘西苗族鼓舞》	美的	3′44″	苗族鼓舞	传统舞蹈	技艺展示
快手《快意四川》	快手	1′49″	川剧、蜀绣	传统戏剧、传统美术	形象展示
罗意威《家·承》第三季之《黟县渔亭糕》	罗意威	2′33″	黟县渔亭糕	传统技艺	技艺展示
罗意威《家·承》第三季之《凤翔木版年画》	罗意威	2′22″	凤翔木版年画	传统美术	技艺展示
罗意威《家·承》第三季之《崇州道明竹编》	罗意威	2′16″	崇州道明竹编	传统技艺	技艺展示
抖音《大山少年的歌》	抖音、《时尚先生》、Fine	1′38″	彝族民歌	传统音乐	形象展示

从时间分布来看，利用节日或者纪念日来嵌入非遗是商业影视广告的常规做法，这种时机通常能够最大限度地唤起受众对中华民族文化和集体记忆的关注，从而产生主动性接触行为，是一种"润物细无声"的商品或主题推广策略。2021 年春节期间，肯德基、麦当劳、美的、平安私人银行等品牌都借机推出带有非遗元素的贺岁短片，同时，抖音、快手等媒体平台也利用巧妙融入非遗色彩的形式推出自己的品牌宣传贺岁片。此外，"端午节""中秋节"等中华传统节日中出现的非遗元素广告片也较为密集。

从广告时长来看，1—3 分钟的广告片最多，效果最好。过短不利于挖掘非遗文化价值，过长又会造成受众注意力懈怠和转移。但是值得注意的是，2021 年商业影视广告表现出较明显的"微纪录片"和"微电影"倾向，不急于推出产品或品牌，而选择让文化先行，娓娓道来的叙事方式。比如，抖音的贺岁片《绣球》、奥利奥贺岁微电影《三仙归洞》、支付宝上线的首部年俗 TVC 纪录片《年年有余之鱼灯》等，都是尝试将广告与纪录片、电影等不同影像类型进行跨界融合创新的典型案例。

从广告内容的指向性来看，非遗项目的十大类别中，颇受商业影视广告青睐的类别主要有传统技艺、传统舞蹈、民俗、传统戏剧等。这几种类型的非遗项目具有较高的观赏性和工艺性，过程展示本身就是一个意义丰厚的空间，较容易与商业品牌或主题进行融合，对非遗的生产性保护也具有较强的连带作用。在《华硕灵耀非遗中国色》中，巧妙地将夏布织造技艺中较为典型的"黛"色进行提炼和创意，为产品外观注入传统文化释义。罗意威更是通过《家·承》系列短片来详细呈现中国非遗的玄妙技艺与世代传承，借此意指罗意威品牌自身的内敛、浑厚与悠久。

从非遗在广告片中的呈现形式来看，商业性广告片因其商业属性而重视对非遗整体的截面选取和再加工，考量的标准有二：一是非遗项目的社会知名度和影响力，比如选择传统戏剧进行创意时会考虑京剧、川剧等流行剧种；选择民间文学进行故事改编时也会选择牛郎织女、白蛇传等大 IP 类型。二是非遗本身精神内涵与产品或者品牌价值的类似之处。两者需要有机融合，不能出现牵强附会，造成影像与意义的割裂。

一、影视广告中的非遗功能

自 2018 年以来，"国风"和"国潮"概念快速在年轻群体中出圈走红，各类互联网平台对非遗的关注度也迅速提高，"影视广告＋非遗"的创作理念和方法也在不断完善和丰富。2021 年，影视广告中非遗影像的"屏后"本体价值明显往"屏前"空间移动，广告对非遗本身所携带的文化基因进行细节化呈现，力求与产品或企业形象的内涵相匹配。虽然非遗影像在广告中的"屏前"叙事仍然是其主要功能，但就当前影视广告中非遗影像的整体情况来看，"屏前"与"屏后"的传播价值和本体价值已经建构起一个互补性的有机系统。

（一）"屏前"叙事功能：动作空间与想象留白

受时长所限，影视广告中的非遗影像以"剪影式"存在为主要特点——不求全面、具体地还原非遗核心要素，但需要将非遗的文化特性做总体归纳，转换为最为直观最易理解的镜头语言。通过镜头语言将人物动作作为画面的主要视点是满足这种剪影式叙事的主要手段之一。传统技艺、传统戏剧、传统美术非遗之所以受影视广告创作者青睐，是因为其影像叙事中人的动作和行为能够与物的质感和样貌产生视觉呼应，方便受众在短时间内理解和接纳这种动作的内涵。例如，传统技艺影像会使用慢镜头和中近景配合，重点突出动作的美感和流畅性；传统戏剧中所截取的片段通常是舞台上最具动作张力的部分，人的表情和语言服务于动作呈现；传统美术则更多地选择刺绣作为借鉴对象，苏绣、湘绣、蜀绣和粤绣等几大名绣的针法、手法与绣品样式是镜头展示的重要内容。

广告中非遗的剪影式叙事有双重功能：一是满足视觉旨趣，二是产生想象留白，两个功能是相应而生，相辅而成。在产品 / 服务广告片中，前者功能要大于后者，主要以视觉刺激和产品 / 服务信息传播为主，非遗影像是辅线叙事；在企业形象片中，两种功能要兼顾并举，尤其是对想象留白功能的要求会更高，尽管非遗影像是表现主体，但其显性叙事的背后仍服务于企业宣传的商业用途。因此，企业形象片中非遗影像的想象留白要把握精准程度和尺度，既要传达非遗的文化精髓，又要受众在接纳这种精神气质的同时，加深对企业品牌的好感度和认同度。

（二）"屏后"助推功能：文化链接与完整体系

影视广告根本任务就是实现从"屏前"到"屏后"的过渡和转换，由视觉刺激和情绪感触引发态度变化，最后促成商业行为。广告中的非遗实则是一个隐喻，本身负载某种情感或者文化认同，在这种情绪影响中，产品或企业形象自然而然被提纯成一种理念或符号，这是第一层次的文化链接。有了这层文化链接做基础，"屏前"叙事功能才能顺利导入到"屏后"助推功能上。此外，如果"屏前"非遗影像叙事产生的想象空间留白部分较为合适，那就会引起受众的好奇与关注，对"屏后"非遗的文化产生兴趣，这就是由非遗传播价值带来的社会对非遗本体价值的关注，这也是第二层次的文化链接。在这个文化链接中，商业功能实现了闭环，非遗影像的两种价值也从分离走向融合，受众对非遗的印象和了解也更为系统和全面。

两层文化链接所建构起来的广告意境形成了差异化，丰富了商业广告形式的维度，利用非遗本身的历史性、人文性和独特性帮助商业广告实现了去均质化的效果，既能助推非遗传承的社会关注，又能借机强化品牌社会影响力，这种"一举两得"的做法近些年备受社会欢迎，广告界也在风行"非遗 icon"，要想充分发挥非遗在影视广告中的功能，还需要细研这种"商业中的美学"的实现路径。

二、影视广告中的非遗美学

影视剧对非遗的"挪用"和"借用"创作手法，在影视广告中同样存在，但是商业影视广告更倾向于采取"借用"手法来对非遗影像进行创意加工。"借用"既不破坏非遗原有的本体特点，又能取小、取细、取精，在细微处做文章，于自然而然中实现商业功能。相比起非遗宣传广告片的直面主题，商业影视广告更需要在"挪用"和"借用"中找到非遗美学和广告美学的平衡点，利用影像技术和剪辑来挖掘上述平衡关系中积淀的、联结人类情感的美学关键，将其与商业价值点进行糅合和再生产，建构意蕴丰富的多重想象空间。相较于影视剧的长叙事，商业影视广告更讲究"快、准、爽"地找到非遗影像内容与受众之间的奇妙反应。

非遗之美在于"精""气""神"——文化之精粹，生活之气质，民族之神采，它是有关地区、民族和社群生活方式、生产技艺、审美情趣、习俗文化以及集体记忆的统一体。非遗的美学精神内涵隐藏于"人—自然"、"人—物"和"人—人"的多重互构关系中。在这些关系中人是非遗的核心。2021 年以来，越来越多的广告片意识到了这一点，从非遗的活态传承中提炼精神内涵，予以美学设计。

（一）"人—自然"的统合之美

中华传统文化中的儒家思想体系包括了天人合一、以人为本的价值观念，对中华文明价值观影响甚深。人顺应自然，却也能通过人工创造来改变自然。在大量传统美术、传统技艺、传统医药、民俗等非遗项目中，从自然中取材，就材加工，将自然美与人工美结合的现象不胜枚举，这是属于群体的生活经验与智慧，也是非遗朴素美学观的劳动实践。华硕灵耀以二十四节气中的"谷雨""白露"为灵感，联合上海公共艺术协同创新中心（PACC），借助非遗"人—自然"统合之美来突出华硕灵耀的色彩设计灵感。华硕灵耀《时之号令非遗中国色》广告片突出"以自然的方式表现自然"，将来自于文学意境中的"山川黛"色通过夏布匠人的织造技艺以具象的方式还原，既能表现此项非遗中人对自然的尊崇、顺应与创造，也能凸显华硕产品设计理念的用心之道。

（二）"人—物"的工巧之灵

人的工巧智慧是将文化思想、生活思想和民族思想融为一体的行为表达，将无形的文化思维与经验转化为有形的技艺章法，是非遗价值的最直观体现。百工百业体现人对物的利用与创造，这种工巧之灵是非遗民间艺术美学的旨趣。平安私人银行新春贺岁片《御厨传人》《岭南狮王》和《姑苏绣郎》通过北派满汉全席、岭南舞狮和苏绣传承人身上所发生的故事传达三类技艺的精巧玄妙以及当下传承所遭遇的问题，呼吁社会关注文化财富的"延续"与"传承"问题。平安私人银行想通过提炼这种观念来反映受新冠疫情影响的激荡不安的市场投资环境（物质财富）也同样需要坚守"延续性"。广告片的核心是探讨怎样的坚守才更专业更值得信赖，在文化财富方面，非遗的最高专业性体现在传承人身上，而在物质财富方面，平安私人银行也体现了高净值人群财富传承的最高业务标准，实现家业的平安传承。

传统的"工巧之灵"与当下来讲，就是科技的发展与创新。尽管现代科技与传统文化之间有了明显分野，但是两者都是人类智慧的产物，创造现代科技与古韵非遗之间的对话，本身就极具广告魅力。2019 年 5 月，华硕联合京东开展了一场"国风奇物志"的活动，将数码科技与传统大漆工艺进行结合，广告重点呈现科技观、民族观、文化观之间的联系，打开了技术革新与非遗传承融合所带来的新空间。2021 年双十一期间，京东电脑数码又联合哔哩哔哩发布《原来可以这样整活》广告片，继续深入地讲述现代科技助力非遗传承与创新的故事。此外，罗莱家纺推出的 2021 春夏新品川山蜀丝被，特选采用蜀地古法养蚕制丝工艺，将传统工艺融入创新科技。为了在广告片中凸显此工艺的精湛与尽美，镜头将两千年以来蜀地丝织技艺的精华剪接在一起，不仅呈现了这一珍贵的手工纺织技术之美，同时也将凝聚蜀丝传奇的工巧匠心与罗莱品牌价值相呼应。

（三）"人—人"的圆融之道

中国传统文化中人的社会关系特点体现在"家文化"和"集体文化"两个方面。非遗的传承主要依赖血缘关系——家庭的继承，同时也离不开地缘群体文化环境的孕育与支持。非遗传承过程中讲究规则与秩序，但更追求和谐和互尊，这也是非遗实践过程中所诞生的美学意识。广告片可以跳过非遗的自然之法和工巧匠心，取径传承人的社会关系，提炼中国人相处之道中的"圆融之美"。

2021 年罗意威《家·承》系列已经出到第三季。从 2019 年开始，罗意威陆续推出《家·承》系列微电影，从第一季的《剪窗花》（陕派剪纸）、《穿新衣》（贵州三都苗寨蜡染技艺）、《团圆饭》（海派点心制作技艺），2020 年第二季的《板凳龙》（浙江金华）、《皮影戏》（云南腾冲）与《中国结》（山东济南），再到 2021 年第三季的《黟县渔亭糕》《凤翔木版年画》和《崇州道明竹编》，一直都是紧紧围绕非遗里的中国家庭故事的核心，提炼以"家"为核心的中华文化理念，讲述传统技艺传承人是如何通过手艺来维系和诠释"家"的含义，进而点出"家传"的厚重感与使命感，与自身品牌形象进行勾连。

2021 年春节，四川文旅、快手和时差岛共同发布新春贺岁广告片《家在四川》。短片中 2020 年全网爆红的流量人物丁真借用家书形式，向全球华人推荐了川剧、藏戏、川菜烹饪等多种非遗元素，使用"家"与"人"的概念将中华民族共同的文化想象空间归拢到一起。

支付宝年俗片《年年有余之鱼灯》选取了鱼灯非遗传承人汪在郎的家庭故事，讲述安徽汪满田村里这项传承六百多年的年俗是如何通过老人与孩子的和谐关系传承下来的。鱼灯制作过程中村里的老一辈人会在旁协助，甘愿为小辈打下手，只求让这项传统能得以继承，这种非遗传承过程中"集体"社会关系之间的互助互敬互爱正是支付宝集团想要传递的核心理念。

（四）民族之风正当其时

虽然我国非遗保护和传承工作起步较晚，但在过去 20 年的努力下，少数民族的非物质文化遗产得到了来自政府、学界和社会的高度关注与全面保护。2021 年公布的第五批国家级非物质文化遗产代表性项目名录的 185 项中超过 40% 的项目来自少数民族地区。民族神采是非遗美学中的灵魂，也是铸牢中华民族共同体意识的重要张本。

美的《湘西苗族鼓舞》联合阿朵（苗族鼓舞武术鼓非遗传承人）于湘西如画山水间一起演绎了一段苗族鼓舞故事，"鼓舞"乃双关用法，一为苗族传统舞蹈，二来意味激励与安抚，既能扩大这项非遗项目的社会知名度，展现苗族鼓舞的魅力和风采，又能赋予美的品牌以美好、积极的动力。相宜本草与 UCCA Lab 联合策划了"寻找卓玛"艺术项目，广告以红景天为艺术创作核心，融合了非遗传统与现代艺术的创作动画，展示了藏族女性的"卓玛精神"，将少数民族女性力量与相宜本草品牌意涵相结合，营造自然的、民族的、向上的美学空间。

（五）大众艺术中的"小意境"

广告是一种大众文化产品，哪怕追求垂直领域的广告也渴望拥有最广泛的社会群体认可度。而与大众文化的主流审美相比，来自地方性和民族性的非遗往往被认为是小众文化，囿于受众面被广告市场的冷落。从整体数量来看，2021 年的广告片中非遗所占的比例有明显增多，艺术加工手法也更加多元，"小众文化"由于其清奇、新鲜、坚韧和朴拙而产生了一种令人向往的意境，这种"小意境"也已经在大众文化的广场中牢牢占据一席之地。

"小意境"的营造可以通过创意改编、动画特效或剧情演绎等形式来实现。快手《最后的镖局》创意了一段暗潮汹涌的江湖集结令，一语双关地道出非遗传承人同台献艺，角逐较量的"江湖之约"即将拉开帷幕。肯德基贺岁广告《千灯万愿耀新春》选用了各式灯彩，通过动画特效的形式来传递吉祥如意，画面炫目悠远，引人入胜。百度《见真功夫》广告片将现代 AI 科技与传统少林武术相结合，让机器人小度来少林拜师学艺，通过三宝小师傅和小度之间的故事生动地诠释一种温情理念：人与机器都可以传承人类文明，科技也可以更有人情味。

影视广告中的非遗美学仍然具有"屏前"与"屏后"双重功能，例如，广告片《绣球》中传统的非遗舞狮和耍绣球作为"屏前"叙事直接讲述非遗传承人的生活遭遇和非遗本体价值，而"屏后"的意义空间却关涉两种重要价值：一是传统而小众的非遗如何年轻化、数字化和大众化；二是社会中的个体该如何围绕非遗进行互动和参与，这两者对于非遗的传承和保护意义非凡，而广告片点出了一种绝佳方案——通过抖音这类的短视频平台，通过短平快的影像化传播手段，通过讲好非遗故事和挖掘非遗价值，来助力非遗传承和乡村振兴。

第三节　2021年非遗传承的影视产业化发展

2017 年，中共中央办公厅、国务院办公厅印发的《关于实施中华优秀传统文化传承发展工程的意见》中，将"坚持创造性转化和创新性发展"（简称"两创"）作为基本原则之一，鼓励传统文化的创作、交流，推动相关产业创新和转化。"地域性"和"民族性"通常是分析非遗影视产业转化的两个重要变量，非遗影视化较为成熟的区域通常更受关注，比如：针对海南非遗影视化带来的本土影响，邓琼飞认为地方政府要充分考虑故事片的大众影响力，可以通过加大资金投入，制定适合本土文化的发展政策，加强非遗传承和研究队伍建设等措施，鼓励本土作家创作影视故事片。[①] 谢镕键、敖炼强调非遗影视化一定要注意从"虚"到"实"的转化，提高非遗影视内容在亚龙湾旅游产业中的体验度。[②] 针对苏南地区非遗传承与影视

①　邓琼飞：《海南非物质文化遗产影视开发的途径》，《出版广角》2016 年第 12 期。
②　谢镕键、敖炼：《亚龙湾热带天堂森林公园影视旅游创新发展研究》，《电影评介》2018 年第 12 期。

产业结合的现状，陶赋雯认为要充分研究非遗原貌与媒介环境、受众需求之间的关系，从而放大非遗影视化的社会传播效果。[①] 针对恩施土家族文化，周娟认为要运用先进媒介技术探索发掘新题材，融入恩施土家族的神话传说、武林轶事、真实故事及本土知名作家的优秀文学作品等，作为影视剧创作的素材库及灵感源泉。[②]

借助影视行业的生产想象和技术更新，非遗保护和传承的影像化生存就有了更广阔的文化空间和产业空间。《中国文化产业发展报告》（2021）中提到"非遗＋影像"是非遗资源价值再生的一个组成部分，[③] 如何利用影像技术和艺术让非遗得以全方位展现，也是 2021 年非遗影视化产业的整体发展思路和创新性尝试，可以从文化环境、媒介环境和产业环境的综合性视角来分析。

受新冠疫情影响，2020 年我国影视产业的生产模式和传播结构都发生了较为明显的变动，其中最为突出的一个趋势就是全媒体与电影生产、放映和发行市场正在往深度融合的方向发展。非遗影像在影视剧、短视频、节目、广告等领域的影响力逐渐成规模、成体系，只专研某一种领域中的非遗影像特点已经不能满足于影视产业大融合的走势，必须要将所有媒介平台和影视产业中的非遗影像进行综合观察，要建立规范性的生产和传播原则，保证非遗能够在守住本真的基础上进行传承与创新。有了规则和方法，非遗影像才能在我国影视产业中大放异彩，引领产业交叉和融合，既能建构良性健康的非遗影像生态环境，又能促进非遗的保护和传承有序推进。

以近两年的"文化和自然遗产日"中的非遗系列活动为例，2020 年"文化和自然遗产日"以网络平台开展为主，中国演出行业协会联合腾讯视频、爱奇艺、优酷、抖音、快手、哔哩哔哩、酷狗音乐、微博等网络平台在全国主会场活动"云游非遗·影像展"中线上呈现了千余部非遗传承纪录影像，各省市县级文旅部门积极推出当地非遗影像宣传短片，非遗影像数量井喷，生产的样态与传播模式也愈发丰富。尤其是文化和旅游部将首届非遗购物节作为 2020 年"文化和自然遗产日"的重要组成部分，推动了非遗产业价值的挖掘。2021 年是中国共产党建党一百周年，也是《中华人民共和国非物质文化遗产法》颁布实施十周年，因此，"文化和自然遗产日"非遗宣传展示活动的主题为"人民的非遗 人民共享"。"人民共享"的主

---

① 陶赋雯：《非物质文化遗产影像传播探究》，《福建论坛（人文社会科学版）》2014 年第 8 期。
② 周娟：《恩施州土家族文化影视剧研究》，《艺术百家》2015 年第 A1 期。
③ 《中国文化产业发展报告（2021）》，人民智库，https://baijiahao.baidu.com/s?id=1690775015575240958&wfr=spider&for=pc。

题明确表达了非遗要与人民生活建立更为亲密的联系，因此，非遗影像的功能也应进一步拓展和丰富。根据中国演出行业协会的统计，2021 年 5 月 27 日至 6 月 15 日，"文化和自然遗产日""非物质文化遗产""非遗＋短视频""非遗购物节""非遗影像展""非遗在身边""非遗直播"等关键词相关舆情传播量共计约 206.7 万条，其中，围绕关键词的舆情聚焦点为：非遗影像展、非遗购物节、非遗与红色党建、非遗文旅等内容，① 可见在非遗影像体量增大的同时，质量也在不断提升，社会关注度和参与度也在逐步攀升，出现了以下三个方面的新动态。

一、从观赏到实用 内容生产更具市场性

非遗影像已经逐渐突破了仅作为观赏性视觉符号的功能限制，将视听美学和文化产业并轨，内容生产更贴合日常生活，注重实用性和市场性。尤其是在追求非遗本体价值的理念引导下，越来越多的创作者会邀请非遗传承人来做技术、造型等顾问，从生产端来考虑将非遗与剧情进行结合。欢娱影视是国内头部影视公司中将非遗作为公司理念和定位的代表，以"影视中国风"为理念建构，坚持用"影视＋非遗"的方式讲好中国故事，共"带火三十余种非遗元素，累计为地方五万余人解决就业问题，促进产业营收 25 亿元"。② 在"2021 横店影视文化产业博览会"上，欢娱影视还将《骊歌行》《玉楼春》和《延禧攻略》三部作品中的一些戏服和文创品搬进"影视＋非遗"展区，并邀请缂丝传承人与观众进行现场交流，将作品中非遗所产生的艺术魅力引流到线下，从观赏性影像符号转换成实用性的文化产品，非遗的本体价值能够更多地被社会关注。

2017 年以来，利用非遗影像来宣传本地文旅的做法也更多地被地方政府所重视和推动，影视市场也更深刻地意识到非遗题材的影视内容生产可以带来多方共赢的社会效益和经济效益，比如，2017 年的《十八洞村》《嫁衣》《侗族大歌》《花鼓情》《龙窑》；2018 年的《太极魂》《狮舞石狮》《黄河传人》《秦·火》；2019 年的《汝海风云》《印象花瑶》《英歌魂》《公仔》《要活着去天堂》《为爱重生》《再次重逢的世界》《白门柳》；2020 年的《扑蝶》《枣乡喜事》《大傩·董春女》《旦后》《云朵上的绣娘》《紫砂梦》《李畋传奇》《多日根的婚事》《横断山恋歌》《血色活字》《活着 唱着》《巴山秀才》等，地方政府都在以各种方式积极宣传和参与影片的制

　　① 《2021 年"文化和自然遗产日"舆情及网络平台活动传播效果总结报告》，中国非物质文化遗产网，http://www.ihchina.cn/project_details/23298。

　　② 欢娱影视网，http://www.huanyutv.com/list-40.html。

作和推广，非遗影像正在形成更强劲的召唤力和发展力。从时间节点看，2021 年正处于非遗影像快速起跑的阶段，内容生产的理念和方式值得继续深度开发。

二、从单一到融合 渠道传播更具立体性

2021 年 5 月百度发布的《百度 2021 国潮骄傲搜索大数据》报告中提到，近十年"国潮文化"相关内容关注度增速最快的五大载体是：短视频、直播、影视综艺、文创和文旅。① 也就是说，非遗影视产业化势必要从这五个方面进行矩阵搭建，深度融合。这个矩阵中，非遗应该发挥一个枢纽点的作用，围绕非遗，多种渠道各自发挥优势，在尊重非遗本体价值的基础上，力求传承和创新的最优效果。

短视频和直播的最大优势在于商业转化和吸引粉丝的速度快，2021 年 9 月，中国社会科学院舆情实验室、中国旅游报联合阿里巴巴发布的《2021 非遗电商发展报告》显示：在过去一年里，淘宝非遗直播场次达 380 万场，80% 的成交量来自商家自播。超过 67% 的非遗淘宝店主在店铺经营中找到了传承人；72% 的受访手艺人表示，淘宝是他们主要的销售渠道。② 依靠这类渠道的落地和转化，非遗影像的本体价值和传播价值才能实现从结构性相融到功能性相融，传播矩阵才能立的持久。2021 年电影《白蛇传·情》在公映前就斩获数项国内外奖项，并在哔哩哔哩拥有了 200 多万的弹幕好评，上映之后便迅速成为"爆款"。受电影的影响，受众对粤剧的期待也随之高涨，广东粤剧院院长、粤剧名家曾小敏艺术作品全国巡演中将《白蛇传·情》作为主打剧目唱段收获众多好评。这种从荧幕到舞台的渠道呼应和内容互补，能够形成一定的声量，即多渠道互衬互补提高非遗的社会知晓度。

而与短视频、直播等"短平快"的影视传播形式相比，影视剧中的非遗影像特点在于"浸润"，是透过叙事加工出来的"慢作品"，为影视市场定基调、控风向，并引导多种渠道相互渗透，创作富有新意的衍生性影视产品。比如，有些非遗短视频或者关涉非遗的影视广告采用微电影的制作手法来提升画面质感和叙事力度，同时，Vlog 形式以及 AR、VR 等新媒体技术也对传统电影和纪录片生产带来经验和创新。2021 年非遗影像的渠道融合与立体化传播趋向更为明朗，但如何在"求新"（传承与创新）中"保真"（尊重与守正）仍然是接下来几年要认真沉淀的问题。

---

① 《百度 2021 国潮搜索大数据：科技创新成为国潮新焦点，5G、人工智能最受瞩目》，百度，https://baijiahao.baidu.com/s?id=1699334642273339852&wfr=spider&for=pc。

② 《非遗传承拥抱新载体：〈2021 非遗电商发展报告〉发布》，中国日报网，https://baijiahao.baidu.com/s?id=1712021418776208639&wfr=spider&for=pc。

三、从关注到参与 产业运作更具创新性

影视剧通过影像剪接形构了非遗中的抽象要素和结构，受众观看过程中形成的"非遗印象"又会催生现实生活情景中的文化参与行为。从关注到参与，需要系统化的意义生产，即寻找和提炼非遗影像中的显性要素，在现实生活中进行情景再造，便可调动文创和文旅资源，实现产业联盟运作。比如，河北省非物质文化遗产"清河县武松与武大郎的传说"一直是影视市场创作的热门IP，2021年《武松血战狮子楼》提炼"狮子楼"这样一个显性的空间要素，强化受众印象。而在武松故乡聊城市阳谷县的狮子楼景区，相关非遗活动也在不断地推陈出新，利用春节等节假日推出山东快书、皮影戏、黄河夯号、木板年画等一系列非遗项目，将中国传统节日和非遗资源做时空整合。当影像与现实都围绕"狮子楼"这个空间概念作呼应时，受众便能够形成概念指向较为一致的认知，非遗也就产生了调动多方产业资源的能力。

多种产业的联动与创新，离不开非遗影像的"沉浸感"与非遗活动的"体验感"的深度结合，更离不开在结合的基础上成功地嫁接优质内容。把近些年较火的"影视IP+文旅"和"非遗+文旅"的发展思路合并来看会发现，仅靠影视内容拉动文旅、文创的形式过于单薄。非遗的产业价值在于体验，依托体验经济可以将多样态的产业形式进行融合和创新。比如，依托成都国际非物质文化遗产节，成都国际非遗创意产业园正在布局文创、旅游、演艺、影视、音乐等产业融合发展，围绕非遗影像也大有可为，可以利用融媒体多渠道的影视运营来建构容量更大的消费市场："非遗+影像技术"采用AI、VR和AR等技术打造沉浸式体验影像空间；"非遗+新媒体产品"鼓励高校以及民间力量参与非遗短视频、纪录片、微电影等新媒体产品；"非遗+文旅影视"推出以非遗体验为主的旅行Vlog或文旅短片；"非遗+影视剧"以影视消费场景来推动非遗题材的内容生产等。因此，非遗不仅能在"小影视"（仅指影视产业）市场成为一个重要的发展驱动力，同时也是"大影视"（泛指所有围绕影像展开的技术开发和应用场景）领域中值得挖掘的富矿。

2021年6月，在第九届上海国际电影论坛暨展览会上，全国政协委员、原北京电影学院党委书记侯光明做了"为全球影视产业变革提出'中国主张'"的演讲，认为中国影视产业可以从影视内容生产、技术创新和产业融合三个方面做好全球示范，而非遗影像领域的重构就需要在理清基本认识和问题的基础上，宏观性把握影像表述规范和社会文化价值，从上述三个角度寻求传播性突破。

第四节　非遗"异托邦"与文化共同体

一、非遗的"异托邦"想象与文化奇观

互联网大大拓宽了影像通道,加快其流速,资本的宰制使得影像空间更加支离破碎,短促更迭,这种斑驳、抽离又遍在的空间像极了福柯在《另类空间》中建构的"异托邦",到底是主流还是非主流,虚无还是现实,流逝还是永恒,答案取决于主体在入世的真实空间中进行想象和理解。①"异托邦"的空间形态实质是求异性、批判性和不可化约性,它普遍存在但不是普适概念,是一种概念性的非概念存在,②但能包容不同流散空间共生于一处,彼此映射交融,表征出新空间意义。文化领域中的"异托邦"仿佛是与主流文化相对而视的流体空间,而在当下的社会语境中,其更多地被理解为逃离机械孤独城市生活的,能够承载个体心灵的多重空间,它并不强调与主流文化的背离性,只关注本身存在性与独立性。异托邦空间的流行与近些年大众对集体文化记忆"边缘地带"的高关注度有密切关系,非遗承载了众多小而美的中华民族文化艺术形式,最容易在细碎的互联网文化空间中建构多面体异托邦。

非遗影像异托邦需要多种艺术形态的交叠互构方能实现其功能,影视艺术与丰富的非遗资源一经结合便衍生了众多的艺术新缝隙。这些狭小而瑰丽的空间,最初承载的是异域想象、乡村田园与桃花源般的"出世"情境,但 2021 年影视剧和广告作品中的非遗影像越来越倾向于重拾"入世"体验,影视作品中的非遗不再是半围墙式存在,而是广场式的敞开,通过剧中人物的悲喜日常拉近与观众的心理距离,从而顺利实现异托邦的具象化,召唤观众的参与行动。从 2021 年的一些影视剧和影视广告作品来看,年轻受众对于传统中华文化与美学的接受程度越来越高,针对片中非遗元素的微博及豆瓣等社交平台的话题讨论维度显著加宽,抖音、快手等短视频平台用户对于热播剧或平台宣传的非遗项目也表现出极大热情。

根据 2021 年 5 月中商产业研究院发布的一项针对汉服的调查显示,我国汉服爱好者人数从 2018 年 202 万人陡增到 2019 年的 355 万人,预计到 2021 年底汉服

---

① 王永芳:《另类空间美学:福柯"异托邦"思想的塑构》,《哈尔滨学院学报》2020 年第 10 期。
② 阿兰·布洛萨、汤明洁:《福柯的异托邦哲学及其问题》,《清华大学学报(哲学社会科学版)》2016 年第 5 期。

爱好者人数将达到 517.6 万人，汉服行业市场规模将达到 105 亿元。① 这与自 2018 年以来有关非遗元素的影视剧热播，社交媒体平台中汉服文化趣缘群体增多等因素有密切关系，同时也显示出非遗已经逐渐走出影视剧"结构装饰品"的单调定位。限于过去接触渠道和方式，受众无法形成对传统文化和民族美学的统一性认识。借助于影视作品中非遗影像功能的不断丰富以及多媒介平台形成的呼应强化效果，一种统合中华民族精神和文化气质的共同体正在逐渐显现，它可以跨越时空，统合同属中华根脉的民族想象，重组"感性（视听）、理性（叙事）和神性（精神）"三个层面，② 非遗影像"屏前"和"屏后"功能也正在逐步融合，异托邦呈表虚拟与现实影像在交融映照和相互改造中，形成了独具影响力的文化奇观。

这种文化奇观的"奇"可以理解为：奇景与奇趣。奇景是指影视剧与影视广告中的非遗影像已经逐渐从松散、凌乱的片段图像形成一个有结构、立体化的系统性空间。影视剧与非遗影像结合的逻辑依赖文化记忆和身份认同的共同作用。只提示非遗作为中华民族的文化记忆不足以支撑文化奇观的框架，必须要将这种共同的文化记忆转换成民族性的身份认同，才能称其为"奇景"。2021 年影视剧中和影视广告中的非遗影像越来越多依托于将非遗的本体价值和传播价值进行叠合，受众不再被动接受单个非遗元素，而是主动将观视体验重构为自定义化的异托邦，并与个体日常生活经验进行勾连，从文化记忆中寻找身份认同。

奇趣是指影视剧和影视广告中的非遗影像不仅有丰富的视听体验，还形成了独特的召唤形式，受众是"观看者"，也是"生产者"。借助多种媒介平台，"屏前"的非遗影像呈现与"屏后"的非遗传承创新之间的流动逐渐顺畅，受众的民族身份认同在非遗影像的"奇景"中越来越清晰，同时他们也会通过各类渠道来确认这种身份——受众在日常生活中对非遗进行关注、参与和建设，这些行为反过来又推动影视剧和广告持续从中取材。非遗影像要产生这种富有奇趣的召唤能力，离不开全媒体平台对非遗本体价值的普遍重视和深度还原，也只有在这样的非遗影像生态环境中，每个受众才能于同质文化中寻奇景，于平凡生活中拾奇趣，非遗影像异托邦所带来的文化奇观才具有人文关怀与民族意义。

已经上升到民族文化记忆层面的非遗题材影像必然对创作与传播提出新要

---

① 《2021 年中国汉服行业市场现状及发展趋势预测分析》，中商情报网，https://baijiahao.baidu. com/s?id=1699624411740952212&wfr=spider&for=pc。

② 周冬莹：《论影像的"想象共同体"：感性、理性和神性——互联网时代下的影像文化思考》，《当代电影》2017 年第 4 期。

求。①2021 年影视剧和广告中非遗影像异托邦与现实文化空间越来越紧密，异托邦从虚拟到现实的转换落地也已经成为当前非遗传承和创新中一个重要突破口。非遗影像异托邦逻辑不须刻意强调逃离与分野，而是自然呈现"并存与共生"的主题，在尊重非遗本体价值的基础上，利用新媒体环境的传播规则来重新打量和锻造创新性元素，通过深度挖掘多重文化意义空间来助推"非遗＋文化产业"的多样态发展。

二、非遗的活态传承与文明的互鉴共融

从国外的非遗保护和传承经验看，与时俱进、适度开发、多态融合和全民参与是各个国家的共性操作。从 2021 年 6 月国家文化和旅游部发布的《"十四五"非物质文化遗产保护规划》来看，我国的非遗保护和传承工作在与全球同轨的基础上，还保留了鲜明的中国特色，这种特色的具象化需要与当下传播环境相适应的话语体系进行呈现。中国非遗要走出去，与其他文明互鉴共融，影像传播就是话语体系中一种极其重要的手段。截至 2020 年 12 月，中国列入联合国教科文组织非物质文化遗产名录项目共 42 项，总数位居世界第一，无论是从数量还是价值方面来说，利用中国非遗影像讲好中国故事都是必然和必需的。我国非遗影像的本土化叙事与其他文明进行对话的前提，就是保证非遗的原生性和活态性，而非遗的活态性（传播价值）传承需要建立在其原生性（本体价值）被充分尊重的基础上，这两者的关系可以从以下两个方面来考量：

（一）非遗本身的活态性

非遗本身的活态性是指对人的依附性，传承非遗的要旨就是要展示人／群体在特定环境下的文化活动，保留非遗传承主体对于文化事象的原生性价值评判。正因为非遗的"活"，才能给影像创作带来丰富的创生空间，影像载体可以从"活化""活学""活用"三个方面来培植非遗传承的文化土壤。②非遗题材的影视剧尤其要注意对非遗本身活态性的尊重和表现，不是将非遗从原生环境中裁剪出来服务于影视叙事，而是让影视叙事尽量贴近非遗原生性特点，充分提炼活态性成分；关涉非遗的影视剧虽然不以非遗活态性为主要创作对象，但是对借用部分仍要注意正确、规范使用。

---

① 王巨山：《构建民族记忆的文化景观——谈"非遗"题材电影的创作与传播》，《民族艺术研究》2016 年第 4 期。

② 刘丹、杨会：《影像为载体的非遗文化活态传承模式研究》，《电影文学》2019 年第 3 期。

（二）非遗影像的活态性

非遗影像的活态性是指所有将非遗作为关键要素的影像资料所形成的，功能多样、互补并不断演进的生态系统特点，它以非遗传承的活态性为根基，以多种媒介平台中的非遗影像为有机组成部分。在这种影像生态中，各个部分各有特质又相互影响，共同构成大众社会对非遗事象的整体性看法。例如，杜安认为非遗影像化的前提是要保证其"有机整体性"，其"再媒介化"(remediation) 的理想状态就是：非遗的原生性得到基本尊重和影像保护，活态性得到充分挖掘和文化创新。[1]2021年影视剧和广告中的非遗影像已经逐渐出现了某种呼应、互融和互构现象，正在往更具活力和健康的影像生境状态发展。

代表中华文化生活智慧和诗性美学的非遗，在活态性传承中大大拓展了各类文明交流的维度，将传统与现代、过去与未来、东方与西方进行缝合。面对现代化和全球化快速流动的媒介空间，我国非遗影像已经在面对多媒介平台非线性和跳跃性的拆解式环境过程中逐步形成了丰富多样、适应力强的体系。非遗影像要想走出国门，成为中国向世界发声的一个重要组成部分，本身就要既有本土文化阐释力，也有跨文化的沟通力，要认真守住文化之根本，并且全方位、多层次、多功能地建立非遗影像的传播和创新机制，在跨文化语境中细致观察和总结非遗保护与非遗影像生产、非遗传承和非遗影像传播之间的关系，实现文明的互鉴共融。

---

① 杜安：《非物质文化遗产的"再媒介化"》，《传媒观察》2016 年第 6 期。

第四章　2021 年度新媒体领域非遗影像发展研究报告

王屹飞 [*]

"新媒体"在不同学科语境中的定义是有所不同的，新媒体中的"新"是一个时间维度，而它的量化分段则要依据知识、产业和社会的某种共识，在这种共识尚处学界讨论阶段的情况下，我们并不能武断地使用一种确定的方法定义新媒体，当然，也就无法为其划分出确定的适用范围。一般认为，新媒体是"通过数字化交互性的固定或移动的多媒体终端向用户提供信息和服务的传播形态"。[①] 从其关键字出发，既然新媒体强调的"数字化"和"交互性"是其主要特征，那么我们根据"数字化"与"交互性"的代际演变，对新媒体进行时间维度的划分是一种可行的方案。因此，本文涉及的新媒体领域主要指最新的数字媒体代际演变的主流方向与产物——短视频、直播与互动影像。

第一节　新媒体领域非遗影像的整体特点和发展趋势

一、总量仍在增长，创意层出不穷

根据第 47 次《中国互联网络发展状况统计报告》，截至 2020 年底，网络视频用户规模已经达到 9.27 亿，较 2020 年初增长了 7633 万，占网民总数的 93.7%，其中短视频用户规模达到 8.73 亿，这个数据在 2021 年上半年增长到了 8.88 亿。抖音和快手依然稳坐短视频赛道的头两把交椅。[②] 字节跳动宣布 2021 年抖音日活用

---

[*] 王屹飞，广播电视艺术硕士，现为四川师范大学影视与传媒学院播音系专任教师，讲师。主要从事"新媒体口语传播"等课程的教学、实践和研究工作。在核心期刊发表论文十余篇，出版两部学术专著（第二作者）。

① 廖祥忠：《何为新媒体？》，《现代传播》2008 年第 5 期，第 121 页。
② 黄绪军、黄楚新、吴信训等：《中国新媒体发展报告 No.12(2021)》，社会科学文献出版社，2021，第 17 页。

户数量目标为 6.8 亿，快手则在 2021 年第一季度达到了日活用户 2.95 亿的目标，微信视频号受微信用户基础数量的影响，在 2021 年年中日活用户数达到 4.5 亿，总体数量非常可观，但人均使用时长相较于抖音和快手来说并不突出。可以说，短视频平台已经成为新媒体乃至整个传媒领域的代表性社交媒体，整个新媒体产业的发展绝大部分来自短视频领域。整体来看，2021 年度各大短视频平台的日活用户数已经接近上限，产业的总体增速放缓，但用户的使用时长还处于持续增长期，以短视频为代表的新媒体产业依然有相当大的发展潜力。

2021 年短视频领域的非遗影像依然延续着持续性增长的趋势。截至 2021 年上半年，我国 1500 多项国家级非遗代表项目中的 1300 多项都已经在各个短视频平台建立账号或进行相关内容的传播，这个数字到 2021 年底应该还会进一步增长。短视频创作的"低门槛"特性使得几乎所有的非遗传播主体都选择了使用短视频平台进行自媒体宣传，因此，抖音顺理成章地成为最大的非物质文化传播平台。2021 年与过去两年的情况相比，短视频平台内容的精品化与专业化趋势越来越明显，内容的多元细分促使传播主体充分调动创意能力，从各种短视频赛道进行全方位的突破，力图使自己得到更多关注。

2021 年互动影像的发展主要集中在游戏产业，而增强现实技术（AR）、虚拟现实技术（VR）和 Html5（H5）技术方面的发展则较为稳定。游戏与非遗的结合开创了非物质文化与现代设计之间的一种新型合作模式。除了游戏本身所具有的传统文化和非遗元素外，几乎所有和传统文化能建立一定关联的网络互动游戏都采用了更新包的形式将非物质文化与游戏本身进行有机结合。这种结合将游戏本身的互动模式、画面、音乐风格与非物质文化挂钩，产生了很多源于非物质文化的创新设计。虽然总量不大，但它们从实践层面将传统文化与现代流行文化进行了结合，实实在在地探索出了一条非物质文化的推广途径。

二、表现形式的平台化趋势明显

（一）个性化与戏剧化——短视频与直播影像发展趋势

2021 年非遗影像的短视频创作继续呈现出明显的"个性化"与"戏剧化"趋势。所谓的"个性化"，是指其表现内容更加贴近非遗及非遗传承人本身，创作视角不再使用传统媒体常用的第三人称客观视角，而是从传承人本身出发，使用传承人的视角进行表达；"戏剧化"是指非遗短视频的内容创作带有更多原创的叙事性，创作者们更倾向于让非遗与当代社会产生互动。这两个特点集中表现为：许多非遗传播主体并不单纯以非遗传承者的身份亮相，而是更倾向于使用个人身份吸引粉丝。从影响力来看，是否使用非遗身份，对于非遗的传播并不是一个关键因素。账号主体个人品牌的搭建才是非遗在短视频领域进行传播的核心竞争力，而这种个人品牌的搭建非常强调个性化与戏剧化，前者让粉丝有明确的情感价值释放对象，后者让传统文化能够与当前的社会产生实时互动。因此，最具有品牌效应的非遗短视频账号往往都具有明确的个人身份，即"网络达人"，内容也多以达人秀和剧情为主，而没有明确达人身份的展示类和口播类账号则与达人类账号的关注度存在着数量级的差距。

比如非遗领域，明确亮出非遗身份并具有最高粉丝量的峨眉武术非遗传承人账号"凌云"，截至 2021 年底已经拥有 1300 万粉丝，其次是瑶族瑶浴非遗传承人账号"远山的阿妹"拥有 1000 万粉丝，其他各类非遗传承人、经营机构或非遗专业从业者的个人账号，能达到数百万以上粉丝的，有 23 个账号（抖音 21 个，快手 2 个）。此外，据不完全统计，没有明确在账号或简介中标明非遗身份，但属于非遗产业从业者（如戏曲、舞蹈、相声演员等）的账号，也有数十个左右达到百万以上粉丝量级。当然，他们中一部分人身为演艺明星，其非遗属性并不强。而不具有达人身份且明确具有非遗属性的非遗类账号最高粉丝数为 160 万，该账号是上海人民广播电台非遗节目官方账号"非遗来了"，其次是非遗讲解员的个人账号"非遗大宇"，拥有 114 万粉丝，接下去是各地方非遗中心及各类官方传媒机构的账号，粉丝量都在百万以下。[①]

从视频内容来看，峨眉武术非遗传承人账号"凌云"的视频内容以传承人凌云主观视角出镜的武术展示及个人生活展示为主。博主凌云本身拥有扎实的武术技艺，人物形象、动作英姿飒爽，视频极具观赏性。瑶族瑶浴非遗传承人账号"远山的阿妹"没有采用主观出镜的形式，但使用了"李子柒模式"进行创作——团队采用非常专业的视频拍摄和制作技巧，着力打造了瑶浴非遗传承人香古唯美动人的形象。其他具有百万级以上粉丝量的短视频账号大多都形成了具有品牌效应的个人IP。由此可见，对传播主体达人进行高质量的包装，形成具有品牌效应的个人IP，是短视频领域非遗传承的主要手段。

---

① 数据来源于 2021 年 12 月"飞瓜数据"统计。

（二）流行化与碎片化——互动影像发展趋势

2021年的增强现实与虚拟现实技术依然在稳步推进非遗的视觉展现，但受到疫情等问题的影响，没有出现如《数字圆明园》《梦幻佛宫》之类的大型工程。在手机应用方面，已有的非物质文化展示型APP依然保持稳步发展的态势，但没有出现现象级作品。在2021年，互动影像的发展主要集中于游戏领域，传统文化在网络游戏这个典型的流行文化领域受到了充分的重视，许多持续更新的游戏通过引入非遗活动策划，保持游戏的生命力。比如由网易游戏开发的现象级手机游戏《第五人格》，在2021年暑期联手广东凉茶推出夏季活动；腾讯公司的王牌手游《王者荣耀》也在2021年七夕携手苏州市文化广电与旅游局，结合国家级非遗苏绣共同推出的七夕皮肤"王昭君——乞巧织情"，为玩家打开了一扇近距离接触苏绣文化的窗口。

但同时我们也应注意到，非遗虽然借助流行文化得到了大量的曝光机会，但在推广的过程中也因为与流行文化的结合产生了一些"文化损耗"。流行文化自有其独特的表现形式，对传统文化的展示通常"重形不重意"，非遗中"非物质"的核心内涵在流行文化中常被分解为文化碎片。

第二节　短视频与网络直播领域的发展情况

鉴于媒体的平台化发展已经具有了相当的成熟性，自媒体的全平台传播门槛进一步降低，许多传播主体并不将自己的传播形式局限于一种类型。短视频与直播背后的账号主体通常具有高度的重合性，因此本文并不将短视频与直播划分为不同的传播类型进行讨论，而是更关注账号背后的账号主体在传媒领域进行的内容创作与传播运营。与该类主题关联度更高的分类方式是依照平台进行划分，再以非遗文化本身的类别作为另一个横向参考维度。短视频平台主要分为抖音和快手两个板块，而微信视频号的传播特征较为特殊，平台特性较弱，具有更多的社交媒体属性，本文暂不纳入讨论。

截至2021年12月，抖音上明确带有非遗标签的视频和直播播主账号有5300多个，快手的数量为188个（其中很多账号与抖音平台的账号隶属同一个创作主体）。[①] 没有明确带上非遗标签，但与非遗项目相关的账号数虽难以统计，但至少

---

① 该数据来自"飞瓜数据"的统计。

比这些数字多一个数量级。

账号粉丝量是衡量账号受关注程度与提供变现能力最直接的一个变量，我们以此为标准做一个大体的划分：粉丝量大于 100 万的账号是能够为账号主体提供大量关注并支撑账号主体生存的账号类型；粉丝量在 10—100 万之间的账号是能够帮助账号主体实现大量曝光以获取更多商业利益的账号类型；粉丝量在 1—10 万之间的账号属于已经进入平稳发展期的账号，但尚不足以为账号主体提供客观的赢利；粉丝量小于 1 万的账号则尚处于起步阶段，还需进一步成长。

截至 2022 年 1 月，在网络统计数据中，明确带有非遗标签，能达到 1000 万以上粉丝量的账号只有 1 个；达到 100 万以上粉丝量的账号有 27 个（抖音 25 个，快手 2 个），占比 0.5%；达到 10—100 万粉丝量的账号有 249 个（抖音 233 个，快手 16 个），占比 4.5%；达到 1—10 万粉丝量的账号有 1222 个（抖音 1165 个，快手 57 个），占比 22%；粉丝量在 1 万以下的账号有 4013 个（抖音 3900 个，快手 113 个），占比 73%。百万粉丝账号数据见表 4-1。

表 4-1 百万粉丝账号数据 [①]

账号名称	平台	粉丝量
凌云	抖音	1340 万
功夫小僧	抖音	707 万
少林寺释延淀	抖音	436 万
非遗竹编老李	抖音 / 快手	431 万 /391 万
果小菁	抖音	236 万
皮雕小匠阿狼	抖音	205 万
张黎（非遗传承人 888）	快手	203 万
竹编技艺大师	抖音	197 万
中医六通李冬	抖音	193 万
东方哥 (艺人匠心)	抖音	182 万
黄伟运动	抖音	164 万
非遗来了	抖音	161 万
魏氏编织	抖音	146 万

[①] 该表中的账号名称与粉丝数量统计来源于 2022 年 1 月"飞瓜数据"统计。在新媒体传播平台和领域，账号名称与粉丝数量可能在短期内发生较大变化，因此该表提供的数据与当前数据存在一定的差异。

账号名称	平台	粉丝量
鲁味斋大扒蹄（虎皮猪蹄）	抖音	133万
晚心	抖音	130万
仔仔华渔鼓	抖音	124万
方浩然口技	抖音	123万
非遗守艺人–曾娜	抖音	120万
青城掌门刘绥滨	抖音	115万
谭伟海笛箫	抖音	115万
非遗大宇	抖音	114万
匠心严选杨青湖	抖音	109万
田田剪纸	抖音	107万
二饼胡拉	抖音	107万
油纸伞大师（奇人匠心）	抖音	105万
泥塑大师（奇人匠心）	抖音	105万
苗家雪儿（木匠表妹）	抖音	103万
杨柳	抖音	100万

一、类别分析：视听挂帅，群雄各显神通

短视频平台本质上是一种快节奏的视觉信息展示平台，其内容短小精悍，画面冲击力强，节奏明快，容易吸引观众的注意力，但不利于展现较为深刻的内容。因此，在短视频领域，非遗文化中视听效果较为突出的类别和元素更容易得到传播，而视觉效果不够突出的类别则只能通过大量引入其他视觉元素来吸引观众的注意力。

从非遗的类别上看，2005年国务院发布的《国家级非物质文化遗产代表作申报评定暂行办法》将非遗分为"传统的文化表现形式"和"文化空间"两大类。2006年国务院公布的第一批国家级非遗名录中将非遗分为10个类别，2011年全国人大通过的《中华人民共和国非物质文化遗产法》中，进一步将10大类简化为6个分类，分别是"传统口头文学以及作为其载体的语言""传统美术、书法、音乐、舞蹈、戏剧、曲艺和杂技""传统技艺、医药和历法""传统礼仪、节庆等民俗""传统体育和游艺""其他非物质文化遗产"。每种类别的非物质文化遗产在影像化的过程中都有其特定的表达形式，总体来说，非遗的短视频创作遵循两条基本策略：其一，本身具有视听冲击力的传统文化类别着重"文化的表现形式"；其二，视听冲

击力不够突出的类别着重营造能够形成视觉冲击的"文化空间"。当然,这两种策略在实践中也会有交叉。

(一)视听类非遗影像蓬勃发展

在 6 个大类所包含所有小类中,本身具有视听冲击力的非物质文化遗产类别包括"传统美术、书法、音乐、舞蹈、戏剧、曲艺和杂技"中的所有类别;"传统礼仪、节庆等民俗"中的"传统节庆";"传统体育和游艺"中的所有类别。这些"视听类"文化表现的形式本身具有良好的观赏性。在这些类别中,综合性艺术和部分传统技艺的视听表现力又是最强的,它们在传播效果层面的表现同样也是最好的,尤其是传统戏剧、曲艺、音乐、舞蹈、杂技和传统体育这几个类别。它们依靠本身的视听表现力即可获得不俗的关注度,再加上其从业者容易在媒体上引起明星效应,通常无须打出非遗的身份,本身就能以各种方式进行短视频创作以获取关注。

比较典型的"视听类"非物质文化是各类传统戏曲,它们本身是一种内涵丰富、可听可看可互动的综合性艺术,产业相对发达,从业者甚众且分布广泛,这使得戏曲类非遗项目拥有所有非遗类型短视频账号中最多的数量和当之无愧的最高影响力。比较有代表性的戏曲类短视频账号有:"惨爆了阿浩"(川剧戏园剧情类)、"王珮瑜"(京剧知识口播类)、"婉宝"(闽剧达人类)、"边婧婷"(京剧达人类)、"梨园频道"(河南广播电视台梨园频道官方账号,豫剧展示类)、"河南卫视《梨园春》"(河南卫视《梨园春》官方账号,豫剧展示类)、"摄影师游航"(戏曲展示类)、"戏曲郭超超"(戏曲民间团队展示类)、"戏曲红人"(戏曲民间团队展示类)、"川剧男孩华华"(川剧儿童剧情类)等。这些账号的粉丝数量都在百万以上,其视频内容丰富多彩,各具特色,直播内容则大多以戏曲才艺展示为主,尤其是戏曲演唱。可以说,戏曲类非遗项目是非常适合在短视频领域发展的非遗类型,其从业者依靠本身的技能就能天然获得一定的流量关注,形成自媒体 IP。而在官方媒体中,表现突出的是河南省的豫剧相关账号,河南豫剧的戏曲文化推广工作也是值得称道的。

除了戏曲文化以外,一些传统曲艺文化也有着亮眼的表现,比如祁东渔鼓传承人的账号"仔仔华渔鼓"(粉丝量 124 万),传统口技传承人的账号"方浩然口技"(粉丝量 123 万)等。

其次是以武术为代表的传统体育非遗项目,这个类别的非遗项目同样具有强烈的视听效果以及相对发达的产业,只是在艺术审美上比戏曲稍逊一筹。该类别中包含关注度最大的非遗类账号"凌云"。"凌云"账号的传播主体是一名峨眉武术的女性非遗传承人，4 岁习武，10 岁加入峨眉派，目前年龄不过 20 出头，已经拥有自己的武术表演和传播团队。该账号爆火之后开始大量宣传峨眉派武术文化，以一条"峨眉凌云回师门祭祖"的视频，顺利让粉丝数突破千万大关。排在第二位的武术类非遗账号是"功夫小僧"（抖音单平台拥有 707 万粉丝），其传播主体是少林寺俗家弟子释延正，账号内容以各种武术展示为主。此外，各类传统武术也都有着不俗的关注度。除了传统武术以外，其他非遗传统体育也都随着国民体育运动热情的逐渐上升而获得了或多或少的关注。关注度仅次于传统武术的项目是棋类项目，包括围棋、中国象棋和其他一些传统棋类，其单个账号的粉丝量级大约能达到百万以上。此外比较热门的传统体育运动还包括吴桥杂技、蒙古博克、赛龙舟等，单个账号的粉丝量也能达到接近百万的量级，但账号总量相对传统武术要少很多。总体来说，传统体育非遗项目在短视频领域拥有着相当可观的影响力，视频内容同样具有丰富的多样性。

此外，大量具有一定粉丝基础的传统文艺从业者的账号虽然没有带上"非遗"的符号，但必须承认他们为非物质文化遗产的传承做出了大量的贡献，同时他们也依托非物质文化遗产为自己收获了大量的粉丝关注。我们需要认识到"视听类"传统文化即便在流行文化盛行的今天，本身依然带有非常强大的生命力，且非常适应以短视频和直播为主的新媒体传播方式。传统文化的"造星"能力是有目共睹的。

（二）其他类别非遗影像发展可圈可点

除了以上类型外，其他的非遗类别从艺术类型的角度看，不属于"具有时间维度"的艺术，缺乏舞台性，甚至有些非遗项目本身并不能划入"艺术"的范畴，因此它们无法被归类为"视听类"传统文化。也因此，这些非遗项目账号表达形式及功能与"视听类"传统文化具有显著的区别，通常具有两大特征：其一是视频创作着重营造能够形成视觉冲击的"文化空间"，其二是借助新媒体的互动性，为人类的生产生活提供直接的服务。这里的"文化空间"既包含非遗传承人的个人品牌也包含非遗的存在空间。

在非"视听类"非遗中，最具有影响力的类别是传统技艺、传统美术和传统医药。它们的主要呈现方式是技艺加工与美术创作过程的视觉表达，同时结合对非遗空间的展示。带有非遗标签且比较有代表性账号是"非遗竹编老李"，该账号属于江西新余洞村竹编非遗传承人李年根。老李的账号内容以竹编手艺的展示为主，兼顾个人生活的剧情展示。目前该账号在抖音拥有 433 万粉丝，快手拥有 391 万粉丝。在短视频平台中，传统技艺与传统美术类型的非遗账号数量众多，类型五花八门，比较有影响力的账号的粉丝量主要集中在几十万到一百多万的区间内，这个区间大体上属于能够为账号主体带来较大曝光度并提供稳定收益的水平。此外，"奇人匠心"是这几个类别中拥有新媒体传统文化的 IP 矩阵。该矩阵中的账号专注传播东方美学文化，定位于非遗技艺手工艺、传统中医养生、茶道文化、国学声乐等。除此之外，该帐号还拥有电商自营平台"奇人匠心"、知识课堂"大师手工堂"和大师 IP 内容矩阵，进行全方位内容营销和布局。现已成功打造出包括《皮雕大师》《泥塑大师》《竹编技艺大师》《刺绣大师》《油纸伞大师》等在内的诸多知名 IP。该矩阵全网粉丝累计超过 5000 万。

另一个具有同样影响力的类型是传统医药，这个类型相对特殊，因为传统医药虽然艺术价值不高，但它与社会生产息息相关，本身具有相当高的社会需求度。账号的表达形式以口播为主，传授医学知识。传统医药类别中还包含传统养生类型的非物质文化，其中比较有影响力的账号是"远山的阿妹"，该账号主体是瑶浴非遗传承人香古。账号在抖音和快手分别拥有 1059 万粉丝和 758 万粉丝，内容主要是传承人香古的口播和类似"李子柒模式"的瑶族乡土文化展示。

最后我们要谈一谈在新媒体领域传播情况较为特殊的非物质文化类型，主要是"民间文学"和"民俗"。表面上看，这两类非遗在新媒体领域的发展不够稳定。这两个类型的非遗虽然内涵丰富，但既没有短小精炼的视听元素，也没有唯一性的实体产品，这就很难通过短视频进行直接的展示从而构成有效的传播主体。但是我们也应认识到，民间文学和民俗的发展并不完全受媒体形态影响，因为文学艺术本身是影视艺术的"母本"，而民俗是社会生活的集中展现。在今天的新媒体领域，它们通常会借用影视艺术或新闻传媒的表现形式完成自身的传播。所以，对于民间文学和民俗在新媒体领域，尤其是短视频平台的传播，应以话题量为主要评判标准，而非账号主体的传播效果。比如在 2021 年，电影《白蛇传·情》和《白蛇 2：青蛇劫起》前后上映，使得民间文学"白蛇传"的话题热度迅速上升，尽管这两部电影在短视频平台的官方账号粉丝量并不大，但话题"白蛇 2：青蛇劫起"的平台总播放量却达到了 19.1 亿次，与之伴随的话题"白蛇传"的总播放量也达到了 8.5 亿次。在民俗文化方面，各类民俗节日的短视频播放总量随新闻类短视频账号的数量增多，也都呈现出稳定上涨的趋势。

二、创作特点：非遗背书，主体各叙其事

网络短视频与网络直播多方面呈现大众生活的平凡之美、朴素之美、细微之美，也给予广大用户的个性之异、草根之微、宣泄之感、自由之求以展示空间，可以涵盖更为广泛的使用群体，更为接近大众视野的表达与接受。[①] 所以总体说来，以私人化、平民化、普泛化、自主化的"自媒体"方式进行创作和传播，是新媒体领域影像创作和文化推广的主要特征。在非物质文化领域，它表现为：非遗背书，主体各叙其事。其含义是将非遗作为账号的背景，但影像创作的核心在于创作主体的人设打造与个体叙事。

（一）创作手法与账号主体一致

新媒体的创作手法，首先是与账号的创作目的相一致的，其次是与平台的创作类型相一致的。大体上，我们从创作目的上可以将其分为：电商、媒体、社交、娱乐、分享五个大类。电商类，顾名思义是依靠数字化平台进行商品销售；媒体类注重公共信息的传播与分享；社交类强调建立人与人之间的联系；娱乐类为观众提供精神娱乐服务；分享类则强调个人思想与生活状态的分享。讨论平台的创作风格则要把短视频和直播分开进行讨论。短视频主要可以分为口播类、剧情类、解说类和展示类四种风格：口播类是由账号主体人物出镜，以口语进行信息传达；剧情类是以镜头语言和演员表演的方式进行叙事；解说类是以画面加配音解说的形式进行讲解；展示类则基本不带语音，以纯镜头语言的形式进行展示。直播则分为秀场类、电商类、活动类和分享类四种类型：秀场直播是一种陪伴服务，主播通过才艺和交流的形式为粉丝提供精神陪伴；电商直播是通过数字渠道进行商品的售卖；活动直播是对某种商业或社会活动进行网络化展示的一种媒体行为；分享类直播则是个人生活的一种直播分享形式，类似真人秀。新媒体账号的创作手法，整体上是账号主体结合创作目的与平台类型的一种综合性选择，其核心在于如何对账号主体进行媒体人设的全面打造。

如前文所述，在非遗领域，"传统的文化表现形式"和"文化空间"是非物质文化遗产的两个类别，同时也是两个核心内涵，前者强调文化的符号性，后者强调文化的社会性。但这两者并不互斥，因为文化空间本身也是文化表现形式的社会存在空间，两者的连接点则是生活在文化空间中的文化表达个体——非物质文化遗产

---

① 　王同媛：《论网络短视频的片段性、典型性特征兼及其创作生产的审美反思》，《当代电视》2019 年 3 月，第 82 页。

的继承者们。同时，这个连接点也恰好是非遗与媒介的连接点，非遗的继承者们实际上生活在二重社会空间，其一是传统文化空间，其二是现代社会空间，也正是这个原因，他们先天具有非遗传播者的身份。而对于新媒体影像创作来说，既然其核心在于对账号主体人设的打造，那么非遗传承人的媒体形象，就成为新媒体影像创作的核心要素。新媒体影像创作的过程就是账号主体在传统文化空间中体验生活，再通过一定的构思，将个人的体验表达给媒介社会空间的过程。而其创作手法则是在现代影像的底色质感上所描绘出来的传统文化空间所具有的个性与特色。

我们依然以最具影响力的非遗账号"凌云"为例做一个分析。

"凌云"抖音账号第一个视频发布于 2019 年 9 月。在 2020 年 2 月疫情期间，凌云的团队拍摄了一条"提剑小姐姐穿着睡衣丢垃圾，顺便舞剑然后回家的短视频，迅速火遍全网。随后凌云以江湖侠女的人设拍摄了大量短视频，帅气的外形与极具视觉冲击力的武术动作吸引了大量粉丝的关注。在一段时间的稳定涨粉之后，2021 年 4 月 26 日，凌云再次以一条"峨眉凌云回归峨眉派"祭祖视频燃爆网络，抖音粉丝数量一夜暴涨 80 万，突破 1000 万大关，截至 2021 年底，其粉丝数量已超过 1300 万。凌云的短视频创作风格比较多样，综合使用了展示、剧情和口播三种类型的风格，这得益于峨眉武术本身属于兼具"视听效果"与"文化内涵"的非遗特性。峨眉武术是第二批入选国家级非物质文化遗产的项目，以四川峨眉山为发祥地并广泛流传于整个四川乃至西南地区，门派有八十多个，拳种、拳路成百上千，是中华武术三大流派之一，其动作刚柔相济，具有极高的观赏价值。此外，峨眉武术还通过与峨眉山的佛、道、儒文化相互融合，大大提高了自身的文化内涵和底蕴。可以说，无论从哪个角度来看，峨眉武术都具有极高的文化价值与审美价值。

凌云的第一条爆火短视频具有观赏性、个人性和大众性三大特征，以及极高的传媒人设发展潜力。首先，凌云良好的峨眉武术功底提供了极佳的视频观赏性。其次，穿着睡衣在小区舞剑，以及收功后背着双手骄傲踱步回家的行为符合当代年轻人自信但又随性的个性特征。最后，这条发布于疫情时期的短视频为中国网民带来了精神鼓舞，产生了意料之中的强烈共鸣。三大特征的加持让这条短视频迅速走红。随后，凌云的账号得到了数以万计的粉丝关注，凌云本人飒爽的外形与具有时代特征的性格本身就是具有强烈网红效应的媒体人设，这让她的账号得以稳步涨粉。在达到一定粉丝量后，账号的发展到达了一个极限，凌云需要开辟新的文化空间，于是她适时地发布了一期"回峨眉派祭祖"的短视频，将"峨眉武术"的传统文化空间通过传媒引入了现代社会空间，为账号带来了新的活力，一举成为千万粉丝量级的网红。

至此，该账号的传播主体凌云通过演绎剧情、动作展示和口播讲解三种创作手法，将峨眉武术的视觉观赏性和文化内涵链接到现代社会，并成功地在现代社会的传媒空间塑造出传统社会"侠女"的形象，满足了现代人的精神想象需求，也为自己创造了价值空间。

（二）创作目的一体两面

"全平台"推广模式是当今新媒体推广的常见模式，这种模式是以一个传播主体为核心，以各种不同的形式在所有平台上进行推广的一种传播模式。这里的"平台"既指代不同商业主体控制的社交媒体平台（比如抖音、快手、哔哩哔哩等），也指代具有不同传播方式的传播平台（比如中视频、短视频、网络直播、朋友圈等）。这种传播模式以消费者视角建立 IP 矩阵，具有易传播、利分享、高影像的特点。当然，由于各个平台的社区文化不同，传播主体并不能使用同一套创作模式在所有平台上进行发布，而是需要根据平台的传播特点进行有针对性的影像创作。反过来说，一个传播主体也并不需要掌握所有的平台传播策略。一般情况下，一个传播主体会以某一个平台作为主要的推广空间，然后以其他平台作为辅助，以满足不同的创作、传播和运营目的。

在新媒体领域，一个账号的主体既是一个传播推广主体，也是一个商业运营主体，它需要输出具有信息价值和情绪价值的传媒产品，同时用这种产品换取对等的商业利益，也就是说，账号主体的文化影像创作目的是多样的。由于在同一个影像作品中带有不同的创作目的，会影响到影像创作本身的创作质量，账号主体所采取的方式通常都是使用不同的平台完成不同的创作目的，比较常见的方式是使用短视频平台进行传播，再使用直播平台完成商业利益转换。这样，基于不同的创作目的，同一个传播主体在短视频与直播两个领域就有了两套创作方式，而账号主体根据自身的情况，也会在两个平台之间做一些取舍。通常来说，不具有实体商业背景的传播主体会以短视频创作为主，而具有实体商业背景的传播主体会以电商直播为主。

我们再从创作目的的角度重新审视非遗的类型，会有一些新的发现——"视听类"非遗在传播领域有着天然的优势，但"无实体"的特点又让它们在电商领域缺乏主动性；而存在实体的非遗类型，比如手工技艺、传统美术等，在电商销售领域优势明显；最后，能够满足社会成员物质生活需求的非遗类型，比如传统医药等，在直播咨询和知识付费领域得天独厚。我们以一个传统技艺类非遗账号"祥禾饽饽铺"为例:"祥禾饽饽铺"是天津鸿宝祥食品科技有限公司的官方账号,其承载的非遗项目是天津传统糕点制作技艺,2015 年该技艺曾在纪录片《舌尖上的中国》中得到推广。虽然传统糕点也有一定的视觉艺术成分,但总体来说糕点技艺不是一种"视听类"的非遗。这也决定了账号传播主体的创作方式:以直播带货为主,兼顾短视频宣传。2019 年,"祥禾饽饽铺"在抖音短视频平台注册并开通直播带货。短视频以口播形式为主,着力打造"祥禾老奶奶"的人设——视频内容是一位操着一口天津话的老奶奶,介绍天津味儿的手工糕点及其制作工艺;直播则是完全商业化的糕点销售。截至 2021 年底,该账号拥有 69 万粉丝,大约是一个中型播主的体量,但该账号的直播带货数据非常优秀:30 天直播带货 34 场,总销售额达到 550 万元以上,场均销量 3000 多份,销量 11.6 万元,人数峰值 800 多人。按照商家自己的说法"在电商平台一个季度的营收相当于过去一年的收入。"

网络直播给予了具有商业实体的非遗项目进行电商销售变现的渠道,"短视频推广 + 电商直销"的运营方式让非遗兼顾了其文化内涵的传播与生存空间的拓展,二者统一在一个具有固定人设的账号主体之上。

三、发展现状:门槛提升,更重挖掘内涵

2020 年初的疫情让所有的线下经济遭受了沉重打击,但线上文化贸易的数字化发展势头依然强劲,文化 IP 具有流量吸引力、强变现能力和产品衍生力。根据《中国数字经济发展白皮书》的调查,2020 年,我国数字经济规模达到 39.2 万亿元,占 GDP 的比重为 38.6%,同比名义增长 9.7%。媒体与人民生活的深度融合使得传统文化同样也在媒体的赋能中得到了远超上一个时代的关注度和影响力。但是,短视频和直播的发展也逐渐进入了深水区,平台内容的创作门槛逐步提升,创作难度正在进一步加大。同时,传统文化在数字化的过程中必然也要受到数字媒体及其受众的影响,这种改变既是形式上的,同时也是内涵上的。在形式上,虽然技术的更新让传统文化的展现更加逼近真实的文化空间,但新媒体强调的互动性和碎片性又让传统文化逐渐解体;在内涵上,随着"Z 世代"成为主力受众,亚文化对以传统文化为核心的非遗的渗透和改造日渐显著。

2021 年,这两个特点变得更加明显。

（一）平台创作门槛进一步提升

新媒体的发展给传统文化的传播带来了全新的机遇，但前提是传播主体必须正确理解新媒体的特征并善用之，错误的理解会造成时间、精力与物质的浪费。从目前的情况来看，许多传统文化传播主体对新媒体思想的理解还处于初级阶段，对新媒体的用法也尚在探索，他们对新媒体传播方式的理解存在一定的误区，需要更加具体的理论指导，才能少走弯路，获得新媒体产业的发展红利。

理解误区之一是认为"新媒体传播就是几个主要新媒体平台的展现"，这是大部分文化传播主体对新媒体传播的僵化理解。事实上，新媒体相对传统媒体而言是一场巨大的媒体革命，它涉及整个媒体生态的方方面面。从传统媒体时代进入新媒体时代，传播主体的思想需要从广度、深度以及方式等所有相关问题上进行全面的变革，并不只是增加了几个传播平台那么简单。"媒介融合"也并不只是几种不同媒介的相互融合，也包括产业、文化与媒介的深度融合。这意味着传播主体在进行任何日常事务时都要具备一定的媒介思维，所有的文化生产与创作也都要兼顾媒介的表达。过去那种"创作节目—各平台播放"的节目思维在新媒体时代并不适宜。在新媒体时代，"形成自我"与媒体的表达是相对一致的，这也是前文提到的"打造人设"的具体含义。

理解误区之二是认为"新媒体强调的是一种简单且个性化的自我表达"，这种理解本身存在一定的合理性，但在指导实践的过程中，容易让传播者忽略传播和创作技巧的重要性，把新媒体传播变成一种"原生态"的文字影像记录。许多传播主体的官方账号特别容易陷入这样的误区。他们不加修饰地将日常文化生产行为和作品片段制成短视频或直接进行线上直播展示，且不加思考地发布作品、运营账号，效果往往事倍功半，关注者寥寥。事实与很多人的想象并不相同，新媒体依靠平台的技术优势，打破了传播的垄断性，但创作难度并不由平台决定。想要从全国成千上万的创作者竞争中吸引观众的注意力，账号的创作和运营方式需要极高的专业性——创作者既需要对非遗有深刻的理解，也需要对媒体的传播特征有深刻的认识，还需要有一定的资金与团队支持，才能持续生产符合新媒体传播特征的优秀作品，形成足够的传播力度。

以上两个误区使得当前的许多非遗传播主体在尝试进行新媒体文化推广的过程中筚路蓝缕却收效甚微。而避免以上误区的方法其实并不复杂——非遗创作主体想要在新媒体领域获得关注，需要在传播领域有足够的专业性，这不是靠非传媒专业的从业者短期能够克服的问题，最优的选择应是组建一支专业新媒体团队，这支团队在创作和传播上都要具备足够的专业性，同时也对非遗本身有足够深刻的理解。

例如上海人民广播电台非遗节目官方账号"非遗来了"，该账号在综合性非遗科普账号中表现突出，截至 2021 年底拥有 161 万粉丝。由于上海市的非遗资源并不算丰富，该账号内容相对单调——大部分是剪纸艺术，少量其他非遗艺术展示。"非遗来了"账号吸粉的原因主要在于视频制作的专业性。账号视频内容的策划整体上规范、严谨，视频封面设计考虑了整体性，视频无论从摄制、剪辑、配音等各方面来看都是质量上乘，没有"廉价感"。"非遗来了"在内容相对匮乏的前提下基本做到了官方科普类非遗展示账号的顶流。作为对比，其他一些同类型的非遗官方账号则展现出策划缺乏规范，制作不够精良，运营缺乏规划等问题，导致视频质量良莠不齐，视频创作风格不明，账号整体上缺乏吸引力，这些问题的主要原因就是缺乏专业的新媒体创作团队。在新媒体创作门槛逐渐提升的今天，此类账号将逐渐面临被淘汰的风险。

（二）对非遗内涵的挖掘进入新的阶段

非遗影像的创作要点在于对传统文化的展现，但在新媒体领域，影像创作与文化创作常常是一体的，原因是传统文化的传播不得不借助流行文化的帮扶。

我们以唢呐艺术为例。唢呐是目前依然受到广泛关注的传统艺术类型，属于"视听类"非遗。唢呐艺术在今天的影视创作与日常生活中依然保有鲜活的生命力，其演绎效果在流行音乐中并不少见且容易出彩，唢呐的艺术空间同样能被当今社会所接受。不仅如此，当使用唢呐演绎流行音乐时，其独特的音色还能对流行音乐进行崭新的诠释，赋予流行音乐文化全新的意义。唢呐艺术作为非遗传统文化的一个大类，与流行文化具有良好的契合度。在短视频平台上，与唢呐非遗相关的账号都有深厚的粉丝基础，最大的唢呐文化相关账号"川子唢呐"拥有 378 万粉丝，其他达到百万以上粉丝量级的关联账号多达十余个。我们考查这些账号的内容会发现，大部分的短视频作品和直播演奏的曲目并非唢呐传统演奏曲目，而是当下具有关注度的流行曲目。

"川子唢呐"的账号简介一栏写着"祖师爷您看，这盛世如您所愿！"这句话简要地将传统文化与当今的时代结合在了一起，充分展示了唢呐的艺术空间与现代主流音乐空间的良好融合。账号中播放量最高的一条置顶视频，单条播放量达到231 万次，内容是川子在音乐节现场演奏葛东琪的电音歌曲《囍》中唢呐演奏的段落。葛东琪的《囍》是一首兼具电音与民乐演奏特点的实验性歌曲，是音乐人将现代流行音乐与传统民乐进行结合的一次尝试，歌曲中有一段高亢嘹亮的唢呐演奏。另一条 218 万次播放量的置顶短视频也是唢呐配合电音的 DJ 现场演奏，曲目是著名的电音歌曲《The Spectre》，同样是用唢呐替换其中的高潮电音演奏段落。"川子唢呐"账号主体的人设介于传统与现代之间，是两个文化空间的综合体，主角时常穿着嘻哈风格的服装，在现代城市楼宇间进行唢呐演奏。这是对传统艺术的深入挖掘与创新再造。川子敏感地捕捉到了传统艺术空间与现代文化空间的交汇点，在这个交汇点上打开了一个缺口，让两种文化深入交融，同时也让传统文化和自身的价值得到了现代年轻观众的认可。

　　我们再在传统技艺中找一个具体的案例进行说明：抖音账号"非遗竹编老李（鸿铭阁）"。[①] 该账号主体为江西省新余市级非遗项目洞村竹编第五代传人李年根。该账号创建于 2019 年，目前在抖音平台拥有 431 万粉丝，在快手平台拥有 391 万粉丝。竹编是南方地区常见的手工技艺，洞村竹编已有 400 年历史。随着工业时代的到来，传统手工技艺无论从产量还是从外形来说都无法与机械加工的现代工艺品抗衡，从使用价值的角度来看，衰落是必然结果。但是，大规模加工生产形式的衰落并不意味着竹编技艺一定要退出历史的舞台。新媒体的发展使得人与人之间的互动性有了精细化发展的可能性，小批量的个性化人工订制有了便利的交易平台，这使得手工艺品在独特性上有了超越大工业生产的能力，成为手工艺品新的生存途径。但是，手工艺品的人工订制交易需要解决两个问题，一是有足够的展示空间让顾客了解手工业的可加工范围和成品效果，二是有场景展示让顾客了解产品的文化空间。我们来看一看"非遗竹编老李"的做法。

　　"非遗竹编老李"的传播策略是将竹编工艺中传统农业社会浓郁的亲情元素凸显出来，利用农业社会的亲情关系打动观众。运营团队使用短视频和直播结合的方式进行传播。短视频的场景复现了传统农业社会的生产环境，但使用了剧情叙事方式将竹编工艺定性为"老父亲表达对子女爱意的方式"。例如子女要出门打工，老父亲使用竹编技艺为子女制作箱包；夏天女儿睡觉太热，老父亲为女儿制作竹凉床；小孙子吃饭不安定，爷爷为孙子制作幼儿吃饭专用座椅等。这种家庭亲情的表达贯穿了农业社会与工业社会的人类最基本的情感。此外，短视频内容还尽量与现代社会元素贴合，比如使用竹编工艺制作二维码、拉杆箱、化妆盒、长征火箭模型等现代产品，甚至使用竹篾编出人像。帐号直播则侧重呈现老李家庭的温馨氛围，

---

①　该账号名称目前已改为"非遗竹编老李（兆铭）"。为保证调查数据的统一性，此处依然沿用 2022 年 1 月进行调查时所使用的账号名称，简称"非遗竹编老李"。

将竹编工艺与传统农业家庭的浓郁亲情绑定在一起，同时使用现代元素提示观众竹编工艺宽泛的制作范围。账号页面附带的链接是联系销售团队的方式，老李的工作室则接受观众的特殊订制。

以上两个案例都展示了当代非遗传承人在新媒体领域对传统文化的挖掘和拓展。但我们也应认识到，在当前的新媒体领域，也有许多非遗的传播主体虽然已经具有了新媒体传播的基本意识和能力，但这类账号的短视频和直播内容大多只是对非遗的直观展现，比如将传统媒体的内容直接搬运至新媒体平台进行发布，或者用小屏现场报道的方式进行直播，其影响力有限，关注者寥寥。这些帐号存在的主要问题是还无法对非遗做进一步的开发，使其与现代文化空间形成有机结合，还需要通过大量的学习和实践，努力提高自身对现代文化空间和新媒体传媒机制的理解，才能借助新时代的传媒为自己赢得关注。

为了更好地理解非遗自媒体团队的探索，我们需针对一个具体的案例进行详细探讨。

四、案例分析：自媒体团队的探索——川剧短视频账号"惨爆了阿浩"

川剧短视频账号"惨爆了阿浩"的账号主体阿浩是一名青年川剧演员。他所在的演艺团体是位于成都著名文化旅游景点"锦里"中的三国川剧变脸茶园，该戏园日常上演多个川剧著名段落，如"滚灯""变脸""桃园结义""三英战吕布"等。戏园内常驻演出的团体包含了老、中、青三代演员，自有一套传承体系。"惨爆了阿浩"抖音账号创建于 2020 年上半年，早期只是简单地发布一些戏园日常生活的视频，没有具体的规划。该帐号主体的主要成员都是戏园常驻的舞台演员，他们本身具有扎实的川剧表演功底，有职业演员的表演能力，也了解戏剧科班的传承体系和川剧文化。青年演员阿浩早在学艺期间，已经尝试在其他新媒体平台以视频形式宣传川剧变脸艺术，虽未获得较大影响力，但为其新媒体创作提供了一定的经验。

2020 年 6 月，该账号将题材定位于"爱惹祸的戏园男孩儿"，视频模式固定为阿浩在戏园惹祸并挨打，视频结尾是阿浩挨打但保持微笑的画面，配以带有辨识度的滑稽音乐。该模式成功创造了热点话题，获得了巨大的成功，并迅速走红网络。阿浩运用该模式将师兄、师弟、师妹、师姐、师父及戏园其他工作人员一一引出，并大致交待了人物关系，最后将打人的"主角"聚焦在"彪悍的师姐"这一人物上。观众如同追剧一般每天等待账号的更新，就为看一眼阿浩今天又如何惹祸，并如何被师姐暴力制裁。截至 2021 年底，该账号拥有 413 万粉丝，是川剧这一非遗项目影响力最大的账号。

戏园是传统农业社会流传下来的一种生活空间，也是传统戏曲文化具体的文化空间。在现代社会，人们天然对传统文化空间带有某种好奇心，而戏园所提供的文化空间不仅在生产形式上保留了文化传统，在人的社会关系上也一定程度上保留这传统文化的形制。在传统社会中，文化技艺的传承主要依靠师徒传承制以及由此形成的具有传统社会家庭特征的社会空间。这种社会空间对现代人来说具有良好的观赏价值与探索价值。账号"惨爆了阿浩"则着力重塑了这样的文化空间，满足了观众的探索欲望。

"惨爆了阿浩"的成功，根源在于对传统戏曲文化的深入挖掘和艺术呈现。阿浩本身并非非遗传承人，只是一名青年川剧演员，但他对川剧文化空间的挖掘能力值得所有非遗传播主体学习。非遗包含文化的表现形式和文化空间两部分，前者是大多数非遗传播主体都能够顺利表达的，但后者的存在形式需要经过探索和理解才能予以表达。非遗空间是一个相当宽泛的概念，包含非遗项目从业者的生存空间、非遗项目产业的发展空间和非遗项目与受众的互动空间。从目前非遗传播主体的内容创作来看，大多数传播主体只能表现自身的生存空间，对产业的发展空间和受众的互动空间并没有给予更多关注，这也进一步妨碍了他们对文化空间的创造性表达，而对非遗空间的表达恰恰是受众们更想要看到题材。

"惨爆了阿浩"所描述的川剧戏园，来源于古代巴蜀歌舞戏曲艺人因地制宜创建的便于往来客商休息和娱乐的场所。在宋元时期，我国开始出现固定化的演出场所，称为"瓦舍勾栏"。勾栏是看棚、乐棚和露台三位一体，内有戏台、后台、看席和神楼。元初杜善天套曲《庄家不识勾栏》中描述戏台上部像"钟楼模样"。为了便于观赏，观众席前低后高，全部是木质结构，初具剧场形制。由于勾栏是木质结构，容易倒塌和着火，到明代开始衰落，取而代之的是遍布内外城的"茶园"。最初，茶园并没有特设的舞台，后来较大的茶园开始特设舞台供演出之用，到清代最为盛行，称之为"茶园"或"茶楼"，观众一边品茗，一边听戏，该习俗流传至今，成为戏曲文化的主要文化空间。当然，该文化空间不仅包含台前，也包含幕后，而幕后空间同时也是戏曲演出团队的生存文化空间，这片空间是普通百姓不容易看到的。在现代社会，娱乐形式日趋多样化，传统戏园不再像以前那么繁荣，戏园的幕后空间更不为人所知，人们的好奇心也就变得更强。但是，现代社会戏园的幕后空间与传统年代已经有了很大的区别，演出团队通常已经不在戏园内进行日常生活，仅把戏园幕后作为演出准备场所。"惨爆了阿浩"的创新之处就在于把戏园的幕后空间重新还原为传统社会演出团队的生存空间，将一个戏园内的师徒传承、家长里短以表演的形式呈现在观众眼前，并且以符合新媒体传播的创作手法进行制作，既符合了平台的传播特征，也满足了观众的探索欲望。需要注意的是，阿浩对戏园文化的还原并非"纪实"性还原，而是抓住戏园文化的精髓，从现代社会的角度予以诠释。在传统社会，戏园如同家庭，师父如同父母，师兄弟如同亲兄弟一般，相互之间的人际关系在今天的商业团体中是不存在的。所以，观众们想要看到的，是在摒弃了封建文化糟粕之后，剩余的温情脉脉的传统家庭文化元素。"惨爆了阿浩"对戏园文化的挖掘和创新正是基于这样的理念。在"惨爆了阿浩"的短视频故事中，阿浩和众多师兄弟仿佛都没有自己的家庭，只把戏园当作家，日常生活全都发生在戏园内，这暗合了传统社会中戏班子的家庭式生活氛围。同时，阿浩在戏园中整日为非作歹，被师姐和一众师兄弟殴打，却屡教不改，这在传统戏园的人际关系中是不会发生的，并且阿浩挨打的画面被创作者刻意处理得非常卡通化，看后令人捧腹大笑，这种处理则是针对传统封建文化的压迫性所进行的扭曲和美化，当然，这种扭曲和美化在当代艺术创作领域是良性的，它具有对封建文化进行调侃的作用。总之，观众们在"惨爆了阿浩"这个账号的短视频中，看到的是一个整日打打闹闹但却相亲相爱的传统戏班家庭。账号的创作主体将传统戏曲文化中符合当代人精神需求的元素予以继承，将其中的封建糟粕剔除或予以调侃，从整体上把戏园文化塑造为家庭文化，满足了处于商业社会中的现代人对农业社会大家庭的遐想。

第三节 互动影像领域的发展情况

互动影像包含虚拟现实（VR）影像、增强现实（AR）影像、网页互动影像和电子游戏影像四个类别。虚拟现实影像是指用计算机模拟虚拟环境从而给人以环境沉浸感的一种影像技术手段，一般用于娱乐行业、会展行业、房地产行业等，主要用于展示。增强现实影像则是一种将虚拟影像与真实世界巧妙融合的影像技术，广泛运用了多媒体、三维建模、实时跟踪及注册、智能交互、传感等多种技术手段，将计算机生成的文字、图像、三维模型、音乐、视频等虚拟信息模拟仿真后，应用到真实世界中，两种信息互为补充，从而实现用影像手段对真实世界的"增强"。增强现实是为用户提供帮助的辅助性手段，在生活中、学习中、工作中都能用得到。网页互动影像是使用 web 语言（典型技术是 html5 技术，简称 H5），在网页浏览器上构建影像内容，与用户互动的影像技术，包含网页浏览、网页游戏、网页数据处理等功能，在非遗影像领域比较常见的是非遗项目网页展示和网页游戏。电子游戏则包含一切使用电子器械实现人机互动的体验或竞技类游戏。相对于短视频和直播领域非遗影像的高速发展，除了作为流行文化代表产业的游戏产业领域外，互动影像领域的非遗影像发展相对较为平稳。

一、类别分析：总体百花齐放，视听类别占优

（一）百花齐放，类别丰富

在2021年的互动影像领域，非遗影像的发展延续了在非遗类别上百花齐放的势头。但从互动形式上看，AR、VR方面的发展以存量的增补为主，没有新出现的大型虚拟影像展示平台和大型虚拟影像工程，主要的发展存在于手机互动应用和游戏领域。

在手机互动应用和游戏领域，非遗项目蓬勃发展。从类别上看，民间音乐、舞蹈、戏曲这些本身就与影像媒介结合密切的项目类别在互动影像领域的发展依然迅猛，尤其是在大型多人在线游戏领域，比如网络游戏《梦幻西游》将唢呐演奏融入流行歌曲《易燃易爆炸》，又如网络游戏《剑侠情缘3网络版》内多个门派角色的舞蹈动作取材于传统民间舞蹈，而使用改编后的戏曲唱段或念白进行武侠类游戏的宣传更是各游戏策划的常见操作。传统体育、游艺与杂技则更多出现于各类单机小游戏领域，比如踩高跷、抖空竹、舞狮等杂技项目，均有多款对应的手机游戏，但这些小游戏的影响力相对一般。民间美术、技艺和医药等类别的非遗元素广泛存在于各类传统题材的游戏中，但主要的问题是它们的展现方式通常以成品物质为主，其创作手法、技艺等非遗元素则很难得到充分的展示。

（二）非遗的视听元素更受青睐

互动影像对于传统文化的展现，相对其他媒体来说比较特殊，其展现方式往往不够完整，展现内容多以视听元素为主，而对文化内涵的展现相对比较含蓄。在所有非遗项目类别中，传统美术和传统技艺等拥有物质实体的非遗项目是最容易被展现出来的，比如非遗手机游戏《折扇》《榫卯》《卜石》等，民间文学、传统音乐和传统舞蹈中的视觉元素也在互动影像中得到多次展现，比如《尼山萨满》中的满族说部（满族及其先民传袭古老的一种民间长篇说唱艺术）、《一梦江湖》中的敦煌音

乐和敦煌舞蹈、《剑侠情缘 3 网络版》中多个门派的舞蹈动作等。这些非遗元素具有良好的互动性或强烈的视觉和听觉感染力，特别适合互动影像的表现方式。

以游戏《尼山萨满》为例，该游戏是一款音乐游戏。音乐游戏是依靠控制器输入控制信号，形成人的动作与游戏的音乐节奏和谐一致的互动类型游戏。该类游戏尤其强调通过声画结合，给玩家创造一种沉浸式的视听体验，是现代家用机游戏文化中常见的流行文化类型。《尼山萨满》原本是一部口传民间文学，是中国北方少数民族的萨满教传说故事。故事本身是讲述名为尼山的女萨满为一名孩童寻找灵魂的冒险传奇，其中也记录了大量古代满族的民间社会生活和生产习俗。游戏《尼山萨满》以民间文学为蓝本，通过剪纸艺术的形式塑造游戏中的人物形象，形式上具备多种传统文化元素，但游戏画面精美，色彩对比强烈，情绪渲染力度极强，符合现代流行文化的审美特征。游戏的主体音乐虽然带有原始感，但从曲式结构和乐器选择的角度来看依然属于流行音乐。可以说，《尼山萨满》很好地赋予了文学类别的非遗元素全新的视听感受，将传统文化与现代流行文化的审美特征进行了有机结合，在传统与现代之间架起了一座文化的桥梁。

二、创作特点：流行化改造成风，内容零零散散

（一）非遗元素的流行化改造大行其道

互动影像的创作特点集中展现为表现形式的丰富，这些全新的表现形式大多是基于传统文化对流行文化的适应。以游戏《折扇》为例，该游戏由 Tag Design 团队设计，游戏以传统制扇技艺为题材，通过多层次、多步骤、三维视角的方式向玩家展示了传统折扇的形制、制作工艺及发展史。该游戏作为功能游戏，虽然游戏性不算高，但制作精良，画面唯美，在文化元素的开掘上极具创意。比如采用旋转陈列形式展示折扇的扇骨，在 Y 轴方向建立视角观看扇骨参差的排列形式，使得受众从一个全新的角度发现折扇扇骨排列的几何美感；又如游戏以镜头语言的方式引导玩家的注意力，在十几分钟时间内让玩家体验了制作折扇的全部工艺流程，这都是一般人很难在日常生活中体验到的制作技艺。

以非遗元素为题材，借助新的媒介功能创造新的视听元素和互动元素，为受众带来前所未有的体验——这种过程都是新的媒介系统对传统文化元素的开掘，它使得过去一般人很难体验到的文化内涵，成为大多数人都可以享受的一般性文化元素。也因此，新媒体对非遗元素的改造具有流行化改造的特征——它让高雅的元素

变得触手可及，让漫长的过程变得转瞬即逝，让具备认知门槛的美学特征变得容易理解，最终让非物质文化变成了"许多人实践和追随的一种普遍的生活方式"。①

（二）内容零散，缺乏文化内涵

大型工程的缺失使得 2021 年非遗互动影像的创作缺乏深入性与持续性，而游戏领域非遗影像的蓬勃发展并不能使其得到改善。2021 年非遗互动影像的内容创作呈现出内容零散、缺乏文化内涵的特征。

举例来说，2018 年网易游戏出品的现象级手机游戏《第五人格》曾在 2021 年暑期与某凉茶品牌开展了一次联名活动。玩家可通过购买该品牌凉茶的限定款盲盒礼包，获得印有游戏角色的限定款凉茶罐，并且还可以通过扫描该限定款凉茶罐获得交换码，在游戏内获得该品牌凉茶的特殊涂鸦。从商业表现上看，这是一次成功的商业合作，但从非遗传播的角度来看，这次活动对传统文化的推广效果并不理想。广东凉茶是中华饮食文化中最具代表性的一种，以家传的方式进行凉茶配制技艺传承，已有数百年历史。凉茶文化既包含传统医药的配置技艺，也包含老百姓传承下来的生活方式，这是这项非遗项目的核心内涵。但是，在这次商业活动中，虽然游戏策划方打出了非遗的宣传口号，但活动内容与凉茶文化并无直接关联。应该说，类似的活动虽然在商业上有助于个别非遗项目商业品牌的推广，但对非遗项目本身来说却不见得是一件好事。

三、发展现状：总体发展平稳，非遗内涵缺失

（一）发展平稳，影响力一般

相对于短视频和直播领域非遗影像的高速发展，互动影像领域的非遗影像发展相对较为平稳。2021 年受疫情等原因影响，几乎没有新建大型非遗互动影像工程，原有的大型交互项目工程也只进行了有限度的续建和扩建，比如《数字敦煌》《数字圆明园》等。在移动端，各地建立的非遗展示类 APP 上，互动影像依然保持一定的发展速度，但热度不高。内容更新相对频繁的 APP 有安徽非遗 AR、苏州非遗、时代记忆、绝艺等，但影响力也不算太高，在单个应用市场的下载量都小于一万。在网页端，互动影像的发展可圈可点，比较突出的是 H5 技术引发的网页端

---

① 夏建中：《当代流行文化研究：概念、历史与理论》，《中国社会科学》2000 年第 5 期。

互动游戏开发热潮，但作品质量一般。非遗互动影像中，手机游戏的发展情况相对乐观。截至 2021 年，和非遗相关的游戏项目总量多达数十项，仍在正常运营的游戏大约接近三十项。这些游戏有的是直接反映某个具体的非遗题材，比如《折扇》《榫卯》《尼山萨满》等，有的是在游戏中以各种形式零散地插入非遗元素。这些游戏大多获得了不错的下载量，为非遗的推广做出了贡献。

以下列表为截至 2021 年仍在运行的，有一定影响力的互动影像项目。

表 4-2 一定影响力的互动影像领域的非遗影像项目

项目名称	内容	类型
《数字敦煌》	一项用于敦煌保护的虚拟工程，该工程包括虚拟现实、增强现实和交互现实 3 个部分，使敦煌瑰宝数字化，打破时间、空间限制，满足人们游览、欣赏、研究等需求。	AR/VR
《数字圆明园》	一项利用计算机数字建模的方式建立把当年圆明园的场景，再通过各种光学显示，将这些数字模型叠加到现存的废墟上，用立体显示技术真实地再现圆明园原本场景的虚拟工程。	AR/VR
佛山全国非物质文化 AR 明信片册	由佛山市非物质文化遗产保护中心联合中国邮政集团公司佛山市分公司、佛山超体科技公司发行的 AR 明信片册。	AR/VR
《皮影中国》	由国家级非物质文化遗产昌黎皮影戏国家级传承人张向东编著、安徽出版集团推出的以冀东昌黎皮影戏为内容的 AR 绘本。	AR/VR
《如东非遗》	使用 AR 技术在手机应用上展示非遗的一款互动应用。	AR+ 互动应用
《晬颜》	关于京剧的教育学习平台，使用 3D 影像展示京剧的历史、角色形象等知识。	AR+ 互动应用
《璀璨薪火》	一款为年轻人设计的互动文创产品，可使用手机识别的方式欣赏非遗传承技能。	AR+ 互动应用
《傩神战疫》	基于梅山傩文化，融合 AR 识别、计步器等技术，让玩家通过户外运动去积攒游戏中战斗所需要的能量。	AR+ 互动应用

续表

项目名称	内容	类型
《太平泥叫叫》	非遗项目数字仿真建模互动应用。创作团队对这一非遗项目进行了外观采样、建模还原，在将材料、肌理、颜色做到完全仿真的基础上，同时又对泥叫叫的声音进行了相对全面的采集，提供给交互操控，用户以触按屏幕的方式替代吹气，进而可以听到真实的吹响效果。	AR/VR
《折扇》	由 Tag design 工作室研发，腾讯游戏代理发行的功能游戏。它以中国制扇传统工艺为题材，通过制作精细的三维建模全方位表现传统折扇的形制、结构和材料的细节。玩家可通过点选、拖拽、捏合等简单操作，模拟制作一把扇子。游戏内还包含折扇欣赏、形制、工艺、历史等板块，让用户了解到折扇的整个制作工艺流程、工具以及相关历史。	互动应用
《榫卯》	由 Tag design 工作室研发的功能游戏，展示中国传统木工中的榫卯结构。	互动应用
《卜石》	由 Tag design 工作室研发的功能游戏，展现中国传统玉石文化。	互动应用
《第五大发明：匠木》	由成都东极六感信息科技有限公司开发的基于"榫卯结构"的原创空间解谜游戏。	游戏
《尼山萨满》	一款轻度叙事的音乐游戏，游戏独特的中国剪纸风格美术和神秘的原创少数民族萨满音乐给玩家带来耳目一新的审美体验。它的游戏剧情来源于满族口传民间文学《尼山萨满》。	游戏
《佳期：团圆》	由腾讯推出的传统文化公益手机游戏。玩家通过对游戏中面临的种种事件做出选择，推动剧情的发展，并在此过程中了解更多的春节传统民俗与典故。	游戏
《谜宫·如意琳琅图籍》	由故宫博物院推出的一款创意互动解密游戏，将手机游戏与实体书籍相结合，在故事主线中带领游戏参与者了解故宫文化知识，领略故宫的魅力，其中清代档案是该游戏的重要素材来源。	游戏
《浒浦花鼓》	以苏州非物质文化遗产浒浦花鼓为设计出发点的游戏。该游戏将浒浦花鼓非遗项目与游戏的故事背景、人物元素、服饰、曲调等多种元素进行了有机的融合。	游戏

项目名称	内容	类型
《剑侠情缘网络版 3》	以中国唐朝为背景的网络游戏，在人物设计上，以"盛唐风"的服饰为设计核心和"卖点"，人物及其武侠招式设计大多来自中国传统文化，如"七秀"剑舞来自历史人物公孙大娘；"繁音击节"技能名称来自白居易的《霓裳羽衣舞歌》。	游戏
《韩熙载夜宴图》	以古代名画为背景的手机游戏。可带领玩家进入南唐名臣韩熙载家里，通过人机互动的方式动态展示画中的人物、家具、装饰等。	游戏
《第五人格》	由网易开发的非对称性对抗竞技类游戏，植入了国家级非遗广东凉茶专属道具，让广东凉茶成为玩家游戏体验的一部分。	游戏
《王者荣耀》	由腾讯开发的手机竞技游戏，游戏内有 70 多位脱胎于历史或传说的英雄，近 50 款传统文化服装。游戏运营团队多次策划与非遗项目相关的线上线下活动，如线上敦煌文博会、越剧虚拟演员文创合作等。	游戏
《新天龙八部》	由北京畅游时代数码技术有限公司开发的网络游戏。游戏运营团队多次策划与非遗项目相关的线上线下活动，例如宋锦文化周年庆活动。	游戏
《大话西游》	由网易公司开发的网络游戏。该游戏将与传统服饰相关的非遗项目融入其中，例如游戏中的人气时装"残梦"。	游戏
《天涯明月刀》	由腾讯游戏公司开发的网络游戏。该游戏的背景、道具、人物角色、服装等融入了木版画、苏绣、岑氏仿古木帆船等一系列非遗元素。	游戏
《地下城与勇士》	由腾讯游戏公司开发的网络游戏。该游戏的运营团队围绕中国本土特色，结合游戏内容开展了一系列与非遗项目相关的活动，例如四川剪纸。	游戏
《一梦江湖》	由网易游戏开发的武侠类角色扮演手机游戏。游戏中推出了首个手机游戏"非物质文化遗产"主题街区；与中国传统手艺纪录片平台"谷雨中国"合作，展示了诸多传统手工类非遗项目；在敦煌文化主题联动中，展示了诸多敦煌元素的家具和时装。	游戏
《完美世界移动版》	完美世界软件科技发展有限公司开发的热门手机游戏。该游戏与潍坊风筝代表性传承人合作，共同缔造了主题为"飞向完美 决战云巅"的风筝矩阵。	游戏

项目名称	内容	类型
《代号：南海》	一款模拟功能游戏，其以非遗项目"更路簿"为背景，将这一非物质文化遗产完美融入游戏中。	游戏
《神武3》	由多益网络开发的手机游戏。游戏通过开启"佳节人间"大型传统节日文化联动，挖掘龙舟文化，并在此基础上携手非遗匠人探索龙舟传统技艺上的革新。	游戏
《蓝月传奇》	由盛和网络科技有限公司研发的一款网页游戏。游戏运营团队与国家级非物质文化遗产"建窑建盏烧制技艺"实现跨界联动，推出定制款"义结金兰"对盏。	游戏
《我是非遗传承人》	由人民网社交媒体部联合腾讯在国家扶贫日推出的公益小游戏。该游戏在内容层面响应了国家精准扶贫的政策，融入了非遗的传统文化元素，重点展现四川凉山等10个第一批"非遗+扶贫"区域等50个非遗项目，如四川昭觉的彝族服饰、甘肃临夏的砖雕、西藏尼木的藏香制作技艺等。	游戏
《绘真·妙笔千山》	由故宫博物院与网易游戏联合开发的手机游戏。该游戏还原了名画《千里江山图》的意境，让玩家在画中寻找各类关于传统文化的线索，解锁一个个古典诗意的故事。	游戏
《神雕侠侣2》	百度游戏出品的一款角色扮演手机游戏。游戏中的角色萌小雕扮演成京剧中的"生旦净末丑"等不同行当，上演梨园韵味。	游戏
《叫我大掌柜》	一款经营类手机游戏。游戏故事围绕着一名掌柜的经商经历展开，玩家可以在游戏中建造自己的客栈、钱庄、米铺等极具时代特色的商铺。游戏美术画风上参考《清明上河图》的艺术风格。在游戏中可以体验皮影戏的完整制作过程，还有天灯祈愿、布袋戏、祭灶神等传统民俗。	游戏
《逆水寒》	由杭州网易雷火科技有限公司开发的一款武侠题材电脑客户端游戏。游戏依托宋代文化，武侠氛围浓厚，在街道布置、室内装修等方面都有据可查，许多人物都和历史名人、经典宋词相结合，比如"当时明月在"的支线，参考的就是晏几道的故事。	游戏

续表

项目名称	内容	类型
《天涯明月刀 OL》	由腾讯北极光工作室研发的一款武侠题材的 3D 大型多人在线角色扮演电脑客户端游戏。自游戏上线以来已与敦煌研究院、故宫博物院、上海京剧院等 10 家文博机构建立了合作关系，联合云锦、花丝镶嵌、苏绣等非遗技艺其传承人，共推出了十套文化合作款华服。	游戏
《诛仙手游》	由完美世界软件科技发展有限公司开发的一款手机游戏。该游戏与南京夫子庙合作，将非遗项目"秦淮彩灯"搬进了游戏空间，除了能在标志性建筑明远楼"打卡"、登临画舫之外，还可参加具有节日气息的各种活动。	游戏

（二）内涵缺失，物质化呈现

相对于数量和质量的平稳，互动影像在创作上的发展则呈现出娱乐化与商业化的特征。由于大型非遗工程项目发展相对停滞，数字影像领域的创作成为非遗互动影像创作的主力，该领域主要是以游戏方面的创作为主。

游戏内的文化创作本身具有高度的原创性。纯数据的创作形式使得构建完全虚拟的世界成为一种可能，许多大型游戏具有自己独立的世界观，而对传统文化的使用态度往往只是"借力"与"合作"，一般不会完整地展现传统文化的文化空间，因为这有可能反过来会动摇游戏自身的世界观。

以腾讯出品的 3D 武侠题材多人在线网络游戏《天涯明月刀》为例。2021 年，《天涯明月刀》举办了两次与非遗联名的活动。一次是携手国家级非遗项目潍坊风筝代表性传承人郭洪利，将游戏内的服装饰品"灵殊·画飞燕"（一只背在背上的风筝）在现实世界还原；另一次则是与蜀锦、蜀绣非遗传承人联合举办的线下挑战赛活动。在活动当天，游戏内发布了蜀绣、蜀锦联合主题套装"天衣·锦城"。其实，《天涯明月刀》这款以古龙先生的武侠小说为基本世界观的游戏自 2016 年上线以来，就一直非常注重举办各类非遗联名活动。活动涉及的非遗题材包括"金陵派古琴""齐白石书法""桃花坞木版画""德化瓷器""曲阳石雕""泰山皮影""景德镇瓷器""故宫""敦煌""京剧""花丝镶嵌""苏绣""湘绣""粤绣""云锦织造""鼓上舞"等共计 18 种。可以说，《天涯明月刀》这款游戏为非遗的推广做出了巨大的贡献。但我们也必须承认，由于游戏本身的机制和世界观所限，大多数的非遗元素并不能在游戏中以社会行为或手工技艺的方式予以展现，这些元素在游戏内的呈现大多以物质化的形象为主，以数字建模和遵循游戏机制的形式予以呈现。常见的形象有角色的各类服装、饰品和游戏内的物体，但这些服装、物体的制作技艺通常都得不到展现，其技艺存在文化空间更是必须让位于游戏的娱乐空间。

四、案例分析：虚拟文化空间的价值——《王者荣耀》中的非遗元素

《王者荣耀》是 2016 年腾讯天美工作室推出的英雄竞技手游，这是一款将历史及传说中的英雄人物集合在一起进行"大乱斗"的游戏。因其题材的原因，这款游戏的文化推广比较完整地展现了传统文化借助流行文化进行传播的过程。

《王者荣耀》中的英雄角色大多取材于历史、文学和传说故事，但游戏中的角色形象是典型的现代二次元漫画式形象，如一头蓬松短发的李白、穿着科幻铠甲的银发诸葛亮、女性的荆轲（后改名为阿轲）等，并且游戏机制允许玩家切换角色的外形，而这些外形需要额外付费购买。这种设计是典型的商业流行文化对传统文化的二次创作——流行文化出于商业目的解构了传统文化，但也保留了传统文化中的一些核心内涵，并且通过二次创作进行加工，再让玩家对这种文化符号进行消费。举例来说，游戏中的角色"甄姬"本身是三国时期曹魏文昭甄皇后，但在游戏两周年纪念时策划方推出了该角色的专属皮肤（外形设计）"游园惊梦"。这款皮肤的名称是昆曲《牡丹亭》中的一个经典曲目，内容是大家闺秀杜丽娘与书生柳梦梅亦真亦幻的爱情故事。造型以透明细纱为材质，以粉色为主色调，带有织着梅花图案的团扇，装备皮肤之后角色语音还带有昆曲念白的音效。类似的皮肤还有杨玉环的"遇见飞天"皮肤、上官婉儿的"梁祝"皮肤、项羽和虞姬的"霸王别姬"皮肤、鲁班七号的"舞狮东方"皮肤、梦奇的"胖达荣荣"（川剧）皮肤等。

应该说，"游园惊梦"皮肤比较隐晦地还原了昆曲《牡丹亭》的戏曲故事元素，但从非遗的角度来看，却很难说这是对昆曲文化的推广，因为这款游戏的文化空间并不能有效地与昆曲的文化空间融合，我们只能简单地将其理解为对非遗元素的物质化展现。显然，这种程度的展现最多只能算是艺术审美方面的展现，其文化内涵的附加价值很难在游戏中变现，否则就会影响消费者的购买欲。想要让文化的附加价值变现，策划方必须想办法让皮肤的使用者和观看者处于同一非遗空间。显然，这在游戏文化空间内是无法办到的，资本必须将非遗放在排他的空间中予以展示。

《王者荣耀》团队选择的方式是携手中国民俗学会开启了"荣耀中国节"活动策划。每逢中国传统节日，策划方就与民间传统文化的推广主体联动，在线下举办各类活动，并制作成视频进行宣传。比如 2021 年七夕节，策划团队与苏州市文化

广电和旅游局合作，邀请到苏绣非遗传承人姚建萍老师参与游戏角色王昭君"七夕皮肤"的设计，并且在现实世界使用苏绣工艺真实复原了这款游戏内的服装。策划团队将服装刺绣的制作过程与苏绣非遗项目的简介一起制成视频进行传播。这样，所有关注《王者荣耀》的玩家便在互联网上共享了苏绣文化空间，游戏内的皮肤由此具有了文化的附加价值。

从《王者荣耀》的案例来看，非遗本身所提供的附加价值完全能够在类似游戏这样的流行文化空间中得到体现，但前提是策划方需要让非遗有独立排他的文化空间，这种文化空间借助数字化虚拟，完全可以在当前的互联网空间中以一定的频度存在。社会成员以文化体验者的身份在虚拟的非遗空间中共享非物质文化，再以消费者的身份进入商业空间，就能让非遗的附加价值得到商业上的体现。

第四节　存在的问题及解决办法

2021 年非遗影像数量依然伴随着以短视频为首的新媒体的迅猛发展而快速增长，但在影像总量快速膨胀的同时，非遗影像的整体发展依然存在不少的问题。总体上看，在短视频、直播和互动影像方面，大量非遗影像层出不穷，但相对全国数以万计的各类非遗项目而言，能够产生足够影响力的账号数量并不多，而在这些账号中，对于非遗的挖掘相对也不够深入，甚至很多影像的内容对非遗的解构和扭曲已经对文化的传播产生了一定的负面作用。

一、百花齐放，果实寥寥

（一）大量低端创作者尚需扶持

亟待解决的第一个问题是大量低端非遗影像创作者需要提供新媒体影像创作方面的资金扶持与技术支持，该问题主要存在于短视频和直播领域。如前文所述，在大约 5500 个明确带有非遗标签的短视频账号中，粉丝量在 1 万以下的账号有 4013 个（抖音 3900 个，快手 113 个），占比 73%。这个数量级的粉丝数完全无法为传播主体带来足量的收益，甚至还会因为短视频的持续更新而拖累固有的非遗传承业务。以短视频为代表的新媒体影像虽然看似创作门槛很低，但想要获得足够的关注，难度并不亚于传统媒体的制作。而且，相对传统媒体成熟的制作方式而言，新媒体产业日新月异的演化速度对许多创作者而言是一个更大的挑战，如果无法抓住观众的关注点，持续输出有创意的影像，观众随时会将账号弃之不顾。对于许多从未接触过媒体或仅接触过传统媒体的创作者而言，如果不能给予他们新媒体传播方面的技术支持，他们就要花更长的时间摸索新媒体的创作方式，甚至可能永远追不上新媒体产业的演进速度。另一方面，随着人们对新媒体影像审美品位的提高，新媒体的创作成本也在逐渐提升，除了基本的影像制作开销外，运营所需的投入也要计入创作成本之中，这对于不了解新媒体传播的大多数非遗影像创作者而言是一笔不小的开支。许多创作者经过短暂的探索后，发现想要达到预期效果就需要更大的投资，随即望而却步，这种情况在非遗影像创作中占比非常高。

（二）粉丝百万，内容难符

新媒体影像发展的第二个问题在于影像内容与"非物质文化遗产保护"的本质偏离。该问题主要存在于短视频、直播和游戏领域——大量传播主体创作的影像对非遗的展示有形无实。问题主要表现在：展示视角过于狭窄，非遗特征遭受物化，文化内核不够清晰。出现这三个问题的原因在于短视频、直播和游戏的纪实功能都相对较弱，通常无法完整地展示非遗的内涵，于是大多数新媒体影像都选取了非遗的视觉元素作为主要的展示内容，这导致影像的叙事功能受损，非遗文化塌缩为视觉展览。具体表现为：短视频沦为产品展示，缺乏人文情怀；直播沦为营销工具，缺乏人文影像；游戏只重形式，脱离社会现实。

文化的第一载体是人，核心载体是人构成的社会，影像一旦脱离了对人的描写与对社会活动的叙述，文化本身也就不复存在。而文化的核心内涵是什么，决定了某种文化类型的基本要素。根据联合国教科文组织的《保护非物质文化遗产公约》定义，"非物质文化遗产"是指被各社区群体，有时为个人视为其文化遗产组成部分的各种社会实践、观念表达、表现形式、知识、技能及相关的工具、实物、手工艺品和文化场所。这种非物质文化遗产世代相传，在各社区和群体适应周围环境以及与自然和历史的互动中，被不断地再创造，为这些社区和群众提供持续的认同感，从而增强对文化多样性和人类创造力的尊重。在这个定义中，非遗的核心内涵是人的创造力，如对其进一步剖析，就能得到非遗最需要展示的内核——人（文化）创造某种观念、行为、技巧（非物质）的过程及后人重复这个过程的意义（遗产）。一旦非遗影像失去了对此核心内涵的诠释，就不再具有非遗的诠释意义。但我们很遗憾地看到，在当前的新媒体领域，大多数非遗影像都无法完整地诠释非遗的核心内涵。

（三）资本操作，文化扭曲

新媒体影像发展存在的第三个问题是资本与文化的博弈问题。我国非物质文化遗产保护的资金主要还是来源于财政，显然，这对于各个层级数以万计的非遗项目来说是远远不足的。同时，在政府主导的模式下，非遗项目的保护传承很少与市场挂钩，其传播模式往往无法对非遗项目本身形成反哺。新媒体的兴起，使得这一状况得到了极大的改善。短视频与直播结合的知识付费与产品赋能传播模式使得非遗本身也有了通过传播获利的途径，游戏与非遗项目的结合为非遗的商业发展打开了一个新的盈利模式。但是我们也必须认识到，过度的商业开发和资本操作也可能会破坏非遗本身的发展与传承规律，使得文化资源的开发利用偏离非遗项目保护与传承的本质。同时，传统文化与流行文化的结合也需要把握一个度量，当传统文化在利用流行文化进行传播的时候，总是难以避免自身遭到解构的问题。传统文化空间如何与现代社会文化空间结合，依然是一个值得长期探索的问题。

二、引导与扶持

（一）专业创作团队的培养与扶持

非遗在选择新媒体作为传播途径时，会面临题材把握和视频创作手法及传播方式上的多重挑战，这是大多数非传媒专业的从业者短期内难以克服的问题。非遗的新媒体传播，其核心在于"如何在当代的语境中讲好传统的故事"。这又涉及到两个基本问题，即"讲故事的形式"和"故事的内容"。能够在当前新媒体环境中广泛流传的故事，它的表述形式一定能满足当代主流网络受众群体的需求——信息密度高、视听冲击力强、情感表达直白、情绪转换迅速；基于相同的需求，它的故事内容则表现出自信、多元、反严肃、反主流（但又尊重传统）的特征。在这样的要求下，新媒体创作的门槛逐年提高，没有一定新媒体素养的人兼职进行新媒体创作的可能性越来越小。尴尬的是，很大比例的非遗传承人的文化空间与网络文化空间存在不同程度的隔阂，这使得他们的新媒体素养很难跟得上新媒体创作的需求。所以，非遗项目的新媒体传播活动的主要矛盾就是越来越高的新媒体创作门槛与非遗传承人普遍偏低的新媒体素养之间的矛盾。

要解决这个矛盾，最优的选择应是针对每个非遗项目组建一支专门的非遗新媒体团队，这支团队既具备足够的新媒体创作能力，也要对非遗项目本身的文化空间有足够深入的理解。

那么，如何培养并建立一支这样的团队呢？

我们的建议是由政府文化和教育部门主导，建立稳定的"非遗项目新媒体创作、传播与运营"培训项目，再从高校或非遗传承团队两个主体中寻求人才进行针对性培训，在政府资金的支持下为每个非遗项目组建专业的新媒体团队。该培训项目的内容应包含新媒体传播理论课程、新媒体影像创作课程、新媒体品牌的运营课程及非遗项目文化内涵的开发课程。其中，新媒体传播理论课程需要让团队成员理解新媒体传播领域占据主流的流行文化的文化内涵与传播特征。新媒体影像创作课程需要让团队成员掌握写作、拍摄、剪辑、口播、表演等一系列影像创作方法，保证团队能够持续进行高质量的新媒体影像创作。新媒体品牌运营课程主要为团队讲授在传媒市场中构建和维持新媒体品牌的能力，新媒体品牌则是非遗项目的文化空间与现代商业文化空间连接的渠道，它为非遗项目提供了自我造血的可能性。最后，非遗项目文化内涵的开发课程是最为重要的，在这门课程中，培训团队与受训团队需要共同努力，探索非遗项目的文化元素在商业文化空间中的价值，具体来说就是思考用哪种方式展示非遗项目的哪些文化元素。这些文化元素能给互联网受众提供怎样的精神价值，这种价值又能通过什么样的市场渠道反哺非遗项目。此外，在这门课程中，培训团队与受训团队还要充分讨论在商业文化的影响下，应如何最大限度地保存非遗项目的原生文化空间，使其不受资本的过度影响。

（二）非遗文化内核亟待厘清

亟待解决的第二个问题是对非遗项目的文化内涵进行深入的探索和发掘，为非遗传播主体的传播行为指引方向。这项工作必须由文化理论界的研究者们通过大量的田野调查，针对每项非遗项目进行研究，逐一厘清它们的文化内涵与文化空间，然后形成一套独特的理论来指导影像创作。这些研究应该回答以下三个问题：

1. 某非遗项目具体的文化元素有哪些？这些文化元素对社会主义核心价值观的构建是积极的还是需要重新诠释的？

2. 如何让某非遗项目的表达形式更符合现代人的意识与审美？如何让这项非遗项目的文化空间融入现代社会的文化空间？

3. 如何让现代人为某非遗项目的文化元素付费？

针对这三个问题的研究应该同时提供具体某个非遗项目的一整套新媒体传播和运营方案。在这种具有实践意义的理论指导之下，非遗项目的新媒体创作团队才有可能为该项目提供一套文化价值变现并反哺非遗项目的体系，让非遗项目能不再完全依靠财政支持生存下去。

　　这项研究的重点和难点都在于从非遗项目形式复杂的文化元素中找出普遍的人类情感类型，利用普遍的情感与现代人形成情感共鸣。

　　我们在传统美术类别中考察一个典型的案例——抖音账号"皮雕小匠阿狼"。该账号主体是一位皮雕非遗传承人，其抖音账号的店铺主营各类皮雕订制加工业务，即在皮具表面加工各种彩色立体图案。皮雕技艺长于在皮具表面绘制花卉植物与动物的浮雕，形象立体且便于随身携带，且皮具在现代社会依然是常见服饰的原材料，很容易融入现代社会文化空间。阿狼的皮雕技术娴熟，制成的皮具图案栩栩如生，但除此以外，其订制服务还带有一定的情感附加价值——他从客户那里接收照片，了解照片背后的故事，然后将照片的图案雕在皮具上卖给客户，同时将照片的故事结合雕刻过程制成短视频发布在视频平台上。这样，客户花一份钱就同时得到了实物和影像纪念两种产品，同时满足其使用与情感分享两方面的需求。阿狼特别擅长动物图案的皮雕，所以他最常接受的订制委托是宠物纪念品。在中国，宠物正在从原来的"看家护院"功能转变为"心灵呵护"的高层次精神追求，宠物市场空前繁荣。阿狼店铺中销售量最大的产品是带有宠物头像的手工皮雕吊牌，其商品简介中写道"我不仅仅是个匠人，更是一个故事收集者"，此举意在鼓励消费者在订制产品的过程中分享自己的情感故事。"皮雕小匠阿狼"拥有 205 万粉丝，直播间均客单价为 483 元人民币，整体销量虽不大，但相对其单人手工作坊的产量而言是非常可观的。"皮雕小匠阿狼"展示了非视听类非遗传承人将传统文化空间与现代社会的情感空间进行结合的尝试。皮雕技艺与宠物主题高度契合，由皮雕技艺产生视觉元素，故事配音产生听觉元素，两者以短视频的形式统一在一个账号主体内，这种创意开拓了皮雕非遗项目新的文化空间。

三、结语：漫漫长征刚起步

　　2021 年度新媒体领域的非遗影像发展是一个承上启下的阶段。在结束了以短视频和直播为主要增长点的新媒体"野蛮生长期"之后，新媒体产业的发展进入了稳定期，存量竞争加剧，需要更多新的竞争者再次涌入，以产生新的火花，保障行业不停地向前发展。通常来说，行业的整顿与政策的规范都会陆续在这个时期出现。非遗影像在新媒体业界的发展总体上说有了一个不错的起步，但是相对全国数以万计的各级非遗项目而言，非遗影像和非遗的传播还有极大的发展空间。数量巨大的非遗项目有的还没有在新媒体领域创建属于自己的影像和传播阵地，有的虽然打开了新媒体的大门，但在影像创作与文化传播上不得要领，迟迟无法通过新媒体这一风口行业取得进展，这些需要从政策方面、资金方面和团队建设方面得到应有的支持。我们还需要有更多的研究者对上一阶段从万千传播主体的竞争中成功突围，并建立各自生存和传播模式的非遗项目进行系统性的梳理和总结，将经验和教训传达给更多非遗项目主体，帮助他们在新媒体领域建立自己的话语空间，为非遗保护与传承带来新时代的助力。

第五章 2021 年度民间纪录与非遗影像研究报告

朱晶进[*]

第一节 民间纪录与非遗影像发展概况

一、民间非遗纪录影像的探索实践

我国民间非遗纪录影像的早期探索工作，是 20 世纪末 21 世纪初由云南省文化、科研机构和高等院校的一批学者和社会工作者开始的。

1999 年，美国"大自然保护协会"进入云南，和云南省政府签订协议，在云南西北的四个地州——大理、迪庆、丽江、怒江从事名为"滇西北大河流域保护与发展计划"的环境保护工作。云南省博物馆郭净和云南省社科院章忠云、和渊、曾庆新等学者，在项目中负责研究"文化和环境之间的关系"，选择迪庆州三个村落即汤堆村、茨中村和明永村开展非遗影像纪录的探索拍摄。项目团队培训当地人使用摄像机去拍摄他们自己的故事，记录了黑陶制作、天主教圣诞仪式、葡萄酒制作以及冰川对旅游的影响等内容，形成三部作品，之后加入九龙顶村的影像，结集为《我心中的香格里拉——云南藏族拍摄的纪录片》并由云南音像出版社出版。2000年，郭净、章忠云等人利用这些作品又在当地开展了"社区影像教育"，并以此为契机，在云南成立"白玛山地文化研究中心"，专门从事民间非遗纪录影像的制作和研究。

在郭净、章忠云开展社区影像探索的同时，20 世纪 90 年代后期至 2003 年间，在云南大学副校长林超民的策动下，该校成立了"东亚影视人类学研究所"。研究

* 朱晶进，博士，四川大学中国西部边疆安全与发展协同创新中心、国际关系学院副研究员，澳大利亚乐卓博大学访问学者，主要研究领域：中国西部民族地区社会发展、非遗影像。

所与德国哥廷根科教电影研究所合作，由德国大众基金会赞助，采用英国曼彻斯特大学格林纳达影视人类学中心的教程，陆续培养了 20 名影视人类学研究生。郭净等人就曾在该研究生班组织的"昆明电影学习小组"上放映由迪庆州村民摄制的民间非遗纪录影像。在这种影像人类学研究的氛围下，云南大学、云南省博物馆、云南艺术学院、云南民族大学等高校和机构于 2002 年举办了一次"昆明影像论坛"的较大规模放映活动。此后，这些高校和机构又于 2003 年举办了"云之南人类学影像展"，这便是此后 10 年间以"云之南"闻名的非遗纪录影像的主要放映和讨论平台的第一届活动。同年，郭净等人与云南省生物多样性和传统知识研究会合作，在云南西双版纳州的勐宋针对哈尼族阿卡人开展社区影像教育。2004 年起，"云之南人类学影像展"更名为"云之南纪录影像展"。2005 年后，由于民间非遗纪录影像作品增多，该影展开拓性地设立了"社区单元"。这一单元所涉话题与现实的紧密联系，吸引了比主竞赛单元更多的讨论人员，成为该影展的重要特色之一。

2006 年，郭净及其团队的社区影像教育项目，在美国福特基金会的赞助下，扩展至越南，举办了 4 次"云南—越南社区影视教育交流坊"。由于"云之南纪录影像展"中社区单元影像的增大，2007 年，山水自然保护中心的吕宾开创"乡村之眼"项目，并与郭净及其团队建立合作关系。2009 年起，"乡村之眼"与郭净团队开始合作培养"种子学员"，让优秀的民间非遗影像乡村作者去指导本项目点的新学员或新项目点的其他学员，以减少科研机构和社会团体的"干扰"。在此过程中，云南迪庆州德钦县的"卡瓦格博文化社"成为当时最成熟的集中产出"种子学员"的项目点。

2013 年，"云之南纪录影像展"举办了最后一届活动。这次影展的颁奖结果，体现了云南民间非遗纪录影像探索终于成功走出云南省。社区单元的获奖者之一是"乡村之眼"和郭净团队所培养的青海省果洛州白玉县拍摄队伍，他们中的佼佼者周杰作为"种子学员"又在青海玉树州和四川阿坝州培养出两支队伍。其中四川阿坝州若尔盖县摄影小组的影响力持续至今，也最为值得关注。同年，"乡村之眼"还派出志愿者和"种子学员"，与华谊兄弟公益基金会合作，在青海果洛吉美坚赞民族职业学校创办了"民族影视专业班"并持续至今。该班教育学生在学习影视创作技术的同时，要使用影像关注文化传承和生态保护，也为民间非遗纪录影像做出了贡献。

"云之南纪录影像展"通过邀请展映和颁发奖项，使民间非遗纪录影像的探索和研究理念为政府机关和事业单位所理解与肯定。国家民委直属的中国民族博物馆，以及广西民族博物馆在 2013 年之后的民族志影展中，都以不同的名义为民间非遗纪录影像提供了展映和讨论平台。广西民族博物馆则与"乡村之眼"以及云南的影视人类学者建立持续合作关系，建设新的项目点，培养新一代村民拍摄者。[①]

二、乡村振兴战略与民间非遗纪录影像的持续发展

党的十九大提出乡村振兴战略以来，民间非遗纪录影像在前期培育基础上以及短视频平台的助力下，持续向前发展，不仅完成了民族学研究影音档案的新积累，而且通过互联网向世界展现了脱贫攻坚成果的第一手画面。

（一）参与式民间非遗纪录影像工作向体系化、多元化迈进

"乡村之眼"已不再局限于项目，而是成立了名为"乡村之眼乡土文化研究中心"的专门团队，以云南大学和安宁光崀村为基地，完成了独立网站的建设，在十多年积累基础上建立了自己的影像库。"乡村之眼"逐渐成为参与式影像的代名词，相关非遗作品涉及哈尼族、傣族、傈僳族、彝族、布朗族、瑶族、纳西族、藏族、普米族和苗族等 10 个国内少数民族，以及掸族和泰族 2 个跨境民族。2020 年 5 月，"乡村之眼"指导参与的"嘉绒藏族上九节（四川宝兴）"和"傈僳族史诗《武萨古》"两个项目，获得国家文化和旅游部当年的"中国节日影像志"子课题和"中国史诗百部工程"子课题立项。[②] 这是民间非遗纪录影像的意义获得高层次认可的重要标志。当前，"乡村之眼"长期合作的民间组织分布在云南、青海、四川、广西 5 省。其中 2020 年至 2021 年持续有影像作品产出的是青海果洛的吉美坚赞民族职业技术学校。2020 年，该校"民族影视专业班"更名为"藏地生态影像青年培训中心"，并由影视班首届毕业生加洋扎西负责教学。该中心要求学生利用寒暑假完成至少 2 部纪录短片，并在当地牧民中定期展映学生作品。[③]

① 本节有关云南影像探索发展的情况，主要参见欧阳卓群：《民族志、云之南、乡村之眼：郭净谈云南百年纪录影像往事》，凹凸镜 DOC，https://mp.weixin.qq.com/s/QYEmBJ-Gk-NoEarHPLzMWg；郭净、章忠云、张海律：《郭净对谈章忠云：人类学家和滇藏村民的社区影像故事》，澎湃新闻网，https://www.thepaper.cn/newsDetail_forward_15403865。有关青海吉美坚赞民族职业学校的情况，参见吉郎久美：《藏地生态影像青年培训中心的使命》，藏地生态影像，https://mp.weixin.qq.com/s/97SKHAkdX7UgmU1Cc_xqqA。

② 《2020 年度"中国节日影像志"子课题立项名单》，文化和旅游部民族民间文艺发展中心，http://www.cefla.org/detail/list?id=880；《2020 年度"中国史诗百部工程"子课题立项名单》，文化和旅游部民族民间文艺发展中心，http://www.cefla.org/detail/list?id=881。

③ 吉郎久美：《藏地生态影像青年培训中心的使命》。"乡村之眼乡土文化研究中心"的详细情况，参见"乡村之眼"官方网站（http://www.xczy.org）及"乡村之眼"微信公众号。

　　四川若尔盖摄影小组也可追溯到"乡村之眼"早期项目，近年在参与式影像理念下，依托扎琼仓生态文化交流中心获得了良好的发展。自 2018 年至今，若尔盖摄影小组吸纳本地拍摄者 15 名，其中 7 名较活跃的拍摄者完成非遗纪录影像 30 多部。这些影像除了定期在若尔盖县冻卡村扎琼仓生态文化交流中心内开展小范围放映外，还前往各省和其他民族自治地区参与了"山地未来"国际影展、拉萨国际绿色电影周、北京国际短片影展等活动。主要拍摄者扎琼衣扎本人及其作品也在大众媒体中获得了一定流量和影响力。①

　　郭净、陈学礼及其团队作为国内参与式影像工作的先锋，近年来的工作焦点主要为数据库建设。在 2021 年郭净等人接受的采访和开设的讲座中，我们可以了解到，他们提出参与式影像应该不仅仅是"作品"，因为"作品"只是所有影像素材对外交流的一小部分。所有的素材都应该得到保留，以数据库的形式形成一套影像志。在他们的设想中，相关数据可以存储在云端，在维基百科式的用户生产内容的架构下，允许所有拍摄者建设影像条目。② 但郭净团队的数据库尚未对社会开放上传。当前，以民间非遗纪录影像为主题的已对外开放的数据库，是李文飞团队建立的"田野影像"手机应用程序。

（二）主要短视频平台对民间非遗纪录影像创作开始提供实质支持

　　快手和抖音两大平台于 2019 年同时启动了相关培训项目，即快手的"非遗带头人计划"和抖音的"非遗合伙人计划"，从内容生产到品牌管理进行全过程的资金和技术扶持。多账号运营模式 MCN 也开始进入非遗短视频领域。此类计划也有与地方合作的案例，如抖音于 2019 年 12 月启动了"非遗合伙人计划·青海站"，③ 其目标指向的是非遗的"电商转换"，助力当地的脱贫攻坚。2020 年 7 月，在"非遗传承人群研修研习培训计划"的政策背景下，快手打造了"快手非遗学院"，与全国 10 所非遗定点研培高校开展合作。2020 年 12 月，第三届中国匠人大会首次加入短视频竞赛单元，评选出 10 名"年度抖音人气匠人"，大大提升了民间非遗纪

　　① 　王婷婷：《2020 若尔盖摄影小组年会 & 影展》，扎琼仓生态文化交流中心，https://mp.weixin. qq.com/s/GsIZptCoBDxWeX8MbIHtHQ；扎琼衣扎、吴启慧：《〈狼来了〉获奖是为了让更多牧人拍摄纪录片》，藏地生态影像，https://mp.weixin.qq.com/s/MDtxpHwcnF-jscwjVUeUHw。

　　② 　郭净、陈琳：《去做影像志，而不只是纪录片》，影音档案，https://mp.weixin.qq.com/s/ iXLrG68Lo7row3imMAXKBQ；欧阳卓群：《民族志、云之南、乡村之眼：郭净谈云南百年纪录影像往事》。

　　③ 　万玛加：《抖音非遗传承人合作项目首次走进青海》，光明网，https://difang.gmw.cn/qh/2019- 12/25/content_33432298.htm。

录影像在社会舆论中的影响力。

第二节 2021 年度民间纪录与非遗影像主要范畴分析

一、2021 年度机构和项目支持下的民间非遗纪录影像

（一）支持民间非遗纪录影像的主要机构和项目

2021 年，对民间非遗纪录影像提供实质性强力支持的机构，主要是云南的乡村之眼乡土文化研究中心、广西民族博物馆、青海的吉美坚赞民族职业学校和四川的扎琼仓生态文化交流中心，主要的优秀影像作品都或多或少地以这些机构为基础或收到它们旗下项目的资助。重庆田野守望公司创办的"田野影像"手机应用程序，成为民间非遗纪录影像数据库的专业平台，为影像的归档和传播提供了新的机会。网易投资的瑞鸣音乐"中国音乐地图之听见系列"项目，在民间投资非遗纪录影像领域取得突出成绩，提供了音乐类非遗影像的高质量范本。

1. 乡村之眼乡土文化研究中心。2021 年 4 月，云南乡村之眼乡土文化研究中心联合云南大学民族学与社会学学院，共同开启为期一年的"乡村影像文化振兴工程"。该项目旨在让学术机构、公益机构、村民、各领域专家和研修生互动共创，一起探索民族志电影的和乡村影像行动的新可能。项目邀请了 14 位研修生分别前往云南、四川和广西的 14 个村落项目点，与当地村民一起创作民族志电影或村落文化纪录片，或协助村民传播自己的影像作品，建立自己的影像资料库和传习馆。项目也希望研修生用文字或影像把他们看见的乡村和村民让更多的人也看见。同时也希望每一个村民都能因为拍摄而成为乡村社区文化的记录者和传承者。乡村之眼乡土文化研究中心在研修生田野工作开始前，为其提供专业而充分的人类学、影像和乡村工作培训。项目导师和专家将陪伴每一位研修生，协助他们在村落中开展工作。2021 年 5 月 24 日至 31 日，该项目在昆明的乡村之眼影像教育基地开展主题为"人类学田野工作方法""影像记录方法"和"乡村工作方法"的培训。培训老师来自项目的学术委员会、专家团队及实践导师团队。培训期间，14 个村落的 14 名代表到场介绍他们的实践经验和未来方向。这些村民有的是非遗传承人，有的是多年的影像拍摄老手，有的是耕耘村落经济和文化发展的能人。14 名研修生中有本科生、研究生、博士生和已经工作的人，他们来自同济大学、中央民族大学、名

古屋大学、云南大学等高校，主攻人类学、纪录片拍摄和社区工作。研修生在培训期间与村落代表、田野专家组成团队。2021 年 6 月至 2022 年 3 月，研修生将与村落代表、专家组成团队，约定田野工作时间，自行前往田野工作地点至少三次以上，每次工作 10—15 天。这些项目点包括了哈尼族、景颇族、白族、傣族、藏族（嘉绒藏族）、瑶族（白裤瑶）、傈僳族、基诺族、独龙族、布朗族和摩梭人等民族的 14 个聚居村落。项目计划每月安排一次研修生沙龙，邀请相关专家学者加入，共同探讨田野工作期间的问题和思考。2021 年 7 月 11 日至 20 日，广西民族博物馆副研究馆员梁小燕作为该项目研修生之一，在云南省红河州红河县普春村完成了她的第一次田野工作，与当地村民合作，完成了记录哈尼族矻扎扎节的影像记录，片名定为《批忠家的矻扎扎》。该片以日志为线，从家庭仪式和公共仪式两个层面展示了矻扎扎节的过程，并记录当地国家级非遗"哈尼族多声部民歌"。10 月 19 日至 28 日，梁小燕第二次前往普春村开展田野工作，调查梳理当地哈尼族拍摄者车志雄的 30 余部非遗影像作品。据悉，此次田野工作还结合了乡村之眼的"以文化赋能的方式打造哈尼族村寨的特色人文深度旅游产业"项目。梁小燕还计划前往红河州元阳县箐口村开展田野工作。根据乡村之眼发布的公告，"乡村影像文化振兴工程"项目拟于 2022 年 4 月举办论坛，发布项目成果。①

2021 年 9 月 19 至 20 日，乡村之眼团队在昆明顺城拾翠市集举办"归乡"中秋特别活动，活动邀请了云南省红河州红河县普春村拍摄乡村影像的村民、云南省非遗保护中心、云南大学民族学与社会学学院、"源生坊"的学者专家以及"山人乐队"进行了文化互动和专题讲座。活动放映了《四季生产调》和《澜沧问乐》两部反映红河县哈尼族传统音乐的纪录片。② 10 月 24 日，乡村之眼团队多部作品入围第四届中国民族志纪录片学术展主展映单元及非遗影像单元，包括毕芳主创、记录云南楚雄大姚县高坪子村傣族窝巴节的《窝巴纪》，余明光与阿妮主创、记录云

① 有关乡村之眼的情况可参见：《研修生招募：去田野里，记录世界的真实》，乡村之眼，https://mp.weixin.qq.com/s/W6GuD-241CLm1frZdBhIKQ；袁佳昱、崔静雯：《十四个广阔天地，相遇皆是久别重逢》，乡村之眼，https://mp.weixin.qq.com/s/mjBsDoHGqpzu4XZQloHDpg；梁小燕：《生活质感显现在想象被打破：矻扎扎节拍摄日志》，乡村之眼，https://mp.weixin.qq.com/s/rTGPIYehB_si5wqymX0Yug；梁小燕：《我馆梁小燕入选 2021—2022 年度云南大学—乡村之眼"乡村影像文化振兴工程"项目并参加首期研讨》，广西民族博物馆网站，http://www.amgx.org/news-8880.html；梁小燕：《我馆梁小燕受邀赴云南红河切龙中寨拍摄哈尼族矻扎扎节》，广西民族博物馆网站，http://www.amgx.org/news-8924.htm。梁小燕：《我馆梁小燕副研究馆员签约云南红河民政项目并完成影像教学课程设计》，广西民族博物馆网站，http://www.amgx.org/news-8977.html。

② 《近期公共活动》，乡村之眼网站，http://www.xczy.org/news。

南迪庆维西县傈僳族传统歌舞的《跳脚起舞 傈僳族瓦器器十二脚》《轮椅上传承的阿尺木刮》等。11 月 29 日，乡村之眼团队与云南大学民族学与社会学学院联合邀请土丁桑宝与师生开展交流，并放映他 2014 年的作品《朝圣路上的阳光》。土丁桑宝毕业于青海省果洛州吉美坚赞民族职业学院，曾于 2012 年参加乡村之眼的乡村影像培训。① 12 月 12 日，乡村之眼团队焦小芳执导的、记录云南省红河州红河县普春村哈尼族栽秧调子的《吾处阿次》在第二届华语音乐影像志暨国际音乐影像志展映上获铜奖。② 12 月 19 日至 21 日，乡村之眼影像培训师受北京永续全球环境研究所·师法自然学堂专项基金项目邀请，前往四川省甘孜州理塘县则巴村，为当地热爱影像拍摄、希望通过影像来传播家乡文化的牧民进行了为期 3 天的"理塘·第一期社区影视培训工作坊"。此次培训根据当地实际需求，以短视频拍摄思路和技术为主、文化纪录片拍摄理念为辅的方式展开，现场有 22 名牧民参与培训。其中，第一天的培训内容包括：何为社区影像、牧民生态影像和在地环保、社区影像行动、新媒体和短视频的关系、短视频和纪录片的区别、抖音的机制算法、抖音的策划和文案、视频剪辑方法、用户思维分析、抖音账号搭建等；第二天的培训内容包括：拍摄基础知识、拍摄思路设计、乡村影像作品赏析等；第三天的培训内容包括：抖音账号个人简介设定、账号内容梳理、抖音视频剪辑实践等。③

2. 广西民族博物馆。2021 年 6 月 23 日至 24 日，广西民族博物馆民族文化研究部王玉成、艾兰受邀前往广西河池市南丹县里湖乡白裤瑶生态博物馆，为后者的"2021 年度（第三期）白裤瑶人文纪录片培训班"授课。该课程培训对象为 8 名当地白裤瑶青年，培训内容包括拍摄理论、实地拍摄、视频剪辑。课程后学员最终完成《走访姑妈的一天》《奶奶与网袋》《豆腐菜"东施"》等 3 部短纪录片。8 月16 日至 19 日、9 月 22 日至 25 日、10 月 26 日至 27 日、11 月 9 日至 12 日，广西民族博物馆先后四次在来宾市金秀县坳瑶生态博物馆、桂林市龙胜县龙脊壮族生态博物馆、贺州市客家生态博物馆、柳州市三江县侗族生态博物馆举办了"文化工作者专项工作"项目"乡村影像培训班"，组织南丹县里湖白裤瑶、融水县安太苗族、东兴京族、灵川县长岗岭商道古村、金秀县坳瑶、靖西旧州壮族、那坡县黑衣社、

① 土丁桑宝、杨露露：《纪录片要靠等待讲故事》，影音档案，https://mp.weixin.qq.com/s/4cSYNoAF89vr3_3nYti_iQ。

② 刘桂腾：《第二届华语音乐影像志获奖名录——颁奖典礼精彩回顾》，仪式音乐中心，https://mp.weixin.qq.com/s/_liuwTVMQTQPptvrv93uFg。

③ 《理塘县则巴村乡村之眼影视培训工作坊活动回顾》，师法自然学堂，https://mp.weixin.qq.com/s/7qzn9qJAsNcGMymODqMVtw。

龙胜县龙脊壮族、三江县侗族等9个生态博物馆的工作人员参加培训。这一系列培训的内容主要包括：广西民博"文化记忆工程"操作规范、民族文化纪录片拍摄技能、进村实践、剪辑软件使用、影片观摩讨论等。其中进村实践环节为组织学员分别前往金秀六巷乡门头村、古陈村、贺州黄姚镇白山村等田野工作点开展文化调查并练习拍摄当地非遗。在龙脊古壮寨和金江村举办纪录片展映活动中，播放了《龙胜壮族庙王节》《龙胜手工造纸》《儿时的味道——糖扣》《扫庙》《靖西壮族扎染》等广西民族博物馆指导下拍摄的民间非遗影像。①

此外，2021年10月24日，由广西民族博物馆、南丹县文化广电体育和旅游局出品、由南丹县里湖白裤瑶生态博物馆副馆长王财金执导、记录广西河池南丹县白裤瑶人陪葬品草鞋制作手艺的《草鞋》（2020年完成），入围第四届中国民族志纪录片学术展乡村/社区影像单元。

3. 吉美坚赞民族职业学校。2020年12月至2021年4月，青海果洛吉美坚赞民族职业学校在志愿者教师团队的协助下，该校"藏地生态影像青年培训中心"完成了藏汉双语《电影制作入门》的撰写和翻译工作。由于此前藏语影视教材不多，影视词汇藏汉翻译也不统一，因此该书的最后附有藏汉双语影视词汇表。2021年5月30日起，该中心在阿拉善"创绿家"项目资助下，邀请几位从事影像教育的志愿者，通过网络教学给该校高一和高二影视班的29名学生开展了为期一个月的"青年培力工作坊"。该工作坊通过点评作业、分析影片结构、小组讨论等方式，希望培养学生拍摄纪录片的实践能力、思辨能力以及团队协作能力。暨南大学艺术学院吴启慧是工作坊的志愿者之一，负责第一阶段培训，培训内容包括学生寒假影像作业点评和《我和拾穗者》赏析讨论等；乡村之眼项目人员崔静雯是另一位志愿者，负责第二阶段培训，培训内容主要为社区影像行动理念，并对《虫草》《葡萄》

① 有关广西民族博物馆的情况可参见：王财金：《2021年度白裤瑶人文纪录片培训班在白裤瑶生态博物馆圆满结束》，南丹县里湖白裤瑶生态博物馆，https://mp.weixin.qq.com/s/Oi5b3W2XoM8-IG2SF_XSxg；罗勇：《南丹里湖白裤瑶生态博物馆成功举办2021年度白裤瑶人文纪录片培训班》，广西民族博物馆网站，http://www.amgx.org/news-8917.html；王玉成：《广西民族博物馆2021年"文化工作者专项工作"项目"乡村影像"培训班在金秀顺利举办》，广西民族博物馆网站，http://www.amgx.org/news-9028.html；胡顺成：《广西民族博物馆2021年"文化工作者专项工作"项目"乡村影像技能"培训班在龙脊壮族生态博物馆顺利举办》，广西民族博物馆网站，http://www.amgx.org/news-9043.html；胡顺成：《广西民族生态博物馆"纪录片巡展"（龙胜站）活动顺利举行》，广西民族博物馆网站，http://www.amgx.org/news-9046.html；王玉成：《广西民族博物馆2021年"文化工作者专项工作"项目"乡村影像"培训班在贺州顺利举办》，广西民族博物馆网站，http://www.amgx.org/news-9027.html；胡顺成：《广西民族博物馆2021三江侗族生态博物馆"文化工作者专项工作"项目"乡村影像技能"培训班在三江顺利举办》，广西民族博物馆网站，http://www.amgx.org/news-9049.html。

《小生命》等纪录影像开展案例分析。阿拉善"创绿家"项目、扎琼仓生态文化交流中心还于 6 月 24 日至 25 日资助和支持该中心举办年度"托弥生态影像交流会"，交流会主要议程为"生态影像在地记录与行动工作坊"，郭净受邀在工作坊上主讲。6 月 24 日当天，该活动先放映了郭净《雪山短歌》与扎琼衣扎《狼来了》两部作品作为赏析片目，还放映了向社会征集的 3 部纪录片：《猛种山下》（赤迷·宝宝等）、《冈吉曼巴》（甘嘉多欧）和《看见隐秘而不凡的保护者》（袁锦欣），以及 6 部该校影视班学生习作：《我家的清晨》（关曲尖措）、《高山上的足球梦》（拉松加）、《鼠兔》（喇文角巴）、《地震》（尕玛才旦）、《爷爷》（嘉央根嘎）和《妹妹》（娘吾加）。6 月 25 日，郭净在该校以"关于生态影像创作的六个关键词"为题对前一日的作品进行评析，并主持学生讨论。郭净在讲解中提出，"黑帐篷、动物、植物、社区、信仰、灾难"是他从此次放映的所有作品中提取的 6 个关键词，引导拍摄者可围绕其对应的 6 个主题开展文化调查。[①]

4. 扎琼仓生态文化交流中心。2021 年 10 月 24 日，扎琼仓生态文化交流中心"若尔盖摄影小组"成员扎琼衣扎执导的《狼来了》（2020 年 12 月完成）荣获第四届中国民族志纪录片学术展乡村/社区影像优秀奖。12 月 25 日至 26 日，扎琼仓生态文化交流中心在四川省成都市迦入空间举办"首届牧人电影迦入分享会"。此次活动放映了"若尔盖摄影小组"近年完成的《狼来了》（扎琼衣扎）、《死于铁丝网》（扎琼衣扎、）《妈妈》（拉布杰）、《供水》（供波泽让）、《牧羊人和黑颈鹤》（供波泽让）、《小鸟》（拉姆加）、《石匠》（帕华扎西）和《回家》（扎琼巴让）等 8 部影像作品，各部作品的导演现场分享了纪录片拍摄心得以及自己作品的意义。12 月 29 日，扎琼仓生态文化交流中心在重庆市创意设计家协会的支持下，前往重庆市鹅岭二厂文创公园举办了"首届牧人电影重庆观影会"。此次活动放映了"若尔盖摄影小组"的《狼来了》《妈妈》《小鸟》《石匠》和《羊粪》（供波才让）等 5 部作品。[②] 当前，"若尔盖摄影小组"中的扎琼衣扎、供波泽让和拉华扎西属于最为

① 有关扎琼仓生态文化交流中心的情况可参见：吉郎久美：《藏地生态影像青年培训中心的使命》，藏地生态影像，https://mp.weixin.qq.com/s/97SKHAkdX7UgmU1Cc_xqqA；益西准：《藏影新声——培力工作坊（一）》，藏地生态影像，https://mp.weixin.qq.com/s/6rZmVO9QYkvzCSxUZWm4w；崔静雯：《藏影新声——培力工作坊（二）》，藏地生态影像，https://mp.weixin.qq.com/s/qsyMm6UziWt6E9zOGI0t_A；郭净、吴启慧：《关于生态影像创作的六个关键词》，藏地生态影像，https://mp.weixin.qq.com/s/5X5V426ynSg26K5-gebawA。

② 参见李雨航：《首届牧人电影迦入分享会》，CHARU，https://mp.weixin.qq.com/s/IRkHEY_-yzf3VrRHGIzOiw；黄颖：《首届牧人电影节重庆观影会》，CCDA 创意设计家，https://mp.weixin.qq.com/s/tJ4bCAaafwmfsyFsRiRe-A。

活跃的拍摄者，分别开设有"牧和艺""牧民供波"和"若尔盖帕华纪录片拍摄"等微信视频号记录若尔盖当地的传统生活方式。

5. 田野影像手机应用程序。田野影像手机应用程序由纪录片导演李文飞于 2020 年创办，同年，李文飞还注册了"田野守望（重庆）影视传媒有限公司"对平台开展运营与维护。李文飞指出，他创办该手机应用程序的初衷，是想解决人类学纪录片的传播受限问题。该手机应用程序专注于中国文化遗产影像分享，内容来源包括用户上传和自身视频内容生产两种。其功能栏目主要包括视频发布、影像库和影像地图。用户可使用手机应用程序完成视频拍摄、剪辑制作、上传等，随时随地拍摄并分享视频。在上传时用户需要确定影像拍摄地点，可选择"仪式""农事劳作""自然遗产""传统舞蹈""传统医药""非遗""民俗""节日""传统体育""口述史""传统村落""传统戏剧/曲艺""生活方式""城市记忆"等标签确定影像主题。"影像库"栏目展示的是该手机应用程序运营团队精选的部分影像。"影像地图"栏目根据影像的地点属性，自动以图形化的方式展示平台现有视频在中国境内的分布状况；用户可以对地图上各个区域的影像作品进行探索，也可以点击标签，查看某一类型的影像在全国的分布位置。截至 2022 年 2 月 15 日，该手机应用程序共上传非遗影像 2110 部，其中属于用户生产内容的影像有 261 部，播放量居于前三位的分别为"沙漠中的养驼人""台湾阿里山地区传统歌谣"和"甘肃文县白马藏族传统傩舞——池哥昼"。据李文飞介绍，当前的用户主要包括民族学、人类学等学科的学生、纪录片导演、田野爱好者、非遗传承人、文物保护单位等，这些用户之间最大的相似性都是以田野为基础，热爱传统文化和生活，对非遗保护和传承有天生的责任感与使命感。李文飞对下一步平台的发展有三点考虑：一是与更多的影像作者建立合作，增设"民族志纪录片"板块，重视作品版权保护，为上传的作品免费进行版权登记；二是与全国开设民族学、人类学、非遗保护、影视传媒等专业课程的高校合作，建立影像采集基地，持续征集影像内容；三是与非遗保护相关单位合作，征集影像内容，做好宣传推广工作。①

6. 瑞鸣音乐"中国音乐地图之听见系列"。由网易投资的北京瑞鸣音乐有限公司于 2019 年开始实施"中国音乐地图之听见系列"项目。该项目至今完成了 30 多个民族 580 位民间音乐人使用 213 种乐器演奏的音频与视频录制。除已出版的 20

---

①　有关该手机应用程序的部分数据和情况由李文飞于 2022 年 2 月 15 日向笔者提供。该手机应用程序的推广网站为"田野影像"（https://www.tianyeyingxiang.com/）。同时参见：《影视人类学：为什么我们都是"田野守望者"》，UME 小众留学，https://mp.weixin.qq.com/s/aHXmZFWT82ne2eFKqrtRpA。

张唱片外，该项目还从 2021 年 3 月起将录音的同步视频发布在微信视频号、西瓜视频、哔哩哔哩、抖音和 YouTube 等新媒体平台上。以哔哩哔哩为例，截至 2021 年 12 月 31 日，"瑞鸣中国音乐地图"账号共发布"中国音乐地图之听见"主题音乐非遗视频共 88 条，每条视频时长为 6 分钟至 2 小时 21 分钟不等，点击量超过 1 万次的视频为"广西侗族大歌""新疆维吾尔族民间歌曲集""山西民间歌曲集""壮族民间歌曲集""京胡 京剧曲牌音乐集"等。目前，该账号仍在继续更新。

（二）机构和项目支持的民间非遗纪录影像的优秀案例

2021 年，由云南乡村之眼乡土文化研究中心支持的《吾处阿次》、广西民族博物馆支持的《草鞋》以及扎琼仓生态文化交流中心支持的《狼来了》在各类影展中均有获奖记录，它们是机构和项目支持的民间非遗纪录影像的优秀案例。

1. 焦小芳《吾处阿次》。由焦小芳执导、乡村之眼乡土文化研究中心出品的《吾处阿次》，自 2019 年 3 月起开始拍摄，2021 年完成制作，片长 40 分钟。2021 年 12 月，该片在第二届华语音乐影像志暨国际音乐影像志展映上获铜奖。影片记录的是云南红河县阿扎河乡普春村切龙中寨的国家级非遗哈尼族多声部音乐。"吾处阿次"为当地方言，指的就是这种音乐形式。影片讲述这一非遗项目的相关背景时提到，每年三月，切龙中寨村民在各地的亲朋好友前来帮忙栽秧时都会演唱山歌，祈求谷子饱满，同时妇女们也祈求丈夫的"魂魄"不要被龙沟的"美女"勾走。恰恰由于各地语言不通，山歌演唱者心情不通，调子也有区别，从而形成了多声部的音乐效果。影片的主角是哈尼族多声部音乐的州级传承人车志雄等切龙中寨村民，在村民的合作之下，保存了当地传承人、哈尼族文化学者以及音乐学者对多声部音乐文化解释的重要口述档案，同时呈现了文旅产业与多声部音乐相结合后不同主体对"开秧门"仪式的不同立场，但也表明了文旅产业所带来的经济驱力促成了艺人重新开始表演，当地儿童也获得了学习音乐及其文化的机会。此外，刘敏评论影片时认为，该影片部分访谈段落不够完整，未能很好地利用受访人延续的面部表情来表述复杂的事项。①

2021 年，影片《吾处阿次》的主角们曾在云南昆明和福建厦门两地现场表演多声部音乐。据乡村之眼红河县负责人、切龙中寨村民李旭东介绍，此类展演是以乡村之眼与中兴通讯公益基金会合作的"以教育扶贫的方式打造云南哈尼族国家非

---

① 刘敏：《观〈吾处阿次〉》，影音档案，https://mp.weixin.qq.com/s/fkavMiLb_vboYEDt_RfNQQ。

遗特色研学旅行产品"项目以及由云南省民政厅支持的"以文化赋能的方式打造哈尼族村寨的特色人文深度旅游产业"项目为基础,旨在培训村寨的文创运营团队以形成可持续的哈尼族村寨特色文化,并通过当地文化导师培养来促进哈尼族村寨乡土文化的传承与乡村振兴工作。而根据导演焦小芳的说法,影片主角车志雄并非最擅长多声部演唱的传承人,他的父亲早在 20 世纪 90 年代即以外出表演多声部闻名。在近几年各类机构的鼓励和文旅产业的介入之下,车志雄才逐渐激发保存这种非遗项目的强烈意愿,特别是经过乡村之眼培训后,他利用影像不仅记录了非遗本身,也记录了这几年村寨的生活生产过程。[①]

2. 王财金《草鞋》。由王财金执导,与陆小元合作拍摄的《草鞋》完成于 2020 年,片长 31 分钟,由广西民族博物馆、南丹县文化广电体育和旅游局和南丹县里湖白裤瑶生态博物馆联合出品,该片于 2021 年 10 月入围第四届中国民族志纪录片学术展乡村 / 社区影像单元。影片讲述了广西南丹县里湖乡白裤瑶人过世后只有穿着草鞋才能顺利回到祖先生活之地的传说。草鞋被当作陪葬品,在当地至今还流传着将草鞋吊挂在坟上的习俗。该片反映了随着现代社会的快速发展,草编手艺在白裤瑶社会逐渐失传、会编草鞋的手艺人屈指可数的情况。影片记录了当地蛮降屯唯一掌握这门手艺的老人陆照明编制草鞋及日常生活的片段,也记录了当地祭司陆炳照讲述的草鞋主要用途,希望展现草鞋对于白裤瑶人社会的特殊意义。

陈学礼评论该片时认为,《草鞋》属于典型的参与式影像、社区影像、乡村影像或村民影像。该片体现了导演的实地影音记录过程、草编手艺人的草鞋编制过程以及导演学习草鞋相关知识和传统文化等三种不同类型的过程。影片的主题和影片记录的对象是草鞋编制的过程,但最触动人心的是导演一边记录一边学习的过程。陈学礼指出,导演在做影音记录时,沉稳地抛出一个又一个简短的问题,从草编手艺人和祭司那里学到了关于草鞋的各种知识,并把这些知识带到观众眼前;同时,草鞋出现在葬礼中的场景成为口述的"草鞋知识"的证据。该片的重点是作为里湖当地人的导演,在把影音记录设备朝向身边人时,呈现出自己和父老乡亲之间相互关系的方式。导演将自己提问的声音、设备前的人与自己的交流对话、自己与他人一同吃晚饭的对话都留在影片中,并穿插当地人的日常生活与劳作,并没有刻意把草鞋从白裤瑶的文化中抽离出来。此外,陈学礼也认为,影片完成时间较短,应该

① 焦小芳:《哈尼梯田里的多声部》,他者 others,https://mp.weixin.qq.com/s/DL2QgDih-D66Vm9VobDiBZw;李旭东:《红河县哈尼多声部在华语音乐影像志暨国际音乐影像志展映颁奖典礼晚会唱响》,梦想红河,https://mp.weixin.qq.com/s/Wrmm2MUrwAoiDSeEcrtkYQ。

增加更多白裤瑶的文化要素，从而使影片具有时间和文化意义上的厚重感。同时，影片还使用了过多的说明性字幕，但实际上还可以使用其他手段来记录与草鞋相关的文化。①

影片导演王财金，瑶族，广西南丹县里湖白裤瑶生态博物馆副馆长、讲解员。2013 年他开始接触非遗影像，并用摄像机记录身边的民族民俗文化。在《草鞋》之前，他曾完成《不织茧的金丝蚕》《听外婆讲吃新米》《天命》《瑶山鼓韵》等非遗影像作品，曾获广西民族博物馆 2014 年民族志影展非遗贡献奖、该馆 2020 年民族志影展暨非遗影像展优秀影片奖。

3. 扎琼衣扎《狼来了》。由扎琼衣扎执导并拍摄、扎琼仓生态文化交流中心出品的《狼来了》，完成于 2020 年 12 月，时长 43 分钟。该片于 2021 年 10 月获得第四届中国民族志纪录片学术展乡村 / 社区影像优秀奖，同月还获得第二届民族影视与影视人类学作品征集活动三等奖。影片题名的中心词虽为"狼"，实际上以四川阿坝州若尔盖县麦溪乡的狗文化为主要议题。影片以牧民的羊近年遭遇严重的狼害，引入了狗在当地牧民生活和文化中的重要意义。牧区以狗为中心的传统生活方式，如今仅仅留存在中老年牧民的回忆之中。在以连续性访谈的方式完成对狗文化的记忆过程后，影片回到牧民使用高音喇叭防狼的无奈画面，与影片开头的加固羊圈、购买警报灯、露宿值守等手段形成呼应，体现了导演在叙事上的成熟。从连续性访谈部分的剪辑可见，导演掌握了极为丰富的当地拍摄素材，在记录即将消逝的狗文化的同时，也呈现了当地牧民的日常生活、自然与社会环境。更值得一提的是，两位在若尔盖开展田野工作的人类学学者王婷婷（台湾政治大学硕士研究生）和周雨霏（伦敦政治经济学院博士研究生，主要关注藏獒文化）在影片拍摄过程中，以自身的研究和语言能力，为影片思路的成型和 2021 年的广泛传播发挥了重要作用。

导演扎琼衣扎，藏族，四川省阿坝州若尔盖县冻卡村人，扎琼仓生态文化交流中心负责人，"若尔盖摄影小组"创建人。他的个人影像作品有《草原沙化治理》《孤儿羊》《转经轮》《回家》《死于铁丝网》等，多从记录传统生活的角度出发，以普通牧民的立场思考现实问题。2019 年他完成的 5 分钟的短片《死于铁丝网》传播较广，曾获得多家传统媒体和新媒体的关注。

---

① 陈学礼：《第四届中国民族志纪录片学术双年展影谈：王财金〈草鞋〉》，视觉民族志，https://mp.weixin.qq.com/s/fKrUa2JACNZ3UMYzTZqxPQ。

二、2021 年度高校培育的民间非遗纪录影像

（一）高校非遗纪录影像人才培育工作概况

高等院校新闻传播、影视艺术等专业学生（含专科、本科及研究生学历），出于本专业学习需要而制作的非遗主题纪录影像，大多不会在传统媒体上放映，或者没有主动宣传推广的意识。即便其中部分影像成为某大型项目的组成部分，这些学生也无法进入正式发行或公映的作品的主创人员名单。近年来，在中国高等院校影视学会民族影视专业委员会的指导和协调下，我国高校新闻传播、影视艺术等专业越来越重视以非遗纪录影像的摄制作为培育和考察学生的手段，因此，此类作品已经积累较多，其中一部分在各高校归档存放，一部分以毕业创作阐述的文字形式在"知网"等数据库中呈现，还有一部分通过学生或青年影展并获奖而为人所知。本节对中国高等院校影视学会民族影视专业委员会、清华大学、云南艺术学院、中央民族大学、湖南大学以及川渝地区高校的非遗纪录影像人才培育工作情况做一介绍，并通过分析相关主题的毕业创作阐述非遗纪录影像相关专业硕士研究生的培育概貌。

1. 中国高等院校影视学会民族影视专业委员会

2016 年 5 月 14 日，中国高等院校影视学会在中南民族大学召开会议，成立二级专业委员会"民族影视专业委员会"。该委员会首届理事会的主任委员为四川大学文学与新闻学院主任欧阳宏生。2017 年至今，民族影视专业委员会先后在西藏民族大学、云南艺术学院、中南民族大学和北方民族大学多次召开年会，经与会专家的讨论，逐步确立了该委员会的性质与宗旨：我国高校从事民族广播、民族电影、民族电视以及民族视听等专业人员为主体的国家二级学术组织，主要进行民族广播影视基础理论、应用理论及史论理论的研究。经过几年的发展，民族影视专业委员会在民族广播影视及民族视听研究等方面取得了一定的研究成果，特别是在我国少数民族广播影视事业研究、民族影视的视听语言呈现研究、民族影视的文化表象与文化视野研究和民族影视的产业研究等领域形成了一定的研究特色。2020 年，该委员会理事会完成了换届，目前理事会的名誉主任委员为欧阳宏生，主任委员为中央民族大学新闻与传播学院院长赵丽芳，理事会其他成员来自中南民族大学、广西民族大学、云南艺术学院、电子科技大学、西北民族大学、中央民族大学、湖北

民族大学等。^①

2021 年 9 月至 10 月，民族影视专业委员会与中国人类学民族学研究会民族影视与影视人类学专业委员会联合主办民族影视与影视人类学作品征集活动，承办方为中央民族大学新闻与传播学院和北方民族大学文学与新闻传播学院。此前，年会上举办的作品评比活动均为故事片与纪录片混合评比，且并不突出非遗主题作品。2021 年的这次征集活动，是民族影视专业委员会首次就学生制作的非遗影像开展专项评比。其中有 50 部作品在此次征集活动中分获一、二、三等奖，部分获奖作品在两所主办高校进行了多场展映。^② 在这些作品中，北京电影学院、南京艺术学院、山西传媒学院、四川电影电视学院和新疆艺术学院 5 所高校各有 3 部作品获奖，云南艺术学院和中央民族大学各有 2 部作品获奖，显示了这些高校对师生拍摄非遗影像的重视及非遗影像人才的培养效果。此次活动获得二等奖的非遗作品情况见表 5-1（没有学生导演的非遗影像获得一等奖）。此外，在 2021 年同期举办的第四届中国民族志纪录片学术展上，共有 7 部高校学生非遗影像作品入围，涉及新疆艺术学院、中南民族大学、清华大学、中央民族大学、昆明理工大学、华南理工大学、上海戏剧学院、成都大学和云南艺术学院 9 所高校（见表 5-2）。

表 5-1 2021 年民族影视与影视人类学作品征集活动部分获二等奖作品

作品名称	作者	学校名称
《艾克拜尔》	木合理斯·吐尔逊等 7 人	南京艺术学院
《班玛的抉择》	董浩	山西传媒学院
《藏域来风》	赵丰怡	安徽师范大学
《古乐、快手与传承》	王棋琦	中央民族大学
《陌上琴声》	邱子卡	四川电影电视学院
《恰勒什海》	刘剑直	新疆艺术学院
《西茂的婚礼》	张辉刚	西北民族大学
《小寒》	吴浩南	西安邮电大学

---

① 中国高校影视学会民族影视专业委员会相关情况参见：《中国高校影视学会民族影视专业委员会成立了》，中国高校影视学会，https://mp.weixin.qq.com/s/EiUtwDY6Xm2nNwggF8hZSw；《第三届民族影视高端论坛暨中国高校影视学会民族影视专业委员会 2017 年会在陕西咸阳举行 》，中国高校影视学会，https://mp.weixin.qq.com/s/zKydpo0tfxvNnBV0ryFYLw；张译尹、崔永鹏：《中国高校影视学会民族影视专业委员会 2019 年年会暨第五届中国民族影视高层论坛在西北民族大学开幕》，民族影视高层论坛，https://mp.weixin.qq.com/s/wKV-n8xyTaXVmbQuj1jFyQ；《中国高等院校影视学会二级专业委员会名录（2021）》，中国高校影视学会，https://mp.weixin.qq.com/s/ysz-WssbxvAHPNdeZNbT-g。

② 李天语：《第二届民族影视与影视人类学作品展映》，中央民族大学新闻与传播学院，https://mp.weixin.qq.com/s/BZMOUYQg_D4ofoD_NDy-9w。

表 5-2 第四届中国民族志纪录片学术展获奖的高校学生部分作品

作品名称	作者	学校名称
《塔里木河畔的罗布人》	郭丽丽	新疆艺术学院
《被神遗忘的部落》	梁芷晴	中南民族大学
《有戏》	马阳艺	清华大学
《古乐、快手与传承》	王棋琦	中央民族大学
《布朗医生》	江月、余宁	昆明理工大学、华南理工大学
《起范儿》	张哲	上海戏剧学院
《色达故事》	周灵	成都大学、云南艺术学院

2. 清华大学

清华大学新闻与传播学院影视传播研究中心于 2006 年成立了"清影工作室",这是一个由教师、学生、校友组成的致力于影像制作、传播、研究的团体。该工作室的"清影工作坊"是一门开设于暑期的专业选修课,2011 年首次开课,主要面向该学院本科二年级结束、即将升入大三的学生。该课程利用近 40 天的时间让学生走入特定地区进行准田野调查,并用纪录片的方式记录地方文化、社会发展和普通人的生活。2021 年,"清影工作坊"前往山西平遥开展暑期课程实践,学生在平遥深入基层学习田野调查,以纪录片的形式记录当地生活。学生宛安、朱师佳、向诗雨等通过此次课程实践完成了非遗影像作品《戏梦平遥》《顶仙》和《天明》,并在清影工作室微信公众号上陆续发布导演手记阐释自己的作品。[①] 12 月 29 日,清影工作室荣获 2021 年第十一届光影纪年——中国纪录片学院奖之"推动纪录片发展贡献奖";工作室学生林星河的非遗作品《相声女孩》同时获"最佳大学生纪录片奖"提名。此外,工作室博士研究生杨植淳指导的记录甘肃庆阳环县皮影戏的作品《皮影,电影和快手》继 2020 年在第六届中国民族影视高层论坛导演工作坊上获奖后,2021 年又入围第四届中国民族志纪录片学术展主展映单元。

3. 云南艺术学院

云南艺术学院影视学院自 2005 年起举办"麻园电影节"(最初称"麻园影展"),展映并评比该院本科和硕士毕业生的影视作品。2021 年 6 月,第十七届"麻园电

---

① 本报告提及的清影工作室作品的详情参见:向诗雨、黄泓熙、吴芷娴:《天明》:最后的寿木手艺人平淡栖居在大地上",清影 Tsingying,,https://mp.weixin.qq.com/s/JyFMtoz5k01WdUfJg-WzrvA;朱师佳、余晓悦、潘勖晟:《顶仙》:与神灵相通的少年",清影 Tsingying,https://mp.weixin.qq.com/s/oetPNqiWQANMOocWdwZnsA;宛安、部酈棋、赵博闻:"戏梦平遥:纱阁戏人的存在与消逝",清影 Tsingying,https://mp.weixin.qq.com/s/XBKId4WkC9q3OQOtPK-NSQ。

影节"共颁发了"最佳纪录片奖""研究生优秀作品奖""最佳电视节目奖"等 11 个奖项。其中获奖的非遗影像作品有最佳项目执行奖《大理莫催莫问》（陈欣颖等）与评委会特别奖《搓梭人》（吴金峪等）。如前所述，云南艺术学院是"云之南"影展的创始机构之一，也是中国高等院校影视学会民族影视专业委员会的理事单位，该校学生作品在 2021 年多场赛事中均有入围或斩获奖项。

4. 中央民族大学

近几年来，在相关教学机构的积极努力与学术组织的鼓励倡导下，中央民族大学学生在影视特别是纪录片创作领域已有长足进步。从本科生到研究生，逐渐形成了以民族文化题材为主的影像创作潮流，并在国内外影展中取得了一定成绩。中央民族大学开设"经典民族志电影观摩评论"课程，定期举办"文华观影"活动，放映包括非遗影像在内的民族志电影，组织学生开展讨论，并通过"视觉人类学观察"微信公众号发表优秀学生作品。2021 年，在第二届民族影视与影视人类学作品征集活动中，中央民族大学作为中国高等院校影视学会民族影视专业委员会的重要理事单位，其学生选送作品共有 6 部入围，部分影片获二、三等奖展现了良好的非遗影视人才培育潜力。

5. 湖南大学

湖南大学与美克美家等单位于 2009 年联合创立"新通道"设计与社会创新项目。项目名称中的"通道"意为项目主要田野点湖南怀化市通道侗族自治县。该项目致力于通过设计手段整合各方力量，聚焦经济发展落后地区独特的自然生态环境与丰富的非遗资源，整合不同专业和学科的优势，参与式地促进当地文化自主意识和产业创新。当前，项目已完成了《滩头年画》《侗锦织造步骤》《虚拟岳麓书院》《阳戏许愿交互影片》等 12 部代表性影像成果，拍摄地点涵盖湖南长沙、永州、怀化、邵阳、株洲、广西柳州、重庆酉阳等地。[①]

6. 川渝地区高校

2021 年"新非遗 新故事"成渝双城经济圈高校大学生非遗数字文创设计大赛，是川渝地区高校的非遗纪录影像培育工作的一个侧面。该大赛由四川省文化和旅游厅、四川省教育厅和重庆市文化与旅游发展委员会主办，成都市文化广电旅游局、成都理工大学、重庆大学承办。大赛设置了"数字影像与视频设计"单元，反映了当前四川和重庆地区高校（包括本科与专科）在非遗影像人才培养上的基本情况。

---

① 蒋友燏、季铁：《参与式影像在非遗社区中的文化再现与重构》，《包装工程》2017 年第 12 期，第 43—47 页。

根据大赛承办方于 2022 年 1 月公布的获奖名单，在分获数字影像与视频设计第一、二、三等奖的 62 部作品中，四川师范大学、四川音乐学院成都美术学院、四川工商学院、成都理工大学都展现了较好的人才培养水平，获奖作品数量多，等级也较高。① 此次活动获得一等奖的作品情况见表 5-3。

表 5-3 首届成渝双城经济圈高校大学生非遗数字文创设计大赛获一等奖作品

作品名称	作者	学校名称
《南充市非遗凤源豆花传统制作技艺》	夏一丹	四川师范大学
《独钓·传承》	姚培炜等 3 人	四川艺术职业学院
《中国画的数码动态解读》	敬斯棋等 3 人	四川音乐学院成都美术学院
《文旅融合》	李加乐等 5 人	四川工商学院
《川剧演员》	万磊	重庆大学
《梦不知所止》	鲜青池等 3 人	四川音乐学院成都美术学院
《竹凤》	郭杨等 5 人	四川音乐学院成都美术学院
《乡间川音》	陶江等 3 人	成都师范学院

7. 基于中国知网硕士论文数据库的高校非遗影像情况

为了进一步呈现当前我国高校培养非遗影像人才的概貌，本报告作者以"非遗影像"和"非遗纪录片"为主题词，对中国知网硕士论文数据库开展了检索。经过筛选可见，截至 2021 年 12 月 31 日，2021 年以非遗影像或纪录片作为硕士毕业设计的作品阐述类论文共 44 篇（见表 5-4），论文数量多于 2020 年的 37 篇、2018 年的 39 篇、2017 年的 22 篇、2016 年的 13 篇及 2015 年的 2 篇；但较 2019 年的 66 篇有所减少。可见，我国高校大致从 2015 至 2016 年开始对非遗影像的制作与设计作为相关专业的人才培养进行试点，经过两三年的培养周期，自 2018 年至今，这种人才培养体系已基本稳定。2020 年与 2021 年相关论文数量较 2019 年减少可能与新冠疫情有关，疫情管控措施可能打乱了部分研究生前往非遗项目地开展调查与拍摄的计划。但疫情对非遗影像制作的影响不可一概而论，仍值得进一步研究。

---

① 成都市文化广电旅游局、成都理工大学：《"新非遗 新故事"成渝双城经济圈高校大学生非遗数字文创设计大赛完整获奖名单 》，摩课云，https://oss.moocollege.com/7374/edit/k3BI-Hy9c_1641865131999.pdf。

表 5-4 2021 年以非遗影像或纪录片作为硕士毕业设计的作品阐述类论文

作品名称	作者	学位授予单位
《漆望·希望》	牛嘉莹	贵州师范大学
《豫章绣娘的故事》	申园园	江西财经大学
《百年老茶馆》	王植	四川师范大学
《匠心·坚守》	崔璨	贵州民族大学
《聆听"故"韵》	白倩雨	贵州师范大学
《古韵匠心》	李艳琴	四川师范大学
《守艺》	姚鑫	信阳师范学院
《制鸢人》	王晓颖	辽宁师范大学
《十指春风》	王誉臻	信阳师范学院
《鲁筝画韵》	王鑫	长春工业大学
《90 后铜瓷匠》	唐影	江汉大学
《河北梆子和它的守护者》	崔梦	江汉大学
《风华正茂》	程迪	新疆艺术学院
《烫画人》	陈蕊	贵州民族大学
《戏火相传》	徐华娟	信阳师范学院
《扶贫路上大鼓梦》	白岚	信阳师范学院
《丹棱人家，唢呐声声》	瞿羿	四川师范大学
《羲皇故都 远古的"图腾"》	孙琦	信阳师范学院
《听剪纸的声音》	闫星宇	湖南工业大学
《飞剪流花》	刘鹏	信阳师范学院
《一生一石》	刘潇	贵州民族大学
《启·艺——平遥推光漆器》	张闻环	长春工业大学
《木琢人生》	郑雅心	信阳师范学院
《英树琉光》	夏玥	辽宁师范大学
《铜瓷匠人》	袁璐	昆明理工大学
《守艺生活》	陈小雨	山东艺术学院
《千年洮砚润墨来》	张锦	兰州交通大学
《指尖上的泥韵》	张雨晴	江汉大学
《千年的重现》	高照	贵州民族大学
《寻根·太极》	张越	湖南工业大学

作品名称	作者	学位授予单位
《新密市麻纸制作技艺》	王旭冉	信阳师范学院
《情艺》	王博	长春工业大学
《太极人生》	严广圣	江西科技师范大学
《咪依噜》	王娟艳	昆明理工大学
《蛰伏于乡土中的东乡武术》	何鸾娈	上海体育学院
《古韵新声》	王钰	昆明理工大学
《冀派鼻烟壶影记》	董亚杰	山东艺术学院
《都市匠心》	钟方威	江西科技师范大学
《传唱》	李妙妍	南京信息工程大学
《湘西苗族刺绣非遗纪录片》	黄霄	吉首大学
《匠心"塑"造》	闫柏祥	贵州民族大学
《辰韵悠扬》	张思言	吉首大学
《木偶梨园》	吴鑫轩	吉首大学

数据显示，自 2015 年起，西北师范大学（26 篇）、昆明理工大学（17 篇）、西北大学（15 篇）、信阳师范学院（14 篇）、辽宁师范大学（12 篇）、河北大学（11 篇）、贵州民族大学（10 篇）、江汉大学（9 篇）、四川师范大学（7 篇）和河南大学（7 篇）是非遗影视研究生人才培养的主力部队。其中 2021 年，信阳师范学院（8 篇）、贵州民族大学（5 篇）、四川师范大学、江汉大学、昆明理工大学（各 3 篇）在非遗影视人才的培养上表现突出。

通过对比知网相关主题的硕士论文数据与高校非遗作品比赛获奖情况，我们发现，非遗影像硕士人才培养单位与获奖单位重合度较小。这是因为，允许以作品阐述作为硕士学位论文的单位，培养的大多是专业学位硕士；此类硕士培养年限较短，重在掌握拍摄技能；另有一批艺术学、传播学、民族学硕士属学术学位硕士，不能直接以"作品阐述"作为毕业论文，而是需要就学科领域内某一问题开展研究型探讨，相关研究难以量化。此外，部分参赛作品由本科生或博士研究生完成，他们的作品也暂无数据库可供统计。因此，尽管上述方法无法呈现全国所有高校非遗影像人才培养的全貌，但若对知网硕士论文数据库做进一步研究，可发现非遗影像领域专业学位硕士培养的相关进展与不足。

（二）高校培育的民间非遗纪录影像的优秀案例

2021 年，分别由清华大学"清影工作室"、中央民族大学新闻与传播学院和贵州师范大学广播电视专业培育的非遗纪录片《相声女孩》《古乐、快手与传承》和《漆望·希望》，取得了社会的较多关注或在影展中获奖，属于高校培育的民间非遗纪录影像的优秀案例。

1.《相声女孩》

由清华大学新闻与传播学院"清影工作室"林星河执导的、记录年轻相声演员赵芸一奋斗历程的《相声女孩》，时长 45 分钟，于 2021 年获得第十一届光影纪年——中国纪录片学院奖之"推动纪录片发展贡献奖"。影片以即将要毕业的大学生赵芸一作为拍摄对象，观察她作为学生和相声演员两种不同身份时的状态。影片记录了性别问题对赵芸一在相声表演上发展所受到的现实挑战。影片通过拍摄赵芸一的日常生活、参加"德云社"的抖音直播比赛等，重点展现女性相声演员的现状和困境，以及赵芸一对于相声表演梦想的不懈追求。导演林星河在接受采访时称，她最初希望以女性为选题，最后呈现的效果则是非遗视野下的性别议题。导演自述，在影片剪辑过程中，尽量避免单纯突出女性在相声行业中会遭遇困境的主题，希望用更冷静以及更宏观的角度去呈现主角的生活与工作。导演希望这样制作手法能让观众有更多的思考空间，用自己的角度去看待影片主角或是相声行业的现状。[①] 2021 年 6 月，影片主角赵芸一被德云社破格录取为"龙"字科学员，这一事件为影片赋予了极其特别的积极进取的意义。

2.《古乐、快手与传承》

由中央民族大学新闻与传播学院研究生王棋琦执导的、记录国家级非遗智化寺京音乐的《古乐、快手与传承》，时长 16 分钟，于 2021 年民族影视与影视人类学作品征集活动获二等奖以及第四届中国民族志纪录片学术展学生单元入围奖。影片通过智化寺京音乐第 27 代传承人胡庆学的口述，呈现了这种传统音乐的历史传承脉络及胡庆学本人的成长经历，特别是记录了胡庆学利用快手账号"胡家管子笙，智化胡庆学"[②] 传播非遗的活动。赵安琪评论认为，该片将胡庆学在快手直播的画面和现实场景同屏展现，利用他在两个平台形象的反差，为纪录片带来了"笑点"。

---

① 王一惠：《导演映后交流回顾：今古传奇·清华新闻与传播学院本科生毕业作品纪录片放映》，清影放映，https://mp.weixin.qq.com/s/DdFKGg13aRJIjAi_bXv3Vw。

② 快手账号"胡家管子笙，智化胡庆学"目前上传视频 266 条，粉丝 6.1 万，直播 192 次。其中最受欢迎的非遗作品为《挡不住的思念》（2021 年 9 月 27 日发布，获赞 4351 次）和《水煮哨片》（2020 年 1 月 27 日发布，获赞 4940 次），其他影像作品获赞量在几十至几百不等。

这种"线上—线下"场景结合的呈现形式，更让观众耳目一新。影片这样的编排一方面为主人公努力传播智化寺京音乐的行为提供佐证，另一方面也呈现了在快手平台中真正"在地"的样态，满足了部分观众的好奇心。因此《古乐、快手与传承》可称得上是一部内容富有新意，结构脉络较为清晰，有人文关怀的优秀的民族志纪录片。[①] 影片导演王棋琦在中央民族大学新闻与传播学院就读期间，除本片之外还制作了《开州汉绣》《老炮儿健身房》《史上最强高中生乐队》等纪录影像，并且曾获未来创新计划首届融媒体大赛三等奖、全国高校大学生走进开平微拍大赛最佳创意奖、二等奖。

3.《漆望·希望》

该片是贵州师范大学广播电视专业广播电视策划与制作方向硕士研究生牛嘉莹2021年完成的毕业作品，导师为何莲。牛嘉莹以该片为基础撰写的硕士学位论文《非遗题材纪录片的叙事策略研究——以毕业作品〈漆望·希望〉为例》是知网2021年所有非遗影像硕士论文中下载量最多的，达283次（截至2021年12月31日）。该片源自北京市西城区非遗保护中心于2020年3月启动的"西城记忆·濒危非遗项目纪实纪录工程"项目。牛嘉莹在北京电视台实习期间，于2020年9月起担任该项目总导演（但未列入公开的主创人员名单），并与张强、杨飞等组成摄制组，前往北京、陕西西安、湖北十堰、云南怒江等地取材，对漆艺代表性传承人、漆树种植户、生漆研究所科研人员等进行了采访。导演牛嘉莹在自述中总结认为，此片通过多地域、多人物的拍摄，使影片在地理、文化、情感上更加深刻并且有说服力，在时间和空间上全面认识非遗文化的生存状况；影片还集中关注了当前非遗保护与传承所面对的现实性问题，例如雕漆制作技艺的后继无人以及无法适应现代化生产等方面的困难。可见，该片是一部将问题意识贯穿于始终的优秀毕业作品和非遗影像。[②]

三、2021年度个人导演创作的民间非遗纪录影像

自20世纪80年代末90年代初开始，有一批在中央和地方广播电视系统内工作导演、摄影师、编剧、记者等，利用设备和技术的优势，拍摄制作了大量未在国

---

① 赵安琪：《古乐、快手与传承：来自技术的转录与留存》，视觉人类学观察，https://mp.weixin.qq.com/s/--Lm5GsCqZeyfxllzYCorw。

② 牛嘉莹：《非遗题材纪录片的叙事策略研究——以毕业作品〈漆望·希望〉为例》，贵州师范大学硕士学位论文，2021年，第2、18—19、23—24、27、39—40、47、51、58—59、71页。又参见施芳：《非遗故事 光影讲述》，《人民日报》2021年6月10日，第12版。

内电视台、电影院播出或公映，仅通过录像带、光盘等小范围传播的纪录影像。这批现实主义影像主要关注中国各地、各群体在改革开放大潮中的改变，以忧国忧民的立场反映了一些群众关心的社会问题，引发了知识界的思考，也促成了有关问题在不同程度上的解决。这批纪录人及其影像，被称为"新纪录运动"，也称"独立纪录运动"。

21 世纪以来，随着视频拍摄器材的便携化和成本的降低，"体制内"导演所拥有的设备优势已逐渐淡化，"新"与"独立"的标签也已不再能够概括当前"体制外"纪录影像的特征。若以非遗影像为焦点，一方面，在国家有关部门和各类市场化机构对民间纪录影像的支持下，完全自筹经费拍摄制作的作品近年已很难找到。另一方面，部分导演在宣传自己的非遗影像成果时，有意强调其个人主创色彩。在2021 年完成或首映的这类作品中，《独龙江》《摆五方》《传灯》《欢墟》在各类赛事中获得评委和观众的高度肯定。其他导演的个性化作品尽管 2021 年暂未获奖，但仍然受到了社会的关注。本节将对他们的非遗影像实践予以介绍。

1.《独龙江》

由欧阳斌执导的、记录云南省怒江州独龙族传统生活方式变迁的《独龙江》（学术版），片长 99 分钟，完成于 2020 年 9 月，2020 年 11 月曾获中国民族学学会影视人类学分会第十二届优秀学术成果推优工作"影视人类学成果学术单元优秀影片"，2021 年获得第四届中国民族志纪录片学术展铜收藏奖。该片版权由昆明尤尚尤美文化传播有限公司所有，部分制作资金源于云南省重点文化工程"少数民族影像志"，部分来自导演朋友的支持。影片记录了云南怒江贡山县独龙江乡，2012 年起配合国家对独龙族"整族帮扶"的号召，正式启动"整乡推进"国家项目。在独龙江乡面貌即将巨变的这一年，导演欧阳斌追随杨光海《独龙族》（1960 年）和郝跃骏《最后的马帮》（1997 年）的脚步，进入独龙江乡北部迪政当村开始拍摄，从此连续跟拍直至 2020 年。长达 8 年的拍摄素材记录了这座村寨村容村貌的变迁，村民思维和行为模式的微妙变化，以及由社会大环境变动而导致的一些矛盾，为巨变的独龙江留下了宝贵的影像财富。其中部分拍摄素材于 2016 年制作成电视台播出版，以《独龙江最后的封山》（30 分钟）和《独龙族最后的纹面女》（30 分钟）为题，先后于 2016 年 7 月 12 日和 9 月 19 日在中央电视台一套"中华民族"栏目播出。① 导演欧阳斌在拍摄《独龙江》时曾面临无法预想的各种困难与危险，他为了深入独龙江西岸丹丹力卡山原始森林拍摄村民采药，不慎从山坡上摔下来，卧床休养了半个月，但欧阳斌仍依靠自己的激情与对纪录片的热爱坚持了下来。他希望通过《独龙江》探讨传统的生存技能到大城市后面临的挑战、独龙江基础设施建设改善条件的同时对生态造成威胁等问题，表达自己对人与自然关系的思考。②

该片导演欧阳斌，在云南昆明从事电视工作已近 30 年。他拍摄的记录云南苦聪人传统生活方式变迁的代表作《六搬村》曾获得 2010 年中国（青海）世界山地纪录片节人文类最佳长纪录片、2018 年第二届中国民族志纪录片学术展银收藏奖；记录云南傣族的《天赐绿洲》曾获 2018 年中国"十优"纪录片；记录云南哈尼族的《云上梯田》获得 2021 年第 27 届中国纪录片学术盛典短片十佳作品。

2.《摆五方》

由鬼叔中执导、记录福建省清流县赖坊镇 2017 年农历九月初二至初五天师大醮仪式的《摆五方》，时长 83 分钟。该片 2021 年获得第二届华语音乐影像志暨国际音乐影像志展映最佳摄像奖。影片受到文化部"中国节日影像志"子课题"客家'赛宝节'"（YXZ2017014）项目的资助。片名"摆五方"是安排在天师大醮第四天的重要仪式，即赖氏族人按东、西、南、北、中五个方位摆桌展示各房"传家宝"的习俗。《摆五方》是一部学术规范较强的人类学民族志影像，以参与式观察的方法，完整记录了天师大醮从建醮到"赛宝"的全过程，集合了祈福、散福、结界、祭祖、问卜、驱疫、开斋等诸多环节，再现了道教信仰与祖先崇拜在特殊场域中的融合，也为"仪式外"农历八月十九日直至九月初六的活动幕后组织过程留下了影音档案。影片希望具象地呈现闽西客家的区域文化面貌以及清流县作为"古汀州"在客家历史中的地位。在第二届华语音乐影像志暨国际音乐影像志颁奖典礼中，《摆五方》获得了"人机合一，镜头就成了学者的眼睛"的颁奖词，可谓实至名归。

影片导演鬼叔中，本名甯元乖，生于福建三明宁化县，是闽西客家地域文化的专业研究者。自从他开始纪录片拍摄生涯后，为闽西客家文化留下了大量珍贵的影音档案，主持或主导文化部"中国节日影像志"多个子课题。由他作为主创人员执

---

① 《独龙族最后的纹面女》的央视播出版参见：http://tv.cctv.com/2016/07/12/VIDEbt2bY8o-EmuB9bppgwZUX160712.shtml；《独龙江最后的封山》的央视播出版参见：https://tv.cctv.com/2016/09/20/VIDEplgTQBXWoGxvdkn5CHHv160920.shtml。

② 欧阳斌：《我是独立纪录片〈独龙江〉导演欧阳斌，关于纪录片拍摄背后的辛酸和满足，问我吧》，澎湃新闻网，https://www.thepaper.cn/asktopic_detail_10006660。

导的记录闽西宁化客家民俗、传统生活方式、传统手工艺、节庆仪式的代表作品主要包括《畲谷纪》《罗盘经》《七圣庙》《春社谣》等，先后获得中国独立影像年度展十佳纪录片奖、中国民族学学会影视人类学分会优秀影片奖等，在人类学民族学界享有较高声誉。鬼叔中参与摄制、张凤英执导的《百壶宴》还入围了第四届中国民族志纪录片学术展非遗影像单元。

3.《传灯》

由刘广宇执导、记录四川省非遗项目自贡灯会 2017 年至 2018 年相关情况的《传灯》，最新版本完成于 2021 年 3 月，时长 85 分钟，曾获第 26 届中国纪录片盛典纪录片长片"十优"作品、第四届中国民族志纪录片学术展传播奖，并受到文化部"中国节日影像志"子课题"自贡灯会"（YX2017028）项目的资助。影片拍摄地点以四川自贡为中心，跨越自贡、内蒙古鄂尔多斯、美国亚利桑那州凤凰城三地，多个摄制组跟拍近一年，展现了三个不同地理和文化空间下节庆灯会的台前幕后，记录了工人、匠人、艺术家、企业家、政府官员不同群体在灯会语境下，为灯会的圆满举办做出的不同努力。影片希望全方位探索"灯""节""人"在经济一体化、文化一体化互动中的共生共荣关系和民族民间传统节庆文化发扬光大的艰辛历程。高路评论认为，《传灯》从传播学的意义上可以看作是一次对"非遗之鱼"注入活水、补充氧气和养料的实践，最终呈现出了鲜明的流动与丰饶的艺术特质。①

影片导演刘广宇，四川师范大学影视与传媒学院副院长、教授、博士生导师，曾主持国家社科基金项目 6 个，出版专著 2 部，发表论文 60 余篇，创作纪录片数十部（集）。代表作《四川人在西藏》《萨朗颂》等，曾获中国广电学会系列片二等奖、四川省委宣传部"五个一工程奖"、四川省政府新闻二等奖、中国影视人类学学会优秀作品奖等。

4.《欢墟》

由杨潇执导、记录广西壮族山歌的《欢墟》，时长 41 分钟，是入围 2021 年 FIRST 青年电影展短片竞赛单元唯一非虚构作品，获短片特别提及奖并提名最佳剧情短片；此后又获得第二届华语音乐影像志暨国际音乐影像志展映最佳导演奖。片名由"歌墟""墟场"而来，指的是当地壮族山歌集会，传统上要围绕宗祠或"竜树"进行。影片以一名壮族年轻歌者为主要视角，在山间、村落、城市、微信群不同空间中，在遇见的不同年龄、不同身份的歌者群像塑造中，展现壮族山歌在社会

---

① 高路：《〈传灯〉之魅：流动的丰饶》，微信公众号"人类学与民族学之夏"2021 年 10 月 24 日文章，https://mp.weixin.qq.com/s/dw5WSnp1E6hP-x6jtBa_tg。

经济发展过程中的变迁。影片并非传统的纪实影片，而是以剧情片的方式为非虚构素材建立叙事结构，以此完成导演的个人表达。导演认为，广西壮族山歌多以旅游宣传片的面貌呈现于各类媒体，甚至简化为电影《刘三姐》（1960 年）插曲《山歌好比春江水》一首，因此传统山歌已经自我他者化。在导演的叙事中，影片的主角及其所遇见的其他歌者被刻画为对文化遗产的坚持者，以及对被他者化的壮族山歌的抵抗。① 影片的 FIRST 青年电影展颁奖词为："克制纪录的拍摄手法与叙事的创作方式相结合，以歌声为载体，反复吟唱的既是个体命运的离去与归来，也在裂痕间寻找文化的韧性，复原了一种被忽视已久的真实。"

影片导演杨潇，生于广西桂林，曾以执行导演、分镜师、剪辑的身份参与过《南方车站的聚会》《路边野餐》《秋田》等电影的制作工作，个人曾创作《动物园》《霹雳香蕉》《榴莲榴莲》等故事片，其中短片《榴莲榴莲》是导演就读上海大学艺术硕士研究生毕业作品，入围第 22 届釜山国际电影节 Wide Angle 单元。《欢墟》是其第一部非虚构作品。

5. 西藏"高反台"将非遗影像与 ASMR 的结合实验

ASMR 翻译后全称为"自发性知觉经络反应"，近几年，国内外视频网站出现了大量标注为"ASMR"的用户上传自制的音视频作品。此类作品多具有很明确的功能性目的，如放松、静心、助眠等。曾在俄罗斯留学、后在西藏拉萨创业的达佤央金（西藏高反文化传播有限公司合伙人），受到一则记录日本传统版画工艺的 ASMR 视频的启发，自 2020 年起开展了将藏族非遗影像制作为 ASMR 视频的实验，希望以年轻人的流行文化为切入口，寻找关于藏族非遗的新传播手法与表达方式。2020 至 2021 年，达佤央金通过微信公众号、微博、哔哩哔哩等平台使用账号"高反台"发布了 3 条藏族非遗 ASMR 视频，分别对民间工匠白玛桑珠制作扎年琴（2020 年 9 月，15 分钟）、拉萨市传统生活方式"白噪音"（2020 年 12 月，40 分钟）、拉萨喀瓦坚藏毯厂工艺流程（2021 年 7 月，29 分钟）进行了记录。②

① 参见导筒：《如何评价短片〈欢墟〉》，知乎，https://www.zhihu.com/question/475505249/answer/2026473160；杨潇、朱钰：《〈欢墟〉之间，追寻遗落山间的诗性生活：专访 FIRST 获奖导演杨潇》，凹凸镜 DOC，https://mp.weixin.qq.com/s/cKMlToou4e-HUSA3UOv2-w。

② "高反台"相关情况参见打佤：《Unintentional ASMR+ 藏族传统手工艺之扎年琴篇》，高反台，https://mp.weixin.qq.com/s/kyj4NeO9gsAKuA-jfpkHJA；打佤：《在拉萨的无人角落里出神》，高反台，https://mp.weixin.qq.com/s/yvbnt-8w8Ok8LvdXz741jQ；打佤：《最温柔的手，驯服最凶猛的野兽》，高反台，https://mp.weixin.qq.com/s/VT3yXuV9xiF-47hh4jEVpw。

6. 其他个人导演创作的民间非遗纪录影像

2021 年，还有很多个人导演创作的民间非遗纪录影像，虽未获奖，但在一些赛事得以入围或得到了舆论的一定关注（见表 5-5）。

表 5-5 其他个人导演创作的 2021 年民间非遗纪录影像概况

片名	主创	时长	所涉非遗	相关成绩
《明镜子》	李可心	41 分钟	福建邵武大埠岗河源村傩舞	入选 2021 年庐舍之春女导演剪辑驻留计划
《旷野歌声》	陈东楠	98 分钟	云南昆明富民小水井村苗族合唱团	第 15 届 FIRST 青年电影展"惊人首作"、最佳纪录长片提名
《索朗热登》	扎加	40 分钟	西藏那曲普通藏族牧民传统生活	2020 年 IM 两岸青年影展最佳非虚构影片
《外婆的侗衣裳》	吴家荣	38 分钟	贵州黔东南黎平侗族制衣工艺	入围第四届中国民族志纪录片学术展乡村 / 社区影像单元
《Sohuli 讲故事》	李超	13 分钟	黑龙江赫哲族口述文化	入围第四届中国民族志纪录片学术展短视频单元
《水老鸦》	邓荟	37 分钟	云南大理白族鱼鹰驯养人传统生活	2019 年腾讯谷雨奖纪录片年度校园奖，2021 年 HiShorts! 厦门短片周最佳纪录短片
《德昂挽歌》	张铸麟	40 分钟	云南德宏芒市三台山德昂族歌谣	入围第四届中国民族志纪录片学术展主展映单元
《辣操的刺绣》	陈学礼	108 分钟	云南昆明石林丹湖村撒尼人刺绣工艺	入围第四届中国民族志纪录片学术展非遗影像单元
《那束黄栎叶》	和红灿、李继群	83 分钟	云南迪庆香格里拉三坝纳西族恒究衬朵或妮节	"中国节日影像志"2017 年子课题成果，入围第四届中国民族志纪录片学术展非遗影像单元
《阿诗玛》	马楠	24 分钟	云南昆明石林撒尼人口述史诗	2020 年"疫后重生"艺术设计展北京展映，入围第四届中国民族志纪录片学术展非遗影像单元
《百壶宴》	张凤英、鬼叔中	61 分钟	福建龙岩长汀濯田客家春耕节	"中国节日影像志"2016 年子课题成果，入围第四届中国民族志纪录片学术展非遗影像单元

续表

片名	主创	时长	所涉非遗	相关成绩
《瘟（Ün）祛·运（Ün）来》	高舒、杨晖	17 分钟	福建漳州九龙江进发宫迎王送船年祭	"中国节日影像志"2021 年子课题成果，入围第四届中国民族志纪录片学术展实验影像单元

四、2021 年度短视频平台上的民间非遗纪录影像

（一）发布民间非遗纪录影像的主要短视频平台

2021 年，发布民间非遗纪录影像的主要短视频平台是抖音、快手与哔哩哔哩。抖音与快手两大平台早在 2019 年就开始主动介入非遗类短视频的创作，当前的影像生态较为成熟。而哔哩哔哩的定位为综合性视频社交平台，以视频内容主题作为内容呈现基础。虽然哔哩哔哩的非遗视频创作引导是 2021 年才开始启动的，但我们发现，哔哩哔哩个人用户发布的非遗类影像大多为短视频，拥有头部流量的发布者尤其如此。所以本报告将哔哩哔哩上的民间非遗纪录影像活动纳入短视频范畴一并考察。此外，杭州字节无穷公司的"奇人匠心"是各主要短视频平台上流量领先的民间非遗纪录影像 MCN 运营品牌。

1. 抖音

根据《抖音非遗数据报告》，2020 年 6 月 1 日至 2021 年 5 月 31 日，抖音平台上国家级非遗项目视频数量超过 1.4 亿。1557 个国家级非遗项目中，抖音覆盖率为 97.94%。在抖音电商年收入超过 100 万元的有 85 位手艺人，其中包括 10 位非遗传承人。按视频点赞量排序，最受欢迎的十大非遗项目为相声、象棋、京剧、黄梅戏、豫剧、狮舞、剪纸、秧歌、越剧和秦腔。最受欢迎的十大濒危非遗项目为潮剧、扬剧、粤剧、粤曲、闽剧、华阴老腔、讲古、抚州采茶戏、蹴鞠和唢呐艺术，获赞超过 1 亿次。仍按视频点赞量排序，在抖音平台最受欢迎的五大传统体育、游艺与杂技为象棋、赛龙舟、口技、围棋和抖空竹；最受欢迎的五大传统音乐为唢呐艺术、陕北民歌、古琴艺术、儋州调声和南音；最受欢迎的五大传统美术为剪纸、竹编、木雕、石雕和泥塑。[①] 又根据《抖音非遗戏剧数据报告》，2020 年 11 月至 2021 年 11 月，抖音实现覆盖 98.83% 的国家级非遗戏剧项目，累计视频 1292 万个，

---

① 抖音电商：《〈抖音非遗数据报告〉发布，10 位非遗传承人在抖音年收入超百万》，今日头条，https://www.toutiao.com/a6972358844320137761/。

非遗戏剧视频累计播放约 600 亿次，累计获赞约 22 亿次。按视频点赞量排序，最受欢迎的非遗戏剧五大品类为黄梅戏、京剧、豫剧、越剧和秦腔；最受欢迎的濒危非遗剧种为潮剧、粤剧、扬剧、闽剧和华阴老腔。①

2. 快手

根据 2020 年《快手非遗生态报告》，在所有国家级非遗项目中，快手涵盖 1321 项，覆盖率为 96.3%。快手热门国家级非遗项目为：京剧、苏绣、秧歌、秦腔、豫剧、唢呐、面人、相声。就戏剧类型短视频而言，京剧短视频拥有的作者数量和观众数量最多。此外，快手"用户最爱发布"的非遗戏剧类型还有秦腔、越调、黄梅戏、豫剧、乱弹、二人台、川剧、越剧、晋剧等。快手非遗相关课程作者中，80 后最多，其次是 70 后和 90 后；一线城市作者售出的非遗课程最多。②

3. 哔哩哔哩

2021 年，哔哩哔哩与民间非遗纪录有关的创作活动为"哔哩哔哩非遗学院"。哔哩哔哩官方账号之一"国风阁小书童"于 2021 年 7 月 20 日发起该项活动，活动实质上是主题视频创作竞赛。即由官方根据作品的内容质量、播放量、点赞量以及互动量等维度进行综合评审，评选出优秀民间非遗影像，并设现金奖励。根据获奖名单，"卢正义的雕刻时光""才疏学浅的才浅""糖王周毅"等 10 个账号获"非遗大先生"荣誉（优质创作），"子木染物"等 5 个账号获"妙手承流光"荣誉（手工或绘画类），"杨柳独竹漂"等 5 个账号获"非遗武生"荣誉（传统体育、游艺和杂技类）。③

4. 奇人匠心 MCN

杭州字节无穷科技有限公司于 2018 年创立短视频品牌"奇人匠心"，以 MCN 模式为多名民间非遗传承人建立短视频账号，以统一的专业技术生产非遗影像，并同步上传至各大短视频平台。例如短视频平台可以关联电商账号，同时为这些传承人设计网店，供非遗产品开展营销。到 2021 年底，"奇人匠心"已为 100 余位非遗传承人在 50 多个平台开设视频账号，其中"竹编技艺大师""油纸伞大师""泥

---

① 抖音：《抖音发布 2021 非遗戏剧数据报告，这些宝藏戏剧创作者藏不住了》，今日头条，https://www.toutiao.com/a7036589994215080486/。

② 快手大数据研究院、快手非遗学院：《2020 快手非遗生态报告》，快手，https://www.kuaishou.com/short-video/3xi9npmjjj475ee。

③ 参见国风阁小书童：《非遗兴东方，技艺响四方》，哔哩哔哩，https://www.bilibili.com/read/cv12235682；国风阁小书童：《哔哩哔哩非遗学院获奖名单公示》，https://www.bilibili.com/read/cv13190265；"哔哩哔哩非遗学院"主题活动页参见：https://www.bilibili.com/blackboard/activity-Cu6rYHvMXs.html。

塑大师"每个账号在抖音的粉丝数量均大于 100 万，分别为 196.8 万、105.7 万和 104.1 万；旗下的"铜雕大师朱炳仁"账号（粉丝量 58.0 万）曾获"2020 抖音十大人气匠人"称号。"奇人匠心"MCN 模式运营的非遗传承人短视频账号群已成为当前各大短视频平台非遗影像的生产主力。[①]

（二）发布民间非遗纪录影像的典型账号

根据上述平台发布的流量数据和相关获奖名单，本报告选取"非遗竹编老李""卢正义的雕刻时光""萨满孙少爷"三个创作者作为发布民间非遗纪录的典型账号进行内容分析，并对抖音平台上流量位于前列的多个戏剧类非遗影像账号进行综合考察。

1. 非遗竹编老李

"非遗竹编老李"是以抖音、快手为主要平台，创作有关江西新余竹编手工艺短视频的账号。该账号目前由新余当地小型企业兆铭文化公司负责运营，曾在 2020 年第三届中国匠人大会上获得"2020 抖音十大人气匠人"称号。兆铭公司运营的"非遗竹编老李"自 2019 年 7 月开始发布短视频作品，在抖音和快手两个平台共发布作品 244 个，分别拥有粉丝数量 428.1 万和 390.3 万，获赞 3914.9 万次和 1047.7 万次，最高播放量（423.9 万次）的作品在抖音发布。以抖音为例，2021 年该账号共发布非遗短视频 14 条，时长 1 至 2 分钟，每条短视频的播放量为 5445 次至 106.9 万次；设置"非遗文化"和"非遗竹编手艺"两个主题合集，分别有 1.0 亿次和 4.3 亿次的合计浏览量。这些短视频主要是以 62 岁的竹编手艺传承人李年根帮助村民、邻居、亲人的剧本为线索，展示李年根制作各类竹编用具的简要过程及具体用途，并且有不少模仿现代生活用品的竹编具。如 2021 年播放量最高（106.9 万次）的短视频就是从李年根为返城务工的女儿制作礼物的故事切入，呈现竹编背包的制作过程。"非遗竹编老李"关联的抖音电商账号"鸿铭阁手艺馆"的销售量不高，仅为 4883 笔。该账号在抖音竹编类创作者中粉丝量排名第二；排名第一的账号为杭州临安的创手艺竹制品厂运营的"创手艺"。"创手艺"在抖音的电商运作更为成功，关联电商销售量在 10 万笔以上，但运营主体并未在快手开设账号。而"非遗竹编"老李在快手的竹编类视频中粉丝量居于第一位，综合而言具有更广泛的传播效果。

---

① 相关数据参见奇人匠心官网（https://www.qirenjiangxin.com/）以及抖音手机应用程序。

2. 卢正义的雕刻时光

"卢正义的雕刻时光"是以哔哩哔哩为主要平台,创作有关福建莆田仙游红木木雕工艺短视频的民间账号。该账号自 2020 年 5 月开始发布非遗短视频,目前已有粉丝数量 242.7 万,获赞 1724.4 万次,总播放量 1.6 亿次,并获得哔哩哔哩 2020 年"新人奖 UP 主""知名 UP 主"、2021 年"非遗大先生"等 3 个奖项。2021 年,该账号共发布非遗短视频作品 43 条,时长为 2 至 3 分钟,每条短视频的播放量为 36.2 万次至 1468.9 万次。这些短视频的内容主要是 72 岁木雕匠人卢正义、他的儿子和学徒使用仙游木雕工艺,共同制作的各类动漫和游戏角色手办(人物小型塑像);个别短视频内容为卢正义本人的日常生活。2021 年播放量最大、同时也是账号开设之后播放量最大(1468.9 万次)的短视频,是制作手机游戏《王者荣耀》角色"安琪拉"木雕的过程。该视频的标题为"说出来你们可能不信,我差点被这个小姑娘难住了"。该作品下的评论内容多为称赞匠人的手艺。① "卢正义的雕刻时光"账号发布的短视频的摄制者自称"阿伟",1995 年生。卢正义所在的作坊并非"阿伟"首次合作的木雕匠人团队,其创作短视频动机应该是为出售或来样定制动漫角色手办做流量铺垫。但至本报告截稿前,因有网友质疑其短视频的真实性和流量变现动机,故该账号尚未开展实质性的营销行为。

3. 萨满孙少爷

"萨满孙少爷"是以哔哩哔哩为主要平台,创作有关黑龙江哈尔滨满汉杂居地区萨满民俗短视频的民间账号。该账号自 2018 年 3 月开始发布短视频作品,目前拥有粉丝数量 2.3 万,获赞 5.8 万次,总播放量 190.7 万次。2021 年,该账号共发布非遗短视频作品 39 条,时长为 16 秒至 27 分钟,每条短视频的播放量少的不足 1000 次,最多为 1.5 万次。该账号发布的短视频的主要内容包括:东北萨满跳神仪式、曲调展示或改编、相关民俗发展历史讲解等。2021 年播放量最大(1.5 万次和 1.4 万次)的两则作品题为"帮兵决"(19 分钟)与"搬杆子"(18 分钟),实际内容为现场录制的两则配有静态图片的跳神鼓点加唱词选段,应为短视频创作者亲自演奏和演唱。根据澎湃新闻记者的报道,该账号创作者为哈尔滨本地萨满孙柏强,自称"孙三通""孙少爷",绝大多数作品均为其个人自导、自演、自录。孙柏强属于近年在快手、抖音、哔哩哔哩等视频平台的上传东北萨满民俗影像的创作者群体

---

① 钟菡:《72 岁的木雕手艺人卢正义,在 B 站活成 27 岁"老二次元"》,上观新闻,https://www.shobserver.com/staticsg/res/html/web/newsDetail.html?id=291789。

的典型。孙柏强也曾于 2015 年至 2016 年活跃于快手平台。[①] 另一方面，此类民间影像大量出现的同时，各级互联网管理部门也开展了多轮清理封建迷信类有害信息的整治行动，所以笔者在 2021 年开展调查时，包括"萨满孙少爷"在内的萨满类影像创作账号的热度已经有所降低。由于东北萨满民俗仅有"萨满家祭"等少量仪式被列入省级及以下非遗名录，萨满民俗尚未得到系统的传承和保护，因此"萨满孙少爷"等账号创作的非营销类非遗影像具有非常珍贵的民间民俗档案价值。

4. 戏剧类短视频典型账号

如前所述，根据 2021 年 6 月抖音官方账号发布的《抖音非遗数据报告》，抖音平台最受欢迎的十大非遗项目中，戏剧类有京剧、黄梅戏、豫剧、秧歌、越剧和秦腔等 6 种；最受欢迎的十大濒危非遗项目中，戏剧类有潮剧、扬剧、粤剧、粤曲、闽剧、华阴老腔、抚州采茶戏等 7 种。此外，根据快手大数据研究院 2021 年 1 月发布的《快手非遗生态报告》，快手八大热门国家级非遗项目中，戏剧类有京剧、秧歌、秦腔、豫剧等 4 种。抖音官方还于 2021 年 12 月专门为其平台上的戏剧类短视频做了专题数据报告，而其他类非遗短视频暂无官方数据报告，可见戏剧类非遗背后的用户数量较多，对该平台而言有很大的商业研究价值。本报告选取上述粉丝数量靠前的典型戏剧类账号进行了简要分析，归纳了其主要属性与特征，见表 5-6。

表 5-6 粉丝量靠前的典型戏剧类短视频账号（以抖音为例）

账号名称	所涉非遗项目	粉丝数量（万人）	2021 年作品数（个）	典型展示方式	带货最高销售量（万单）
吴琼	黄梅戏	209.9	261	黄梅戏传统曲目选段	无数据
边靖婷（老旦）	京剧	426.7	339	上海戏剧学院大学生京剧戏腔创新表演	12.3
小浙儿（杨浙）					
是可爱晨（程校晨）					
ya 妖精（朱鹏）					
叶聪明					

① 张依依：《我在 B 站跳大神：萨满文化的赛博复兴》，澎湃新闻网，https://www.thepaper.cn/newsDetail_forward_9770502。

续表

账号名称	所涉非遗项目	粉丝数量（万人）	2021年作品数（个）	典型展示方式	带货最高销售量（万单）
戏曲红人		179.7	147	豫剧传统曲目选段	无数据
王永志		120.9	370	豫剧传承与少儿豫剧教学	无数据
爱唱戏的鑫宝宝	豫剧	112.1	394	豫剧传统曲目亲子表演	34.3
男旦李万欣		86.3	153	豫剧传统曲目选段	无数据
川剧男孩华华	川剧	201.3	120	亲子川剧传承轻松故事	166.8
惨爆了阿浩		425.8	244	川剧团幽默故事	0.3093
西安市秦腔演出团阿龍	秦腔	80.5	427	秦腔传统曲目选段	无数据

由表 5-6 可见，获得戏剧类非遗短视频的流量高低与内容没有明显相关性，但在这些高流量短视频账号中，不同剧种之间有显著的内容差异。黄梅戏、豫剧和秦腔类高流量短视频的内容以传统曲目表演为主，京剧类高流量短视频的内容则以创新戏腔表演为主，川剧类高流量短视频的内容则以幽默剧情为主。同样值得注意的是，流量靠前的京剧类短视频为上海戏剧学院同一团队运作，尽管团队内几个账号的内容相似，但仍然在传播意义上取得了较大成功。该团队成员在大学毕业后如何利用影像继续创新和传承京剧，值得持续关注。

第三节　民间非遗纪录影像发展面临的挑战及工作建议

一、民间非遗纪录影像面临的挑战

（一）制作主体的职业不稳定

一是在制作主体非文化持有者的情况下，影像的制作者在完成影像制作后，多将从事其他方面的工作。云南省社科院章忠云回忆 2009 年其乡村影像项目点现状时谈道："其他项目点不如卡瓦格博文化社这么成熟，可能就一两个人在拍。王忠荣和小贵都是其中的优秀代表。小贵因为生活的关系，去广西打工后就不再拍了，非常可惜。他是这里面最会讲故事，也是最有想法的。还是因为生活所迫，不然他都可以在广西做非遗影像的培训呢。"①

可见，不是每个非遗民间影像项目点都具备可持续发展的内驱力。除此而外，非遗传承人的亲朋好友可能转而利用影像推广其他农牧产品，非遗题材印象可能被边缘化。拍摄者本人也缺乏长期发展目标与品牌建设意识，发展后劲不足②；传承人群体本身或推动非遗保护的机构，也可能在外部环境变化后，逐渐将注意力聚焦在其他文化传播形式上，于是一些非遗影像作者在视频社交平台上活跃了一段时间后，就可能陷入偶尔更新直至停止更新的局面。而高等院校学生毕业后大多从事与非遗保护、纪录片摄制无关的工作，即便仍在媒体行业，其对影像题材关注度可能迅速向其他方面转换。

二是传承人老龄化凸显技术适应困难。③高龄传承人面临着难以忽视的技术鸿沟和数字能力短板，传承人仅依靠自身或所在家庭，难以应对持续更新的非遗影像生产。而即便不存在年龄问题，民间摄制者自学影像剪辑也有技术门槛。梁小燕曾提到，项目点某村民希望自己用抖音来剪辑人类学者拍摄的素材，但尝试几天的抖音剪辑功能后仍未成功，一度感叹"做影片好难啊"。④尽管如此，学者和社会活动家都希望减少村民在自我影像表达中的技术成分，鼓励他们使用自己拍摄的素材去做剪辑。

（二）制作主体与非遗传承人之间存在疏离

一是多数非遗民间影像，是由与传承人共同生活的文化持有者群体（非学徒）的影像制作，这类制作主体多凭借个人经验或向传承人短时间请教的方式理解非遗，他们制作的影像所代表的文化与传承人的理解有客观的疏离。有的拍摄者是影视人类学者，他们在熟悉某个田野点之后，可能陷于技术或思维定式，从而与传承人的距离又逐渐拉开。如梁小燕在田野自述中曾说道："影像技术成熟之后，我变成了自己很讨厌的人，再也不会每天比他们起得早、睡得晚，去等那些镜头，因为他们一天的日常生活，或者一个仪式的流程，我已经很熟悉了，同时也倦怠了，跟

---

① 郭净、章忠云、张海律：《郭净对谈章忠云：人类学家和滇藏村民的社区影像故事》，澎湃新闻网，https://www.thepaper.cn/newsDetail_forward_15403865。

② 鞠宏磊、何子杰：《非遗传承人遭遇短视频，何以摆脱"团团转"困境》，《光明日报》2022年1月8日，第9版。

③ 鞠宏磊、何子杰：《非遗传承人遭遇短视频，何以摆脱"团团转"困境》，《光明日报》2022年1月8日，第9版。

④ 梁小燕：《影片重要的是与被摄对象合作》，影音档案，https://mp.weixin.qq.com/s/jQLCSxpLnoZL-fy2oZ8Ebg。

年轻人一样看不起，觉得不值得记录，觉得不用拍那么细。"①

二是传承人或为传承人制作影像的 MCN 机构为了迎合短视频的碎片化传播，对非遗项目进行切割、拆解和重组，使得一些非遗项目的核心价值无法完整呈现。部分非遗 MCN 机构在决定账号内容定位时，会优先选择能带货、易消费的非遗类型，而远离严肃艺术和大型的工艺品，限制了人们对非遗项目的全面理解。有的非遗项目呈现局部化、浅层化、娱乐化的倾向。② 乡村之眼项目人员曾提出，即便是"在文化体制内上班的当地人"拍摄的影像与仍然过着农牧生活的村民的作品相比，在传播特点上也有很大差异；有文化的当地人以及"地方上的佼佼者"不仅能拍出外地人容易理解的影像，而且更容易完成优秀作品甚至获奖。③

（三）推动或支持者的目标可能超越非遗传承人的本意

影像制作的推动者或支持者的目标可能超越非遗传承人的本意。高校学者支持民间纪录的非遗影像，其直接目标是产出学术成果，为学者本人职业生涯服务；无论学者如何努力削弱非遗所代表文化的他者特质，相关成果仍需在学术话语的规训中被结构化。机构发布的非遗影像项目，其要求的制作标准现已逐渐由学者制定，且不论项目调查报告已经形成格式化"模板"，机构最终希望形成的是一套存世长久的庞大数据库。梁小燕曾在非遗影像田野工作中发现，她对影像素材价值的理解与村民有别。如当地村民认为梁小燕在剪辑中保留了太多"不属于重要文化事项"的"闲聊"，但梁小燕认为她所保留的闲聊已经是 10 天拍摄素材中最有价值的一部分了。④ 这里，拍摄者和村民理解发生冲突的原因，就在于拍摄者自己对素材的"剪辑"是一种具有学术背景的行为，它不是对日常生活的理解，而是另一种文化规训下的结果。

民间组织推动非遗影像制作的目标关键词为"行动"，即激发社区多数成员在文化传承上的自主性；这种文化的"民主化"是否为传承人所真正希望的结果，也因人而异。郭净等学者在 21 世纪初的影像实践中，在"云之南"这样的影展还没有问世时，认为村民自己拍摄的影像是参加不了影展和比赛的，于是便考虑将村民

① 梁小燕：《影片重要的是与被摄对象合作》，影音档案，https://mp.weixin.qq.com/s/jQLCSxpLnoZL-fy2oZ8Ebg。

② 鞠宏磊、何子杰：《非遗传承人遭遇短视频，何以摆脱'团团转'困境》。

③ 麦兜：《麦兜的疑问》，乡村之眼，https://mp.weixin.qq.com/s/mdXyNL3D5TSjQgzs9Nszdw。

④ 梁小燕：《当民族志电影回到社区》，一一片刻，https://mp.weixin.qq.com/s/QPV6ycvXe0D75SqUWXENHA。

影像用于当地社区教育之中。因为有影像参与的社区教育这种理念本身并不属于当地的日常生活，所以，当影像成为"行动"时，它实际上就更为偏离"影像进入乡村"的初心。于是我们看到，乡村之眼项目以及陈学礼等学者在近年的影像工作反思中，也希望尽量避免向村民自己制作的影像赋予过多的"意义"。陈学礼在 2021年的一次讲座中说道："我们最早也蠢蠢地把学院派的那一套带去给他们讲，讲景别、角度、机位，后来发现怎么那么傻。可能有时候教的少会好一些。但是我们会甘愿少吗？我们做项目会不焦虑吗，会放心吗？虽然他选择去拍《牛粪》，拍《狼来了》，但是项目方还是觉得应该在某种程度上把控一下。这就是项目非常隐晦又不好明说的东西。大部分做项目的人都会对外宣传：我们只是把最简单的技术和设备交给村民。我们的乡村影音把片子拿来结项的时候，尤其是像《狼来了》参加影展的时候，问题来了。因为我们要考虑满足你们的观看经验。……我们的乡村影音在很多时候是很理想的状态。"[1]

（四）制作的物质保障不具连续性

影像制作的物质保障并不具有连续性。以项目为基础的民间非遗影像纪录，其物质保障周期与项目的开题和结题相一致。项目结束后，影像制作者能否继续维持纪录习惯，需要具体分析。具有商业支持的制作者，可以定期更新制作设备，继续参加相关培训，学习新的制作技术，从而其社区的非遗纪录具有较强的可持续性。对于没有商业持续支持的制作者，虽然大多可保持一种纪录意识，但无论是制作设备还是纪录水平都得不到更新，其作品推广渠道也不畅通。于是，他们或转而从事其他形式的非遗保护和传承，或就此沉寂，外界也不易跟踪当地社区非遗保护传承的动向。

二、民间非遗纪录影像可持续发展的工作建议

民间非遗纪录影像既具备学术研究价值，也具备社会应用价值。在学术层面，它已成为民族学、人类学和社会学田野调查的重要补充；符合学术规范的民间非遗纪录影像更可单独成为一部影像志；对同一地区不同文化事项的连续纪录，更可积累成为影像档案数据库。在社会层面，民间非遗纪录影像已成为乡村振兴的重要媒介，在经过精心制作和推广后，它们将成为铸牢中华民族共同体意识的精神源泉，

---

[1]　陈学礼、郭甜甜、李瑞等：《乡村影音与我何干》，影音档案，https://mp.weixin.qq.com/s/CXAsMU6eZqUDlpOoHt0WyQ。

呈现多元一体中华民族形象，在国际社会述说跨文化观众更易接受的优秀中国故事。为此，政府机构、社会团体和企业要重视民间非遗纪录影像的成长和发展，使它们发挥出更大的社会效益。

（一）向优秀民间非遗纪录影像制作者提供可持续保障和支持

政府机构、社会团体和企业要持续向值得培育的非遗影像民间制作者提供物质保障和技术支持。一方面要通过前期的非遗保护工作和学术研究成果，发现有条件培育的新项目；另一方面要评估往年民间非遗影像项目成果，对有价值但可能因物质支持欠缺而终止的影像制作者予以继续支持。

（二）发挥非遗短视频平台头部内容生产者的引领作用

政府机构、社会团体和企业要持续地开展短视频平台非遗类大数据的收集和统计工作，定期总结非遗类短视频制作和传播的趋势变化，梳理总结各平台头部内容生产者所发布的影像特征和规律。各机构、团体在各自的培训和推广体系中，既要融入优秀非遗影像的实践经验，也可邀请头部内容生产者对非遗影像民间学员开展现场培训，要尤其重视对作品数量和传播量都较少的濒危非遗类短视频作者的培训和鼓励，将平台的长尾效应发挥至最大。

（三）让民间非遗纪录影像更好地回到文化传承的"初心"

政府机构、社会团体和企业在重视民间非遗纪录影像乡村振兴效益的同时，也要鼓励或协助传承人制作具有文化传承、学术或档案价值的影像。一方面，工艺类影像要注重完整性，具有技艺培训价值，主要用于对传承人学徒和当地学生的教学；另一方面，仪式类、音乐歌舞类、节日类影像，可借鉴国家文化和旅游部、国家图书馆相关影像志项目的经验，尽可能满足影像归档的要求，并优先考虑濒危非遗的民间纪录。

第六章　2021 年度摄影与非遗影像研究报告

德戈金夫 *

本文将在"非遗影像"的大框架下，在初步明确"非遗摄影"概念之基础上，综合考察近十年间中国非遗摄影的理论研究状况，着重回顾 2021 年度中国非遗摄影在传播推广等方面的实践成果及经验，总结该领域的发展现状，指出其中存在的问题和不足。

一、非遗摄影的概念及范畴

所谓"非遗影像"，包括从中衍生出来的"非遗摄影""非遗电影"等概念，并非从一开始就是约定俗成的称谓或专属名词。事实上，尽管中国的非遗研究已开展 20 年有余，但非遗影像及其子概念至今仍未完全固着下来，甚至可以说还未被正式提出来或明确定义过。刘广宇在本报告《绪论》中将非遗影像概括性地定义为"以视听语言（含图片摄像）为工具、手段和方法，记录、表现和诠释非遗或事关非遗的一切影像文化成果"，并强调"它既可以是一种静态的成果形式，也可以是一种动态的影像行动"。毫无疑问，此处的"静态成果形式"即指"摄影"。具体到"非遗摄影"的概念，笔者以为，它应特指以非遗为拍摄对象的摄影活动及其成果（照片），或者说是以摄影（拍照）为手段来记录、展现非遗事象的拍摄行为和影像文本。

本节将从摄影与非遗的历史互动关系、摄影在非遗影像体系中的位置及意义，以及非遗摄影的对象三方面展开论述，旨在从学理上进一步阐明非遗摄影的概念及范畴，勾勒出其内涵与外延。

---

* 德戈金夫，1985 年生于内蒙古，蒙古族，先后毕业于北京电影学院摄影系、日本大学艺术学研究所、清华大学美术学院，艺术学博士，现任教于北京工业大学素质教育学院，日本写真艺术学会会员、中国摄影家协会会员、中国民族学学会会员。主要研究领域：民族志摄影与人类学影像。

（一）摄影与非遗的历史互动关系

摄影（photography），既是最早出现的影像技术手段，同时也是涵盖从传统的电影、电视、动画到新兴的短视频、直播等互联网新媒体，乃至 VR（虚拟现实）、AR（增强现实）等最前沿的数字交互影像技术在内的影像多元化时代中最基础的一元。在"非遗影像"的大语境下，"非遗摄影"拥有其无法撼动的历史地位与不可替代的独特价值。

19 世纪中后期至 20 世纪上半叶，在非遗概念尚未出现的一个多世纪前，诞生不久的摄影术便已被广泛应用于对各民族传统文化的记录与保护工作当中。不论是博厄斯（Franz Boas）、哈登（Alfred Cort Haddon）、斯宾塞（Walter Baldwin Spencer）等早期西方人类学家在西伯利亚、托雷斯海峡群岛和澳洲大陆中部的原住民部落展开的带有"文化救险"性质的影像采集，还是美国摄影师爱德华·柯蒂斯（Edward S. Curtis）为北美印第安人拍摄的富有浪漫主义色彩的肖像以及他们的仪式、舞蹈、手工艺品，抑或是由法国银行家阿尔伯特·卡恩（Albert Kahn）派遣到世界各地的摄影师们带回来的栩栩如生的彩色干版照片，这些影像不仅顺应了当时"抢救民族志"（salvage ethnography）的学术风潮，其中也不乏对非物质性文化事象的影像记录。

最早的中国影像皆出自西方人之手，如在贵州布道的法国传教士白斯德旺（Etienne-Raymond Albrand）、游历中国内陆的英国摄影师汤姆逊（John Thomson）、驻扎滇桂两省的法国外交官方苏雅（Auguste Francois），以及先后来华从事科学考察的美国博物学家劳弗（Berthold Laufer）、瑞典探险家赫定（Sven Hedin）、英国考古学家斯坦因（Marc Aurel Stein）、日本人类学家鸟居龙藏等学者和专业人士，还有来自美国的旅行家盖洛（William Edgar Geil）、援华教师那爱德（Luther Knight）、社会学家甘博（Sidney David Gamble）等民间探访者，他们在中国拍摄了大量反映各地、各民族的自然风光、名胜古迹、风土人情、市井百态、生产劳作、民俗戏曲、节庆典礼、宗教仪式及传统服饰和体貌特征的照片，可谓涵盖了自然的与人文的、外化的与内在的、世俗的与精神的等事关民族民间文化事象的方方面面，作为今日研究中国非物质文化遗产的珍贵的历史影像文本，具有极高的文献和史料价值。

20 世纪 30 年代前后，以中央研究院一众学者和庄学本、孙明经等影像工作者为首的中国本土摄影力量崛起，他们在考察调研与个人创作的过程中拍摄的田野影像和纪实摄影作品，较之同时期西方摄影者，不仅在系统性和学术性上更胜一筹，在主位视角的表达、反思性和伦理正义性、参与式观察的深度等方面也有全面突破。其中如中央研究院历史语言研究所黎光明在川西拍摄的藏传佛教跳神仪式、商承祖随凌纯声赴黑龙江拍摄的赫哲族萨满、勇士衡拍摄的湘西苗人的击技和鼓舞，以及庄学本在理县拍摄的羌人围饮咂酒、跳锅庄舞和藏民跳弦子、演藏戏，孙明经在雅安拍摄的南路边茶的制作技艺和煮竹成浆造纸的工艺流程等，不少都已成为当代重要的民间传统文化事项，乃至入选国家级"非物质文化遗产代表性项目名录"和联合国教科文组织《人类非物质文化遗产代表作名录》。可以说，民国时期的"学者摄影"不仅代表着中国非遗摄影本土化的开端，对于今日的中国非遗摄影研究而言，亦为可供追溯的学术源头与理应继承的影像传统。

1949 年以后，在新中国民族政策的指导下，伴随着民族识别与民族大调查工作的全面展开，一批以少数民族同胞为拍摄对象的影像民族志应运而生，其中，除20 世纪 70 年代先后摄制完成的十余部"中国少数民族社会历史科学纪录片"外，还留下了大量的照片，这些照片作为民族学研究的文献资料或新闻报道的图片素材，刊载于以《中国少数民族》为代表的"民族问题五种丛书"或发表在《民族画报》《人民画报》等大众媒体上，在以影像方式留存"少数民族行将消失的前资本主义社会的原来面貌"[1] 的同时，对各民族的节庆婚俗、民间艺术及其独特的生产生活方式和传统技艺等今日谓之"非遗"的文化事象均有较为系统、全面的记录。

改革开放以来，在经济发展和思想解放的大背景下，在纪实摄影运动的蓬勃发展中，中国民族影像开始倡导人文关怀，在艺术表现上大胆探索，也有摄影者尝试将社会学、民族学的理念和方法贯彻到摄影创作当中，为该时期关涉非遗的摄影创作成果平添了反思的色彩。进入新世纪，我国的非遗保护工作持续推进、硕果累累，摄影艺术事业也堪称百花齐放、空前繁荣，"摄影"与"非遗"作为一对关键词频频携手现诸报端，以摄影为手段记录非遗、推广非遗已成为全社会的共识。虽然"非遗摄影"这一概念在学界尚有待探讨，但上述历史足以证明其明确的学术渊源及天然的学术合法性，待历史连接近世、当下与未来，必将串联起中国非遗摄影百余年来的发展脉络。

（二）摄影在非遗影像体系中的位置及意义

探讨摄影在非遗影像体系中的位置，其实就是要明确摄影在整个"大影像"体

---

[1]　张江华、李德君、陈景源等：《影视人类学》，社会科学文献出版社，2000，第 195 页。

系中的位置，对于从中应如何定位摄影，所需遵循的逻辑和秉持的原则大体相同，即摄影作为一种静态影像的媒介特性及其相较于动态影像的优劣势和独特功用，在把握了这些以后，摄影之于非遗的意义也将随之得以彰显。

所谓静态影像一般专指摄影。在非遗影像的若干文本类型中，除摄影外，其余各类诸如纪录片、专题片、影视剧、综艺节目、短视频等均属动态影像。动态影像虽名目繁多，但皆以电影技术（cinematograph）为基础发展而来。从诞生过程来看，摄影早于电影，它与电影之间具有某种亲缘性，二者共同构成了"影像"（image）这一视觉概念的主体。尽管有一种普遍观点认为静态影像的信息量少于动态影像，但二者不仅观看方式各异，计量单位也不同（照片以张、幅或组为单位计算数量，电影则用时间长度来衡量其体量大小），故分属两种评价体系，难以直接比较。

电影以连续的画面及综合的视听语言获得时间流上的连贯性与身临其境的感官体验，具有强大的叙事能力，擅长讲述复杂的事件或展示繁复的行为活动，特别是大量的影像和声音素材在借助蒙太奇（montage）等后期剪辑手段的加工后可重组时空关系、创造更多的象征意义。因此，影视手段成为了受人类学家、民俗学家、媒体工作者们偏爱的用以记录、储存、传播包括非遗事象在内的各种田野资料信息的主要媒介。相对而言，摄影的特性及优势也十分突出。作为一种静止的二维图像，摄影（照片）是对客观世界的局部框取和"时间切片"。一般来说，摄影所呈现的是事物发展过程中的某个瞬时状态。从哲学层面讲，世上不存在绝对静止的事物，万事万物无时无刻不处于运动变化中，诚如佛法所言"无常""生灭""成住坏空"，或道家的"生生不息"，马克思唯物辩证法也强调"运动是绝对的，静止是相对的"。面对瞬息万变的大千世界，我们需要一个相对静止的物象状态去感知现象并理解其本质，因为在不断流动的画面中，人的思维时常难以同步，需要一个反映的过程。英国摄影师迈布里奇（Eadweard J. Muybridge）的代表作《运动中的马》（*The Horse in Motion*）及一系列以人和动物为对象的动态摄影实验，通过连续的高速静帧摄影（high-speed photography）或称"连续摄影"（chrono-photography）捕捉并分解了单纯依靠人眼观察难以精确识别的生物在运动过程中的瞬时姿态与动作轨迹，从而彻底解决了人类长久以来对于马在奔跑时是否存在四蹄同时腾空的时刻等种种猜想与疑惑。这既是摄影以其特性将不可见变为可见的经典案例，也从侧面暗示了动态影像在某种场合下的无能为力。[①]

　　静态影像这种稳定、凝固的特性还带来另一种观看的可能——凝视。在稍纵即逝的动态影像中，一些局部的或短暂的内容往往容易被观看者所忽略或疏于察觉，有时即使反复回看也难以轻松地将画面中的全部信息一览无余（除非将画面暂停）。而在凝视一张照片时，我们能够从容且准确地观察所有细节，并对从中获取的特定文化信息加以分析解读。尤其是那些使用超高像素数码相机（如中画幅数码相机）或大画幅胶片相机（使用 4×5 英寸以上规格底片的相机）拍摄的纤毫毕现的照片，拥有一般动态影像所难以匹敌的巨大信息量，适用于对静物和景观的记录与表现。

　　此外，相较于孤立的单幅照片，由针对某一特定对象或主题拍摄的若干照片编辑而成的专题组照能提供更为多彩的语境和更加深度的表达。一张照片固然可以很精彩或携带某种文化信息，但那些依靠长期跟踪拍摄积累而成的专题组照因时间上的连贯性、内容上的丰富性及借助照片之间的排列、并置、合成（photomontage）所补足的叙事能力，在对文化的描述与阐释方面拥有单幅照片所无法比拟的优势，这也解释了为何现在诸多以"影像志"或"民族志"为主题的摄影展赛只接受组照参评且将拍摄周期和作品数量作为衡量作品深度的重要评判标准。

　　基于摄影的上述特性及媒介优势，与非遗影片一般通过放映来传播和推广的方式不同，非遗摄影多应用于出版领域，除了作为文字著作的插图，也多出现在以图像为主的各种人文地理类杂志、画报和摄影集中。同时，"展览"也是非遗摄影向公众传播的重要途径。虽说美术馆、博物馆在传统上以收藏、展示物质性的艺术作品和文化标本为首要功能，但非遗事象通过摄影被物质化后也可作为"物质的文化"加以展示传播。近年来，伴随智能手机的普及和移动互联网的迅猛发展，特别是在新冠肺炎疫情的影响下，线上展览（online exhibition）这种打破时空屏障的虚拟展览方式开始备受青睐，而社交网络（SNS）、电子书（E-book）等新技术的普及也为非遗摄影在传统出版领域之外开辟出新的发展空间。

　　作为多元影像体系下历史最长且最为基础的一元，摄影以其静态影像所独有的媒介特性及在出版和展览等领域的悠久传统，在非遗影像体系内占据并拥有着无可

---

　　① 动态影像在解决此类需要分解运动物体瞬时状态的问题时可采取逐格（帧）或升格（slow motion）播放的方式，即将影像的时间流分解为一个个连续的瞬间来观看和分析，但这样一来，动态影像也就成为了处于静止状态或不同程度地趋于静止的画面，实则与照片无异。反之，也可将足够数量的连拍的照片按顺序排列起来并以特定帧率连贯播放以获得类似动态影像的效果。静止和运动是事物的两种既相对又互补的概念，因此，在本质上，静态影像与动态影像既是影像的二元，又具有同一性，即：摄影是静止的电影（画面），而电影则是连续运动的摄影（照片）。

替代的地位与毋容置疑的价值，与动态影像共构了多位一体的影像形态格局。我们在继续发挥动态影像基于视听语言全面、生动地展现非遗事象的能力的同时，也应该积极思考、探索摄影在叙事策略、本体语言、影像美学及方法论层面的更多可能性，从而使二者作为"影像独联体"中彼此参照、相互补充的结构性二元，在非遗影像的创作实践中各展所长，使各自的特性和媒介优势都能够得到充分的发挥和利用，并进一步完善和推进非遗影像的理论研究。

（三）非遗摄影的对象

非遗摄影的对象，即拍摄对象，顾名思义，就是非遗。非物质文化遗产是一个普遍适用于一切非遗事象的高度抽象、概括的一般概念和学术术语，那么所谓非遗摄影，究竟要拍什么呢？与文物、遗址、建筑等物质文化遗产和文化景观遗产相比，非物质文化遗产因其"活态的""非物质的""口头传承的"等特性，往往需要依靠有关人士的表演或参与，借助配套的服装、道具、工具或某种物质载体，在特定的时间、空间内以特有的形式开展和呈现，而非随时随地都能够被观察和拍摄的。因此，非遗摄影的对象除了作为一个整体性文化事件的非遗活动以外，还应当包括非遗主体、非遗器物和非遗空间，即非遗的传承人、相关的物件、器具与开展场所。

非遗的主体一般分为传承主体和保护主体两大类，这里指的主要是传承主体，包括非遗项目的传承人或传承团体。非遗是根植于民族民间土壤、存在于特定群体之中的"活的文化"，是发展着的传统的行为与生活方式，它的存续与发展永远处在"活体"传承与"活态"保护之中。从这个意义上讲，传承主体是进行非遗保护的核心要素。因此，对非遗摄影而言，传承主体也应当成为首要的拍摄对象。许多非遗项目，特别是传统体育、游艺、杂技和竞技类项目，表演者是绝对的主角，如入选首批《国家级非物质文化遗产名录》的吴桥杂技、北京天桥的耍中幡和抖空竹、新疆维吾尔族的达瓦孜（高空走绳），以及少林功夫、蒙古族的博克（摔跤）、达斡尔族的传统曲棍球等，我们在拍摄这些项目时，应当将镜头的焦点对准舞台上的表演者、展示者或赛场上参与竞技的选手们。

非遗虽然属于非物质性的文化事象，但也需要建立在一定物质条件的基础上，许多非遗活动一旦脱离开物质基础则难以开展起来和传承下去。在一些关涉非遗的展演和制作活动中，除了作为非遗主体的传承人，还有许多被使用或利用到的具体的器物，如服饰、道具、乐器，以及各种传统制作工艺所需的工具和材料，它们在非遗的传习过程中发挥着不可替代的重要作用，也以物质的形式蕴含并彰显着非遗的精神与灵魂。因此，非遗器物同样是非遗摄影值得记录和表现的重要对象。举例来说，在我国入选联合国教科文组织《人类非物质文化遗产代表作名录》的 34 项项目中，昆曲需要各种行当的戏服和鼓、板、笛、弦等伴奏乐器；中国古琴艺术离不开作为其内容核心的古琴；蒙古族长调民歌虽然也可以通过清唱的形式表演但却与马头琴常伴，还有新疆维吾尔木卡姆艺术、朝鲜族农乐舞、泉州南音、侗族大歌、京剧、粤剧、藏戏、西北的花儿和鼓乐等，这些来自民间的音乐、舞蹈、戏曲等传统文化表现形式皆离不开其配套的行头和伴奏乐器。所以我们在拍摄这些民族民间表演艺术时，也应特别关注到这些"物的文化"，除了捕捉其在现场被使用着的状态，还可通过静物摄影的方式对其造型及细节予以更精细的刻画和展现。此外，在传统美术、工艺美术、手工技艺类的非遗项目中，民间艺人们创作的剪纸、年画、泥塑、木雕、风筝、织锦、唐卡等作品，作为他们的绝技、绝艺的物质载体，也可以通过摄影的方式予以再现或复制。

最后，非遗空间也是非遗摄影不应忽略的拍摄对象。1998 年，联合国教科文组织通过了《宣布人类口头和非物质遗产代表作条例》，明确将人类口头和非物质遗产划分为两大类：一是各种"民间传统文化表现形式"，除上述提到音乐、舞蹈、手工艺外，还列举了语言、文学、神话、礼仪、习惯等子类别；二便是"文化空间"，它同时指称定期举行传统文化活动或集中展现传统文化表现形式的场所以及一段通常定期举行传统文化活动的时间。2003 年，联合国教科文组织通过《保护非物质文化遗产公约》，这是国际非遗保护领域迄今最具权威性、影响力和法律效力的文件，《保护非物质文化遗产公约》在《宣布人类口头和非物质遗产代表作条例》的基础上对非遗的定义作出了修正，并提到"文化场所"的概念，而"文化场所"和"文化空间"其实只是"the cultural space"的不同译法而已。在我国 2005 年制订的《国家级非物质文化遗产代表作申报评定暂行办法》中，也明确将"文化空间"作为非遗的一个基本类别，并强调其"兼具空间性和时间性"。

"文化空间"作为一项非遗大类，与其他各类别间存在着一定的交叉和重合，如"礼仪、节庆、民俗活动"这一类中，例如彝族火把节、瑶族盘王节、傣族泼水节、白族绕三灵、壮族歌圩等，也都有其各自"集中举行的场所"和"定期举行的时间"，因而也可被归入"文化空间"的范畴。再比如，少林功夫作为中华传统武术的杰出代表之一，因以少林寺僧人演练的武术为主要表现形式，在《国家级非物质文化遗产名录》中被放在"传统武术、体育、竞技"类别下，但学术界也有一种不同观点，认为如此分类过于肤浅、简单化了，理由是具有上千年历史的少林功夫是在嵩山少林寺这一特定的佛教文化环境中形成的，它"以佛教神力信仰为基础，充分体现佛教禅宗智慧"，①僧人们演练的武术只是这种内涵丰富的文化体系的主要表现形式而非全部，故主张将其纳入到"文化空间"这一更具涵盖性、更富综合性、更关注整体性的非遗类别中来。②还有许多重要的民族节日、民间信仰、民俗崇拜等传统文化事象，往往也与特定的社会历史空间和周期性的时间紧密相连，因而将其归入"文化空间"的范畴或许更为合理、更加符合这些非遗事象的文化本质。

时间属性的"文化空间"或许难以通过摄影这种二维的视觉艺术来展现，需要运用视听语言的综合手段进行连贯的时间流上的叙事，而空间属性的"文化空间"——即物理和地理意义上的"空间"则可谓非遗摄影的理想对象。在我国纪实摄影、民俗摄影的传统中，举行各种节庆祭祀典礼的山乡村寨、各地的大小庙会以及江浙一带所特有的"会船""网船会"这样的水上空间，早已成为长盛不衰的热门题材，也为中国非遗摄影留下了不少经典作品与珍贵的影像文献。

二、近十年间中国非遗摄影的理论研究

自 2001 年"昆曲艺术"入选联合国首批《人类口头与非物质遗产代表作名录》以来，我国的非遗保护工作已开展了整整二十年。在此期间，非遗研究工作持续推进，"非遗影像"作为其中的一个子课题渐成热点。截至 2022 年初，在中国知网（cnki.net）以"非遗影像"为主题检索期刊、报纸、国内外学术会议和已公开的学位论文，共找到 597 条结果，若以"非遗纪录片"为主题检索结果为 531 条，当检索主题词换为"非遗电视""非遗电影"时结果分别为 425 条和 297 条，而同样条件下检索"非遗摄影"仅得到 142 条结果（其中不少还是重复刊登的摄影展赛的征稿启事）。可见在"非遗影像"的大语境下，摄影获得的关注远不及电影、电视、纪录片等动态影像，这也从一个侧面反映出中国非遗影像研究以影视、特别是纪录片为中心的研究现状。

同时，当我们注意检索结果中文献的发表时间时，便不难发现这样一个事实，大部分有关非遗影像的发表都是从 2010 年开始的，并且直到 2011 年以后数量才达到一定规模并呈现出递增趋势。考虑到本文或为国内首次以"非遗摄影"为题的正

---

① 释永信：《少林功夫的危机与保护》，转引王文章主编《非物质文化遗产保护国际学术研究会（2004）论文集》，文化艺术出版社，2006，第 289 页。
② 王文章：《非物质文化遗产概论（修订版）》，教育科学出版社，2013，第 262—263 页。

式研究报告，且非遗摄影作为一个新的研究领域，形成时间短、理论系统也有待完善，若仅将考察对象限定于 2021 年度则难以廓清非遗摄影理论研究的发展脉络和整体格局，故本节将考察范围扩大至 2011 年至 2021 年这一区间，全面梳理近十年间中国非遗摄影研究的整体状况。

（一）中国非遗摄影研究的基本格局

2011 年，山西晚报摄影部主任马立明[①] 在《摄影与非物质遗产保护》一文中提出摄影是抢救和保护非物质文化遗产的重要手段、是非遗传承和交流的重要载体、是构建非遗信息化平台的重要元素，并以"山西非遗保护网"为例介绍了山西省非遗保护中心运用文字、照片、视频等多媒体手段建立非遗信息交流平台，记录、保护、宣传非遗工作的经验成果。同年，江西师范大学饶乐、黄沁[②] 在《江西非物质文化遗产传承方式探析——以摄影推广为例》中指出江西作为"非遗大省"利用摄影推广非遗的必要性及可行性。次年，云南省开远市文化馆王良华[③] 在《群文天地》发文，强调非遗保护需要广泛的参与性，而利用好"群文摄影"这一颇具群众参与基础的摄影形式（或曰摄影群体）将对非遗保护工作起到积极的推动作用。2014 年，浙江农林大学艺术设计学院人文·茶文化学院钟晓虎、曾立新[④] 在《电影评介》合作发文《数字影像在非物质文化遗产保护中的影像思维研究》，在明确"数字影像包含静态影像与动态影像两方面"的基础上，提出非遗影像纪录的三项基本原则，即完整性、真实性、客观性原则。完整性原则包括除了非遗项目本身，还要表现其赖以存在的文化空间和生态环境，真实性原则要求以保持非遗项目原真性为根本初衷，确有特殊原因才可考虑用"复原拍摄""情境再现"等方式加以弥补，在前期拍摄和后期制作过程中须始终保持客位的态度。2015 年，湖南师范大学朱彬[⑤] 的硕士学位论文《湖南非物质文化遗产保护中的摄影艺术及设计运用研究》（导师黎大志）以湖南滩头木版年画和手抄纸这两项国家级非遗项目为例，对非遗摄影的基本概念和拍摄方法进行初步研究，还结合滩头年画的创作实践探讨了非遗摄影素

① 马立明：《摄影与非物质遗产保护》，《新闻采编》2011 年第 6 期。

② 饶乐、黄沁：《江西非物质文化遗产传承方式探析——以摄影推广为例》，《大众文艺》2011 年第 23 期。

③ 王良华：《群文摄影在非物质文化遗产保护工作中的作用》，《群文天地》2012 年第 20 期。

④ 钱晓虎、曾立新：《数字影像在非物质文化遗产保护中的影像思维研究》，《电影评介》2014 年第 20 期。

⑤ 朱彬：《湖南非物质文化遗产保护中的摄影艺术及设计运用研究》，湖南师范大学硕士学位论文，2015。

材在平面设计中的运用。2017 年，该校又一篇硕士学位论文《湖南省非物质文化遗产传承中的人物摄影研究》[1] 结合作者的在地创作实践分析非遗活动中的人物摄影拍摄方法，也谈到了非遗人物摄影在招贴设计中的应用。同年，民族画报社副社长赵利 [2] 在《中国民族报》发文，强调创新是做好少数民族非遗专题摄影报道之关键，他从新闻工作者的角度结合自身经历总结了在前期选题筹划、深入实际和观察体验、采访和拍摄手法、编辑和后期制作等方面实现创新的方法和对策。

至此，中国非遗摄影研究的整体面貌和基本格局已初步呈现并确立下来，往后几年的方向、思路、观点、基调均未发生太大变化。总结起来，中国非遗摄影研究的主体主要来自媒体、高校，以及地方文化馆、各级传统文化保护中心和非遗保护中心等基层文化单位。其中，媒体多关注非遗摄影的宣传和推广，强调数字化与信息化建设的必要性；高校研究的学术性较强，注重对概念与理论的梳理归纳；基层文化单位以"群文摄影"为切入点，在非遗保护的公众参与和社会推广方面发挥着积极作用。

（二）民俗摄影与在地性

中国非遗摄影研究经常关注民俗摄影。同时整体上呈现出"在地性"特征，以"非遗大省"自居的各省、自治区充分挖掘本地非遗影像资源，积极探索利用摄影推广非遗的有效路径。

2014 年，鲁东大学硕士学位论文《中国民俗摄影研究》[3]（作者王涵，导师曲绍平）在论述民俗摄影的意义时谈及民俗摄影与非遗的关系，并尝试分析具体拍摄方法。2016 年，河北传媒学院摄影系教师宋艳丽 [4] 以泰山皮影戏为例，撰文论述了民俗摄影在非遗保护中的价值体现、民俗摄影与非遗的关系和在非遗传承中发挥的作用。

2017 年，作为赣南师范大学学科协同创新项目"农村手工艺文化产业发展研究"阶段性成果的《非物质文化遗产保护视野中民俗摄影的问题意识与学术取向》

---

① 方佳薇：《湖南省非物质文化遗产传承中的人物摄影研究》，湖南师范大学硕士学位论文，2017。

② 赵利：《创新，是做好少数民族"非遗"专题摄影报道的关键》，《中国民族报》2017 年 3 月 3 日，第 8 版。

③ 王涵：《中国民俗摄影研究》，鲁东大学硕士学位论文，2014。

④ 宋艳丽：《民俗摄影在非物质文化遗产保护中的价值体现——以泰山皮影纪实为例》，《美与时代（上）》2016 年第 6 期。

刊于《艺术学界》，作者系该校美术学院教授钟福民和硕士生张杨格。文章在明确民俗摄影概念的基础上，从民俗类非遗的活态特征、田野作业的主导方式、图像化趋势的阅读语境，以及文化保护的国际交流与合作等多方面出发，阐述了民俗摄影在非遗保护中的价值与意义。文章指出，民俗摄影作为非遗调查和记录的成果，以其形象、鲜活、细腻、真实的特征超越了语言文字的抽象而为各国民众所理解并接受，相关主题的展览为向国际社会宣传我国非遗保护的成就提供了有效路径，并强调"参与者应更加重视民俗摄影的本体性价值和认识论意义，积极探索民俗摄影在文化保护、文化阐释、文化传播中的可能性，使镜头中的非遗得到更准确、更深刻、更多维的表现"。[1] 至于所谓"问题意识"，是在影像即意识形态和"有意味的形式"这一前提下，强调拍摄者的主观选择性和视角的独特性，以及从中反映出来的某种价值关怀、情感指向和文化立场。作者列举了在民俗摄影中拍摄者会遭遇到的种种复杂问题，如在田野现场时刻被检验着的学术伦理问题、民俗事件当事人的审美感受问题、由具体拍摄方式和技巧决定的实际学术效果问题，强调在摄影技术之外，对拟拍摄的民俗事象预先做深入调研、在拍摄过程中与民俗活动的当事人进行充分的交流与合作的重要性。同时，民俗摄影的拍摄者不同于一般的观光客和摄影爱好者，也区别于新闻摄影记者，需要具备丰富的民俗学理论知识，对当地的历史文化传统也要有深入的了解，而正是这种特殊的身份意识决定了民俗摄影的学术取向。此外，作者还分析了民俗摄影中"真实性"与"美"的辩证关系，认为民俗摄影兼具美的表达与真实性呈现的双重目标，前者能激发人们对非遗的关注和热爱，后者则可增强人们对非遗保护的责任与使命感，所以民俗摄影不能停留在唯美化的层面，而应传递文化信息、呈现文化色彩、蕴含文化韵味、体验文化价值。

"在地性"是非遗影像研究的一大特征。2018 年，福建省南平市延平区文化馆馆员龚宝辉[2]运用既有研究成果论述了以民俗摄影为手段记录和保护延平樟湖蛇崇拜民俗的重要意义，湖北省宜昌市长阳土家族自治县民族民间传统文化保护中心群文助理馆员刘影[3]（土家族）结合长阳非遗现状和民俗案例探讨了民俗摄影的价值与拍摄方法，《贵州民族研究》刊发《贵州摄影资源的开发对促进非物质文化遗产

① 钟福民、张杨格：《非物质文化遗产保护视野中民俗摄影的问题意识与学术取向》，《艺术世界》2017 年第 1 期。

② 龚宝辉：《民俗摄影在非物质文化遗产保护中的价值体现——以延平樟湖蛇崇拜民俗为例》，《遗产与保护研究》2018 年第 10 期。

③ 刘影：《非质文化遗产保护之长阳民俗摄影浅谈》，《文存阅刊》2018 年第 8 期。

保护的意义——以贵州少数民族地区为例》[①]一文，对比了摄影资源开发与旅游开发在非遗保护中的优劣势，认为原生态摄影资源开发既是对旅游开发之优势的补充和延伸，也是对其劣势的弥补，并提出了几项具体措施。

（三）创作问题

创作问题也是非遗摄影研究关心的议题之一，主要指对创作现状的批评反思和对创作方法的归纳总结。2019 年，南京师范大学新闻与传播学院副教授汤天明[②]借《非遗摄影多从"人"着手》一文，直言不讳地指出现今许多摄影人"更倾向于从美感角度出发，侧重于营造、展现画面的形式感"和作品中"隐藏着形式大于内容、外在高于内涵的问题"的现状，并以赣南围屋建造工艺为例强调非遗的"非物质"属性，呼吁应将镜头从作为工艺的物质载体的围屋本身或保护区内的表演活动，更多移向围屋的修复者（传承人）及在围屋这一特定空间中出现的原住民的服饰、饮食、婚俗、日常劳作等具有显著文化意涵的内容上，而非作为工艺的物质载体的围屋本身或保护区内的表演活动，即"要从'人'的维度多做文章"，增加照片的"人情味"。同年，云南省非遗保护中心殷志勇[③]在《浅议非遗田野调查中的摄影技巧》一文中提出"非遗田野调查摄影是非遗田野调查的重要组成部分，是非遗田野调查资料的重要补充和佐证，是人类学、民族学研究不可或缺的资料来源，需将其作为田野工作的一部分纳入工作计划"，并对非遗田野调查摄影的规范和技巧作了简要总结。次年，《中国摄影报》刊发题为《讲好"非遗"故事，展现匠心精神》[④]的短文，作者在指出非遗题材摄影中长期存在的"盲目跟风、扎堆拍摄，甚至走马观花、缺少对于人文内涵和文化传承的深层次思考等弊象"的同时提出"应将人作为表现的核心"，并举例说明在非遗摄影中突显匠心精神的两个角度——"巧用摄影语言"和"用时间维度增强影像的厚重感"。2020 年 11 月 17 日，以"交流共享，保护与传承"为主题的首届世界遗产摄影大展影像与旅游研讨会在张家界召开，会议发言摘录刊于次日《张家界日报》。其中，上海师范大学林路教授[⑤]在

---

① 田园、王亦敏：《贵州摄影资源的开发对促进非物质文化遗产保护的意义——以贵州少数民族地区为例》，《贵州民族研究》2018 年第 11 期。

② 汤天明：《非遗摄影多从"人"着手》，《中国摄影报》2019 年 9 月 27 日，第 10 版。

③ 殷志勇：《浅议非遗田野调查中的摄影技巧》，《民族音乐》2019 年第 6 期。

④ 常成：《讲好"非遗"故事，展现匠心精神》，《中国摄影报》2020 年 1 月 24 日，第 11 版。

⑤ 宋美慧：《周密：共画摄影，共享非遗——"交流共享，保护与传承"影像与旅游研讨会发言摘录》，《张家界日报》2020 年 11 月 18 日，第 3 版。

其题为"人文摄影与世界非遗"的讲话中直言："世界非遗的影像留存，实际上正好应该落实在人文摄影这一层面。但是从当下世界非遗影像的呈现上看，大多存在一种简单化的宣传倾向。也就是说，世界非遗影像是以宣传照片的模式广泛存在着，并没有深入到人文精神的内核"，对此，他主张摄影师应当与拍摄对象长期共同生活，在被对象理解和接受前不轻易拍摄，直至成为他们中的一员后再开始工作（这与人类学田野调查的工作方式可谓不谋而合）。最后，林路还谈到"借助摄影史上一些经典的样例，从摄影语言的角度拓宽对于非遗影像的呈现可能"。

作为国内权威的摄影类期刊，《中国摄影》杂志在 2021 年第 2 期组稿"非遗摄影"专题，以图文并茂的形式集中展示了近几年国内关涉非遗的若干摄影项目，对非遗摄影的概念和理论也做了初步探讨。"世界越是趋同，对本土以及民族文化的自我认识和认同也越迫切，在全球化的大背景下，影像已经是非遗生态活化记录不可缺少的媒介"，该社编辑部主任郑浓[①] 在卷首《"非遗"的影像转换》一文中提出了"每一个介入非遗题材的摄影人都应该考虑的"问题——"摄影者如何开始摆脱影像的猎奇，从一些具体的项目入手，用影像记录、收集、整理我们自己的文化遗产，将非遗的视觉元素进行有效的影像转换？"郑浓接着谈到 20 世纪 80 年代中后期到 20 世纪 90 年代国内摄影界曾流行到"老少边穷"地区"创作"的现象，认为尽管其中猎奇成分颇多，但确实也有不少照片记录下了诸多如今已被纳入非遗名录的内容。在 2004 年中国加入联合国《保护非物质文化遗产公约》后，在非遗保护形成了一场自上而下的社会运动的背景下，那些摄影界所钟爱的"异域风情和视觉奇观"，其原有的仪式性、符号性、社会性、民俗学被逐步重构，并由此引发对社会变迁、文化认同、身份建构、遗产旅游等一系列问题的思考。郑浓认为，正是由于"一些摄影师敏锐地看到了这种观念上的演进与变化，开始有意识地借助民俗学、人类学、社会学、历史学等学科的方法，去观察非遗，并融入到摄影创作中"，现在的非遗题材影像较此前的被动记录才更具自觉意识。文章最后例数了"题材雷同""手法相似""概念不清"，以及"集邮式拍摄""缺少长期关注""相对狭窄的视角与观察角度"等摄影界的通病或非遗摄影所独有的问题，指出解决之道在于"如何把握非遗影像创作规律性，如何将有形的或无形的非遗转化为影像资源"。为此，该刊特邀非遗专家苑利和顾军[②] 撰文，结合非遗的分类法，从"民间文学的画面营造""表演艺术的台前幕后""传统工艺美术的影像逻辑""传统工艺技术的叙

---

① 郑浓：《"非遗"的影像转换》，《中国摄影》2021 年第 2 期。
② 苑利、顾军：《非遗摄影：人类文明的另类表达》，《中国摄影》2021 年第 2 期。

事性""传统仪式的原汁原味""传统节日的集中展现"六个方面,对非遗的概念及非遗影像的创作规律做了深入浅出的科普,还特别强调非遗摄影必须找到"对的项目""对的人""对的场所",从而将非遗的多方价值和传承人的甘苦呈现出来,让更多人了解并爱上非遗。

以上是笔者对 2011 年至 2021 年间我国非遗摄影理论研究的综合评述,就整体印象而言,可用四句话来概括——数量屈指可数,水平参差不齐,理论乏善可陈,观点大同小异。在非遗影像的大语境下,仅从数量上看,针对摄影的文章发表明显少于以影视作品为对象的,这一方面反映了在影像研究的视阈内,静态影像相对动态影像长期处于边缘地位,一方面也是中国摄影界重创作、轻理论,以及学术人才和专门研究者匮乏之体现。就有限的关涉非遗摄影的文章来说,一般性评论文章居多、专业性学术论文偏少,若论整体学术水平,至少和非遗电影研究相比还存在不小差距。究其原因,非遗摄影研究的作者以摄影师、媒体人和基层群文工作者为主,来自高校和科研院所的研究者较少且其中多为艺术院校师生,不像非遗电影研究那样是以民俗学、民族学、人类学或新闻传播学等人文社会学科的知识群体为主体的。或者换句话说,学术界还未对摄影与非遗的跨学科研究给予足够关切,而由此造成的结果就是,我国非遗摄影研究在理论层面缺乏发展创新,至今依旧以传统的纪实摄影理论为基础理论,虽然将民俗摄影与非遗保护反复绑定,但是对民俗学知识的牵涉大多点到为止,缺乏深度勾联,致使大部分此类文章的观点趋同、结论相似,说千篇一律或许言重,但实难发现令人耳目一新的问题意识与研究方法。

三、2021 年度中国非遗摄影的传播推广

在"全民摄影"的今天,摄影与其他艺术门类相比拥有庞大的创作者基数,故摄影作品的发展、出版和展览数量也水涨船高。因此,虽然中国的非遗摄影研究发展缓慢、乏善可陈,但非遗摄影创作却呈现出迥然的活跃局面,并直接反映在作品的传播推广上。本节将考察范围锁定于 2021 年度内,以相关代表性成果为例,从"发表和出版""展览和创作采风"两方面对中国非遗摄影的传播与推广做综合评述,并就"线上展"的兴起谈及非遗摄影的分类法。

(一)发表和出版

在各类期刊、报纸上刊登发表,或以摄影集和图文书的形式公开出版,是摄影作品最为传统的传播推广方式。虽然在许多人文地理类杂志上经常能够看到有关非

遗的内容，包括照片，但这些照片大多是以插图的形式出现，星星点点较为零散，有的甚至没有署名，沦为纯粹的文字的附庸，因此难以纳入到非遗摄影研究的视阈中。本节所要考察的是以"非遗摄影"为主题或主要内容的发表和出版成果。

　　首先是前文提及的《中国摄影》杂志 2021 年第 2 期的"非遗专题"。该期以近百页的篇幅，图文并茂地介绍了吴晓鹏 ① 的《陇州社火》、程朝贵 ② 的《呼伦贝尔草原的萨满》、王乃功 ③ 的《呼图格沁的傩者》、黄君毅 ④ 的《戏曲头饰从业者》、李晓红 ⑤ 的《宣纸："偷"不走的秘密》、张勇 ⑥ 的《湘黔滇驿道》、旷惠民 ⑦ 的《岜沙纪：1989—2019》、姜景茂 ⑧ 的《十番锣鼓》、庄郁葱 ⑨ 的《德昂族浇花节》、姜智 ⑩ 的《景德镇陶艺传承》、张慧珍 ⑪ 的《尼木措毕祭祀》、曾戈 ⑫ 的《潮汕英歌舞》共 11 组以各地区、各民族、各级非遗代表性项目及传承人为对象的专题组照，还包含作者的阐释、随笔和采访。这些作品或跨越 30 年的拍摄周期、或使用 8×10 英寸大画幅胶片相机，或是对某项非遗技艺的解剖式记录、或是摄影师与文化学者合作的产物。《中国摄影》的这期"非遗专题"既是近年来中国非遗摄影创作成果的集中展示，也是"中国非遗摄影师"这一"新生"摄影群体的难得的集体亮相，可谓中国非遗研究领域的大事件，也势必将助推中国的非遗摄影事业更上一层楼。

　　此外，该期还登载了"中国·青阳首届全国非物质文化遗产摄影大展"的部分入选作品，并邀请评委对评选过程及非遗摄影表达了各自的观点。此次大展由中国摄影家协会与安徽省池州市人民政府主办，青阳县人民政府、《中国摄影》杂志社、安徽省非物质文化遗产保护中心、池州市文化和旅游局联合承办，在全国范围内征集非遗摄影作品，倡导用影像保存非遗技艺，留存珍贵的文化基因。摄影大展自 2019 年 6 月启动以来，历经一年多的征稿，共收到全国各地近 1600 位影友的 1.7 万件、4 万余幅投稿，最终入选作品 119 件（组）。

---

① 吴晓鹏：《陇州社火》，《中国摄影》2021 年第 2 期。
② 程朝贵：《呼伦贝尔草原的萨满》，《中国摄影》2021 年第 2 期。
③ 王乃功：《呼图格沁的傩者》，《中国摄影》2021 年第 2 期。
④ 黄君毅：《戏曲头饰从业者》，《中国摄影》2021 年第 2 期。
⑤ 李晓红，《宣纸："偷"不走的秘密》，《中国摄影》2021 年第 2 期。
⑥ 张勇：《湘黔滇驿道》，《中国摄影》2021 年第 2 期。
⑦ 旷惠民：《岜沙纪：1989—2019》，《中国摄影》2021 年第 2 期。
⑧ 姜景茂：《十番锣鼓》，《中国摄影》2021 年第 2 期。
⑨ 庄郁葱：《德昂族浇花节》，《中国摄影》2021 年第 2 期。
⑩ 姜智：《景德镇陶艺传承》，《中国摄影》2021 年第 2 期。
⑪ 张慧珍：《尼木措毕祭祀》，《中国摄影》2021 年第 2 期。
⑫ 曾戈：《潮汕英歌舞》，《中国摄影》2021 年第 2 期。

　　作为评委之一，中国摄影家协会主席李舸在充分肯定获奖作品水准的同时也坦言："目前很多作品还处于简单记录的阶段，但非遗不应仅仅是一个表面和展示层面的东西，非遗之所以能留存下来，一定与国家的文化发展紧密相关。这就需要我们去挖掘非遗与这个时代的关系，需要我们换一种思维去看，从表达方式上做拓展，甚至用一些新的媒介形式，乃至多种媒体融合的方式来展示非遗"；新华社军事摄影采编室主任李刚表示："作为摄影者既要尊重非遗的历史，又要注重作品的艺术升华，不能以猎奇的视角使作品表象化、庸俗化，这需要对非遗文化深入细致研究，忠于纪实并提高审美艺术层次，这是我们非遗摄影努力的方向"；中国艺术研究院研究员、文旅部非遗保护专委会委员苑利强调"找准地点""找准时间""找准人群"对于拍好非遗的重要性；青阳县文联常务副主席兼秘书长崔晓东从基层文化工作者的立场出发，认为摄影师和评委双方都应深层次地把握非遗项目的文化内涵，并建议以组照形式呈现以保证所摄内容的完整性；原安徽省摄影家协会副主席兼秘书长乐卫星感慨"本次摄影大展参与者地域之广、来稿量之多、内容之丰富"；而《中国摄影》杂志副主编李波则直言："也有不少冠以非遗摄影名目的作品，在很大程度上只是此前流行的民俗摄影的翻版，只是对一些民俗事项的简单浮泛的记录。对这些摄影者来说，非遗只不过是新一版的照片光影构图的填充材料"。至于要如何摆脱这种尴尬局面，李波主张摄影者应当借鉴美国人类学家格尔茨所提倡的"深描"，"不仅仅用摄影记录一些文化现象，还要通过摄影思考和探究这些表象背后文化形成和产生的脉络"，因为"非遗摄影不仅仅要观其然，更应该知其所以然……需要在理解之上的记录，更呼唤用记录来推进理解和保护"。①

　　除了《中国摄影》，国内摄影界另一本权威期刊，由文旅部主管、中国艺术研究院主办的《中国摄影家》在 2021 年第 11 期和 12 期分别登载了李铁强②的《中国功夫》（少林功夫）、许远③的《我拍安徽非遗》（徽墨、油布伞）和赵春亮摄影、夏布绣博物馆④撰文的《夏布绣：麻布上的"非遗之花"》等非遗题材的图文报道。笔者注意到该刊也经常组织非遗主题的摄影展览和比赛。

　　在出版方面，以笔者掌握的资料来看，2021 年国内并无直接以非遗为主题的摄影图书问世。若从内容来看，中国摄影出版社出版发行的《"影像见证新时代·聚

　　① 《文化基因·影像传承：中国·青阳全国非物质文化遗产摄影大展评选纪要》，《中国摄影》2021 年第 2 期。

　　② 李铁强：《中国功夫》，《中国摄影家》2021 年第 11 期。

　　③ 许远：《我拍安徽非遗》，《中国摄影》2021 年第 2 期。

　　④ 赵春亮：《夏布绣博物馆，夏布绣：麻布上的"非遗之花"》，《中国摄影》2021 年第 2 期。

焦扶贫决胜期"2018—2020 大型影像跨界驻点调研创作工程系列丛书》（以下简称"丛书"）或可算一例。丛书以湖南省湘西土家族苗族自治州花垣县十八洞村、内蒙古自治区兴安盟科尔沁右翼中旗、陕西省铜川市耀州区等 15 个贫困地区为调研对象，运用影像、绘画、文字等多元手段，透过典型的人物场景全面展现各地脱贫攻坚取得的伟大成就，记录当地百姓脱贫致富的真实故事，反映国家精准扶贫战略给这些地区带来的深刻改变，讴歌脱贫攻坚战中的先进事迹和奋斗精神。

　　其中，中国摄影家协会副主席居杨主编的《十八洞村脱贫记》[1] 聚焦十八洞的苗绣，多角度全方位地呈现了国家级非遗项目"湘西苗绣"服饰和工艺品的制作和穿戴、传习和改良、买卖和展示等环节，表现了苗族绣娘们凭借代代传承的传统技艺脱贫致富的美好生活；中国新闻社摄影部主任毛建军主编的《科尔沁草原上的脱贫路》[2] 讲述的是素有"蒙古族四胡之乡""科尔沁服饰之乡""赛马之乡""蒙古文书法之乡"等美誉的科右中旗以民间文化生态保护为基础，以传统工艺传承发展为抓手，发挥特色文化资源优势，实现文化精准扶贫的"手艺脱贫"之路，拍摄对象以马头琴、四胡、三弦等"蒙古族拉弦乐器制作技艺"传承人为主；中央美术学院人文学院文化遗产学系副主任、该校非物质文化遗产研究中心主任乔晓光教授主编的《古乡厚土：陇县乡村扶贫纪实》[3] 也着重表现皮影戏、木偶戏、剪纸、刺绣、编席、木版年画以及秦腔、社火、花灯等濒临消亡或后继乏人的传统手工艺、民间戏曲和节庆风俗，并以个案形式展示了当地是如何依托民俗艺术带动经济发展的；中国新闻摄影学会副会长王景春主编的《光耀州城》[4] 关注国家扶贫开发工作重点县耀州，其中也不乏介绍"耀州窑陶瓷烧制技艺"的内容。

　　作为一个大型地方影像志项目，丛书的创作团队以资深摄影记者为主，从而确保了书中照片不仅具有较高艺术水准，也兼具一定的文献史料价值，尤其是涉及民俗的部分不少都是直接表现非遗事象或以传承人为对象，故从某种意义上也可视为与非遗摄影间接相关的出版成果。同时，丛书以"文化扶贫""手艺脱贫"为主题，将非遗、摄影与国家的政策战略紧密连接起来，从而在文化价值和艺术价值的基础上进一步挖掘出非遗摄影所蕴含的社会价值。

---

[1]　居杨：《十八洞村脱贫记》，中国摄影出版社，2021。
[2]　毛建军：《科尔沁草原上的脱贫路》，中国摄影出版社，2021。
[3]　乔晓光：《古乡厚土：陇县乡村扶贫纪实》，中国摄影出版社，2021。
[4]　王景春：《光耀州城》，中国摄影出版社，2021。

（二）线下展和创作采风

以纸为媒的发表和出版体现着摄影独具的媒介特性优势，而在特定文化空间或艺术空间中举办展览也是照片的经典展示方式。另一方面，各种以非遗为主题的创作采风活动日益增多，体现出非遗摄影群体的壮大与活跃。在展览现场或集体的创作采风活动中，摄影人和观众、和拍摄对象以及摄影人彼此之间有了更多的交流机会。交流不仅能够有助于影像的分享与传播，在非遗摄影的语境下，也为文化上的他者和我者搭建起了一座理解与合作的桥梁。

2021 年 1 月 19 日，由中国艺术摄影学会、《中国摄影家》杂志社、中共深圳市宝安区委宣传部和宝安区文化广电旅游体育局主办的第十届"群艺杯"全国摄影艺术展暨历届作品集萃全国巡展（北京站）在中国艺术研究院开幕。"群艺杯"始于 2001 年，每两年一届，第十届以"非遗影像·中国风采"为主题，聚焦"非遗＋城市""非遗＋粤港澳大湾区""非遗＋扶贫""非遗＋一带一路"等关键词，旨在"用摄影语言全面客观地反映中华民族的古老生命记忆和文化基因，唤起人们珍爱传统的文化自觉"，[①] 通过镜头"讲述非遗保护的中国智慧和中国经验，自觉传承、弘扬中华优秀传统文化，以提高人们的非遗保护意识，营造浓厚的非遗保护氛围"。[②] 第十届"群艺杯"收到包括港澳地区在内的来自全国各地的投稿共计 12200 幅（组），由 15 名专家评委历时 6 天最终评选出 100 幅（组）优秀作品，题材涵盖了除传统医药外的所有非遗项目门类。同时，主办方还从往届获奖作品中精选了 60 幅有关非遗的佳作，为"群艺杯"漫漫二十载的辉煌之路做了一次集体梳理、集中展示和深情回眸。

6 月 26 日至 9 月 30 日，由云南省大理州文旅局主办，大理州非遗保护中心、大理州摄影家协会、大理摄影博物馆等单位协办的"多彩非遗·魅力大理"大理文化生态保护实验区非遗影像展在大理床单厂当代艺术空间展出。作为全国唯一的白族自治州，大理不仅拥有"亚洲文化十字路口的古都""多元文化与自然和谐共荣的乐土"等美誉，还是国家级文化生态保护实验区和文旅部支持建设的传统工艺工作站。大理全州列入四级保护名录的非遗项目有 719 项，代表性传承人 2344 人，此次展览以其中的 147 项非遗项目（18 项国家级、57 项省级、72 项州级）为主线，

---

① 《非遗影像·中国风采：第十届"群艺杯"全国摄影艺术展览》，《中国摄影家》2020 年第 6 期。

② 《非遗影像·中国风采：第十届"群艺杯"全国摄影艺术展览作品》，《中国摄影家》2020 年第 12 期。

展示了大理丰厚的非遗资源，探讨了非遗之于大理的精神意义、文化意义和传承意义。值得一提的是，在征集来的 106 位摄影师的 2600 幅作品中，除了极具代表性的非遗场景，还有百年前的珍贵影像，历史记忆照进现代生活，自然风光和人文景观交相辉映，进一步激发和增强了大理各族人民的民族自豪感与文化自信。

　　9 月至 10 月，来自 6 个国家的 10 位摄影师参加了第十届西双版纳国际影像展的"摄影师驻留计划"，其中，中国摄影师黄庆军选择以西双版纳的非遗传承人为对象，延续其自 2003 年开始的长期摄影项目《家当》，这些在地创作的作品随后在"澜湄流域国家文化艺术节"期间展出。此后，黄庆军将非遗传承人作为其《家当》系列的一个分支，在甘肃、宁夏、浙江等地先后创作出十余幅作品并以此斩获当年度丽水摄影节"特别收藏荣誉"。对此，有专家认为："黄庆军通过调研和沟通，获得了许多家庭的许可，展开了长期拍摄那些具有典型样本的家庭家当的行动。这既是实物财产的自我公示，也是私人景观的公共化景象，通过这些家当，家庭经济、喜好、精神近况及记忆等面向一目了然。因而，黄庆军为我们奉献了一份独特理性的家庭社会学清单。"①

　　9 月 29 日，多彩贵州·第十四届中国原生态国际摄影大展（以下简称"大展"）在中国历史文化名城、贵州省黔东南苗族侗族自治州镇远县镇远古城开幕。这个始于 2008 年的摄影展由贵州省委宣传部、中国新闻社、贵州省文旅厅共同主办，号称"目前全球惟一持续以关注非遗传承与保护为目标、推动原生态文化理论发展为核心的国际影像文化活动"，② 十多年来，共举办主题展 500 余个，面向全球征集作品数十万幅，组织采风和交流活动 160 余场。2021 年的大展既展出了以历史悠久的"赛龙舟"和侗族传统节日"报京三月三"两项国家级非遗代表性项目为题材的摄影作品，还专门设置了"非遗文化活态展演"，芦笙舞、踩鼓舞、竹竿舞、板凳舞等特色舞蹈轮番登场，还有花灯戏、唢呐、傩戏的精彩演出，八方游客欢聚一堂，在观看摄影作品的同时，品味古城风情，共享文化盛宴。此外，大展新媒体部还推出了"贵州摄影人"特辑，在其官方微信公众号上以征稿和连载的形式介绍贵

---

　　①　《2021 丽水摄影节艺术扶持基金荣誉 | 特别收藏荣誉——黄庆军〈家当〉》，丽水摄影节微信公众号，https://mp.weixin.qq.com/s/pGdlV31prM6HqhJkda6Mng。

　　②　《第十四届中国原生态国际摄影大展 29 日在贵州镇远开幕》，中国原生态国际摄影大展微信公众号，https://mp.weixin.qq.com/s/6W8of2P8KXzSxS45aruIcQ。

州本土摄影师作品,其中像 90 后女孩师琦 ① 拍的《安顺地戏》、杨晓刚 ② 的《大山里的阳戏》(舞阳神戏)等均取材自当地的民间戏曲。

除了上述规模盛大的全国性、国际性的摄影大展以外,2021 年地方上的非遗摄影展和各种采风活动同样搞得有声有色。7 月 4 日,第十四届全运会群众比赛龙舟项目安徽选拔赛暨安徽省龙舟公开赛(亳州站)在亳州市谯城区举行,赛事期间还同时征集摄影作品,并在亳州市文化旅游体育局的官方微信公众号上进行展示。③11 月 22 日,谯城区文化馆又组织开展了一场名为"摄影 + 非遗"的采风活动,文化馆聘请的专业摄影师带领摄影爱好者们奔赴亳州老街,深入非遗传承人的家中或工作室现场展开创作,拍摄内容涵盖木雕、核雕、打铜、面塑等传统手工艺类非遗项目,记录亳州老街非遗传承人苦守技艺的真实场景,彰显工匠精神,培育人们对非遗的热爱和尊重。④11 月 24 日至 26 日,中国民俗摄影协会联手某手机品牌以"记录纳西文化·助推非遗传承"为主题,组织专业摄影师和资深媒体人从各地汇聚云南丽江,探访东巴文化博物馆、东巴纸制作技艺传承人和玉水寨白沙细乐古乐队,旨在以手机摄像记录、传播纳西族的东巴文化。2021 年 12 月 31 日,"非遗影像,栗城风采"夏邑县第二届非物质文化遗产摄影展于河南省商丘市夏邑县文化馆开幕,展览展出了征集来的百余幅摄影作品,这些作品主题突出,内容丰富,有单幅也有组图,从不同层面和角度真实地记录了夏邑各非遗项目和代表性传承人的精彩瞬间与感人故事。⑤

(三)线上展(兼谈非遗摄影的分类法)

2021 年,摄影的传播和推广也加快了数字化改革的脚步,得益于移动互联网的飞速发展,以智能手机为终端、社交媒体为平台的各种"线上展""云上展"迅速成为公众获取包括影像在内的多媒体信息的主流渠道之一。传统纸媒上的发表和

---

① 《贵州摄影人 | 90 后女孩眼中的贵州非遗》,中国原生态国际摄影大展微信公众号,https://mp.weixin.qq.com/s/GHX3j5cFltCBfIQOdmAosQ。

② 《贵州摄影人 | 大山里的阳戏》,中国原生态国际摄影大展微信公众号,https://mp.weixin.qq.com/s/ggRI_jz9_JTbbBc8aw56bg。

③ 《亳州市文化旅游体育局 .2021 年亳州龙舟赛线上摄影展活动即将开启!》,亳州市文化旅游体育局微信公众号,https://mp.weixin.qq.com/s/xkW_ElYJ5iNifWAgFbnpCw。

④ 《"摄影 + 非遗"定格非遗技艺瞬间》,传承中国网,https://www.cczgw.cn/html/feiyishijie/tushuofeiyi/show-4137.html。

⑤ 《记录纳西文化,助推非遗传承——中国民俗摄影协会在行动!》,中国民俗摄影协会官方网站,http://www.icfpa.cn/index.php?action-viewnews-itemid-7052。

出版通常需要较长的编辑、审核及出版、发行过程，线上展不仅在内容编辑上更为灵活多变，传播的时效性和广度也是传统媒体所无法比拟的。如果说碍于发表平台少、出版门槛高等客观因素，2021 年中国非遗摄影在纸媒上的表现稍显乏力的话，如雨后春笋般遍地开花的线上展则为非遗摄影在大众层面的传播推广真正铺平了道路。

为充分展示凉山彝族自治州丰富的非遗资源和丰硕的非遗保护成果，展现各级传承人在创造性转化、创新性发展过程中的匠心智慧，四川省非遗保护中心与凉山州非遗保护中心于 2021 年 3 月 2 日起，在"四川非遗"微信公众号推出"盛世欢歌·守正创新"凉山非遗摄影作品线上展示活动，每期介绍几位凉山本地摄影人的作品，配合作者的口述讲解（视频），用照片呈现凉山州独具地方特色和民族特色的非遗之形、非遗之魂与非遗之魅，生动地诠释了凉山非遗活在当下、"见人见物见生活"的保护理念，给人以强烈的视觉冲击力。[①] 同时，该展览还以"进校园"的形式在西昌学院线下展出，127 幅非遗摄影作品亮相该校美术馆，向师生们展开了一幅神秘、厚重的大凉山非遗画卷。[②] 类似的活动还有贵州省黔东南苗族侗族自治州雷山县组织的"雷山苗年非遗摄影线上展"。作为"2021 中国·雷山苗年"活动的一部分，雷山的线上展在 11 月 10 至 20 日的征稿期内共收到县内外 20 位作者的 320 幅作品。最终评选出 101 幅，于当月底在雷山县广播电视台融媒体中心认证的微信公众号"悠然雷山"上发布。

8 月 5 日，由福建省泉州市文化广电和旅游局主办、泉州市艺术馆（泉州市闽南文化生态保护中心、泉州市非遗保护中心）承办的"泉州非物质文化遗产纪实摄影作品有奖征集"活动开启。泉州是闽南文化的发祥地、富集区，有 5 个项目入选联合国教科文组织《人类非物质文化遗产代表作名录》、36 个项目被列为国家级非物质文化遗产，数量列福建省内各区市之首，传统文化生态充满生机活力。非遗摄影作品的征集，便是为了"更好地记录非物质文化遗产，进一步继承和弘扬中华优秀传统文化，更加有效地利用影像资料开展非物质文化遗产保护"，因此征集主题及细则中明确要求"作品主题必须是与泉州市市级以上非物质文化遗产项目直接相关的文化活动、文化空间等，也可以是这些项目传承人的生活、生产、表演等场

① 《"盛世欢歌·守正创新"凉山非遗摄影作品展（一）》，四川非遗微信公众号，https://mp.weixin.qq.com/s/dpcd9pCgBIe6fidbu3O2zA。

② 《摄非遗之形·展非遗之魂——凉山非遗摄影展进我校》，西昌学院文化传媒学院官方网站，https://www.xcc.edu.cn/whcmxy/365743/365747/584595/index.html。

景"。① 历经数月的征集和多轮评选，由泉州市非遗专家和市摄影家协会资深摄影家组成的评委会最终从近 3000 余幅来稿中评选出金奖作品 10 幅（组）、银奖作品30 幅（组）、铜奖作品 93 幅（组）、优秀作品 50 幅（组），这些获奖作品随后根据非遗项目的分类，在"泉州市艺术馆泉州市非遗保护中心""泉州市图书馆""海丝泉州文旅之声"等活动主办、承办单位的官方微信公众号上以连载的形式发布，并配有相关的文字说明。

特别值得一提的是，从官方通知中对征集项目的列举（见本文附录）来看，此次评选对非遗纪实摄影作品所做的分类，基本上参照了教育科学出版社出版的《非物质文化遗产概论（修订版）》（以下简称《概论》）中对非遗分类体系所做的 13 类划分，即在国务院公布的第一批《国家级非物质文化遗产名录》（以下简称《名录》）所使用的"十大类别"的基础上做过一定的修正和调整后归纳概括出的"一个更加全面、合理的非遗分类体系"。该书编者② 认为，这 13 类的划分与联合国教科文组织《保护非物质文化遗产公约》（以下简称《公约》）中制订的分类体系的涵盖范围大体一致，但"指向更清晰，类别更明确，认定也会更容易"，是现阶段在我国非遗研究与保护实践的基础上借鉴国际规范所提出的一个"具有科学概括性而又符合我国普查与保护应用实践的分类体系"。

上述三种非遗分类法具体内容如下：

联合国教科文组织《保护非物质文化遗产公约》（2003 年）的分类法

（一）口头传统和表现形式，包括作为非物质文化遗产媒介的语言；

（二）传统表演艺术；

（三）社会实践、仪式、节庆活动；

（四）有关自然界和宇宙的知识和实践；

（五）传统手工艺。

国务院《第一批国家级非物质文化遗产名录》（2006 年）的分类法

（一）民间文学；

（二）民间音乐；

（三）民间舞蹈；

---

① 《非遗动态 |"泉州非物质文化遗产纪实摄影作品有奖征集"启事》，泉州市艺术馆泉州市非遗保护中心微信公众号，https://mp.weixin.qq.com/s/-tdyA-J7gOFQBBGzPF1TPw。

② 王文章：《非物质文化遗产概论（修订版）》，教育科学出版社，2013，第 264—266 页。

（四）传统戏剧；

（五）曲艺；

（六）杂技与竞技；

（七）民间美术；

（八）传统手工技艺；

（九）传统医药；

（十）民俗。

教育科学出版社《非物质文化遗产概论（修订版）》（2013年）的分类法

（一）语言（民族语言、方言等）；

（二）民间文学；

（三）传统音乐；

（四）传统舞蹈；

（五）传统戏剧；

（六）曲艺；

（七）杂技；

（八）传统体育、游艺与竞技；

（九）传统美术、工艺美术；

（十）传统手工技艺及其他工艺技术；

（十一）传统医学和药学；

（十二）民俗；

（十三）文化空间。

此处笔者无意就非物质文化遗产体系的分类方法展开来谈，这也不是本报告所要研究的内容，但从上面三种非遗分类法的对比便不难看出，若将《公约》的分类方式套用于非遗摄影的类型划分则略显宽泛，某种程度上失去了为摄影作品进行分类的意义和必要性。正如根据拍摄目的、拍摄对象、风格类型或所用器材的差异，广义上的"摄影"可被分为纪实摄影、艺术摄影、新闻摄影、商业摄影、人像摄影、风光摄影、画意摄影、观念摄影、胶片摄影、数字摄影乃至医学摄影等不同维度、不同范畴的类型和概念。可以肯定的是，我们之所以要为摄影分类归根结底都是为了更加科学、合理、有针对性地进行摄影创作、从事摄影研究、开展各类摄影的宣传推广活动。虽然"摄影的分类是摄影业界一直纠缠不清的大问题",[①] 但面对"非遗摄影"这个特殊的摄影类型,我们不妨直接借用已相对成熟可靠的非物质文化遗产自身的分类方法。这样来看,《名录》和《概论》的分类法确实更为科学、合理,而后者分类更细致、概念的定位和表述也更准确,如将"杂技与竞技"细分为"杂技"和"传统体育、游艺与竞技",将"民间美术"进一步解释为"传统美术、工艺美术",以及将音乐、舞蹈等类别的定语"民间"替换为"传统",并且增加了"文化空间"这一项新的类型。

"泉州非物质文化遗产纪实摄影作品有奖征集"活动尽管只是一个地级市级别的群文活动,但主办方、承办方和评委团队在评选流程、对参评作品的类型划分,以及最后的线上展示环节上面体现出了较高的专业度和参与的积极性,值得其他组织此类活动的各级群文单位和文化机构学习借鉴。

2021 年,迫于防疫压力,国内的许多摄影节、摄影展改为线下、线上并行,有些线下展一再延期后无奈转战线上,成为名副其实的"云展厅"。其中比较具有代表性的当属丽水摄影节。丽水摄影节不仅将展厅搬至云端,还积极利用直播、视频会议等新方式实现了开幕式、颁奖仪式、讲座、研讨会、交流会等环节的"云端化升级"。通过融入手游模式和 3D 建模等手段开发完成的"云展厅"不仅面向全球提供全景式、沉浸式的观展体验,还增加了实时互动功能,使摄影爱好者们在足不出户便可尽览摄影节所有内容的同时,还获得了与千里之外、万里之遥的海内外知名摄影艺术家直接交流的机会。可以说,"云展厅"是丽水摄影节在数字化改革过程中积极探索的具体实践,更是其打造"永不落幕的国际摄影节"的生动诠释。

2020 年公布的《丽水市数字经济发展"十四五"规划(2021—2025 年)》[②] 在"主要任务"中提出:"推广云旅游、云展览、云直播等新应用……以数字化手段,挖掘龙泉青瓷、龙泉宝剑、青田石雕等传统文化内涵……以创建国际摄影名城为契机,建设国际数码影像中心、影像数字中心,加快数字影像产业发展"。笔者以为,这份文件也可被视为官方为中国非遗摄影的传播推广所做的一份颇具前瞻性的发展纲要,而丽水摄影节无疑在这方面起到了表率作用。

总结

"非遗摄影"是"非遗影像"体系下衍生出来的与"非遗电影""非遗电视""非

① 李树峰:《摄影艺术概论》,文化艺术出版社,2014,第 49 页。
② 《丽水市数字经济发展"十四五"规划(2021—2025 年)》,丽水市经济和信息化局,2020。

遗动画"等平行的分支领域和子概念，简言之，它应特指以非遗为拍摄对象的摄影活动及其成果（照片），或者说是以摄影（拍照）为手段记录、展现非遗事象的拍摄行为和影像文本。非遗摄影的拍摄对象是非物质文化遗产，其中除非遗事象本身以外，还应当包括非遗主体、非遗器物和非遗空间，即非遗的传承人、相关的物件、器具与开展场所。

在非遗影像的大语境下，非遗摄影以其相对久远的历史和深厚的学术传统，拥有不容撼动的历史地位与毋庸置疑的独特价值，与动态影像共同构成多元一体的影像形态格局。基于摄影的诸多特性及媒介优势，与非遗影片一般通过放映来传播和推广的方式不同，非遗摄影多应用于出版领域，除作为文字著作的插图外，也多出现在以图像为主的各种人文地理类杂志、画报和摄影集中。非遗事象通过摄影被物质化（成为照片）后可作为"物质的文化"加以展示传播，因此，在美术馆、博物馆等特定的文化空间或艺术空间内举办的摄影展也是非遗摄影向公众传播的重要途径。

自 2001 年"昆曲艺术"入选联合国首批《人类口头与非物质遗产代表作名录》以来，我国的非遗保护工作已开展了二十年。在这期间，非遗研究工作持续推进，特别是非遗影像作为其中的一个子课题渐成热点。然而，中国非遗影像研究始终以影视、特别是纪录片为中心，摄影在其中获得的关注相对较少，"中国非遗摄影"作为一个研究领域形成时间尚短、理论系统也有待完善。

中国非遗摄影研究的主体主要包括媒体、高校及地方文化馆、各级传统文化保护中心和非遗保护中心等基层文化单位。其中，媒体多关注非遗摄影的宣传推广，强调数字化与信息化建设的必要性；高校研究的学术性较强，注重对概念与理论的梳理归纳；基层文化单位以"群文摄影"为切入点，在引导公众参与、面向社会教化等方面发挥着积极作用。此外，中国非遗影像研究整体上呈现出"在地性"特征，各省、自治区充分挖掘本地非遗影像资源，积极探索利用摄影推广非遗的有效路径。

非遗摄影创作不应只从美学出发，一味追求营造、展现画面的形式感，应当有意识地避免形式大于内容、外在高于内涵的问题，要从"人"的维度多做文章，增加照片的"人情味"。作为主抓民俗题材的一种纪实摄影类型，非遗摄影应当广泛吸收人类学、尤其是影像人类学的理论，有效运用田野调查、民族志等研究方法和工作方式，以此来增加影像的时间厚度与文化内涵。

近十年来我国的非遗摄影研究就整体而言可用四句话概括——数量屈指可数，

水平参差不齐，理论乏善可陈，观点大同小异，造成这种状况的原因包括：在影像研究的视阈内静态影像长期处于边缘地位；中国摄影界重创作、轻理论，学术人才和专门研究者匮乏；研究者以摄影师、媒体人和基层群文工作者居多，缺乏来自学界的声音；抱守传统的纪实摄影理论，缺乏与民俗学、民族学、人类学或新闻传播学等人文社会学科之间在学理上的深度勾联。

2021 年度中国非遗摄影的传播推广整体上呈现出活跃局面。在发表与出版方面，直接或间接的成果主要有《中国摄影》的"非遗专题"、《中国摄影家》的不定期连载、中国摄影出版社的《"影像见证新时代·聚焦扶贫决胜期"2018—2020 大型影像跨界驻点调研创作工程系列丛书》等。线下展包括第十届"群艺杯"全国摄影艺术展、"多彩非遗·魅力大理"大理文化生态保护实验区非遗影像展、第十届西双版纳国际影像展、多彩贵州·第十四届中国原生态国际摄影大展等全国性、国际性的摄影大展，以及安徽亳州、河南夏邑、云南丽江等地组织的征稿及采风创作活动。在新冠疫情防控常态化和移动互联网的飞速发展的大背景下，各种"线上展""云上展"层出不穷，成为非遗摄影走进最广大人民群众的"快车道"，如"盛世欢歌·守正创新"凉山非遗摄影作品线上展、雷山苗年非遗摄影线上展、泉州非物质文化遗产纪实摄影作品有奖征集及后续的网络连载，皆为非遗影像数字化改革过程中积极探索的具体实践。

总的来说，对于"非遗摄影"，当它作为一项学术概念时，有在跨学科范围内进一步讨论的必要，其学术合法性来源于"非遗影像"的研究成果及摄影史自身；当它作为一个研究的对象、课题或领域时，需要多学科携手推进、共同攻克，影像人类学和影像民族志（visual ethnography）的理论与方法可作为其基础理论来源；当它作为一次将非物质文化事象物质化的拍摄行为时，其创作应遵循纪实摄影的基本规律，但不应只从美学出发，一味追求画面的形式感，而须从"人"的维度多做文章，增加照片的"人情味"；当它作为一种由民俗摄影延伸出来的摄影门类及影像文本时，其文化属性大于艺术属性、文献价值高于艺术价值，其传播推广在出版、展览等传统途径外还应在如何有效利用数字影像技术和移动互联网平台等方面进行更积极的探索。

附录 ①

征集项目

1. 民间文学

陈三五娘传说、灯谜（石狮）、灯谜（晋江）、洛阳桥传说、姑嫂塔传说、南少林传说（泉州）、李五传说、仙公山传说、鲤城老地名、鲤城五色话、泉州歌诀（童谣）、郑成功传说、闽南念四句、闽台部岩功德院传说、蔡襄与洛阳桥的传说、闽南念四句（石狮）、泉州歌诀（童谣）

2. 传统音乐

南音（泉州南音）、泉州北管、福建北管（泉州闽南十音）、晋江深沪褒歌、泉州笼吹、德化山歌、德化三通鼓、道教音乐（泉州）、南安道教音乐、永春闹厅、泉州大鼓吹、泉港打正鼓、泉港文管、车鼓阵、泉州大鼓吹（英都大鼓吹）、泉州什音（南安）、泉州笼吹（鲤城）、山后五音吹、泉州什音（晋江）、泉州古琴艺术、安溪茶歌（褒歌）、一都山歌

3. 传统舞蹈

泉州拍胸舞、泉州鲤城火鼎公火鼎婆、泉州跳鼓舞、泉州踢球舞、永春鼓坠舞、火鼎公火鼎婆（南安）、泉州踢球舞（南安）

4. 传统戏剧

梨园戏、高甲戏、木偶戏（泉州提线木偶戏）、木偶戏（晋江布袋木偶戏）、打城戏、高甲戏（柯派）、惠安南派布袋戏、咸水腔芗剧、高甲戏（南安）、提线木偶戏（南安）、泉州布袋木偶戏（南安）、泉州布袋木偶戏（洛江）、泉州提线木偶戏（洛江）、南派布袋戏（泉港掌中木偶戏）南派布袋戏（永春布袋木偶戏）、惠安高甲戏

5. 曲艺

闽南讲古

6. 传统体育、游艺与杂技

五祖拳、泉州刣狮、泉州刣狮、南安蛇脱壳古阵法、俞家棍、曾郁水操队、泉州妆阁（湖头水车阁）、沙格龙舟赛、掷铙钹（南安）、泉州妆阁（诗山铁枝阁）、泉州刣狮（晋江狮阵）、永春白鹤拳、掷铙钹（石狮）、泉州刣狮（朴里）、泉州妆阁（洪濑蜈蚣阁）、泉州少林花拳、施厝扁担术、顶肚脐、掷铙钹（安溪）、江崎狮阵、湖上宋江阵、泉州少林罗汉拳、泉州少林地术拳

---

① 摘自《关于举办泉州非物质文化遗产纪实摄影作品有奖征集的通知》，泉州市文化广电和旅游局，2021 年 8 月 4 日。

7. 传统美术

惠安石雕、灯彩（泉州花灯）、剪纸（泉州〈李尧宝〉刻纸）、木偶头雕刻（江加走木偶头雕刻）、永春纸织画、竹编（安溪竹藤编）、泉州妆糕人制作技艺、木雕（泉州木雕）[惠安木雕技艺＋木雕（潘山庙宇木雕）＋木雕（泉州张坂木雕）]、泉州布雕画制作技艺、泉州木雕、泉州木雕（南安古建筑木雕）、泉州木雕（南安木偶雕刻技艺）、泉州木雕（泉州台商投资区木偶头雕刻技艺）、泉州剪纸、惠安石雕（泉州台商投资区）、泉州彩扎、泉州彩扎（丰泽）、吴氏微书、泉州通草工艺、德化杨梅刻纸、惠安烙画、泉州木雕（南安木偶雕刻技艺）

8. 传统技艺

德化瓷烧制技艺、水密隔舱福船制造技艺、乌龙茶制作技艺（铁观音制作技艺）、闽南传统民居营造技艺（鲤城）、闽南传统民居营造技艺（惠安）、闽南传统民居营造技艺（南安）、水密隔舱福船制造技艺（泉港）、安溪蓝印花布、泉州十音铜锣锻制技艺、泉州传统建筑营造技艺（泉州传统民居营造技艺）、泉州传统竹编工艺、安溪县成珍桔红糕制作技艺、泉州金苍绣技艺、泉州锡雕技艺、泉州锡雕技艺（林氏锡雕技艺）、泉州春生堂酿酒技艺、源和堂蜜饯制作技艺、永春漆篮制作技艺、永春顺德堂老醋制作技艺、漆线雕（泉州）、福建乌龙茶制作技艺（清源山茶）、福建乌龙茶制作技艺（永春佛手茶）、传统香制作技艺（永春香制作技艺）、南音乐器制作技艺（泉州）、南音乐器制作技艺、衙口花生制作技艺、红茶制作技艺（涂岭红红茶制作技艺）、武夷清源茶饼制造技艺、安海庐山国佛雕技艺、古船模制作技艺、晋江传统民居营造技艺、泉州蚵壳厝营造技艺、泉州泥金线画制作技艺、泉州戏剧道具制作技艺(杨氏)、泉州书画裱褙技艺、泉州小吃制作技艺（润饼皮）、凤冕斋木偶神像头戴制作技艺、酸茶制作技艺、毛笔制作技艺、泉州金苍绣技艺（石狮）、龙雀铁罗汉茶制作技艺、传拓技艺、山腰海盐晒制技艺、渔网具制作技艺、泉州佛像雕塑技艺、泉州佛像雕塑技艺 [泉州佛像雕塑技艺（南安神像木雕技艺）＋泉州佛像雕塑技艺（天竺国佛雕）＋泉州佛像雕塑技艺（西藏国佛雕）]、泉州小吃制作技艺（正泉茂绿豆饼）、泉州小吃制作技艺（泉州面线糊）、泉州小吃制作技艺（泉州肉粽）、泉州小吃制作技艺（泉州水丸）、泉州小吃制作技艺（泉州石花膏）、泉州小吃制作技艺（泉州贡糖）、泉州小吃制作技艺（泉州元宵圆）、泉州小吃制作技艺（泉州土豆仁汤）、泉州小吃制作技艺（泉州蚵仔煎）、泉州小吃制作技艺（泉州豆花）、惠安传统建筑营造技艺（堆剪）、泉州锡雕技艺（南安）、泉州漆线雕（泉州台商投资区）、安海土笋冻制作技艺、泉州南音乐器制作技艺（鲤城）、泉州南音乐器制作技艺（洛江）、磁灶陶器烧制技艺、磁灶陶器烧制技艺（苏坡"黑茶古"）、泉州漆器髹饰技艺、泉州珠绣制作技艺、泉州小吃制作技艺（"虎咬草"烧饼）、泉州小吃制作技艺（牛肉食品）、泉州小吃制作技艺（石狮甜粿）、泉州小吃制作技艺（永春咯摊）、泉州小吃制作技艺（蒜蓉枝）、泉州小吃制作技艺（泉港浮粿）、泉州小吃制作技艺（涂岭卤猪脚）、泉州小吃制作技艺（酸菜面）、泉州小吃制作技艺（浦西瑶绿豆饼）、泉州木雕（南安木偶雕刻技艺）、惠安酱油酿造技艺、螺钿制作技艺、惠安木质渔船建造技艺、介福龙窑瓷器制作技艺、泉州小吃制作技艺（龙湖肉粕）、泉州小吃制作技艺（泉州卤料）、龙窑建造技艺、

9. 传统医药

中医养生（灵源万应茶）、中医养生（虎标万应茶制作技艺）、泉州老范志神麹、针灸（泉州留章杰针灸）、泉州鹏山堂吊膏、泉州保和堂白塔疗膏、泉州养生香制作技艺、永春潘孝德骨伤疗法、泉州柯世德青草丹膏、泉州正骨疗法（廖氏）、泉州正骨疗法（张氏）、泉州王氏中医痔科、泉州市正骨医院吊膏、了乙膏贴、博山堂香药外敷养生法

10. 民俗

惠安女服饰、元宵节（泉州闹元宵习俗）、元宵节（闽台东石灯俗）、灯会（南安英都拔拔灯）、蟳埔女习俗、端午节（安海嗦啰嗹习俗）、端午节（石狮端午闽台对渡习俗）、民间信俗（清水祖师信俗）、泉州祭祖民俗、德化窑坊公信俗、关岳信俗（泉州）、广泽尊王信俗（南安）、妈祖信俗（泉州）、保生大帝信俗（泉州）、关帝信俗（安溪）、保生大帝信俗（泉州）、田公元帅信俗（南安）、闽台博饼习俗、抢七星灯习俗、城东祭十班习俗、德化纸狮习俗、粗脚头、九日山祈风仪典、蚶江王爷船巡海信俗、石狮城隍信俗、泉州妈祖信俗（安溪善坛）、泉州嗦啰嗹习俗、泉州传统嫁娶习俗、泉州传统嫁娶习俗（石狮婚俗—喜娘）、泉州笋江泛月习俗、泉州灯会（蓝田牌楼灯）、闽台郑成功信俗、燕山黄氏家庙元宵灯会、洪濑天香巡游、晋江型厝香龙习俗、双灵菩萨信俗、泉州扒龙船习俗（笋江）、通远王信俗、泉州历法编制数术（大历日通书）、圣祖妈信俗、城东祭十班习俗（洛江）、姑妈信俗、泉州灯会（丰州桃源）、圣公陪妈祖信俗、逐火把、青山王信俗、玉塘孙氏祭祖习俗、送王船、闽台富美宫王爷信俗、永和山前火把节、晋江端午习俗（安海水上"掠鸭"）、龙虎旗、摆大龟习俗、顺正王信俗、土地公信俗（四都）

第七章 国际、国内节会论坛与非遗影像研究报告

胡 艳*

电影节会影展和会议论坛作为具有仪式感的传播事件，不仅能在一定时间内引导大众观影趋势，也隐藏着艺术审美标准的更迭。因为不同于日常的观影场景和观看关系，电影节会影展和会议论坛为影像构建的内容提供了突破性表达范式，形成独特的体验渠道和交流路径。商业性节会论坛通过与商业共谋，寻找拓展影片价值的途径；赛事性节会论坛侧重学术性与前瞻性，为后续创作提供方向。节会论坛作为相对集中、互动性强、可见度高的交流平台，作为观念容器，交织着创作者、观影者、评价者的情感需求、消费需求和个人表达，成为研究影像及其文化的重要维度。纵观国内各级各类电影节会论坛，以非遗影像为主题或者包含非遗影像元素的比例较低，难以通过节会论坛的影响力造就现象级作品和社会性话题。同时，节会论坛与非遗影像的系统性学术研究略微薄弱，关于非遗影像研究的切入点主要集中于民族志纪录片、视觉／影视人类学（片）的创作、叙事策略、参与式影像、媒体传播等。除了少量活动主办方对节会论坛的回溯和综述，例如梁小燕分析了广西乡村影像发展的背景、现状与困境，着重研究了广西民族志影展，并指出广西民族志影展起到了促进各族群之间、族群内部、乡村与城市居民、学者与地方力量等相互了解与沟通的作用，强调广西乡村影像的实践对于我国民族志电影发展的意义。[①]其他更多关于节会论坛中的非遗影像研究都散见于新闻报道中，关注重点集中在消息报道、节展资讯、创作交流等方面，信息时效性强，但相对而言比较零散，没有触及节会论坛与非遗影像之间的互动关系。因而，本研究报告希望能够爬梳国内

---

* 胡艳，博士，西南民族大学新闻传播学院新闻教研室主任、硕士生导师，主要研究领域：影视文化传播和媒介素养，主持国家社科基金特别委托项目一项，四川省社会科学规划（普及项目）项目一项，厅局级项目多项。

① 梁小燕：《社区参与与文化自觉—广西乡村影像研究（2003—2017 年)》，广西民族大学硕士学位论文，2018 年。

外非遗影像节会论坛的大致概况，形成整体框架，从而提升非遗影像创作的关注热度。

第一节　国内节会论坛与非遗影像发展现状

一、国内节会论坛与非遗影像发展概况

随着国家对非物质文化遗产（以下简称"非遗"）保护的不断强化，非遗影像创作为促进非物质文化遗产可持续发展创造了"生根"依托，非遗影像的传播也呈现出多元化态势。节会论坛是融合文化交流、学术探讨与作品展示等于一体的综合性活动，为非遗影像提供了循环发展的生态。纵观 2021 年度国内主要的一般性节会论坛，其展出的影片类型多样化，竞赛单元各具特色，但非遗影像作品以及作品中的非遗元素比例相对较少，几乎都没有专门的非遗影像展出单元或者非遗影像作品。这类节会论坛中的非遗影像作品多以中华民族优秀传统文化、民族特色文化等符号化色彩较浓的内容或情节作为其中的叙事表达。在这些运行体系相对完善、主题设置具有较大影响力的节会论坛上，大众对非遗影像的关注力被分散。

2021 年 5 月 25 日，第二届美丽乡村国际影像节在西安建筑科技大学启动。该节以"美丽乡村"为主题，以摄影、纪录片、动漫、短视频以及视听节目等影像为内容，聚焦"乡村振兴"，展示新农村、新形象以及脱贫攻坚成果。该节致力于弘扬乡村优秀传统文化，其中也包括非遗文化。入围作品《寒露》《青青竹编梦》《侗乡红菊》《云上梯田》等都在作品中体现了非遗节庆、非遗手工、非遗族群、非遗服饰等非遗元素。

每年六月举办的上海国际电影节，是国内唯一一个国际 A 类电影节。2021 年上海国际电影节共收到来自 113 个国家和地区的报名影片 4443 部。2021 年是中国共产党建党 100 周年，电影节特别策划了"百年征程·红色光影"单元，集中展映了 12 部历年主旋律故事片，以最新红色大片《1921》作为本届电影节开幕影片。受到疫情影响，电影节充分重视线上线下双平台模式，金爵电影论坛、电影学堂、市场创投等都充分优化完善"云市场"，展开"云合作"，实现"云交易"。在电影节现场的四川展厅中，四川阿坝州壤塘县应邀参加了文化展览，展出了独具民族特色的藏陶、藏香等非遗作品。

第 15 届 FIRST 青年电影展于 2021 年 7 月 25 日至 8 月 2 日在青海省西宁市举

行，最佳纪录片出现了空缺，而以广西壮族山歌作为拍摄主题的《欢墟》得到的奖项是"特别提及"。评委会颁奖词写道，记录的拍摄手法与叙事的创作方式相结合，以歌声为载体，反复吟唱的既是个体命运的离去与归来，也在裂痕间寻找文化的韧性，复原了一种被忽视已久的真实。①

民间歌墟作为广西壮族自治区的非遗项目保护名录之一，常常以固定模式出现在主流媒体上，比如脍炙人口的一首《山歌好比春江水》，又比如婀娜多姿、载歌载舞、身着民族盛装的表演者。导演在领奖时表示这部电影是献给他的家乡广西，献给所有勇敢追求爱情和自由的诗人们。他在导演阐释中说道："几乎所有的山歌都是关于爱的，爱是什么，爱是勇敢地将自己抛出去。这恐怕正是歌墟最神秘的力学引擎，也是我拍摄这部影片时最重要的信念。"同时，FIRST 青年电影展拓展了电影节与城市之间的交互成长，将 FIRST 惊喜影展落地成都，尝试建立作品与观众、创作者与市场、观影场景与城市人群的多维对话。

第五届北京纪实影像周于 2021 年 10 月 18 日至 24 日举行，其中包括启动仪式、纪录片线下展映、线上展播、主题论坛、提案扶持、人才培训等版块，着力于构建"城市形象宣传共同体"这一主题，体现出诸多非遗元素。影像周与字节跳动联手组织策划的"当 vlogger 遇见北京"走进北京市鼓楼中医院，拍摄宣传中医药文化、中医民俗文化和针灸文化。在"跨界融合·圆桌派"活动中，邀请故宫博物院故宫学院院长单霁翔做"文化遗产与影像呈现"主题阐释。在"创投·提案大会"活动中，从征集的 76 个方案中遴选出了 18 个以建党百年、北京冬奥、北京故事和中华优秀传统文化为主题的项目提案进入最终提案决策评议，其中刘湘晨老师担任导演，记录新疆卡拉麦自然保护区全面禁牧之前最后一次哈萨克族人四季游牧生活的《阿吾勒》，经过决策人最终评议跻身 2021 年度北京纪实影像周"提案 8 分钟'十佳提案'"名单。

因疫情延期两次的北京国际电影节于 2021 年 9 月 29 日开幕，《长津湖》作为开幕影片，《兰心大剧院》作为闭幕影片，首尾呼应。电影节延续了一贯设置的"天坛奖"主竞赛单元、"北京展映"及"注目未来"单元、项目创投、主题论坛、影片展映等环节。

第五届西湖国际纪录片大会于 2021 年 10 月 22 日启动，年度主题是"感·知"。此项会议是集纪录片推优、提案、展播、论坛、工作坊于一体的人文艺术交流平

---

① 《〈欢墟〉之间，追寻遗落山间的诗性生活》，https://mp.weixin.qq.com/s/cKMlToou4e-HUSA3UOv2-w，2021 年 8 月 7 日。

台。大会下设"IDF 提名"评优单元（主竞赛单元，收到来自 73 个国家及地区的 562 项有效作品）、"IDF 创投"提案单元（征集有效报名 118 项）、"纪录之光"展播单元（最具公共性版块，展播纪录片 47 部，为历年之最）、"IDF 论坛"峰会单元（以"作为'记忆体'的影像记录"为主题，文化和旅游部民族民间文艺发展中心原主任李松教授以"国家典籍书写中的影像表达"开启首场主讲）和"IDF 学院"培育单元（入围项目有机会获得资深剪辑导师一对一的深度指导）。

中国（广州）国际纪录片节创始于 2003 年，至今已成为中国历史最长、唯一具备纪录片投融资和交易功能的国家级纪录片节。目前，中国（广州）国际纪录片节是亚洲规模最大的，位列世界八大纪录片电影节之一。国际影视节目交易市场是中国（广州）国际纪录片节市场活动的重要组成部分，是纪录片专业制作／播出机构、专业设备厂商以及其他相关机构展示自己纪录片、方案、影视设备和服务的专业平台。但因为受到疫情的影响，开幕时间和展会形式一直待定，其中的金红棉影展于 2022 年 1 月 8 日开幕。开幕影片为《潮汐之际》，以 LUXE 巨幕的形式为观众营造沉浸式海洋体验，闭幕影片《泰国洞穴救援》为奥斯卡获奖导演金国威夫妇最新力作。中国国际大学生纪录片大赛是中国（广州）国际纪录片节的重要子项目。第八届中国国际大学生纪录片大赛征集于 2021 年 9 月 20 日正式结束，来自全球 10 个国家和地区，超过 220 所高校的 856 部作品参评，91 部作品入围年度复评名单。

2021 中国原生民歌节是由文化和旅游部、重庆市人民政府主办，以"歌唱美好新生活"为主题，12 月 17 日在重庆彭水苗族土家族自治县开幕。民歌节旨在促进传统音乐类非物质文化遗产传承发展，展示我国传统音乐类非物质文化遗产传承保护成果。民歌节设计了开闭幕式、景区演出、民歌展演、专题研讨等主体活动环节，参演曲目包括国家级非物质文化遗产代表性项目侗族大歌《欢乐侗家人》和苗族民歌《娇阿依》，还有川江号子、土家族民歌、羌族山歌、客家山歌等民歌表演。展演节目涉及各级非物质文化遗产代表性项目 37 个，其中国家级非遗代表性项目 23 个；各级非遗代表性项目代表性传承人 42 人，国家级和省级非遗代表性项目代表性传承人 10 人。

大凉山国际戏剧节是中国唯一一个在冬季举办的戏剧节。2021 年大凉山国际戏剧节主打"国潮戏剧节"概念，围绕红色国潮、戏剧国潮和民族国潮，辅以戏剧展演、戏剧论坛、戏剧教育、戏剧生活、戏剧孵化、戏剧文创、戏剧旅游七大内容支点。来自全国各地近 50 部精彩剧目集中在戏剧节上亮相，其中京剧《智取威虎山）、舞剧《花木兰》、大凉山原生歌集《赶集》、少数民族歌舞《乌兰牧骑》等都让非遗的多样魅力得以展现。

中国金鸡百花电影节创办于 1992 年，由中国文联和中国电影家协会联合主办，每年在中国各城市轮流举办，是目前最专业、最具权威性的电影评奖活动之一。2021 年第 34 届金鸡百花奖评选出包括故事片、最佳中小成本故事片等在内的 21 项奖项。其中，获得最佳戏曲片奖项的作品《南越宫词》由同名经典粤剧改编而来。该片讲述了秦末汉初，秦王朝派遣赵佗南下征战百越，赵佗罢战求和，最终促进民族融合，成为南越王，创造出一段各民族和谐发展的历史故事。2006 年粤剧被列入第一批非物质文化遗产名录，2009 年联合国教科文组织将其列入人类非物质文化遗产名录。

第十一届"光影纪年"中国纪录片学院奖从 2021 年 10 月开始征集影片，于 12 月 29 日落幕。共收到来自 600 余家专业机构、工作室及个人共 1212 部参评作品。其中，民间文学《阿诗玛》，传统美术《大足石刻》，传统技艺《苗寨八年》《我在故宫六百年》《彝族娃娃出山路》等以非遗为主题或包含非遗元素的影片成为入围作品。

二、非遗主题节会论坛中的影像展播

不同于其他商业性或赛事性电影节中，参展作品和创作者一经获奖，就犹如走上神坛，国内以非遗影像为主题的节会论坛更像是一个开放平台，更多展现的是节会论坛的公共责任和社会效益。非遗影像作品因其内容、创作、理念的特殊性，具有一定的观看门槛，观众多为人类学、民族学、传播学、艺术学等学科领域的高校师生，多是带着文化品评或学术研究的视角观看非遗影像作品，观影人群中纯粹对非遗影像感兴趣的也更倾向于一种仪式性的观看。这类影展的主办单位基本是博物馆、研究会等文化部门或学术机构，活动传播者本身也属于文化精英群体。学术影展或公映论坛等在设置上更注重知识性、趣味性和学术性，奖项设置包括短片（动画、实验）、剧情长片、纪录片等。

国内目前比较重要的非遗影像主题节会论坛包括"中国民族志纪录片学术展""广西民族志影展""文化和自然遗产日"系列活动——"云游非遗·影像展""非遗影像展""华语音乐影像志暨国际音乐影像志展映"等活动。

1. 中国民族志纪录片学术展

由中国民族博物馆主办，中国人类学民族学研究会民族影视与影视人类学专业委员会协办，每两年举办一届的双年展。中国民族博物馆于 2015 年发起举办的中国民族志纪录片学术展，作为一场主要以学术展映和理论研讨来促进民族文化交往交流交融的学术盛会，旨在"实现广泛而具深度地收藏中华各民族影像资料的使命与职责，构建一个完整、系统的中华民族影像志收藏体系，建设中华文化遗产与记忆资源库的目标"。① 中国民族志纪录片学术展自 2015 年至今已经成功举办四届，可以称得上是当今中国影视人类学发展进程的见证者与推动者。第四届中国民族志纪录片学术展于 2021 年 10 月 21 日开幕，共收投稿纪录片 609 部，创历史新高。经过为期两个月的评审，63 部民族志纪录片作品入围本届影展，并由中国民族博物馆和国家图书馆共同收藏。开幕影片是讲述阿克苏地区棉农玉苏普一家人的故事《渡过塔里木河的船》，闭幕式邀请了入围影片《傈僳族瓦器器十二脚》中记录的人物阿妮演唱傈僳族民歌。闭幕式上还揭晓了第四届民族志纪录片学术双年展的评奖结果。

刘湘晨作品《渡过塔里木河的船》获金收藏奖；陈德明作品《幸孕旅馆》获银收藏奖；欧阳斌作品《独龙江》获铜收藏奖；刘广宇作品《传灯》获传播奖；郭玥涵作品《小新》获学生单元优秀奖；扎琼依扎作品《狼来了》荣获乡村（社区）影像单元优秀奖；吴晓丹作品《一个人的剧团》获非遗影像单元优秀奖；张江华、王昭武代表"中国少数民族社会历史科学纪录电影"团队获得"终身成就奖"。10 月 21 日至 24 日，50 部入围纪录片在北京大学、清华大学、中国人民大学等分会场进行展映。

获得传播奖的作品《传灯》努力追求学术性与商业性之间的平衡，尤其是能够突破纪录片在这个时代的传播困境，通过细腻的镜头语言和有趣的叙事结构，引发观影者的兴趣，使民族志纪录片作品走入大众视野，具有了传播的可持续性。颁奖词肯定它是"一部运用影视人类学方法释意传统工艺之现代创新的鸿篇之作。影片对自贡灯会从民间文化遗产走向现代工业以及国际化传播的影像描摹，为中华文化当代薪火相传的历程完成了一次难得的影像立传。主创团队对于此类纪录片在商业化环境中所做的广泛社会性传播的努力，为类似影片扩大影响力提供了借鉴和范例"。作为由政府主办的节庆活动，灯会、祭典类的活动很难在纪录片中有好的呈现。《传灯》从立项之初就确定了从灯会到灯人再到灯行的叙事线索，从节日到日常，从集中性的仪式过程窥视漫散的生活常态，在热闹喧嚣的节庆背后呈现灯人、

① 《63 部中国民族志纪录片入藏国家图书馆》，中国新闻网，https://baijiahao.baidu.com/s?id=171457915808848908&wfr=spider&for=pc。

灯行的矛盾、困难、洒脱和自在。戏谑生动的音乐和自如的镜头切换是影片的点睛之笔。

2.文化和自然遗产日"云游非遗·影像展""非遗购物节"

在文化和旅游部非物质文化遗产司支持下，在每年的"文化和自然遗产日"期间都将举办"文化和自然遗产日非遗影像展"，2020之后因为疫情原因改为线上，成为了"云游非遗·影像展"。线上影展的方式拓展了非遗影像文化虚拟共同体的情感体验和价值认同，建构了网络空间的另一种观看交流模式。腾讯、优酷、爱奇艺三大平台自2021年6月8日起开辟线上非遗影像专区，截至6月14日，三大视频平台非遗影像专区累计播放量超1.27亿。每个平台都针对自己的目标受众确立了内容重心，腾讯视频主打"非遗美食"，纳入七百余部纪录片资源，聚合站内《非遗美食2021》《早点江湖》《风味人间》等人气影像，集中展示餐饮类非遗项目，并增加播出《宫廷匠心造国潮》《八大作》等2020年的精品人文纪录片。优酷以"生活中的非遗"为切入点，聚焦《非遗说》《了不起的匠人》等相关纪录片并推出《指尖上的非遗》。影像展专区汇聚了近百部传统戏曲高清影像，同时在生活频道、旅游频道以及PC首页同步推广。爱奇艺根据不同非遗影像类型，分别设立了"非遗活动速递""非遗影剧荟萃""非遗记录足迹""非遗综艺大观""永远的非遗"五大版块，围绕"非遗"主题展开丰富、优质的内容搭建。而作为以青年用户为主的聚合性视频平台哔哩哔哩，则以"指尖上的国潮"为主题搭建专题页，同时上线"人民的非遗 人民共享"征集活动。抖音短视频平台开展了"非遗奇遇记"话题短视频展播、"划龙舟"挑战赛及线上系列直播。快手上线短视频话题"人民的非遗 人民共享"和"非遗江湖"，展示多样非遗记忆，还在站内同步上线"非遗江湖"主题魔法表情。音频平台酷狗音乐上线"听见非遗 红色巡礼"音乐专区，以百年党史的重大事件和地点为线索，搭配相关非遗音乐、红色歌曲，并加以解说、展示，打造"非遗音乐+红色文旅"的强强联合，非遗专区展示了包括昆曲、粤剧、侗族大歌、陕北民歌等一万余首非遗音乐、红色歌曲。6月5日，酷狗直播策划上线了一场长达6小时的"国风新语 非遗国乐赏"直播活动。而在微博等社交平台，非遗影像展官方账号制作并发布了6组非遗知识普及类组图，除了前期预热、与多个微博官方运营账号密切互动外，还通过长图文、短视频、微博故事等融媒体报道形式，实现非遗影像的"破圈"传播。

3.华语音乐影像志暨国际音乐影像志展映

该活动以双年展的形式进行，面对国内外音乐院校以及社会影视机构、团体及个人，征集以中国传统音乐遗产、音乐表演、仪式或当地音乐生活为题材的民族志纪录片，尤其是基于田野作业和民族音乐学／音乐人类学研究视角制作而成的民族志纪录片。2021 年 5 月 25 日第二届华语音乐影像志暨国际音乐影像志展映启动征集环节，截至 8 月 25 日，组委会共收到 58 部作品，经过专家评委的线上初选／复选评审，有 20 余部入围影片和特邀影片在厦门市音乐学校鼓浪屿校区音乐厅以展映与对谈等形式予以展现。音乐影像志是一种通过"田野影像纪录"来进行视听创作的方法，是音乐行为及过程保存、表述和研究的现代学术手段。音乐影像志能够更紧密地关联音乐产生的文化语境，从而更深刻地理解音乐本身，因而是音乐学以及艺术学发展的重要环节和音乐文化传承与传播的重要路径。上海音乐学院于 12 月 8 日至 12 日在厦门市音乐学校举办了"第二届华语音乐影像志暨国际音乐影像志展映"系列学术活动，也是国内目前唯一正式且具有较强影响力的音乐影像志活动，开拓了音乐人类学与戏剧影视学融合发展的新方向。

４. 广西民族志影展暨非遗影像展

同样是双年展的广西民族志影展由广西民族博物馆主办，中国人类学民族学研究会民族影视与影视人类学专业委员会协办，迄今已举办六届。广西民族志影展创立于 2012 年，源于广西民族博物馆在 10 个民族生态博物馆保护区开展的乡村影像记录工作。从 2012 年"首届生态博物馆乡村影像技能培训班"开始，广西民族博物馆每年依托广西"三区"人才培训项目，在 10 个民族生态博物馆保护区内开展有针对性选题、拍摄、剪辑等教学工作，扶持各地文化工作者和村民创作本土题材影片。自创办以来，影展为创作者们提供了一个展示、交流乡村影像作品的平台。历届影展中乡村影像单元的获奖作品，对于未来定位影片创作方式与价值导向提供了参考，而乡村影像单元也是广西民族志影展的特色和亮点所在。

2020 年的广西民族志影展暨非遗影像展历时 5 天，收到了一百余部来自全国及东南亚地区的民族志影片，创新性地采用将民族志电影与非遗影像相结合、'线下'展映与'线上'交流相结合、影片放映与学术研讨相结合、主会场活动与分会场活动相结合的'四结合'形式。除广西民族博物馆主会场外，还在广西民族大学、南宁师范大学和贺州学院设立分会场，影展期间公开播映了 42 部影片。影展分为主展映、乡村影像、新锐三个单元，影像内容涉及扶贫、手工艺、饮食、戏曲、民歌、婚俗、节庆、仪式等题材，涵盖汉、壮、瑶、苗、侗、藏、独龙等民族。主展映单元入围作品 10 部，获得优秀影片奖的有《大河唱》《放雁》；获得评委会特别奖的有《丢失在这里，住在这个村》《保苗祭》；乡村影像单元入围作品

20 部，获得优秀影片奖的有《和里记忆》《三江侗笛》《草鞋》；获得文化遗产贡献奖的有《八仙舞》《酒本》；新锐单元入围作品 12 部，获得优秀影片奖的有《我是贝侬》《梁二爷》。

为了让观众更为深切地感受广西非遗文化的独特魅力，影展开幕式与闭幕式特别安排了非遗艺术的现场表演。影展开幕式特邀乡村影像单元的两组参与者进行了现场表演：东兴京族生态博物馆馆长、国家级非物质文化遗产代表性传承人苏海珍女士带来了京族独弦琴奏唱《京海琴韵》，贵州黎平县龙额镇一群 80 后返乡青年组建的侗族乡村影像团队表演了《丢酒不唱空岁月》和《琵琶歌》。在闭幕式上，来自龙州的天琴表演队为大家展示自治区级非物质文化遗产——壮族天琴，现场奏唱《放雁》。

第二节　部分国际节会论坛与非遗影像发展概述

一、国际主要节会与非遗影像发展概述

国际（国外）与非遗影像有关的节会论坛和影展主要包括英国皇家人类学会电影节、美国自然历史博物馆玛格丽特·米德电影节、法国让·鲁什电影节、北欧人类学电影节、德国哥廷根国际民族志电影节、国际人类学与民族学联合会人类学电影节等活动。

1. 玛格丽特·米德电影节

首届美国玛格丽特·米德电影节由南加州大学的蒂莫西·阿什于 1976 年组织以庆祝玛格丽特·米德 75 岁生日，致敬她在世界范围内将电影引入为人类学研究服务的先行者角色。玛格丽特·米德电影节是美国历史最悠久的国际纪录片影展，主题涵盖范围广泛，具有挑战性，作品充分代表多样化的观点和族群，范围包括从本土社区媒介作品到实验性的虚构作品。玛格丽特·米德电影节于 2011 年停办。

2. 北欧人类学电影协会国际民族志电影节

该电影节从 1979 年以来每年举办一届，2020 年受新型冠状肺炎疫情影响，第 40 届电影节推迟至 2021 年举办。该电影节每年由不同地方的在地委员会组织，创办初期由 20 多个机构会员轮流担任组织者，它是欧洲历史最长的专门的民族志电影节。但是严格地讲，它又不完全是电影节，而是一个协会或者多个电影节的组合。会员主要是北欧国家的大学科系和博物馆，覆盖冰岛、芬兰、瑞典、挪威和

丹麦等国家和地区。自 2001 年起，北欧人类学电影协会电影节已经扩张超越它的"北根系"，已在北欧国家之外的国家和地区举办过多次，并计划不远的将来在欧洲之外的国家和地区组织举办。

3．法国让·鲁什国际电影节

由电影制作人和民族学家让·鲁什（1917—2004）于 1982 年创立，每年 11 月在巴黎放映 70 多部纪录片。电影节期间所有会议和活动的门票都是免费的。

4．英国皇家人类学会电影节

该电影节以前称作"皇家人类学会国际民族志电影节"，它是为了表彰来自世界各地的民族学、人类学和考古学电影制作中的佼佼者而设立的电影节。自 1982 年以来，它一直是探索纪录片制作、人类学、视觉文化以及通过电影倡导文化多样性和跨文化对话之间多重关系的主要论坛。中国导演关注慰安妇题材的纪录片《二十二》和中山大学教授熊迅执导、南加州大学电影制片人郑隽尧制片的关于贵州地戏的纪录片《周官今年无寨戏》曾入围 2017 年第十五届英国皇家人类学会电影节主竞赛单元。因疫情原因，2021 年度第十七届电影节所有环节于 3 月 19 日至 28 日在线上进行。

英国皇家人类学会曾在 2019 年为中国学者庄孔韶举行过学术作品专场，邀请国内外学者共同观影，并探讨了庄孔韶教授所著的《银翅》（《金翼》的学术性续本）与配合性人类学电影《端午节》。

5．德国哥廷根国际民族志电影节

该电影节创始于 1993 年，向电影制作人以及广义上的人类学家开放。它的目的是筛选来自尽可能多的国家、风格各异的新电影作品。该电影节还举办学生影片比赛，并颁发"学生奖"给最佳学生影片，以表扬和鼓励学生的参赛作品。

6．国际人类学与民族学联合会

国际人类学与民族学联合会是全球最重要的人类学组织，它由多个分支专业委员会组成，其中包括影视人类学委员会，该组织在世界人类学大会中组织人类学电影展。如正在公开征集影片的 2022 年圣彼得堡世界人类学大会人类学电影节，它是俄罗斯圣彼得堡 IUAES（国际人类学与民族学联合会）2022 年大会的一个组成部分。它试图展示和讨论当代人类学电影制作方法，包括社区、合作、观察、叙事、民族虚构、实验和其他方法。电影节鼓励人类学家、纪录片制作人、原住民社区和组织创作的不同类型的电影积极参与其中，为电影制作人和研究人员提供一个机会，使他们能够参与关于电影语言对于表达世界范围内文化价值复杂性和多样性的对话。

二、中外节会论坛与非遗影像的比较研究

现代社会科学中，影视人类学是唯一以影片作为核心学术成果的学科，其影片成果称作民族志电影，也称作影像民族志或人类学电影。世界各国影视人类学开展学术交流主要通过国际民族志电影节这个平台。20 世纪 70 年代末以来，欧美各国纷纷搭建国际民族志电影节交流平台，以国际民族志电影节兼具的学术性和科普性特点，面向学者、大学生和公众。国际民族志电影节具备多种功能：第一，促进影视人类学发展；第二，为主办国公众对世界各国社会生活的了解提供机会，帮助其开阔眼界；第三，提升主办国文化软实力和影像话语权竞争力；第四，从学术影像角度构建人类命运共同体。随着中国影视人类学的不断发展，国内非遗影像节会论坛也在尝试将成熟的国际电影节模式移植到中国文化环境中去。

中外节会论坛在功能和形式上有一些共通之处，它们都通过一系列的活动（作品展映、圆桌交流等）和标志性的行为（颁奖典礼），有意向外在的观察者展示影片和导演在该影像领域的文化定位、风格特征、创作导向。因而，呈现出几点共性：

（1）展映环节向公众传递影像创作者们在关注什么，帮助受众在观看被展映和嘉奖的影片时，理解节会论坛的宗旨和目标。

（2）创投扶持计划、工作坊、训练营、公众交流等流程作为中外影展论坛的扩展文化表现，可以拓展为贸易展会、旅游文化和城市营销的一种手段。

（3）中外节会论坛中的评委、导演、影评人等行动参与者，与评审系统、媒体报道等非人行动参与者所表现出的流通实体的流程，以及在多重关系中被创造的多元实体的运动与相互作用，都具有延伸性的研究价值。①

非遗影像的节会论坛有来自人类学、社会学、民俗学、影视学等各个领域的跨界合作，充分展示了"民族志"和"影视艺术"结合的多种可能性，从而不断强化和确立影展论坛自身的定位与发展。评审团的组成涵盖国内外影视人类学、传播学、艺术学等学科领域的优秀学者，非遗影像的节会论坛还吸收来自民间记录者的力量，引导大家探索共同的学术愿景。在现场展映和评议过程中，主持人的评议和颁奖词可以明晰影展宗旨，在最终评审阶段，通过推选优秀作品获奖，确立影展导

---

① 智慧：《西宁 FIRST 青年电影展孵化研究》，西南大学硕士学位论文，2018 年。

向。从这个意义上说，中外电影影展、节会论坛不是非遗影像的终极目标而恰恰应该是起点。

由于数字和视觉技术的快速发展，再加上新冠肺炎疫情在全球的迅速传播，世界各国影视人类学交流的节奏被打乱，促使我们在线上塑造了虚拟的节会论坛体验世界，因此我们也需要新的创新研究方法和创新分析工具。

纵观中外非遗影像相关的节会论坛，具有普遍共性，又呈现出不同文化环境下的审美趣味和评审标准。中外节会论坛在共通性的基础上，又呈现出细节方面的差异性。

1.给予公众的第一个信号：影展名称的定义方式切入点不同。国际上与非遗影像高度相关的节会论坛以人类学、民族志专题的影展居多，常以学科代表性人物或"国家＋专业学科"命名，中国非遗影像节会论坛的地域特色较为明显，具体表现多以举办地名称加后缀"国际电影节"或"非遗影像展"等。如上海国际电影节、广西民族志影展暨非遗影像展、台湾国际民族志影展。

2.兴起的时代背景：发起者和推动者的动力来源不同。国外非遗影像相关节会论坛的发起都离不开里程碑式的人物，也都有来自民族学、人类学等学科领域研究学者和文化组织的积极推动。而国内非遗影像节会论坛还具有一个显著的特征，就是来自政府和文化管理部门的平台构建和努力传承。尤其是国家对非遗保护的不断强化，非遗保护条例、法律法规的相继出台和完善，使得非遗影像理论和实践研究进入了一个新的高度并取得了大量研究成果，非遗影像节会论坛的兴盛也成为一个时代的诉求，并以此来逐步构建起一个完整的、系统的民族影像志收藏体系。

3.运用新媒介技术提升观影体验的力度不同。"影像手段之于非物质文化遗产，是一块可以生存的新领地，是拓展与发扬其生命力的有效形式，借之以传遍寰宇、存之永恒；而非物质文化遗产之于影视媒介，则是可供开发的原材料、新的艺术创造的源泉，更不失为传播传统文化、张扬本土色彩、坚守'文化版图'的有效策略。"[①] 非物质文化遗产与影像手段的结合使不同文明互鉴成为可能，国际（国外）节会论坛也在培养中外观众不同的观影需求与审美品位方面发挥了一定作用。比如，国外的一些电影节已经在尝试做虚拟的线上场景，观众以一个角色进入线上场景，利用移动设备进入美术馆、展映厅等不同场景，传统电影的观看会演变为不同空间、不同缝隙的场景，极大地提升影展的观影体验。目前，国内的节会论坛对于

---

① 高有祥：《非物质文化遗产的影像化生存》，《现代传播（中国传媒大学学报）》2007 年第 6 期，第 15 页。

非遗影像作品的展示大部分还在单一荧幕上，对于 VR、MR 等新媒介技术与非遗影像结合的探索有待，受众的观影方式相对单一，限制了非遗影像的观影体验。

第三节　节会论坛与非遗影像发展特征

虽然世界上各类电影节在风格取向和具体运作层面有一定的差别，但在目标上都包含一个相同的指向——成为代表该国家和地区的文化事件。[①] 非遗影像节会论坛的创办是传播中华传统文化的重要桥梁，可以引导非遗影像实践创作，对于非遗文化多样性具有战略性意义。

一、非遗影像主题节会论坛的宗旨与定位：构建影像共同体

影展作为一种时间持续较短的暂时性事件，在创作者与观众的互动和颇具仪式感的节庆氛围中，通过放映影片营造出特定的电影生态环境。以 2021 年度第四届中国民族志纪录片学术展为例，该影展充分体现出非遗影像节会论坛回应时代主题和社会现实，用影音文献留存文化"共同体"记忆的初衷与努力。

中国人类学民族学研究会民族影视人类学专业委员会秘书长朱靖江认为，第四届中国民族志纪录片学术展参赛作品数量前所未有，与往届相比，这届作品的成熟度更高，主题表达更多样化，体现出高质量、宽视野的特征，同时纪录片展映本身也成为更有影响力的学术平台，受到学界的广泛关注。

第四届中国民族志纪录片学术展分为"主展映单元""非遗影像单元""乡村（社区）影像单元""学生单元""短视频单元""实验影像单元"六个单元，影片内容丰富，题材多样，反映了当下社会不同族群生活、情感、文化等各个方面。比如，《皮影、电影和快手》《古乐、快手与传承》等讲述了中国传统文化探索发展之道的个体故事；《传灯》《一个人的剧团》《跳脚起舞 傈僳族瓦器器十二脚》等展现了"非遗人"的矢志坚守与传承的担当；《独龙江》《塔里木河畔的罗布人》等记录了民族地区社会各方面翻天覆地的变化；《告别十二岁》《大山里的篮球队》讲述了各族青少年的成长故事；还有着眼社会议题的作品，如关注农民工问题的《脚手架上下的生活》。

文化和旅游部民族民间文艺发展中心主任荣书琴认为入围影片既有中国资深纪

---

① 韩岳：《国际电影节对民族电影产业的助推作用——以北京国际电影节民族电影展为例》，《电影评介》2015 年第 19 期。

录片导演、制作人的作品，也有热爱纪录片的青年创作者的处女作，这些作品不仅具有学术性、专业性、创新性，还面向大众，极具开放性、故事性和艺术观赏性，让我们看到了纪录片创作的未来。①

为了致敬民族纪录片领域的先行者，赓续对民族纪录片创作的热爱，本届纪录片展将推动中国影视人类学的发展而特设的"终生成就奖"授予了"中国少数民族社会历史科学纪录电影"课题团队。闭幕式上，耄耋之年的张江华和90岁高龄的王昭武两位课题团队成员回忆了早年间的拍摄经历。新中国成立初期，为配合全国少数民族社会历史大调查，抢救和记录优秀民族文化，全国人大民族委员会委托中国科学院民族研究所与北京科学教育电影制片厂、八一电影制片厂等组成"中国少数民族社会历史科学纪录电影"课题团队，拍摄一批少数民族社会历史科学纪录片。从1957年至1976年，历时近20年，摄制组的足迹遍及西藏、新疆、黑龙江、云南、四川等地区。在交通极度不便利、物资匮乏、摄影设备简陋的艰苦条件下，拍摄团队记录了佤族、鄂伦春族、赫哲族等十余个民族的社会生活面貌，开创了中国民族志纪录片实践的先河，为中国影视人类学学科建设奠定了基础。

本届纪录片展以"共同体"为主题，以具体人的具体生活为内容，客观记录并呈现其生活状态，赋予理论色彩。在构建人类命运共同体和铸牢中华民族共同体意识的实践道路上，成为一种接地气的探索和尝试。因而，以中国民族志纪录片学术展为例可知，我国以非遗影像为主题的节会论坛都在广泛而深度地收集、收藏各类非遗影像资料，力图建构一个完整、系统的中华民族非物质文化遗产影像志收藏体系，在建设中华文化遗产与记忆资源库这一框架体系下推进展开。其定位主要体现在以下三个方面。

1. 文化定位

非遗影像作品展现的是文化的多样性与独特性，因其特有的学术价值和文化取向具有较高的收藏价值和历史意义。通过节会论坛的集中呈现可以促进非遗相互的交流、交融，使之相互借鉴，兼收并蓄，共同推进非遗文化繁荣。

2. 公共服务

非遗影像本身作为一个文化项目，拥有大量公共文化资金的支持，不能完全参照商业模式进行摄制运营，需要体现公共价值。节会论坛应该基于社会公共服务的意识，更多地去引导非遗影像创作发展趋势，维护创作的正当性。

---

① 《珍藏"共同体"记忆 构筑共有精神家园——第四届中国民族志纪录片学术展综述》，http://www.mzb.com.cn/html/report/211032677-1.htm，2021年10月29日。

3.受众定位

在大量影展奉行策展先行的情况下，常常通过影像实现"文化遗产——文化资产——文化资本——文化场景"的转化，为了吸引更多他者的观看欣赏，影像作品常常暗含着对文化的系统化包装、培养，如果非遗影像遵循这一受众或观影策略，会使非遗仅仅留于被展示的对象。非遗影像的观看与其他影片相比，有文化表达范式，比如节日的流程、仪式等等，需要一定的观看门槛，难以成为大众的影像场景。因此可以通过尝试倡导大众的"主位"影像表达来培养受众，例如通过"主动放映"或"在地放映"等方式主动培育观众，能使得非遗影像的受众更广泛、更贴近真实。

二、非遗影像主题节会论坛的审美特征：原生态与现代文明的交织记忆

1.内容呈现：聚焦各民族真实的生活状态，展现各类非遗文化遗存

第四届中国民族志纪录片学术展入围作品中几乎涵盖了非遗所有门类。影片《青山依旧》关注苗族传统医药文化，以醉心于苗族医药事业的个人辐射千千万万投身于非遗传统医药文化的从业人员，勾勒出非遗医药文化之于个人志向、民族文化、民族理想的价值；《外婆的侗衣裳》与《辣操的刺绣》不仅仅聚焦于非遗传统服饰，更突出了手工制作此类服饰的细致过程；《德昂挽歌》与《古乐、快手与传承》两部非遗影像作品聚焦于人，借助人物的一言一行展现非遗音乐的魅力；《老鼠嫁女》与《皮影，电影和快手》围绕着皮影艺术，一个展现了皮影建构的世界，一个将皮影与现代生活联动，在理想与现实的冲击中，探索皮影的艺术价值、文化价值与现实价值；《一个人的剧团》《有戏》与《起范儿》聚集了布袋戏、川剧与京剧三大非遗戏曲剧种，表现了非遗戏曲艺术守艺与传艺的艰辛，同时也向世人发出疑问，传统非遗戏曲艺术如何在当下瞬息万变的世界里展现自己的光彩；《窝巴纪》与《传灯》两部影片均聚焦于非遗文化中的节庆，在民族民间传统节庆文化的真实文化场景中，将源于生活的非遗艺术通过纪实的手法记录下来，以自然、真实的状态，力图呈现给受众一种最本真的节庆氛围与文化轮廓。还有舞蹈主题的《跳脚起舞 傈僳族瓦器器十二脚》与《轮椅上传承的阿尺木刮》，手工类的《漂零》《片纸》《黄河牛皮筏》与《中国纸的故事》，节庆民俗类的《西茂的婚礼》《百壶宴》《海祭》《阿依蒙格》等，民间文学类的《阿诗玛》《被神遗忘的部落》等，都在找寻与非遗有关的"人"的故事，挖掘其背后的文化内涵。

2.文化认同：节会论坛通过对非遗影像的展映与传播，形成因非遗影像结缘

的"趣缘"群体

传承与传播是非物质文化遗产保护的两个重要因素，大众媒体可以有效提高人们对非物质文化遗产重要性的认识，提升非遗的社会可见度，有助于非物质文化遗产从静态向动态的转型，实现非遗的活态传承。一方面，大众媒体对非遗影像节会论坛的报道，主流媒体对活动的跟进，能够吸引大众注意力，为凝聚族群情感、激发对话、文化传承拓展空间；另一方面，影像的展映与传播，也激发了影像工作者的文化创造力。借助非遗影像的形态，通过影展、论坛举办形成的产业效应和群众效应，从而活化了非遗资源，实现文化遗产向社会经济资源的转化。

3．创作引导：将选片邀片作为创作的风向标

节会论坛的选片评片机制既受到客观环境的掣肘，也不可避免人为偏好。例如，疫情之后各类影展节会的征片节奏基本不变，但是因为与疫情相关的影片创作数量攀升，相关入围或获奖的影像作品数量也有所增加。相对于其他影展，非遗影像影展的商业流通功能较弱。正如刘广宇教授提出的，用当代的思维看原生态文化，是对原生态文化不断辨析的过程，是看到原生态与现代的交织记忆矛盾，而影像记录只有不断对这一发展过程进行记录，才能在其中不断找到原生态文化随着时代变迁而留下的那一部分。非遗影像的创作需要时间的加持，经过长时间的记录，才可以发现一个文化、一个族群的变化。这就注定了非遗影像它不属于快餐文化，它在影视文化工业化流水线的大环境背景下，需要情怀、信念和使命感的支撑。

三、首映式非遗影像作品的选择与效果

电影节本身是一个对影像作品祛魅的过程，电影节展的功能性活动并不具备唯一性和稳定性，在基本的功能性利益得到满足的情况下，电影节对于参与者的情感性利益和自我表达利益就显得尤为重要。[1]非遗影像节会论坛也不例外，最常见的线下活动包括开幕式、影片展映、专题论坛和闭幕式。首映式一般选择当届最具代表性的一部影像作品作为开幕影片，邀请知名的专家学者、影视相关从业人员、非遗传承人以及入围该年度节会论坛的影像创作者等出席活动，并举办文艺展演，部分非遗主题节会论坛根据自身特色会增加专题论坛或研讨会以供专家学者交流和探讨。入围各非遗主题节会论坛的影像作品在主办单位的组织与协调之下，设置主会场与分会场对作品进行展映，主会场与分会场的场所一般设置在高校、研究机构、

---

[1]　李明昱、饶曙光：《论中国金鸡百花电影节文化品牌的转型与信任建立》，《电影艺术》2022年第1期。

博物场馆及影院等场所。专题论坛的嘉宾一般以专家学者、影像作品创作者以及资深从业人员为主，围绕着该年度节会影展的主题进行交流与探讨，目的是从影像作品中提炼出更具学理性、指导性的内容。闭幕式一般包括播放闭幕影片、公布评奖结果、举行颁奖典礼。

在开幕式的首映影片的选择和考量上，不同电影节都会综合自身定位、政治经济因素、文化环境、影片自身传播力度、口碑甚至商业数据进行斟酌，也会考虑创作者和观影者的情感因素，最终确定某部影片。例如，第四届中国民族志纪录片学术展将《渡过塔里木河的船》作为开幕影片，同时集中展映了《塔里木河畔的罗布人》《渡过塔里木河的船》《告别十二岁》等多部取材于新疆的纪录片。这些以影音文献形式记录下的事实，展现了新疆人民安居乐业的现实生活和社会发展进步状态，在润物细无声中真实呈现了今天中国大地上随处可见的普通人的美好生活。这三部纪录片不仅仅是铸牢中华民族共同体意识的见证，也成为回击西方所谓"人权问题"的有力证据。

第四节　节会论坛与非遗影像发展趋势

电影节的多元价值可以体现为内部和外部两方面。内部价值即通过电影节规模、影片类型选择、版块设置、文化表达等内部设计体现出文化价值及艺术价值；外部价值即通过电影节举办所产生的一系列产业效应和群众效应形成了电影节的产业价值及社会价值。[①] 非遗影像节会论坛作为非遗影像整体性研究的重要环节，不应将自己局限于某种固定范式，更要借力新媒体技术和新的传播理念，从而推动非遗影像运动的可持续发展。

一、节会论坛与非遗影像发展的现实问题

1. 非遗影像创作群体：避免封闭式系统

以第四届中国民族志纪录片学术展中的 35 部非遗影像作品为例，通过对其创作者的性别与身份背景进行分析，可以发现，从事研究相关工作有 19 人，专职于影视创作的有 16 人，团队合作的作品共有 5 组且参与合作的创作者均为学者，个人创作组共有 30 组，其中男性创作者有 20 人，女性创作者有 10 人。再如第二届

---

① 杨琳、许秦：《影响力与多元价值实现：丝绸之路国际电影节影响力研究》，《同济大学学报（社会科学版）》2020 年第 1 期。

华语音乐影像志暨国际音乐影像志展映，从投稿影片的创作来源与投片人身份来看，此次投稿影片有多部直接来源于与非遗相关的影像计划，如"国家社科基金艺术学重点项目""国家民委一般性研究课题"以及各个地方院校的拍摄项目等。可见非遗影像创作群体的特征如下：

（1）非遗影像创作群体中男性居多，女性创作者所占比例较低。

（2）非遗影像创作者的身份以学者居多，此外近年来专职影视创作者的创作热情也较为高涨，由此可见，影像作品的题材并不会极大影响创作者的创作意愿。

（3）非遗影像作品创作一般由个人独立完成，也有部分作品是由多人合作完成的，且多为学者间的相互合作。

2. 关注变迁，强调记录时间的持续性和事件的真实性

节会论坛作为提升非遗影像社会关注度的重要方式，要通过严格的选片、评审和放映体系来体现非遗影像的本真价值和功能性价值。非遗影像的记录需要时间的沉淀，需要将拍摄对象纳入一个更广阔的时间维度加以凝视，这种驻留式的参与观和历时性记录要求非遗影像在记录面临消失的文化时不摆拍，对于事件、行为、动作不会专门要求拍摄对象刻意完成。如果需要通过建构再现，可以标注清楚或根据口述史重新拍摄。

3. 注重文化语境，规避作品被误读引发的奇观效果

电影的凝固性与非物质文化遗产活态性的对立容易成为观众认知非物质文化遗产的障碍，电影的逐利性也容易造成遗产项目在传播过程中价值的贬损，电影的编码与观众解码的差异也会引起对非物质文化遗产的误读。[①] 非物质文化遗产决定了影像节目的内容素材，需要真实性强而商业性弱，这是影像对非遗的价值让渡；用影像节目来表现非物质文化遗产，必定对非遗材料有所取舍，这是非遗对影像节目的价值让渡。非遗影像创作者不能一味猎奇、迎合观众或评委，在学习其他影像题材或国外创作方法的同时，可以将其作为创作的理论框架和范式，但不能止步于对视觉符号的搜集与陈列，只有立足于中国语境，才能真正进入文化生成的历史之中。

二、节会论坛推动非遗影像发展的文化导向

非遗影像承载着缝合记忆、激活记忆、储存记忆的文化功能，如果以节会论坛作为孵化器，除了非遗影像本身的文化传承功能，通过主题活动培养非遗影像创作

---

① 王巨山：《影像记忆与文化表达——传播学视角下的非遗题材电影解读》，《现代传播（中国传媒大学学报）》2014 年第 6 期。

人才新鲜血液，还需要充分体现现阶段的文化导向。

第一，节会论坛可以激活非遗影像研究的学术活力。节会论坛等一系列仪式践行的基础依赖于社会或特定群体公认的价值体系。从早期玛格丽特·米德提出的民族志影像的首要目的是"文化救险"，到民族纪录片对真实性的追问或束缚，再到现阶段非遗影像如何摆脱对少数民族奇观异景的展现，对于民族志影像的实践规范逐步具象化，不能以某种刻板印象替代对现实的深入观察与深描，而要积极表现民族文化在此过程中的趋势与发展，以此真正回应时代语境中的变迁。非遗影像节会论坛中包括首映见面会、学术交流、创作者扶持等环节，可以发挥专家学者的学科主体优势，在学理层面充分展开对非遗影像的传播效果、受众心理、媒介话语等方面的研究，形成非遗传播的学术联盟。学术研究系统已经拥有大量关于非遗影像传播案例的经验、偏差和效果分析，具有相对的前瞻性，可以尽量避免非遗影像在国际传播过程中因为信息不对等带来的误判、文化误读等问题。这也是节会论坛通过自身的话语权或评价体系发挥文化导向的作用，促使创作者向其靠拢。

第二，促使地方性生态知识体系通过节会论坛形成品牌效应。非遗影像形成的视觉景观，成为一座城市形象传播和文化传播的重要手段，有助于唤醒大众对于城市历史传统的集体记忆，挖掘城市独特文化的精神价值和美学观念。非遗影像节会论坛对呈现文化的平等性具有重要意义。即使是经济实力和社会发展相对弱势的地区，如果拥有独特丰富的地域文化，也能够通过影像活动彰显特色。以云南为例，正是通过一系列影视人类学、民族志纪录片的节会论坛，其逐步形成了在南亚、东南亚学术影像领域的强势地位和话语权。

三、节会论坛与非遗影像发展的前景展望

1. 非遗影像节会论坛走向更开放的平台，促进文化的交流和产业交易的形成

非遗影像节会论坛是一个由影片、影人、观影者共同构成的开放性系统。常规的非遗影像节会论坛片源主要有三种来源方式：第一，"征片宣传"中人际传播的"圈内传播"。尤其活动在早期不太成熟的时候，策展人利用自己的人脉关系联系国内知名的影视专家和创作学者，相互推荐节会论坛的征片信息与优质影像作品；第二，媒体报道传播，特别是新媒体，微信朋友圈和公众号对于节会论坛征片信息的传播发挥较强功能；第三，中国影像作品通过海外展映活动打开知名度，引发国内关注。此外，非遗影像参与者也日益呈现多元化趋势，形成了高校学者、影视公司、自媒体创作者、纪录片导演以及在校大学生等多元化的创作主体。2017 年，

由画外 Ho Wide、哪吒兄弟影业、凡影数据联合发起对中国青年电影导演生存状态的调查，在 60 位受访的优秀青年导演中，有 75% 的导演表示他们就是以参加影展的方式进入行业的。而观众更是电影价值实现的关键因素，所以注重观影者体验，激发大众参与热情是节会论坛从封闭走向开放，通过电影要素交易活态文化资源的重要途径。

参照一些国际知名电影节的观影或交流模式，例如釜山国际电影节设立以来一直在不断拓展观影荧幕数量，开通了专属电视频道用于播放参展作品，设置了釜山银行奖，由釜山银行赞助，用于奖励由观众评选出的"未来景象单元"中的优秀作品。在这个过程中，观众的意见得以通过电影节表达出来，观众不再是被动的接受者。

多伦多国际电影节更是以影迷为核心进行设计环节设计。多伦多国际电影节不设评审团，其最大奖项"人民选择奖"完全根据观众投票选出。具体操作方法是将所有参展影片面向公众放映，在入场前都会有志愿者向每位观众派发一份调查问卷。观众填好影片名称和从 0 到 5 的评分，再附上个人信息，在放映结束后投入志愿者手中的票箱。主办方会根据观众的评分排列顺序，最终揭晓"人民选择奖"的结果，幸运的投票观众还有可能通过抽奖获得一辆高级轿车。自 1976 年首届多伦多国际电影节开始至 2014 年，在总共 38 部获"人民选择奖"的影片里有 11 部获得奥斯卡最佳影片提名，其中 8 部获奖，获奖率 21%。同时，多伦多国际电影节与多伦多旅游局联合，借助电影节的影响力，以电影为核心开发旅游项目。例如，"Made in Toronto"之旅将参观景点选在众多电影拍摄地，包括古堡、大学、古酿酒厂、默片时代兴建的古典风格影院等。这使得影迷们在观影之外，有了更多深度体验电影文化的机会。①

2. 广泛运用新媒介新技术实现观影体验方面的突破

数字化新媒体技术不仅加速了电影制作，更以炫目震耳的视听效果强化视听觉体验与视觉冲击，也意味着电影节会论坛需要建立起一套全新的视觉影像系统，除了影视创作者，视觉艺术家、程序员、设计师、科技人员等都会成为节会论坛的重要参与者。在 5G 时代所带来的高容量、多连接、低时延、高传输速率等技术支撑下，场景建模、智能交互以及 AR、VR 技术，为影视受众构建了虚实融合的全息化和沉浸式体验。欧洲三大电影节以及北美电影节都设立了 VR 单元或者技术前沿

① 韩岳、张雅欣:《国际电影节的商业性功能与运营战略分析》,《当代电影》2016 年第 5 期。

参赛单元，专门评选技术引导下具有实验性质的影像作品。

以 VR 技术为例，VR 作为一种新媒介、新技术，应用的产业领域已经非常广阔。VR 技术进入电影节语境，标志着 VR 从技术奇观走向社会表达和情感体验探索，成为国际电影节的标配之一。

以美国西南偏南电影节的 VR 技术应用为例。该电影节的 VR 单元首创于 2017 年，2018 年参展的影像作品《贝多芬命运交响曲》，就是由 Google VR 的技术团队参与完成的，该项目还得到了美国宇航局的支持。观看这部影片时，戴着显示器，坐在单独座椅上被环幕包围的体验者可以一边观赏贝多芬的音乐演出，一边跟随旅行者 1 号航天器感受奇妙的太空之旅。创作者杰西卡·布里哈特在 2019 年西南偏南大会的主题分享中谈到，考虑到贝多芬耳聋时还在进行音乐创作，她特别想对听觉和听觉辅助进行深入探究，VR 技术在影视创作中对情感的共情已经成为重要考量范畴。很多体验者在观看这部作品时特意拿下了耳机去体验聋哑人的真实感觉。通过 VR 技术实现深度体验和身体感知的探索。①

上海国际电影节曾在 2016 年举办过小型 VR 展映，由于当时的 VR 作品和技术并未达到消费级别，清晰度、片源质量等都无法适应期望。2018 年北京国际电影节开设了 VR 单元，选取来自"威尼斯""圣丹斯""西南偏南"等电影节的优质作品进行展映，引介了一批 VR 经典作品如《沙中房间》《亲爱的安杰丽卡》《格陵兰在消融》等。VR 影像可以将人的观影变为"游玩"，观众在观看 VR 电影时，就如同游戏游玩一样。VR 消除了电影"边框"的边界，当玩家戴上显示器之后，就进入了一个独立、不受外界干扰的环境，并且能够在视觉感官上产生如临其境的美学效果。

技术不断改变着电影的规则和范式。正是通过电影节会影展来促进合理化的影像创新，并逐渐推行到新的电影形态创作中去。

非遗影像节会论坛可以借鉴的技术还包括流媒体平台的直播互动等方式。例如，借助互动性强的网络直播，邀请知名非遗传承人或非遗影像主创与受众实时互动，在影展前后通过社交平台打造互动话题。尤其是在新冠肺炎疫情背景下，2020 年也由此成为"线上影展元年"。在此之前，人们无法参加节会论坛的原因可能包括地域（如无法赴外地参加）、经济（各种不菲的费用）和突发事件（如公共安全、人身健康）等制约因素，线上影展解决了地域的限制，让用户无论身处何处，都可

---

① 车琳：《国际电影节中虚拟现实的艺术建构与产业探索》，《电影节研究》2019 年第 2 期。

以参与节会论坛相关活动；其次也解决了经济的壁垒，和参加线下电影节展相比，线上所需要的花费几乎是微不足道的。

3. 开拓影像的"行动价值"：影像记录与文化调查、社会服务共进

非遗影像的"行动价值"实质上是要充分发挥影像的产业服务功能。非遗影像节会论坛可以结合乡村振兴、文旅融合、脱贫攻坚等时代主题，与地方政府、行业机构、媒体平台强化合作。

附录

2021 年 1 月 29 日　四川、重庆推出"非遗过大年 文化进万家"系列线上活动，持续至元宵节结束。

2021 年 4 月 26 日　联合国教科文组织亚太地区非物质文化遗产国际培训中心以线上会议形式在北京召开管理委员会第十次会议。

2021 年 6 月 1 日　全国人大教科文卫委员会、文化和旅游部共同举办的《中华人民共和国非物质文化遗产法》颁布实施十周年座谈会在国家博物馆召开。

2021 年 6 月 6 日　非遗中的红色资源寻访活动启动暨革命故事、红色歌谣新书发布仪式在江西赣州举行。

2021 年 6 月 12 日　文化和旅游部在 2021 年"文化和自然遗产日"前后集中开展了非遗宣传展示活动。期间举办了"百年百艺·薪火相传"中国传统工艺邀请展、《非遗法》颁布实施十周年、"云游非遗·影像展"、非遗购物节等活动。

2021 年 6 月 11 日至 20 日　第 24 届上海国际电影节成功举办，壤巴拉文化亮相。

2021 年 6 月 19 日至 22 日　以"高原非遗与铸牢中华民族共同体意识"为主题的"GAO-YUAN 非遗论坛"在青海西宁召开。

2021 年 6 月 23 日　《中国非物质文化遗产大辞典》编辑出版。

2021 年 7 月 8 日　首届"新非遗 新故事"成渝双城经济圈高校大学生非遗数字文创设计大赛启动。

2021 年 7 月 15 日　第二十届中国互联网大会在北京国家会议中心召开。四川省凉山彝族自治州越西县带来的主题为"数字非遗与乡村振兴"的科技时尚秀拉在主会场舞台演出，成为中国互联网行业第一场"数字时尚大秀"。

2021 年 7 月 24 日至 25 日　中国非物质文化遗产保护协会非遗数字专业委员会成立大会暨 2021 非遗数字高峰论坛在云南大理举行，聚焦中国非遗保护传承的

数字化机遇与挑战。

2021 年 9 月 15 日　中国成都国际非物质文化遗产节"非物质文化遗产成都论坛"战略合作协议签约仪式在交子国际酒店举行（第八届中国成都国际非物质文化遗产节因疫情原因延期）。

2021 年 9 月 15 日　"一带一路"·长城国际民间文化艺术节在河北廊坊展开。该展览全方位展示了来自俄罗斯、匈牙利、斯洛伐克、委内瑞拉、哥伦比亚等 5 个国家以及国内 21 个省市区的非遗文化魅力。

2021 年 9 月 21 日　第十一届北京国际电影节开幕，为期 9 天。

2021 年 9 月 23 日　第十七届中国（深圳）国际文化产业博览交易会在深圳开幕。交易会线下设立文化旅游·非遗及艺术品馆、媒介融合·智慧广电·电影工业馆等展馆。

2021 年 10 月 1 日　2020 年迪拜世博会推迟举办，自贡灯会亮相中国展馆。

2021 年 10 月 13 日至 19 日　凉山非遗影像展映、评比暨"非遗影像"专题培训活动。

2021 年 10 月 14 日　第二届民族影视与影视人类学作品征集活动公布获奖名单。

2021 年 10 月 18 日至 24 日　第五届北京纪实影像周盛大启航。

2021 年 10 月 21 日至 24 日　第四届中国民族志纪录片学术展。

2021 年 10 月 23 日至 24 日　原定举办第四届视觉人类学与当代中国文化论坛（延期至 2022 年春季举办）。

2021 年 10 月 25 日　第五届西湖纪录片大会闭幕式暨优秀纪录片展播圆满落幕，《荒野之国》《成衣江湖》等六个提案入选"IDF 创投"单元。

2021 年 11 月 4 日至 10 日　"非遗客厅"入驻第四届中国国际进口博览会（上海）。

2021 年 11 月 7 日　中国西昌·大凉山国际戏剧节在凉山彝族自治州首府西昌正式开幕。

2021 年 11 月 10 日　欧盟理事会倡议建设欧洲文化遗产通用数据空间。

2021 年 11 月 26 日　中国（广州）国际纪录片节组委会发布通知，因为疫情防控的复杂形势，举办日期及展会形式延期待定。

2021 年 12 月 1 日　中国高校影视学会纪录片专业委员会第二届理事会成立大会暨第四届纪录片教育发展论坛顺利召开。

2021 年 12 月 8 日　第二届藏羌彝走廊影像艺术节在四川天府新区华阳国际交

流中心举行。

2021 年 12 月 10 日　"同根同源"成渝双城非遗保护新路径研讨会暨川渝非遗保护联盟成立大会第一次理事会在成都举行。

2021 年 12 月 11 日　全国科学技术名词审定委员会授权成立的全国非物质文化遗产名词审定委员会成立大会暨第一次工作会议在线上召开。

2021 年 12 月 12 日　第 27 届中国纪录片学术盛典暨第 14 届深圳青年影像节在深圳举办。

2021 年 12 月 13 日　"2021 丝绸之路电视共同体高峰论坛"在北京举行。

2021 年 12 月 23 日　第二届"川西行走之声"川西藏族山歌川甘青邀请赛暨非遗音乐会落幕。

2021 年 12 月 28 日至 30 日　第 34 届中国金鸡百花电影节在福建厦门举行。

2021 年 12 月 29 日　第十一届"光影纪年"中国纪录片学院奖颁奖典礼成功举行。

2021 年 12 月 30 日　第 34 届中国电影金鸡奖颁奖典礼在福建厦门举办，纪录电影《九零后》斩获最佳纪录 / 科教片奖。

2021 年 12 月 30 日　首届非遗数字可持续发展线上论坛在北京召开。

2022 年 1 月 8 日　第八届金红棉影展正式开幕，影展在广州、深圳两座城市展映近 30 部中外优秀纪录片。

余论：当代国际非遗影像现状及发展趋势分析

穆 童[*]

早在 20 世纪 80 年代，"非物质文化遗产"（intangible cultural heritage）作为相对于"物质文化遗产"（material cultural heritage）的概念被提出。[①]2003 年，联合国教科文组织（UNESCO）颁布了《保护非物质文化遗产公约》。该公约明确提出非遗包括：口头传统和表达；表演艺术；社会习俗；仪式和节日活动以及关于自然界和宇宙的知识和实践；传统手工艺等内容。[②]随着全球工业化进程加速，人们的生活以及生产方式发生巨大变革，非遗正在失去原有的文化生态土壤，面临岌岌可危的生存境遇。尤其最近几年，病毒肆虐、经济下行等深刻影响了各国政府政治、经济、文化政策。在此形势下，加大对非遗的保护以及支持力度，扩大非遗的传播范围，增加公众对非遗的了解，成为各国政府以及民间组织一项重要而急迫的任务。过去非遗的记录以口头文本的讲述为主，辅以图画以及图形，这是传统社会存储和建构人类文化与记忆的基本方式。然而当摄影技术兴起以后，非遗记录的方式发生了根本性变化。影像记录更能满足非遗动态性保护需求，特别是在客观、完整地记录以"人"作为载体、通过人的肢体语言进行表达的手工艺技能以及表演艺术等方面，具有口头讲述、图画文字无可比拟的优势。非遗影像承载了民族国家的历史记忆，对民族认同和国家形象建设具有深远意义，是公众在不断变化的时局中保持民族和文化身份连续性的一个重要标志。

将影像作为记录和保存非遗的手段可以追溯到 19 世纪末，英国人类学家阿尔弗雷德·哈登（Alfred C. Haddon）、鲍德温·斯宾塞(Baldwin Spencer) 等人所拍

---

* 穆童，四川师范大学影视与传媒学院讲师。硕士毕业于北京师范大学，博士毕业于德国柏林自由大学。著有英文专著 *Crossing Boundary, Dressing Gender: Chinese Operatic Cross-Dressing in the Cinema,* 在《电影艺术》等期刊发布多篇文章。主要研究领域：西方电影史，西方戏剧史。

① Laurajane Smith, Natsuko Akagawa, *Intangible Heritage*, London: Routledge,2008, pp.13-20.
② "Text of the Convention for the Safeguarding of the Intangible Cultural Heritage", Ich.Unesco.Org，https://ich.unesco.org/en/convention.

摄的民族志电影为视觉人类学奠定了基础。20 世纪 50 年代至 60 年代，让·鲁什（Jean Rouch）、约翰·马歇尔（John Marshall）、罗伯特·加德纳（Robert Gardner）等电影人的作品极大地增加了民族志电影的国际影响力。较之传统的民族志电影，当代国际非遗影像在创作实践方面出现哪些新的特征？传播渠道发生了何种改变？对当代国际社会文化与经济发展产生了何种影响？本文在梳理当代国际非遗影像理论脉络的基础之上，试图从媒介革命、产业融合以及技能教育等三方面分析国际非遗影像现状及发展趋势，借鉴其经验教训，助力中国非遗影像的对外传播以及国际交流。

第一节　当代国际非遗影像的理论探索

当前欧美学界在民族志电影研究领域非常重视影像的数字化革命以及学科的交叉融合。

例如克里斯托弗·赖特（Christopher Wright）在《民族志电影制作的新艺术》（*The New Art of Ethnographic Filmmaking*）(2020) 中分析了 2017 年极具影响力的《美国人类学》（*American Anthropologist*）期刊将视觉人类学栏目的标题重新命名为"多模态人类学"（multimodal anthropologies）这一学术事件，指出民族志电影制作需要积极采用新的数字媒体平台的工作方式。达特瑞安（Ethiraj Gabriel Dattatreyan）在《数字时代民族志电影的流通》（*Circulating Ethnographic Films in the Digital Age*）(2020) 一文中简述了民族志电影作为一种电影类型在历史上如何因争论而逐渐缩小其范围，他呼吁应该扩大民族志电影的定义并强调在当今数字媒体生态中实现视听内容多样性的重要意义。韦斯利·马修（Wesley Mathew）的论文《民族志电影中的现实：纪录片与文献剧》（*Reality in Ethnographic Film: Documentary vs. Docudrama*）(2013) 则强调了视觉人类学中对事件客观性与真实性概念的争论。尽管纪录片作为民族志电影的标准传播模式与根据真实事件改编的戏剧化影视作品之间存在明显差异，但文献剧（docudrama）这种较新的影像类型在传播中具有一定的优势，因此应该重视这一子类型在该领域的发展。另外，罗伯特·莱梅尔森（Robert Lemelson）的《痛苦：迈向视觉心理人类学的步骤》（*Afflictions: Steps Toward a Visual Psychological Anthropology*）(2017) 一书将心理人类学和医学人类学的方法论相结合，梳理了民族志电影和心理人类学在不同历史时期的理论动向，为"视觉心理人类学"（visual psychological anthropology) 的发展夯实了基础。值得注意的是，尽管这些文献并未直接提及非遗影像的概念。然而研究中所包含的有关非遗影像内涵及外延的前沿思考，大大促进了这一新兴学科的研究发展。

斯洛文尼亚民族博物馆组织编写的《非物质文化遗产的影像纪录与呈现——欧洲的经验》（*Documenting and Presenting Intangible Cultural Heritage on Film*）（2018）一书集结了目前欧洲国家非遗影像研究的最新成果。该书考察了非遗影像纪录和呈现的可行性理论与方法；探讨了在联合国教科文组织非遗保护框架下，非遗可视化的实践经验以及存在的问题和可能的解决方案。2019 年该书便由中国国家图书馆中国记忆项目组织人员翻译为中文。除此之外，穆罕默德·扎夫万·伊德里斯（Muhammad Zaffwan Idris）等人在《利用先进数字技术保护非物质文化遗产：问题和挑战》（*Preservation of Intangible Cultural Heritage Using Advance Digital Technology: Issues and Challenges*）（2016）一文中指出，在过去的二十年里，数字保存在非遗实践和理论方面取得了重大进展。数字技术不仅是保护文化遗产的一种方式，还为下一代的教育提供了便捷途径。玛丽亚·波恩（Maria Bonn）的《保护非物质遗产：确定研究议程》（*Preserving Intangible Heritage: Defining a Research Agenda*）（2016）论文则集中探讨了数字视频图书馆的重要作用以及面临的问题。她指出数字视频图书馆对非遗保护的作用不应该仅仅局限于保存表演影像作品本身。影像是非遗的物理表现。除了影像作品外，还需要一些相关的文化信息，例如表演创作的阐释与原始观众的评价等。这需要数字视频图书馆投入大量的精力来收集诸如概要、图片库、文本、采访等详细的信息。

第二节　当代国际非遗影像发展趋势

上述文献强调了影像在非遗保护中具有不可取代的重要作用，特别指出数字技术已经深刻地改变了非遗影像的实践发展。除了技术赋能促进非遗影像的创作、存储以及跨文化传播而外，非遗影像在促进区域经济发展，拉动地方旅游，推进艺术教育与文化传承和创新等方面同样具有不可低估的潜能。

一、媒介革命、技术赋能促进跨文化传播

随着全球化进程加快和数字化网络媒体的发展，跨民族、跨国界的人流、物流、信息流的加速，各种文化间的交流、冲突、融合也愈演愈烈。各类社交网站以及短视频网站等新媒体形态不断涌现，正在逐步改变国际非遗影像的传播模式。这

些新兴媒体打破了地域之间的壁垒，降低了信息传播的成本，极大地扩展了受众群体，为非遗的跨文化传播起到了积极促进的作用。例如，总部位于韩国全州的由联合国教科文组织赞助的亚太地区非物质文化遗产国际信息和网络中心（ICHCAP）近年来积极推进亚太地区非遗保护。2021年该中心推出了10部有关菲律宾文化与教育的非遗纪录片。这些纪录片平均时长27分钟。与传统的影院播放以及电影节展播不同，这些影片均可在ICHCAP官方YouTube频道上观看英文以及韩文两种版本。这些影片是ICHCAP亚太地区非遗项目视频文档的一部分。从2015年到2017年该中心在四个中亚国家和蒙古积极推动了视频文献项目。之后该中心选择将东南亚地区作为项目的第二阶段，继而启动了对越南、菲律宾、马来西亚和印度尼西亚等国家非遗纪录片的实践。①

　　另外，受疫情影响近几年来国际各类电影节与民俗节积极推行的"线上＋线下"模式，也为非遗影像传播提供了新的渠道。例如，2020年第39届让·鲁什电影节主办方选择了与流媒体平台Shift72以及Festival Scope合作，进行在线直播。超过12500名观众观看了电影节在平台上提供的49部电影。②特别值得一提的是，Shift72在疫情期间与多个电影节合作，例如圣丹斯电影节、戛纳电影节等，极大地促进了在线电影节的发展。美国史密森尼民俗节（Smithsonian Folklife Festival）连续两年推出了虚拟民俗节项目。在史密森尼民俗节官网上，观众可以观看每月更新的民俗文化视频节目。中心负责人布丽娜·林恩·莫特利 (Sabrina Lynn Motley)指出，数字节目在目前的局势下发挥了重要作用，但是它们不能替代面对面的交流。中心将在继续充分利用数字平台的基础上积极开展线下国际交流与合作。③

　　数字技术不仅改变了非遗纪录片的拍摄与传播，也为非遗展览提供了新的发展方向。近年来，VR、AR等数字技术突破了人们参观和体验非遗展览的时空限制。借助非遗影像，构建诸如非遗VR体验空间，用户便可以在虚拟空间中体验非遗的历史人文魅力。过去非遗展览多为物品展示。这种方式比较适合物质文化遗产的展示，但并不适用于非遗展示。非遗并非只有"物"的一面，它还包括了人与物、人

---

① Jules Vivas, "10 documentaries on Philippine intangible cultural heritage",
Manila Bulletin: https://mb.com.ph/2021/03/06/10-documentaries-on-philippine-intangible-cultural-heritage/

② "Le 39e festival international Jean Rouch est termine", Comite Du Film Ethnographique: https://www.comitedufilmethnographique.com/le-mot-de-la-fin-fijr-2020/

③ "Smithsonian Folklife Festival Goes Virtual for 2021", Smithsonian，https://www.si.edu/newsdesk/releases/smithsonian-folklife-festival-goes-virtual-2021.

与人等多个面向。特别是以人为载体的音乐、戏剧、仪式等，无法脱离创作主体，尤其需要展现出非遗的活态特征。因此，近年来世界各地非遗博物馆借助数字化采集、存储、提取等技术，积极建立文化记忆数据库、可视化虚拟图景以及智慧化服务平台，实现非遗从实物保护展示、现场保护展示转化为数字化保护展览。例如，由法国文化部与总理办公室支持设立的开放遗产平台"POP"为法国非遗展览树立了榜样。该平台取代了法国文化部自 20 世纪 70 年代以来一直使用的数据库系统。新平台由图像、照片、影像等制作平台以及公众可以访问的数据传播平台两部分组成，多方面、立体化地展示了法国各大博物馆藏品以及各种艺术品目录，为更多观众了解法国文化遗产提供了便捷渠道。① 与法国相似，英国政府也打造了面向全球的数字化文化遗产交流平台：数字文化内容平台（The Digital Cultural Content Forum）。该平台旨在为全球数字文化档案机构、相关文化遗产机构以及产业从业者提供数字化档案信息，实现知识共享、促进协同创新等。另外，苏格兰博物馆还建立了维基百科式文化遗产网络档案数据库。该数据库免费为公众开放，鼓励公众补充和编辑数据库内容。②

在北美地区，加拿大政府网站专门开设了"历史和遗产"子网页，帮助公众更好地理解和认识那些能够反映加拿大历史、定义加拿大人身份认同的非遗实践和经验。该网页提供各种有关加拿大历史和遗产的资源和机构的链接，帮助公众快速访问。该网页中还下设"博物馆学和保护技术"二级栏目，为公众提供文物、艺术品的保存与保护、藏品管理、数字资源管理等方面专业知识与技术服务，具体包括：遗产检索工具、保存与保护技术、藏品管理、专业发展、推广和交互媒体等板块。其中，"推广和交互媒体"板块旨在介绍运用网络、移动交互技术吸引公众关注遗产等方面的推广途径。③

（二）艺术融合、学科交叉带动产业价值转化

将非遗作为一种独特的文化资源借助旅游加以开发、利用与发展，这是非遗保护开发的一种新的有效方式。近年来国际戏剧业、电影业、旅游业等行业互动日益频繁，非遗元素在电影、戏剧等艺术门类中的展现，为旅游业、文创业带来了新的

① "Pop: La plateforme ouverte du patrimoine", Ministere De La Culture:http://www.pop.culture.gouv.fr/.

② 曹德明主编《国外非物质文化遗产保护的经验与启示：欧洲与美洲卷（上）》，社会科学文献出版社，2018，第 27—28 页。

③ "History and Heritage", Government of Canada, https://www.canada.ca/en/services/culture/history-heritage.html.

增长动力。这既是旅游和文化产品汲取非遗营养的重要表现，也是非遗创新发展，带动产业价值转化的重要途径。

例如，非遗在好莱坞主流商业大片以及流行的英、美剧中的展现为观众带来了不一样的"他者"文化，促进了当地旅游业的兴盛。《速度与激情8》（2017）、《星际穿越》（2014）、《普罗米修斯》（2012）等好莱坞大片纷纷到冰岛取景。这些影片不仅展示了冰岛震撼人心的自然风光，而且间接宣传了冰岛的巨人和精灵等神话传说。冰岛民间丰富的诗歌故事与传说深刻地影响了当地的居民。许多居民认同于北欧神话中的众神以及一些难为常人察觉的生灵的存在。非遗影像展现为冰岛旅游业增添了人文气息。目前首都雷克雅未克设有冰岛小精灵学院，讲授专门针对精灵的课程。毗邻雷克雅未克的小镇——哈夫纳菲厄泽（Hafnarfjörður）有专门的精灵旅行团，在火山岩区带领游客寻访冰岛的精灵痕迹。在东部博格菲厄泽（Borgafjörður）的埃斯特里（Eystri），游客也可以参加小精灵旅行团出游。[①] 美国奇幻电视剧系列《权力的游戏》则彻底带火了东欧国家克罗地亚的旅游业。位于克罗地亚东南部的港口城市杜布罗夫尼克建于公元 7 世纪。古老的城墙和建筑矗立在石灰岩半岛上，红屋顶、黄外墙、大理石街道和巴洛克建筑让人恍若置身中世纪。杜布罗夫尼克的海堤以及罗沃里杰纳克古堡都是《权力的游戏》中"君临城"的取景地。这座城市古老的人文气息，宗教仪式以及传统美食：烤鱼、烤肉、羊奶酪、腊肠等为游客带来了与众不同的旅行体验。

在亚洲国家中，日本在非遗旅游开发方面的经验值得借鉴。日本多年来积极打造非遗旅游与影像传播相结合的模式。早在 1963 年日本广播协会（NHK）便制作了《新日本纪行》。该节目从 1963 年至 1982 年，共持续播放了 18 年，节目数量多达 793 期。为观众全面地介绍了日本非遗实践以及这些文化遗产所依赖的自然环境和村落社会。1995—1999 年，日本广播协会又制作了非遗节目《故乡的传承》。另外，日本国立历史民俗博物馆计划每年制作一部影像作品。这些影片记录日本各地的民间民俗文化，例如盂兰盆的祭祖活动、"比婆荒神神乐"等。[②] 通过这些非遗影像，观众了解了日本历史与文化，更有兴趣体验参与非遗实践。在 YouTube 上"探索日本"（*Discover Nippon*）视频节目中一则"京都祇园祭"的纪录片就多达

①　Katrín Sif Einarsdottir：《冰岛小精灵、维京人和北欧之神》，Guide to Iceland，https://cn. guidetoiceland. is/history-culture/elves-vikings-and-norse-gods-in-iceland。

②　［日］松尾恒一：《世界遗产时代的非遗保护——影像记录及制作的方法与问题》，欧小林译，《文化遗产》2016 第 1 期。

40 万人次观看。[①] 祇园祭是日本规模最大、最著名的祭典，其文化氛围浓厚，活动丰富多彩。在长达一个月祭祀法会中，除了最吸引游客的大型花车巡游，还有民俗音乐会、舞蹈、戏剧等可供旅行者参与。近年来每年约有 30 万游客参与到祇园祭的活动中。[②]

在欧洲，许多国家也注意到非遗影像对旅游的促进作用。例如，西班牙的科尔多瓦（Córdoba）小镇每年五月举办的"庭院节"（La Fiesta de los Patios）。该节庆从 1921 年开始，至今已有近百年的历史。每年庭院节之时，各种花卉点缀着古老的建筑与街道，令人赏心悦目。除此之外，"庭院皇后选美比赛"和"弗拉明戈音乐节"等多种文化活动也吸引了大量游客。该节庆于 2012 年申遗成功后，共有 70317 人造访科尔多瓦小镇，总计带来了 2 亿多欧元的收入，比 2010 年增加了13.41％。2020 年受疫情影响，"庭院节"游客人数骤减。为了满足世界各地旅客需求，当地政府把"庭院节"搬到网上，推出了 27 个私家花园组成的 4 条路线可供游客通过 VR 技术 360 度参观，为"庭院节"的推广宣传，以及未来的实地旅游打下了良好基础。[③]

（三）技能教育推动文化传承与创新

传承人是非遗的重要持有者和传播者，他们掌握的非遗相关知识、观念与技能是非遗的核心文化元素。然而，由于非遗传承形式是师徒模式，即师徒之间口口相传，言传身教，很少将技艺书面化记载。这样的方式传播面窄，影响力弱。目前，因年代久远、缺乏传统传播方式的条件，再加之各种娱乐活动的冲击，许多珍贵的非遗艺术种类的发展日趋式微，面临失传的危险。非遗影像记录除了作为精神财富被封存保管外，还应该作为培养传承人的重要教学材料。通过影像可以最大程度地挖掘和保留非遗项目信息，传递文化实践中的核心精要。

近年来，日本艺术委员积极举办培训班和其他活动，以培育能剧、文乐和歌舞伎的传承人。在这个过程中，"影像"的纪录、传播以及教学成为一项重要内容，例如，由松竹电影公司拍摄的"人间国宝"歌舞伎大师坂东玉三郎的《藤娘》(2006)、《鹭娘》（1993）、《京鹿子娘道成寺》（1995）等舞台纪录片为研究和学习

① "KYOTO JAPAN 祇園祭 夏の京都祭"，Youtube，https://www.youtube.com/watch?v=QZOdVVXqxPo&ab_channel=DiscoverNippon。

② 《庆祝京都的盛夏祭典——传奇的祇园祭》，japan-travel，https://www.japan-travel.cn/spot/83/。

③ 《庭院节：一个为西班牙小镇带来万亿收入的非遗节日》，搜狐网，https://www.sohu.com/a/409067294_100051959。

歌舞伎艺术提供了宝贵资料。另外，坂东玉三郎还积极推动日本和邻国的文化交往。1987 年他专程到北京向梅兰芳之子梅葆玖学习京剧《贵妃醉酒》，把其中的台步和水袖应用到了歌舞伎演出《玄宗与杨贵妃》中。2008 年他还联合中国艺术家表演了昆曲《牡丹亭》。这些演出的纪录片在中国以及日本广泛传播，让公众进一步了解了中国以及日本的非遗表演艺术。

另外，非遗影像也是公众教育的一种重要资源，为激发青年一代的非遗热情，积极投身非遗保护起到了关键作用。2018 欧洲文化遗产年之际，联合国教科文组织联合欧盟共同启动了非遗新项目，旨在加强文化遗产与青年教育之间的联系。该项目主要包含两个子项目内容：一是将非遗纳入学校课堂；二是培养和提高新一代非遗工作者的专业能力。一方面，联合国教科文组织与欧洲多所学校开展合作，举办了一系列活动以促进学校的非遗教学。这些活动的重点是将非遗纳入核心科目如数学、物理或化学等课程计划，总结其现有经验，并尝试创新方法，为教师和学校制定新的指导材料。另一方面，联合国教科文组织举办了欧洲青年遗产专家论坛。论坛于 2019 年在克罗地亚扎达尔召开，来自欧盟 28 个成员国的非遗年轻专家共同讨论了在地区、国家以及国际层面开展文化遗产工作的多层面问题和工作经验。作为新一代的专业人士和文化遗产使者，他们对遗产坚持着共同的愿景，认为物质遗产和非物质文化遗产是密不可分的。他们指出当地社区的积极参与对遗产保护来说不可或缺。专家论坛组织了小组讨论、影片拍摄、实地考察等活动，通过想法交流和经验分享，促进了专业人士相互学习，为推动欧洲非遗保护培养了人才。

在拉美地区，各国政府也非常重视非遗影像教育。自 2014 年以来智利便一直致力于中小学的电影教育。由巴塞罗那文化组织推动的 "Cinema en curs" 项目已经在智利中小学实施。该项目由中小学班主任和电影制作人合作指导青少年拍摄影片。该项目特别突出了影像制作在记录、庆祝和保护当地传统贸易和手工艺等方面的作用，期望学生将能够在影片拍摄阶段与非遗手工艺人互动并建立关系，进而触发他们学习和传播这些手工艺的热情。①

总体而言，近年来各国政府积极探索多种手段与措施，通过定期开设课程和组织会议，借助数字技术和网络平台推广、保护非遗项目，扶持非遗从业者成长，发挥非遗传承人的作用。

---

① Felipe Correa，"Immaterial Cultural Heritage and A Sense of Place in Film-based Art Education: A Case Study of A Documentary Film Project with Secondary School Children as part of Cine en curso Chile"，*Film Education Journal*，2020, vol.11，pp,123-138.

三、中国非遗影像对外传播与国际交流

我国的非遗影像诞生较早，最早可以追溯到 1905 年京剧名家谭鑫培拍摄的中国第一部电影《定军山》。在经过多年积累以后，我国的非遗影像实践在新世纪取得了极大突破，《中国记忆》，《昆曲六百年》等非遗纪录片广受观众喜爱。截至2021 年，中国列入联合国教科文组织非物质文化遗产名录的项目共计 42 项，总数位居世界第一。这一方面体现了中国政府对非遗保护的重视，另一方面也意味着我国的非遗在国际文化传播与交流等方面存在较大的开发空间。加强非遗的对外交流，向世界传播中华传统文化精髓，提升中国国际传播的效能是当代非遗影像实践者的一项重要使命。

近年来，我国民间非遗影像发展迅速。在 YouTube 等视频网站上，以李子柒为代表的一批非遗影像实践者正在用新的方式拓展海外观众，促进中国非遗的对外传播。李子柒于 2017 年 8 月在 YouTube 上注册账号并发布第一条视频以来，截至2021 年 12 月，一共上传 128 个视频，几乎每个视频都获得一千万次以上的点击率。在 YouTube 上关注她的人数高达 1650 万。[①] 李子柒团队制作的视频具有显著特征。首先，影像拍摄周期较长。例如为了完成《蜀绣》一期的视频，李子柒特意拜四川"非遗蜀绣传承人"孟德芝为师，进行长达一年的学习后，才独立完成蜀绣作品以及视频拍摄。其次，视频总时长通常控制在 15 分钟左右，画面剪切自然，常常将川西地区的田园美景与秀色可餐的美食画面有机结合。另外，在听觉语言的处理上，李子柒团队选用同期声凸显真实感。视频中几乎没有对话和旁白，偶尔出现的交谈人声，也并不影响海外观众对内容的理解。镜头选用上则多以空景、特写两种拍摄手法为主。特写镜头记录了李子柒独具一格的非遗实践，空镜头则记录秀美的川西田园风光。李子柒的视频带领海外观众进入至情至性的诗意空间，引发了世界各地观众对田园生活的向往与共鸣，满足了他们对中国传统文化的好奇。许多海外观众纷纷用"amazing""wonderful""calming""relaxing"等词语来表达他们对中国非遗实践的感受。李子柒团队的案例证明 YouTube 等新媒体的兴起为中国非遗传播提供了更为广阔的平台：弹幕评论、实时连麦、在线直播等方式加深了观众和非遗实践者之间的关联；影像中的中国田园乌托邦生活则为不同文化背景的观众抵抗全球工业化生产所带来的种种现代性危机提供了心灵休息的契机。

除了新媒体上民间非遗影像兴起，近年来中国商业电影中的非遗元素也吸引了

---

① "李子柒 Liziqi"，Youtube，https://www.youtube.com/c/cnliziqi。

大批海外观众。从 20 世纪 90 年代开始以张艺谋、陈凯歌为代表的中国第五代导演进军国际影坛。《大红灯笼高高挂》（1991）、《霸王别姬》（1993）等具有鲜明中国民俗特色的电影获得了国际电影节的青睐。进入新千年，带有非遗元素的中国电影也在努力拓展海外市场。2019 年由饺子执导兼编剧的动画电影《哪吒之魔童降世》用当代青年视角改编了中国神话故事，讲述了哪吒虽"生而为魔"却"逆天而行斗到底"的成长经历的故事。该片不仅在国内创造了 50 亿人民币的票房，在海外上映同样获得了观众与评论家的认可。《好莱坞报道》认为这部电影被导演注入了"非传统的精神"，"打造了一个可爱的，具有反抗精神的失败者的角色，他必须克服偏见和黑暗命运才能成为英雄。"[1] 英国《卫报》认为这部恶魔电影制造了"陌生感"，令人震撼。[2] 总之，非遗影像是中华文化与世界文化沟通的桥梁。海外观众通过非遗影像加深对了中华文化的了解，加强了各民族之间文化的交流与合作，促进了文化多元化发展。

目前，国际非遗影像的理论与实践还有待完善与加强。未来随着各国政府以及民间组织越来越重视非遗保护，国际非遗影像实践与研究还有巨大发展潜力。在积极了解国际非遗影像发展动态，充分借鉴国外非遗影像创作与传播经验的基础之上，加强我国非遗影像的对外传播与国际交流，提升我国的文化软实力。

---

[1]　Patrick Brzeski，"How Chinese Animation Film 'Ne Zha' Became a Surprise $400M-Plus Hit"，Hollywood Reporter，https://www.hollywoodreporter.com/news/general-news/how-chinese-animation-film-ne-zha-became-a-surprise-400m-hit-1230167/.

[2]　Cath Clarke，"Ne Zha Review – Scary Demon-child Animation"，The Guardian，https://www.theguardian.com/film/2019/sep/05/ne-zha-review-chinese-animated-drama.

后 记

　　非遗影像是非遗保护最现代的手段形式之一。近年来，围绕非遗影像的研究渐成气候，但以非遗影像为主题展开如此规模和体量的研究在国内尚属首例。经过一年半的努力，非遗影像研究报告终于要和大家见面了。

　　为什么要展开研究？一、教学实践之需。在近几年本科生和硕士研究生的毕业纪录片作品或学年作品创作中，几乎近半都是以非遗为题材展开创作的，那么如何提升非遗影像的创作质量和水平，是摆在师生们面前的一大难题；二、学术研究之需。在中国知网以"非遗影像"为主题进行检索，几乎又有半数篇幅是对此展开研究的。如何避免长期且低水平的重复研究，提高学术与理论的关注度就势在必行；三、文化"双创"之需。非遗影像是非遗"与当代社会相适应和现代文明相融洽"的重要选择路径，是中华优秀传统文化创造性转化、创新性发展的集中体现，如何以更高品质服务于文化"双创"伟大实践，是理论研究必须关切的重大议题。

　　通过怎样的路径展开研究？一、基地连续性课题发布。本研究以四川师范大学成都市哲学社会科学重点基地"四川民族民俗文化研究中心"为阵地，连续对外发布相关课题，形成相关论文并汇集成册；二、研究视野的宏观建构。本研究首次从总体涵盖的面上设置了9个大的议题对非遗影像展开全方位的研究。在保持对2021年度国内非遗影像为主要研究内容的前提下，本研究还初步完成了对非遗影像历史的梳理和相关概念的厘定工作；三、以微信公号助力研究。2022年6月11日，我们联动全国近60所高校以"非遗影像研究"为名，开展了广泛深入的学术众筹活动。目前，基本形成了以四川师范大学成都市哲学社会科学重点基地"四川民族民俗文化研究中心"为依托，以研究报告为聚焦，以微信公号为推动的研究格局。

　　该研究报告的具体分工是：刘广宇、朱靖江制定了整个研究报告的体例和规范，绪论由刘广宇、刘弋枫、李轶天、尚明川撰写；第一章由马腾、刘晓慧撰写；第二章由高长虹、刘展、刘星撰写；第三章由张珊珊撰写；第四章由王屹飞撰写；

第五章由朱晶进撰写；第六章由德戈金夫撰写；第七章由胡艳撰写；余论由穆童撰写；穆童和马腾负责了最后的统稿和校对工作。

我们的研究得到了学界、业界多位专家学者和导演的大力支持和鼓励，在此一并表示感谢。他们是：文化和旅游部民族民间文艺发展中心原主任李松先生，成都市社科联党组书记姚凯教授，四川师范大学王川、陈佑松、骆平等教授，中国社会科学院庞涛研究员，新疆师范大学教授、著名纪录片导演刘湘晨，文化和旅游部民族民间文艺发展中心许雪莲研究员、马秋晨助理研究员，清华大学雷建军教授、梁君健副教授，北京电影学院叶风副教授，西南民族大学杨正文教授，兰州大学王海飞教授，中山大学熊迅副教授，云南大学徐菡、陈学礼副教授，中央电视台曹建标导演，独立纪录片导演鬼叔中先生等，以及尚有部分未被提及的兄弟姐妹们。最后要特别感谢九州出版社的编辑，他们细心和耐心的工作，不仅使我们减少了许多错漏，还提升了本研究报告的品相。

一切才刚刚开始，愿我们的研究能持续不断地深入下去。以此后记为鞭策。

刘广宇、朱靖江

2022 年 9 月 26 日